Kleinfeldt Fotografien 1920–2010

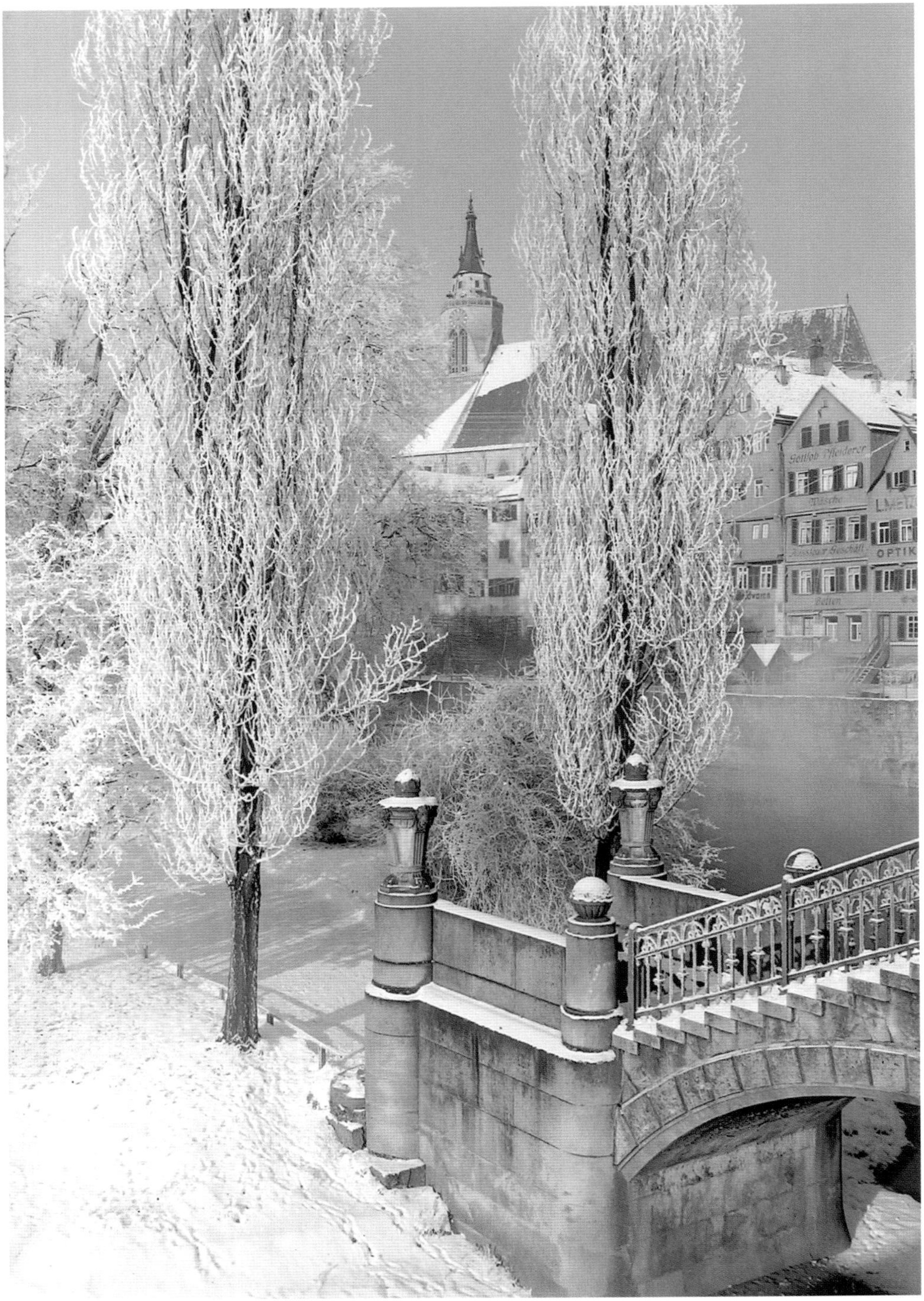
OPTIK

Ulrich Hägele

Kleinfeldt
Fotografien 1920–2010

attempto
VERLAG

Umschlagabbildung: Tübinger Neckarfront, 1938. Farbdiapositiv 24 x 36 mm.
Werbeanzeigen aus den Jahren 1928–1940 auf den Umschlaginnenseiten: Tübinger Chronik.

Bibliografische Information der Deutschen Nationalbibliothek

Die Deutsche Nationalbibliothek verzeichnet diese Publikation in der Deutschen Nationalbibliografie; detaillierte bibliografische Daten sind im Internet über http://dnb.dnb.de abrufbar.

P. O. Box 2567 · D-72015 Tübingen

Gedruckt auf chlorfrei gebleichtem und säurefreiem Werkdruckpapier.

www.attempto-verlag.de
info@attempto-verlag.de

Satz: Informationsdesign D. Fratzke, Kirchentellinsfurt
Druck und Bindung: TZ Verlag & Print, Roßdorf

ISBN 978-3-89308-425-8

Inhaltsverzeichnis

Vorwort

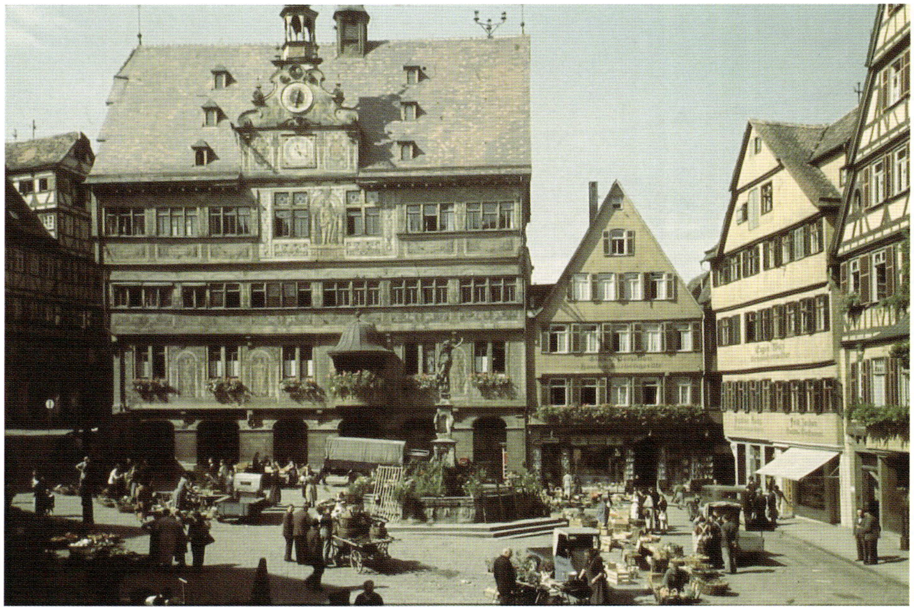

Der in der dritten Generation geführte Familienbetrieb Foto Kleinfeldt ist mittlerweile eines der ältesten Geschäfte in Tübingen und seit fast 85 Jahren in der Mühlstraße ansässig.

Firmengründer Walter Kleinfeldt hatte verschiedene Standbeine: das Fotolabor für die Fertigung der Kundenbilder, den Postkartenverlag und den Handel mit fotografischen Artikeln sowie Geräten. Er war Ausbilder der Laboranten und Fotografen an der Universität, veranstaltete Fotokurse und Exkursionen und er fotografierte journalistisch für die Tübinger Chronik, war insofern auch Rädchen in der NS-Propaganda.

Das Bildarchiv Foto Kleinfeldt hat die Zeit fast vollständig überdauert – darunter rund 50.000 Kleinbildnegative aus den dreißiger bis fünfziger Jahren, 1.000 Farbdiapositive aus der Frühzeit der Farbfotografie und unzählige großformatige Glasnegative, die als Vorlagen für die Bildpostkartenproduktion gedient haben. Ebenso erhalten geblieben sind die Alben mit den Postkartenmustern und ein großer Teil der Geschäftskorrespondenz sowie jene Kladden, in denen man die verkauften Kameras samt Seriennummern, Preis und Anschrift der Kunden festgehalten hat. Das gut dokumentierte Archiv befindet sich noch in den ursprünglichen Räumlichkeiten.

Für den Fotohistoriker ist ein weitgehend authentisch überliefertes Archiv ein seltener Glücksfall. Die Bilder geben einen Einblick in die Geschichte der Universitätsstadt Tübingen, der Nachbarstadt Reutlingen, der Neckar-Alb-Region und darüber hinaus. Sie sind berührende Zeugnisse des gesellschaftlichen und politischen Wandels: vom Kaiserreich über die Weimarer Republik und den Nationalsozialismus hin zur jungen Bundesrepublik und in die heutige Zeit. Sie visualisieren die Regionalgeschichte des 20. Jahrhunderts und sind damit ein Teil unseres patrimonialen Erbes. Ihr öffentlicher und ideeller Wert kann nicht hoch genug geschätzt werden.

Die Bildauswahl ist mir sehr schwer gefallen – in der engeren Wahl hatte ich rund 1.500 Fotografien, reichlich 250 davon sind im Buch zu sehen. Walter Kleinfeldt fotografierte in den Jahren 1915 bis 1918 als junger Mann im Weltkrieg. Diese Bilder sind ausgespart und sollen in einer späteren Veröffentlichung sowie auf einer Wanderausstellung gezeigt werden.

Ohne die unermüdliche und sehr zeitintensive Mitwirkung von Volkmar Kleinfeldt, dem Sohn des Gründers, wäre der vorliegende Bildband nicht realisierbar gewesen. Ihm und seiner Frau Liselotte gilt mein ganz besonderes Dankeschön. Unterlagen und Bilder stellten Udo Rauch (Stadtarchiv Tübingen) und Alfred Gemeinhardt (Stadtarchiv Reutlingen) zur Verfügung – dafür herzlichen Dank! Gleichfalls danke ich den Interviewpartnern – Volkmar Kleinfeldt, Hertha Oeser und Martin Kleinfeldt; Evamarie Blattner vom Tübinger Stadtmuseum, Rainer Klink vom Museum Boxenstop sowie Sabine Besenfelder und Karin Priem für wertvolle Tipps und ihre Hilfe bei der Fertigstellung des Manuskripts. Vielen Dank schließlich an Dieter Ott und Silke Ehing von der Tübinger Volksbank für ihre bereitwillige Unterstützung bei der Präsentation der Bilder im Rahmen einer Ausstellung.

Ulrich Hägele

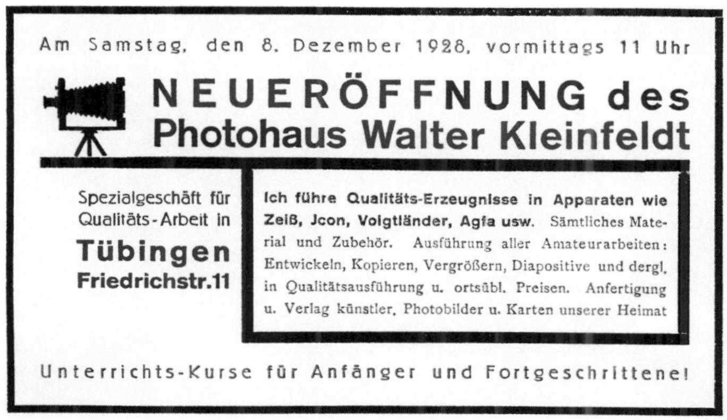

Abb. 3: Anzeige in der Tübinger Chronik, 7. 12. 1928.

Abb. 1: (Seite 2) Treppe von der Neckarbrücke zur Platanenallee, 1939. Glasnegativ 13 x 18 cm.

Abb. 2: (Linke Seite) Tübinger Marktplatz, 1938. Farbdiapositiv.

Kleinfeldt
Fotografie zwischen Kunst und Handwerk

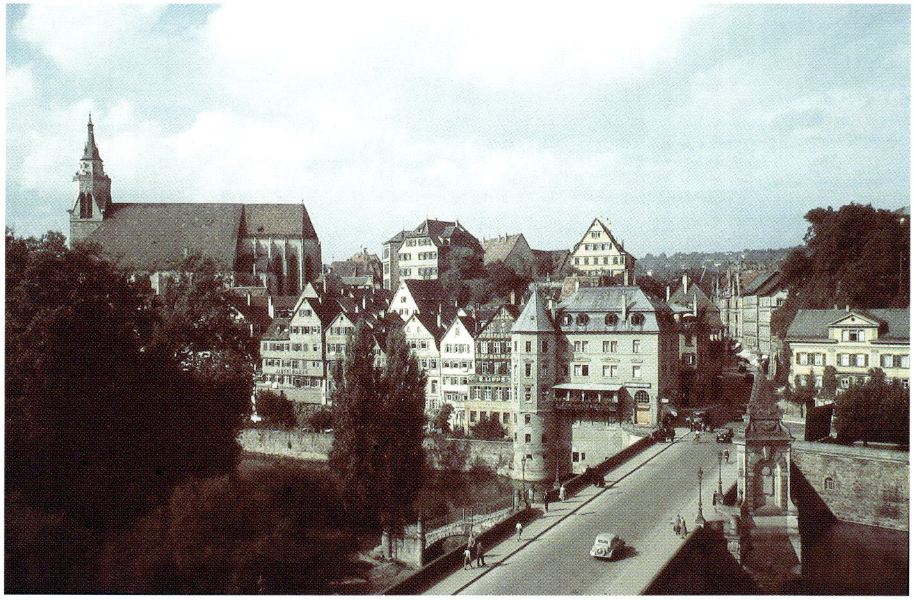

Die Tübinger Fotografen

Im frühen 20. Jahrhundert dominierten in der beschaulichen Universitätsstadt Tübingen noch die Fotografen der ersten Stunde das Lichtbildnergewerbe. Jene Pioniere des neuen Mediums, die ihre Ateliers und Läden in den 1850er bis 1870er Jahren mit viel Einsatz und Engagement gegründet hatten: allen voran Wilhelm Hornung, Paul Sinner und Christian Barth. Sie hatten vom Anschluss Tübingens an die Neckartalbahn (1861) profitiert. Mit dem Bahnhof kamen die Touristen und Berufspendler, die Universität gewann für Wissenschaftler, Lehrkräfte und Studenten an Attraktivität. Obendrein wurde, kaum einen Steinwurf vom Bahnhof entfernt, mit der Kaserne für das 7. Württembergische Infanterieregiment (später Thiepval-Kaserne) der Grundstein für die Garnisonsstadtteile gelegt. In der Folgezeit entwickelte sich entlang der Wege von der Station und der Kaserne

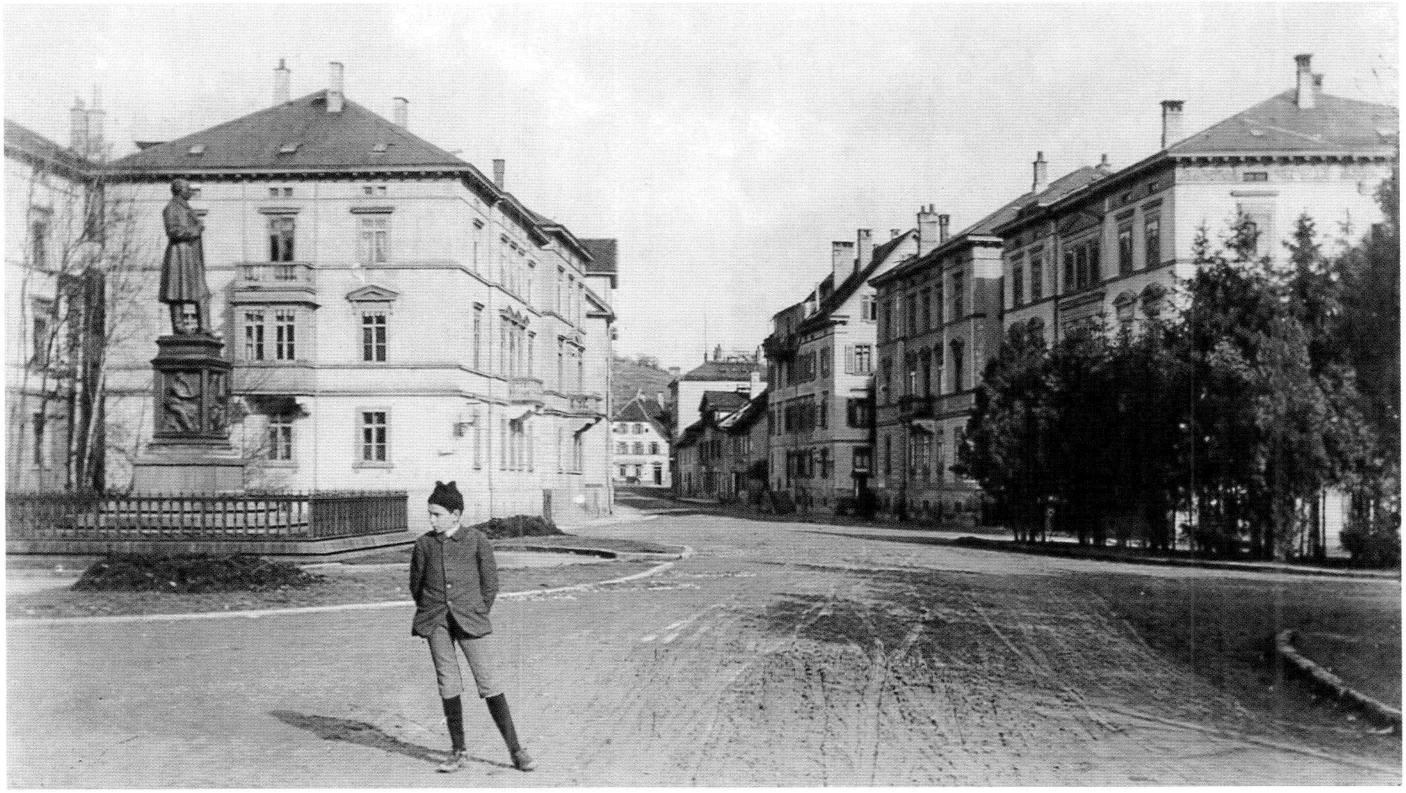

Abb. 5: Unbekannter Fotograf: Blick vom Uhlanddenkmal nach Osten. Im Mittelgrund rechts Sitz der Fotografen Wilhelm Hornung (Nr. 11) und Christian Barth (Nr. 7). Um 1890.

Abb. 4: Linke Seite: Neckarfront, Uhlandhaus und Stiftskirche, vom Dach der Gaststätte „Zur Neckarbrücke" (später „Zom Kieß", heute „Istanbul"), 1938. Farbdiapositiv 24 x 36 mm.

ins Zentrum an der heutigen Uhlandstraße (Abb. 5) und im Wöhrd ein neues Stadtgebiet: Die Neckarvorstadt. Und genau hier ließen sich die Fotografen nieder, wollten sie doch, so das Kalkül, von der Laufkundschaft profitieren.

Das Bürgertum als Kundenstamm

Atelierportraits vom Fotografen waren nicht nur beim Bildungsbürgertum in Mode. Zumeist zog es die Zeitgenossen zu wichtigen biografischen Ereignissen ins Fotostudio: zur Konfirmation und Firmung, Verlobung und Heirat sowie an ‚runden' Geburtstagen oder sonstigen seltenen Feiertagen wie zur Goldenen Hochzeit. Sich fotografieren zu lassen war etwas ganz Besonderes, das man sich leisten können musste. Außerdem wollte man sich beim Lichtbildner ‚ins rechte Licht rücken lassen': Im Atelier, selten Pleinair, präsentierten sich die Kunden von ihrer besten Seite, der ‚Sonntagsstaat' – das beste Kleid und der festlichste Anzug – waren obligatorisch (Abb. 6).

Für das optimale Bild hatten die Fotografen ihre Tricks: eine Kollektion an gemalten Hintergrundprospekten, architektonischen Requisiten wie Säulchen, Podeste und Balustraden sowie Stühle, Tische, Geschirr für die Älteren, Stofftiere und Schaukelpferde für die Kinder, mit denen sich

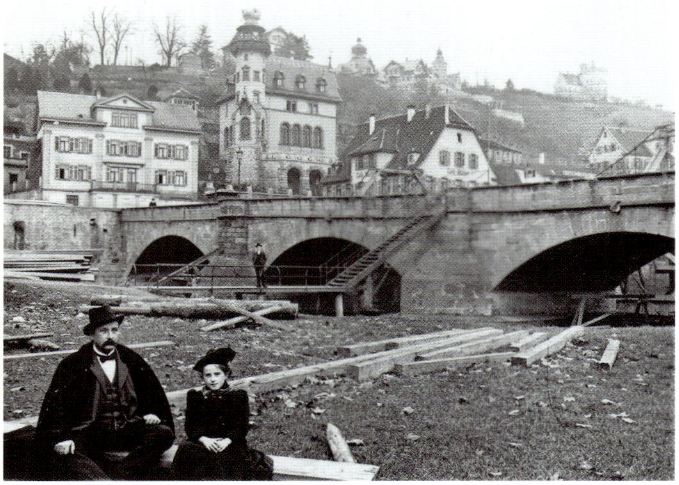

Abb. 6: Christian Barth: Alte Neckarbrücke, vor 1900.

die Kundschaft in Szene setzen konnte. Die Bilder im Hintergrund zeigten romantische Phantasielandschaften mit Bäumen, Ruinen und Flusstälern oder aber Architekturen, die sich an der Renaissance oder am Klassizismus orientierten. Mitunter war auch der Blick vom Innenraum eines bürgerlichen Wohnraumes durch das geöffnete Fenster nach draußen zu sehen.

Nach 1871 erlebte das fotografische Gewerbe einen regelrechten Boom. Dies hing mit der Krise des Bürgertums zusammen, dessen Angehörige sich nach der Reichseinigung und den rasanten Veränderungen im Zuge der Industrialisierung, politischen Zentralisierung und gesteigerten Mobilität sowie den Prozessen der Entfremdung durch den Kapitalismus mehr und mehr in die Defensive gedrängt sahen. Aktuell waren nunmehr weniger die bildungsbürgerlichen Ideale der postnapoleonischen Epoche, sondern die politische und gesellschaftliche Herausbildung eines Nationalstaates mit der Metropole Berlin als Hauptstadt. Parallel entstanden auch in ländlich geprägten Regionen wie am Albrand oder am Mittleren Neckar riesige Produktionsanlagen für Textilien und Maschinen, die das beschauliche Gefüge zwischen althergebrachter kleinbäuerlicher Welt und der überschaubaren bildungsbürgerlichen Schicht gewaltig durcheinanderwirbelten – Fabrikarbeiter, davon hatte es zuvor im Südwesten nur wenige gegeben. Es dauerte nicht lange, bis die Probleme des ungehemmten kapitalistischen Systems – Ausbeutung durch Arbeit und Entwurzelung – auch zwischen Rottenburg, Tübingen und Reutlingen spürbar wurden.

Gegen den von neuen Theoretikern propagierten Kampf der Arbeiterklasse schien in den Augen der Bildungsbürger kein Kraut gewachsen. Es lag deshalb nahe, das eigene Sein und die Identifikation mit dem Selbst möglichst lange zu konservieren, unter dem Motto: die Gegenwart ist schlecht, im Gestern liegt das Heil. Zur Stärkung ihrer Identität engagierten sich die Bildungsbürger in Vereinigungen wie der Heimatschutzbewegung, dem Naturschutz oder in Verschönerungsvereinen, die auch in Tübingen oder Reutlingen alles, was mit Technik und Industrie zusammenhing, mit Argusaugen beobachteten und sich bisweilen vehement gegen Neuerungen zur Wehr setzten.

Für diese Art der Identifikation nach außen kam es rasch in Mode, sich mit passender Pose oder geeigneten Accessoires beim Fotografen ablichten zu lassen. In Tübingen hatte sich Christian Barth in der Uhlandstraße 7 niedergelassen sowie Wilhelm Hornung und Paul Sinner, beide zunächst als Partner, mit dem Geschäft in der Uhlandstraße 11. Christian Barth war ein klassischer Atelierfotograf und warb mit dem Prädikat „Königlicher Hoflieferant“ (Abb. 7). In seinem Laden verkaufte er zudem touristische Bilder und Reiseandenken. Das klassizistische Gebäude aus dem frü-

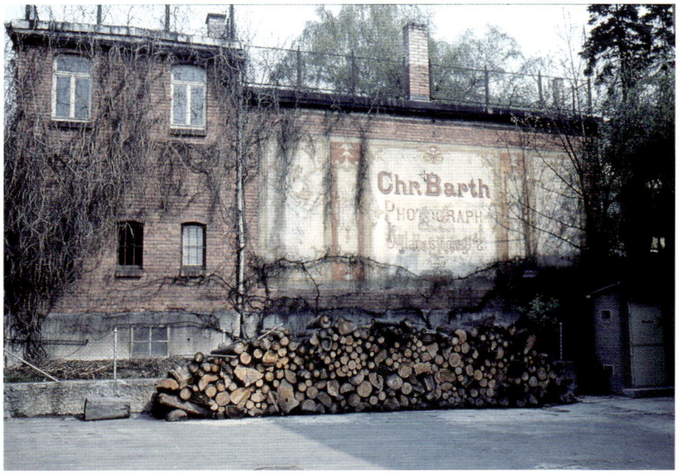

Abb. 7: Albrecht Faber: Uhlandstraße 7, früher Fotoatelier von Christian Barth, Ende März 1963.

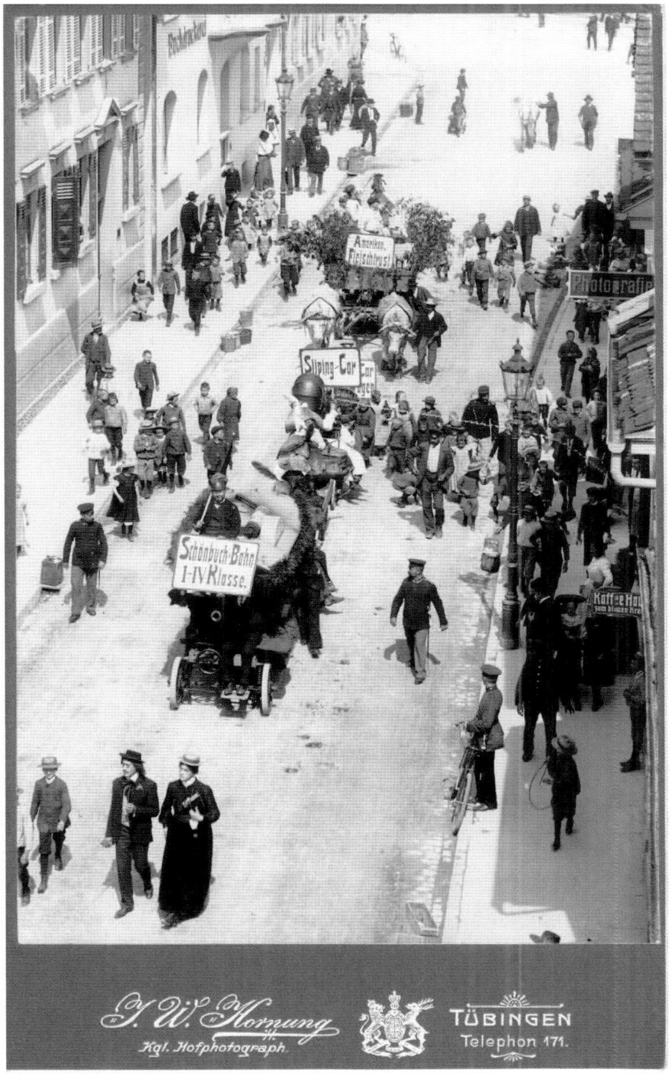

Abb. 8: Julius Wilhelm Hornung: Blick in die Uhlandstraße vom Balkon. Umzug anlässlich des Sommerfestes des Kliniker-Vereins, 1907. Rechts zu erkennen das Firmenschild von Christian Barth.

hen 19. Jahrhundert sowie Teile des Atelieranbaues wurden 2009 abgerissen, im Kellergewölbe fanden sich mehrere Hundert Glasplatten des Fotografen – heute im Bestand des Stadtarchivs. Zwei Häuser weiter sah sich der frühere Kunstmaler Hornung für die ‚reine' Portraitfotografie zuständig und inszenierte gleichfalls Gruppenportraits der Professoren, Lehrer, Lokomotivführer oder Weingärtner sowie wenige Freiluftbilder (Abb. 8). Das einstöckige Ateliergebäude stand sehr wahrscheinlich im Hof und hatte ein Glasdach für Tageslichtaufnahmen. Die Spezialität von Hornungs Sohn Julius (1861–1929) waren seit den 1890er Jahren die Witz- und Spaßmontagen von Gymnasiasten, Studenten und Angehörigen der Tübinger Garnison – szenische Darstellungen, die Hornung mit Schere und Klebstoff ins Groteske steigerte. Die Bilder gelten heute als einer der Vorläufer der dadaistischen Kunst. Leider ist das Archiv des Fotografen nicht überliefert – wahrscheinlich wurde es Mitte der 1960er Jahre bei der Renovierung des Hauses arglos entsorgt.

Paul Sinner

Paul Sinner (1838–1925) eröffnete nach seinem Weggang von Hornung (1867) in der Gartenstraße 7 ein eigenes Atelier. Er war einer der ersten visuellen Dokumentare der Zeitgeschichte und arbeitete als eine Art früher Fotojournalist mit überregionalem Anspruch. Während des Krieges 1870/71 ‚schoss' er Bilder an der Front und von der Belagerung Straßburgs. Unterwegs war er mit einem selbstkonstruierten Wagen als Dunkelkammer. Sinner lieferte seine Kriegsbilder an die illustrierte Presse; in Stahlstiche umgesetzt und in Journalen abgedruckt – die Technik der Rasterung war noch nicht erfunden – erreichten sie ein großes Publikum. Außerdem bediente der Fotograf eine wachsende Sammlergemeinde mit Genredarstellungen, jenen Bildern, auf denen das Gestern in Form von Trachtendarstellungen, ländlichen Architekturen und ursprünglichen Landschaften konserviert erschien. Auf Sinner gehen die frühesten fotografischen Darstellungen der Universitätsstadt zurück, darunter auch Stereobilder (Abb. 9). Außerdem gilt er als der Wegbereiter der südwestdeutschen Trachtenfotografie: Er konzentrierte sich zunächst auf die Betzinger Tracht und schuf im Laufe der Zeit einen ganzen Katalog an inszenierten und mit Sinnsprüchen versehenen vestimentären Szenen aus dem ländlichen Ambiente. Die Bilder vertrieb er reichsweit im Versand oder verkaufte sie in Tübinger Läden als Ansichtskarten und in dem etwas kleineren Carte-Visite-Format als Erinnerungsbildchen.[1]

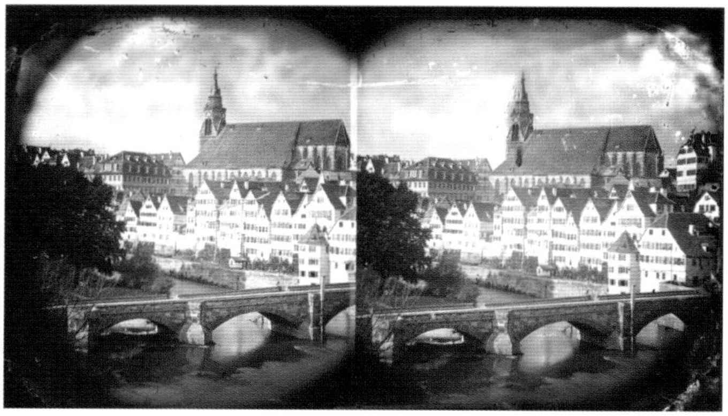

Abb. 9: Stereofotografie von Paul Sinner, im Vordergrund die alte Neckarbrücke, vor 1900.

Metz

Nachdem die Reichspost 1885 beförderungstechnische und editorische Beschränkungen aufgehoben hatte, begann der Siegeszug der illustrierten Ansichtskarte. Auch in Tübingen etablierten sich Firmen, die Bildpostkarten produzierten, unter ihnen der Metz-Verlag. Die Brüder Heinrich (1865–1930) und Gustav (1869–1923) hatten den Familienbetrieb 1896 übernommen. Im Jahr darauf bezog man ein repräsentatives Gebäude in der Hechinger Straße, das bis zum Ende der Firma (1988) die Zentrale bleiben sollte. Die Gebrüder Metz erkannten wie bereits Paul Sinner, dass mit lokalen und regionalen Bildern allein auf Dauer keine Firma lukrativ zu führen war. Entsprechend entstanden Aufnahmen aus dem ganzen Reich sowie aus Österreich, Ungarn und Rumänien. Metz expandierte außerdem in die Schweiz nach Basel, von wo man den elsässischen Markt bedienen konnte. In Diensten der Firma standen mehrere Fotografen, wie etwa der Spezialist für Landschaftsfotografie, Karl Reichler. Zum festen Stab zählte ebenso der aus München stammende Illustrator Johannes Dreyschütz (1880–1959). Zum Erfolg des Metz-Verlags trug die All-In-One-Strategie bei: Die Fabrikation erfolgte von der Aufnahme bis zum lithografisch oder fototechnisch reproduzierten Endprodukt in eigener Regie.

Wie Paul Sinner schwamm der Metz-Verlag auf der bürgerlichen Sammlerwelle, die um die Jahrhundertwende bis in die hintersten Winkel des Reiches schwappte. Für Liebhaber der Ansichtskarte interessant waren nicht nur pfiffige Einzelkreationen, sondern gleichfalls Serien und Bildstrecken. Die Kollektionen steckte der Sammler sodann in aufwendig gestaltete Alben – die bei Metz geordert werden konnten. Die Bildpostkarte selbst blieb bis in die 1920er Jahre für viele die einzige Möglichkeit, günstig und schnell mit auswärtigen Familienmitgliedern oder Freunden zu kommunizieren – das Telefon gab es zwar schon vor 1900, allerdings für die breite Masse noch nicht erschwinglich. Vor allem während des Ersten Weltkrieges wurde die Ansichtskartenbranche zum Milliardenmarkt – nie zuvor und nie danach beförderte die Post mehr Karten. Der Metz-Verlag allerdings konnte nicht davon profitieren und musste die Produktion drosseln, da die meisten Mitarbeiter zum Militärdienst eingezogen waren.[2]

Fotograf und Einzelhändler

Die Jahre nach dem Ersten Weltkrieg markierten für das fotografische Gewerbe nicht nur in Tübingen einen gravierenden Einschnitt. Zahllose Fotografen waren auf den Schlachtfeldern geblieben, zuhause war das Geld knapp geworden und während der Inflation schmolz auch das übriggebliebene Kapital rasch dahin. Der Metz-Bilderverlag begann erst in den 1930er Jahren wieder einigermaßen zu florieren. Die übrigen, einstmals bekannten Fotografen hatten sich zur Ruhe gesetzt oder ihre Geschäfte geschlossen. Hinzu kam, dass kaum einer der arrivierten Lichtbildner die sich rasch entfaltende Amateurfotografie in den Blick genommen hatte: War bislang für eine Aufnahme ein Besuch im Atelier des Fotografen obligatorisch, ermöglichte es die vereinfachte Technik in Form von Rollfilmen und günstigen Schnappschusskameras nun nahezu jedermann, passable Bilder und ganze Serien für den Hausgebrauch anzufertigen – die komplizierten und teuren Plattenkameras auf ihren schweren Holzstativen waren nun nicht mehr notwendig. Zugleich fehlte es an geeigneten Labors für die Entwicklung der Filme, und auch das Equipment – Kameras und Zubehör – mussten sich die Amateure zunächst umständlich über den Versandhandel beschaffen. Geschäfte mit hinreichendem Sortiment gab es mit Foto Dohm zwar in Reutlingen, nicht aber in Tübingen. Dieses Defizit erkannte auch der

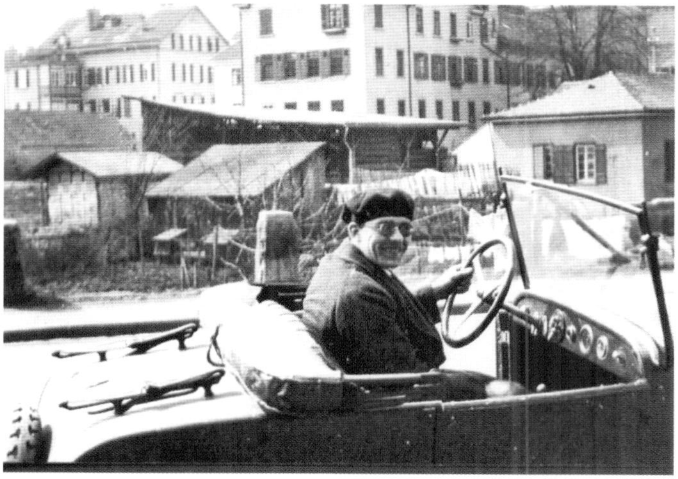

Abb. 10: Walter Kleinfeldt in seinem Opel-„Laubfrosch“ in der Tübinger Friedrichstraße, Winter 1928. Silbergelatineabzug 9 x 12 cm.

Reutlinger Walter Kleinfeldt, als er 1927 über seine berufliche Zukunft nachdachte. Reutlingen war schon besetzt, Tübingen nicht. Kleinfeldt entschloss sich kurzerhand im November 1928, in der Tübinger Friedrichstraße einen Laden anzumieten und darin ein Fotogeschäft zu eröffnen (Abb. 10).

Die Anfänge der Firma Foto Kleinfeldt

Der Weg zum Einzelhändler war Walter Kleinfeldt biografisch vorgezeichnet. Wie so viele aus seiner Generation der um die Jahrhundertwende Geborenen, hatte er nach dem Weltkrieg eine gewisse Antriebslosigkeit gespürt. Er probierte sich als Schreinergeselle oder Optiker. Konkrete Ziele hatte er zwar keine, aber was er nicht wollte, wusste der Weltkriegsveteran genau: Eine abhängige Beschäftigung, die Tretmühle am Band oder im Büro kam nicht in Frage. Dazu steckten die Erinnerungen an die Front zu tief in der Seele.

Walter Kleinfeldt hatte am 3. Januar 1899 in Freiburg im Breisgau das Licht der Welt erblickt. Vater Wilhelm Kleinfeldt, ein ausgewiesener Experte für die öffentliche Energieversorgung mit Gas und Wasser, hatte 1896 von Schwäbisch Gmünd kommend bei den Freiburger Stadtwerken eine Stelle als Betriebsingenieur übernommen. 1904 bewarb er sich erfolgreich auf die Direktorenstelle der Stadtwerke Reutlingen, woraufhin Wilhelm und Anna Kleinfeldt mit ihren Kindern Walter und den Schwestern Lisbeth und Grete an die Echaz in ein repräsentatives Wohngebäude auf dem Gelände des alten Gaswerkes zogen. Der rührige und erfinderische Wilhelm Kleinfeldt verbesserte die Arbeitsorganisation, versuchte die Kosten zu senken und empfahl dem Gemeinderat schließlich, den in der Nähe des Hauptbahnhofs gelegen Betrieb auf ein größeres Areal an den heutigen Standort im Westen der Stadt zu verlegen. Auch Fortschritte bei den Arbeitsbedingungen vor allem im städtischen Gaswerk lagen ihm am Herzen – um die Jahrhundertwende mussten die Beschäftigten auch im öffentlichen Dienst nicht selten 60 Stunden in der Woche schuften. Nur der Sonntag war frei, Vorkehrungen gegen die Gefahren am Arbeitsplatz gab es kaum – entsprechend häuften sich schwere Unfälle.

Bei Familie Kleinfeldt schien das Glück mit dem 1905 geborenen vierten Kind Hertha perfekt (Abb. 11). Doch Vater Wilhelm sollte nicht mehr viel Zeit bleiben – als Chef arbeitete er Tag und Nacht, gönnte sich auch an den Wochenenden kaum Ruhepausen – saß zumeist auch zuhause noch bis nach

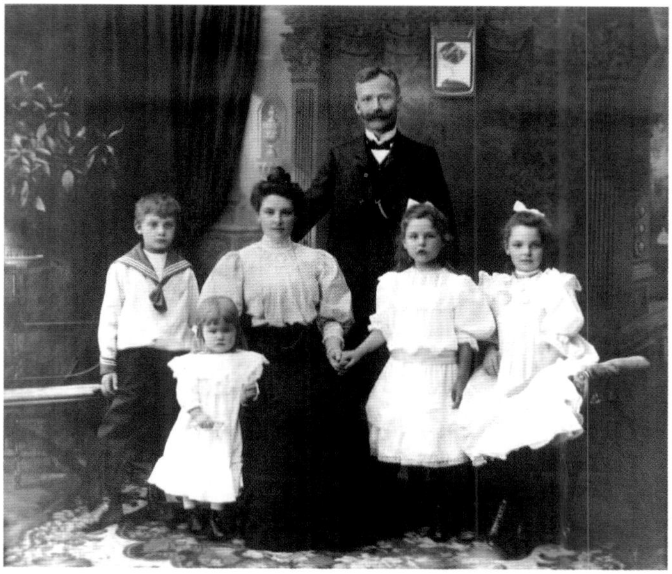

Abb. 11: Die Kleinfeldts in Reutlingen, 1908: Walter, Hertha, Mutter Anna, Vater Wilhelm, Grete und Elisabeth.

Mitternacht über den Plänen für den Neubau. Dazu kamen Vorträge und Veröffentlichungen und Reisen zu Tagungen. Wilhelm Kleinfeldt engagierte sich zudem bei den Freimaurern. Um die Jahrhundertwende war Reutlingen geprägt von der Textilindustrie und von der Gerberzunft, die sich entlang der weitverzweigten Wasserläufe der Echaz am Rande der Altstadt für die Lederverarbeitung niedergelassen hatte, und dort unter heute unvorstellbaren Bedingungen ihrem Gewerbe nachging. In vielen Gebäuden gab es weder Trinkwasser noch Kanalisation. Während einige Textilfabrikanten wie Gminder ein soziales Gewissen an den Tag legten und in Stadtrandlage, in der Nähe der Fabrikationsstätten, moderne Wohnanlagen mit Gärten und Sozialräumen für die Belegschaft errichten ließen, grassierten in der Altstadt, in den engen und modrigen Gassen Epidemien, hervorgerufen durch verunreinigte Lebensmittel und verschmutztes Wasser. Ironie des Schicksals: Wilhelm Kleinfeldt erkrankte 1909 an Typhus, just an der tückischen Krankheit, die er als Chef der Stadtwerke eigentlich mit der geplanten modernen Wasser- und Gasversorgung für immer aus dem Stadtgebiet verbannen wollte. Angesteckt hatte er sich womöglich bei einer seiner amtlichen Hausbegehungen. Vom Ausbruch der Krankheit bis zum Tod des Familienoberhaupts im September 1909 mit nur 45 Jahren vergingen kaum sechs Wochen – Wilhelm Kleinfeldt arbeitete buchstäblich bis zum letzten Atemzug.

Die Lebenserwartung eines leitenden Angestellten war in jenen Jahren nicht mit der heutigen vergleichbar. Dennoch muss das rasche und viel zu frühe Ableben des Vaters für die Familie ein gewaltiger Schock gewesen sein. Das einstige Nesthäkchen Hertha im März 2012 über das 103 Jahre zurückliegende Ereignis: „Ich lag in meinem Bettchen und mein Vater beugte sich zu mir herunter, gab mir einen Kuss. Am Tag darauf war er tot." Für das Mädchen war eine Welt zusammengebrochen, doch damit nicht genug: „Ich durfte nicht mit zur Beerdigung, weil ich kein schwarzes Kleidchen hatte. Darüber war ich sehr traurig." (1)* Obendrein hatte sich Hertha offenbar beim Vater angesteckt, denn auch bei ihr diagnostizierten die Ärzte Typhus, woraufhin man die Vierjährige für ein paar Wochen in das Reutlinger Bürgerspital an der heutigen Emil-Adolf-Straße einwies: „Das neue Reutlinger Krankenhaus war schon fertig, aber ich durfte dort nicht hin, weil ich eine ansteckende Krankheit hatte." (1)

Von heute auf morgen war Familie Kleinfeldt trotz einer bescheidenen Witwenpension praktisch mittellos. Das Angesparte reichte nicht lange, und Anna Kleinfeldt musste mit ihren vier Kindern in eine bescheidene Wohnung in der Kaiserstraße 89 ziehen. Mietpreis: 50 Mark im Monat. Eine geringe Zuwendung kam von den Mitgliedern der Freimaurerloge, und außerdem vermietete man ein Zimmer an einen Studenten des Technikums.

Als der Vater starb, besuchte der zehnjährige Sohn Walter die Oberrealschule, das heutige Friedrich-List-Gymnasium. Die Grundschulzeit hatte er mit guten Zeugnissen hinter sich gebracht. Mit dem eher altphilologisch motivierten Unterricht in der weiterführenden Bildungsanstalt kamen die Probleme. Walter Kleinfeldts Lieblingsbeschäftigung bestand in ausgedehnten Spaziergängen und Wanderungen durch die nähere und weitere Naturlandschaft der Schwäbischen Alb. Er liebte die Ausflüge mit Geschwistern (Abb. 12) und Freunden, das Übernachten im Freien und die Abende am knisternden Lagerfeuer: „Walter war einfach anders – naturverbunden und er konnte und wollte sich nicht unterordnen,

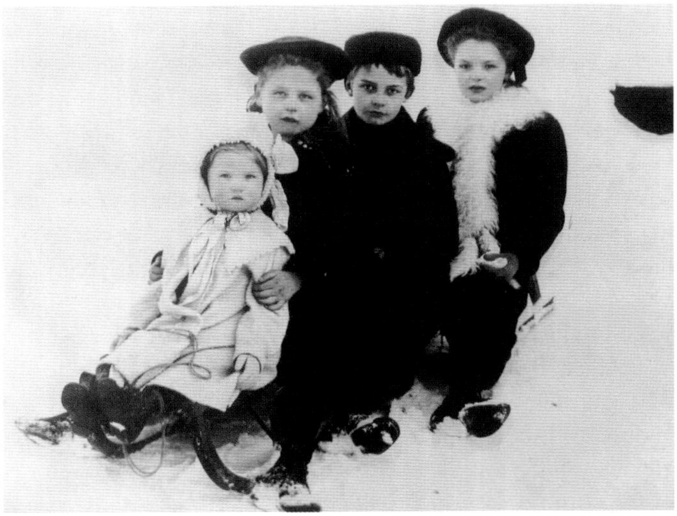

Abb. 12: Die Geschwister Kleinfeldt, Winter 1907/1908: Hertha, Grete, Walter, Elisabeth.

* Interview Nr. 1, siehe Seite 190.

hatte mit Autoritäten so seine Probleme." (1) Die Schwierigkeiten hatten bereits zu Lebzeiten des gutmütigen, aber strengen Vaters begonnen. Es gab Streit über die Schule und über die Pflichten des einzigen Sohnes. Je mehr Erwartungen der Vater in ihn setzte, desto stärker ging Walter auf Distanz. Schwester Hertha erinnert sich, ihr Bruder habe sogar klassisches Bubenspielzeug wie die Eisenbahn oder die Laubsäge links liegen gelassen und sich stattdessen demonstrativ mit den Puppen der Schwestern beschäftigt – die Mutter sei machtlos gewesen. „Ansonsten war mein Bruder sehr geschickt! Später hat er mir ein ganzes Puppenhaus gemacht!" (1)

Mit dem „Fotokasten" an die Front

Am 1. August 1914 erklärten Kaiser Wilhelm II. und das Deutsche Reich den Krieg. Die Mobilmachung begann und auch in Reutlingen zog es hunderte junger Männer an die Front, die Begeisterung war vielen ins Gesicht geschrieben. Walter Kleinfeldt hielt es nicht mehr länger auf der Schulbank. Er legte eine Art Notabitur ab und meldete sich 1915 mit sechzehn Jahren als jüngster Reutlinger freiwillig: „Mein Bruder, der war nicht mehr zu halten! Das kann man sich gar nicht vorstellen! Er hat Angst gehabt, der Krieg gehe aus, ohne dass er dazu kommt!" (1) Für Sohn Volkmar, Jahrgang 1934, ein schwer nachvollziehbarer Übermut. Die Unbedarftheit des Vaters lässt ihn auch heute noch nachdenklich werden: „Die jungen Leute sahen damals 1914 das Abenteuer. Sie wollten von der Schule weg, waren lernfaul. (...) Ich weiß es nicht! Ich glaub', da muss man sich in die Generation hineindenken." (2) Zunächst reiste Walter mit der Bahn zur Musterung nach Ulm in die Garnison. Zurück nach Reutlingen gekommen sei er mit stolzgeschwellter Brust. Der Arzt habe gemeint: „So Mordskerle wie Euch können wir 'grad brauchen!" (1) Jahre später sollte Walter Kleinfeldt sein Tun lapidar rekapitulieren: „Nach Schwierigkeiten mit dem Elternhaus konnte ich in den Krieg ziehen."[3]

Kleinfeldt trat am 17. Mai 1915 als „Kriegsfreiwilliger", wie im Militärpass vermerkt, in das Feldartillerieregiment „König Karl" (1. Württembergisches) Nr. 13, II. Ersatz-Batterie, 3. Ersatz-Abteilung ein.[4] Die Mutter hatte per Unterschrift ihr Einverständnis erklärt.

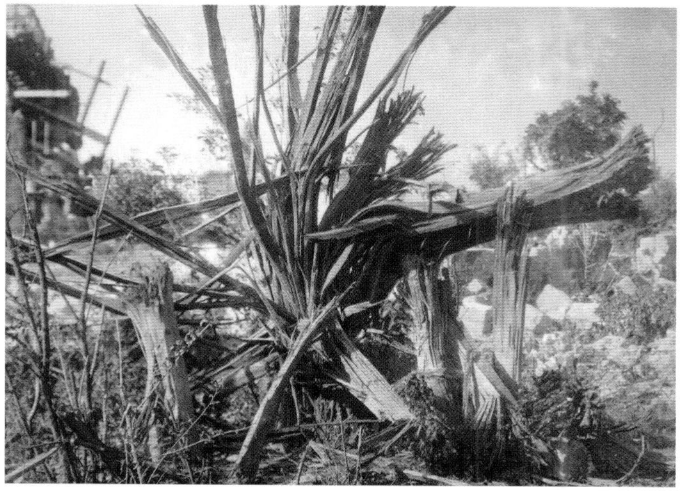

Abb. 13: Walter Kleinfeldt: Zerschossener Baum, Somme 1916.

Der Rekrut kommt nach Nordfrankreich an die Somme, wo ein unerbittlicher Grabenkrieg tobt. Seine Eindrücke hält er in einem Tagebuch und in Feldpostbriefen fest. Im November 1915 bestellt er bei seiner Mutter eine Kamera.[5] Der gewünschte „Fotokasten" erreicht ihn am 12. Januar 1916.[6] Kleinfeldt macht sich sogleich ans Werk und probiert den Apparat der „Contessa Camerawerke Stuttgart" mit dem 7,7/105 mm Objektiv „Extra Rapid Aplanat"[7] in der freien Zeit aus, wenn es sich ergibt, auch während des Dienstes. Am 15. Januar 1916 schreibt er an seine Mutter: „Gestern erlebten wir ein hochinteressantes Schauspiel. Direkt über unserem Hof spielte sich ein Fliegerkampf ab. Leider konnte ich meinen Apparat nicht gleich holen; das hätte interessante Aufnahmen gegeben."[8] Vom 16. Januar 1916 bis Ende 1918 entstanden mindestens 149 Aufnahmen auf Glasnegativplatten, etwa 100 überdauerten die Zeit. Die durchnummerierten Bilder listete der Fotograf mit Titel, Aufnahmedatum und Belichtungszeit sowie einer eigenen Bewertung in sein Tagebuch (Abb. 13).

Aus der Zeit vor dem Ersten Weltkrieg sind von Walter Kleinfeldt nur wenige fotografische Zeugnisse überliefert (Abb. 14). Trotzdem ist davon auszugehen, dass er in der Schule, im Freundeskreis oder in der Familie bereits erste Kamera-Erfahrungen gesammelt hatte.[9] Der junge Mann muss ein fotografisches Naturtalent in Sachen Themenfin-

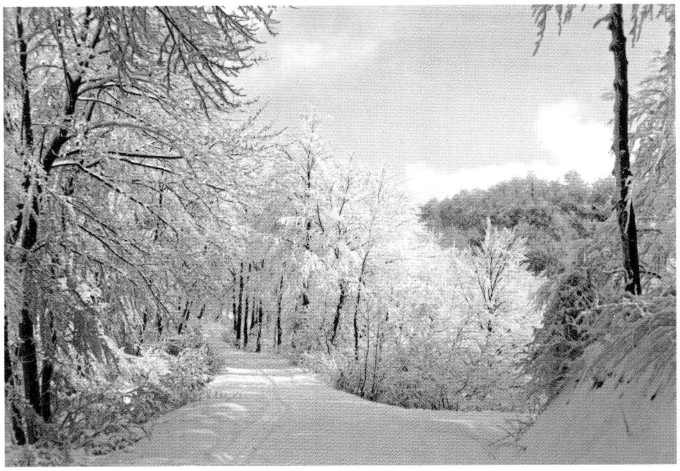

Abb. 14: Walter Kleinfeldt: Winterlandschaft auf der Schwäbischen Alb (Übersberg), Dezember 1914, Negativ Nr. 6 im Format 9 x 12 cm.

dung, Bildkomposition und technischer Umsetzung gewesen sein. Sonst wäre nicht zu erklären, dass sich unter dem ganzen Konvolut kaum eine misslungene Aufnahme befindet. Zudem war der Fotograf gezwungen, die Belichtung an seinem Apparat mangels Messmöglichkeit zu schätzen. Die Emulsionen waren noch sehr lichtschwach. Aufnahmen in der Dämmerung oder bei bedecktem Himmel konnten nur mit Stativ gemacht werden.

Die belichteten Platten schickte Kleinfeldt mit der Feldpost nach Reutlingen und die Mutter beauftragte dann ein Fotogeschäft, sie zu entwickeln und die Bilder zu kopieren.[10]

Die Abzüge reichte er dann in seiner Einheit herum, nahm Bildbestellungen und Aufträge entgegen. Kleinfeldt fand rasch heraus, welche Motive beliebt waren – Bilder von Ruinen und toten gegnerischen Soldaten sowie Portraits der eigenen Truppe – und legte seine Fotografierpraxis danach aus, aus der Fotoleidenschaft wurde ein bescheidenes Geschäft.[11] Seine Bilder lassen durchaus ein journalistisches Herangehen erkennen. Sie zeigen den ‚besonderen' Augenblick, sind bildarchitektonisch gekonnt gestaltet und besitzen mitunter den Charakter von Momentaufnahmen. Die ziemlich ramponierten Aufnahmen mit vielen Kratzern und Beschädigungen der Emulsion wirken heute bizarr. Man meint, durch einen vorgeschalteten Schleier in eine andere, weil unwirkliche Welt zu blicken, und ist bei der gezeigten archaischen Gewalt, der Zerstörung und dem Leid zugleich froh darüber, in der Gegenwart zu sein.

Für Walter Kleinfeldt ist der Krieg am 26. Dezember 1918 vorbei. Er kommt allerdings nicht sofort nach Reutlingen zurück, sondern muss noch bis Mitte Februar 1919 in Ulm auf seine Demobilisation warten, offenbar zögerte die neue Heeresleitung mit der Auflösung der Streitkräfte wegen der unsicheren politischen Situation nach dem Waffenstillstand.

Als Kriegsteilnehmer und Überlebender des mörderischen Kampfes in Nordfrankreich hat Kleinfeldt sich im Schützengraben vom Knipser zum semi-professionellen Fotografen entwickelt. Als er im Februar 1919 in seine Heimatstadt Reutlingen zurückkehrt, hat er – ohne es zu wissen – zu seinem Metier gefunden.

Auf der Suche

In der Heimat betritt er eine veränderte Welt: Es gibt keinen König mehr und auch keinen Kaiser, sondern eine Demokratie mit Friedrich Ebert an der Spitze und Philipp Scheidemann als Regierungschef. Das Reich hat seine Kolonien verloren, das Rheinland ist besetzt. Die Spartakusaufstände wirbeln in Berlin die alte Ordnung durcheinander. Innerhalb kurzer Zeit ermorden rechte Terroristen im Januar und Februar 1919 die KPD-Politiker Rosa Luxemburg und Karl Liebknecht sowie den Bayerischen Ministerpräsidenten Kurt Eisner. Allein aus dem Deutschen Reich waren zwei Millionen Soldaten gefallen. Mindestens noch einmal soviele hatten schwere psychische und physische Verletzungen davongetragen. Überall sieht man Kriegsversehrte ohne Arme und Beine oder mit verstümmelten Gesichtern – auch in kleineren Städten wie Reutlingen und Tübingen. Während in Belgien und Nordfrankreich ganze Landstriche dem Erdboden gleichgemacht worden sind, hat das ehemalige Königreich Württemberg kaum Schäden zu verzeichnen. Der Krieg hatte freilich auch hier die ersten Opfer gefordert, etwa 1916, als ein französischer Flieger die Tübinger Altstadt attackierte und seine Bomben über der Unterstadt abwarf.

Walter Kleinfeldt zieht in die Wohnung der Mutter in der Reutlinger Kaiserstraße und logiert in seiner alten Dachkammer. Wie so viele der traumatisierten Kriegsgeneration

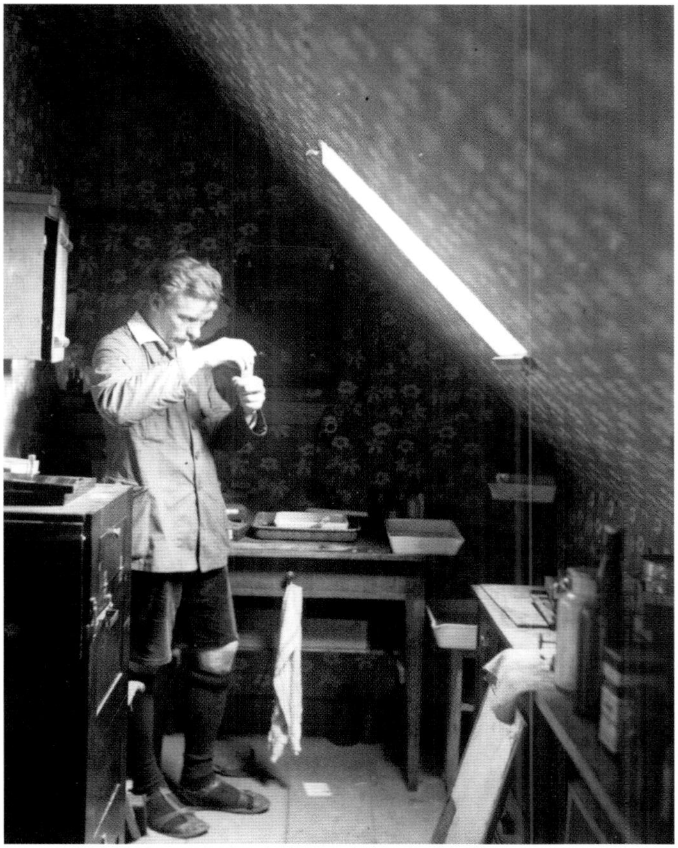

Abb. 15: Walter Kleinfeldt in seinem Reutlinger Fotolabor unter dem Dach in der Burgstraße, um 1924. Silbergelatineabzug 6 x 9 cm.

fühlt sich der einstige Frontkämpfer ohne jede berufliche und private Perspektive. Sein hastiger Schulabschluss bietet nicht die Möglichkeit für ein Studium. „Er hatte mit neunzehn diese ganze Grausamkeit des Krieges erlebt. Ist von einem Kind zu einem gereiften Mann geworden. Ich glaub' nicht, dass diese Menschen dann Lust auf Schule oder Universität gehabt haben." (2) Wieder die Schulbank drücken, weiter Lernen – das kam nicht in Frage. Kleinfeldt besaß freilich ein unerschütterliches Talent für handwerklich-praktische Dinge und er konnte rechnen. In den folgenden Jahren probiert er einiges aus: Er nimmt Hilfsarbeiten an, verdingt sich als Buchhalter bei der „Spezialfabrik für technische Artikel Bernhard Menrad" in Tübingen-Waldhörnle, spricht bei einem Schreinermeister vor – Hobel und Werkzeug haben die Zeit überdauert. In Reutlingen klopft er schließlich bei einem Optikergeschäft an. Doch der nur unwesentlich ältere Chef hat nicht gedient – rasch ergeben sich unüberbrückbare Differenzen und Walter Kleinfeldt kündigt nach fünf Tagen.

Der Optiker verkauft auch Kameras und Filme. Kleinfeldt erinnert sich an seine Geschäftsidee aus dem Krieg: Mit dem Fotografieren und dem Herstellen von Bildern Geld zu verdienen – doch erst einmal musste ein ‚richtiger' Apparat her. Mit dem ersparten Geld kauft er eine anspruchsvolle Kurt Bentzin-Holzkamera aus Görlitz im Format 13 x 18 cm mit Mahagonistativ und Plattenkassetten. Auch die Dunkelkammer modernisiert er mit neuen Entwicklerschalen, Messgeräten und Chemikalien (Abb. 15).

Mit Peter Dohm ist in Reutlingen bereits ein etablierter Fotograf mit Laden und Atelier vor Ort vorhanden (Abb. 16). Mit dem Inhaber fühlt sich Kleinfeldt seit Kindertagen freundschaftlich verbunden. Insofern verwundert es nicht, dass er sich zunächst auf Geschäftsbereiche wie die Industriefotografie konzentriert, die für Dohm nicht oder nur am Rande interessant sind. Möglicherweise über seine Mutter oder über Kriegskameraden bekommt er um das Jahr 1922 den Auftrag, in der Villa der Fabrikantenfamilie Gminder die Kunstsammlung zu fotografieren. Man ist mit dem Ergebnis zufrieden und fragt, ob er nicht auch noch die Betriebsanlagen – Hallen, Gebäude und das Umfeld mit

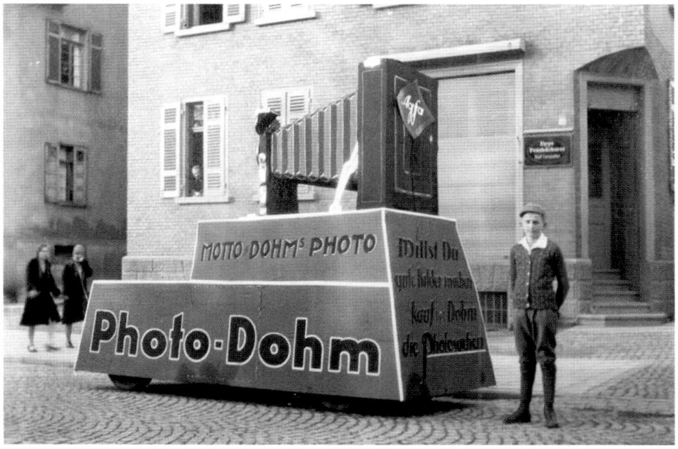

Abb. 16: Werbeaufnahme von Peter Dohm, Reutlingen. Um 1925.

Arbeitersiedlung, Kindergarten und Restauration, aufnehmen wolle. Die Firma Gminder zählte zu dieser Zeit zu den modernsten Leinenwebereien im Südwesten. Ihr Chef hatte eine soziale Ader[12] und orientierte sich bei der Vergabe der Bauaufträge an der ‚Stuttgarter Schule', einer eher konservativen Ausprägung der modernen Architektur. Deren Hauptprotagonist Theodor Fischer wurde für den Bau der Siedlung engagiert.

Die Ära der Werbung

Die Eigenwerbung kleinerer oder mittlerer Unternehmen steckte zu Beginn des 20. Jahrhunderts noch in den Kinderschuhen. Emil Gminder (1873–1963) erkennt, dass seine modernen Werkanlagen und Siedlungsarchitekturen öffentlichkeitswirksam visualisiert für Werbezwecke einzusetzen sind. Kleinfeldt bekommt auch diesen Auftrag, allerdings wird das Firmenareal von Kettenhunden bewacht. Dazu seine Schwester Hertha im Frühjahr 2012: „Unsere Mutter sagte noch: ‚Zieh auch Deine neue Windjacke an, wenn Du in so ein gutes Haus kommst!' Dann kam er wieder und sagte: ‚So, und was hab' ich jetzt von der guten Jack? – Die Sauhunde haben mir meine Windjacke zerrissen!'" (1) Gminder soll das Stück dann freilich ersetzt haben.

Die ästhetisch gelungenen Bilder der Maschinen und lichtdurchfluteten Fabrikationsstätten vermitteln die den Gründerzeitbauten eigene Monumentalität und lassen ein hohes Maß an Professionalität erkennen (Abb. 71–74). Kleinfeldt schlägt Gminder vor, Bilder der Maschinen anzufertigen und auch deren Einzelteile zu fotografieren und zu nummerieren, um so die Ersatzteilbeschaffung zu erleichtern.

Fernerhin entstehen erste Portraitaufnahmen, die allerdings im Kleinfeldt-Archiv nicht überliefert sind. Der Fotograf beeindruckt mit technischer und bildvisueller Qualität und schafft sich einen treuen Kundenstamm – noch in den 1960er Jahren seien Abnehmer aus Reutlingen nach Tübingen zum Sohn in den Laden gekommen, mit den Worten: „Ha ja, ich war schon bei Ihrem Vater, in diesem Reutlinger Dachkämmerlein. Der machte so gute Bilder. Hat mir immer meine Bilder gemacht!" (2)

Parallel entdeckt der freiberufliche Fotograf Mitte der zwanziger Jahre bei seinen ausgedehnten Wanderungen in der Region und auf der Schwäbischen Alb, dass es von den damaligen Naherholungszielen nur wenige Ansichtskarten im Handel gibt – eine weitere Geschäftsidee war geboren: der Postkartenverlag. Fortan nimmt er seine Plattenkamera mit auf seine Touren und lichtet damit die Uracher Wasserfälle, das Schloss Lichtenstein, die Landschaft im Lautertal ab und macht Fotografien von Albdörfern, Bäumen, Blumen und Monumenten, aber auch schon von Natur-Verschandelungen. Es entstehen erste Ansichten vom Reutlinger Marktplatz, vom Gerberviertel „Kleinvenedig" und von der Achalm (Abb. 66, 99). Darüber hinaus fotografiert Kleinfeldt unter anderem in Nürtingen, Heidelberg und Tübingen. Stets sind es die ‚Schokoladenseiten', jene touristisch interessanten Motive, die einen entsprechenden Absatz garantieren – rasch kommen über hundert Motive zusammen.

Von den Vorlagen fertigt er in seinem bescheidenen Labor in der Burgstraße Bildpostkarten in kleiner Auflage. Doch die Fabrikation im Dachkämmerlein stößt bald an ihre Grenzen und Kleinfeldt betraut professionelle Chromsilberdruckereien mit der Herstellung.

Gleichzeitig treffen immer wieder Aufträge von der prosperierenden Firma Gminder ein. Er kommt auf die Idee, vom gerade erst errichteten hundert Meter hohen Kamin – im Volksmund „Langer Emil" genannt – eine Aufnahme zu machen (Abb. 68).[13] „Mein Vater ließ sich im Zementkübele hochziehen. Musste damals schon eine Haftungsausschlusserklärung unterschreiben. Es ist nur ein einziges Negativ vorhanden und ich glaub' nicht, dass er mehr gemacht hat!" (2) Der geschäftstüchtige Fotograf gibt von dem atemberaubenden Motiv eine größere Auflage in Druck. Über das Ergebnis äußerten sich manche Zeitgenossen irritiert und meinten, es sei „vom Albrand aus oder so gemacht worden, weil die Leute nicht wussten, wo sie das unterbringen sollten" (2) – der Kamin war ja im Bild nicht zu sehen. Jedenfalls hatte Kleinfeldt den richtigen Riecher, denn der schwindelerregende Ausblick entpuppt sich als Kassenschlager: Von April 1928 bis September 1930 verkauft er nicht weniger als 7.189 Postkarten. Auf den Plätzen folgen Schloss Lichtenstein (6.667 Stück), Reutlingen mit Achalm (5.718), Tübingen, Stiftskirche mit Hölderlinturm (5.408), Tübingen am Neckar (4.745) und Tübingen, Blick vom Österberg (4.368). Diese Bildpostkarten allerdings waren sämtlich bis 1938 in bis zu acht Auflagen und damit über einen wesentlich längeren Zeitraum Bestandteil des Katalogs. Gleiches gilt auch für den Uracher Wasserfall – in der Kleinfeldtschen Ansichtskartenproduktion die Nummer mit der höchsten Auflage (7.758).

Die Goldenen Zwanziger Jahre – dieses oft verklärend gebrauchte Attribut eines Jahrzehnts – für Walter Kleinfeldt hätte es durchaus seine Berechtigung. Trotz Inflation und Wirtschaftskrise geht es bei dem Jungunternehmer steil bergauf. Auch privat. Er lernt seine spätere Frau Luise Bader (1901–1986) kennen (Abb. 17). Die nach pietistischen Maßstäben erzogene Tochter des Pfullinger Oberbahnhofsvorstehers Leonard Bader hat das Herz auf dem rechten Fleck. Luise und Walter heiraten 1923, bald ist Nachwuchs unterwegs – 1925 kommt Irene auf die Welt, Werner wird 1928 geboren.

Bei dem ganzen Erfolg bewahrt sich der Familienvater doch ein gewisses Maß an eigener Freiheit. Er fühlt sich zur Wandervogelbewegung hingezogen, lehnt so manche gesellschaftliche Konvention ab – mit Anzug und Krawatte ist er nie zu sehen, auch nicht bei offiziellen Anlässen (Abb. 18). Viel lieber fährt er im ‚Räuberzivil' auf seinem Motorrad, hernach mit dem offenen Opel Laubfrosch-Cabriolet hinaus in die Natur und übernachtet unterm Sternenzelt: „Walter war ein besonderer Mensch. Hat Heilandsdepper getragen – immer Sandalen, und natürlich einen Schillerkragen. Er ist oft gewandert. Im Mai 1920 hat er mich dann mal mitgenommen von Reutlingen auf die Alb. Da waren keine Wege, wir sind direkt rauf. Mein Gott, sind wir gelaufen – richtig gerannt! Am Ende müssen es an die 44 Kilometer gewesen sein!" (1)

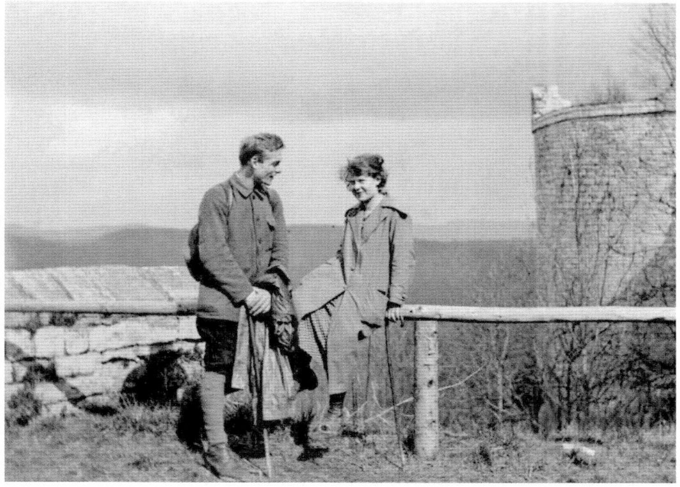

Abb. 17: Walter und Luise Kleinfeldt, um 1923.

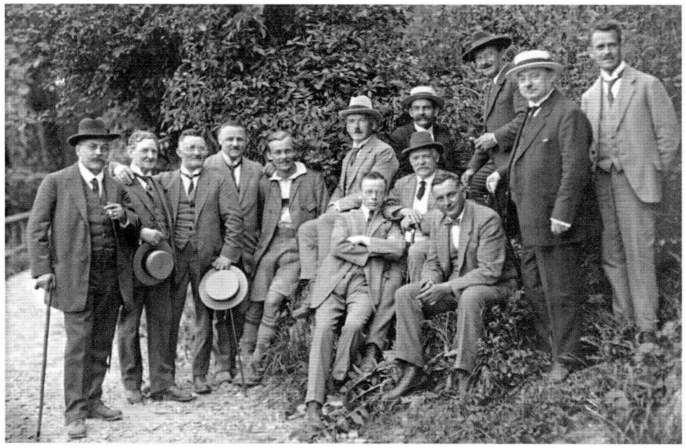

Abb. 18: Ausflug mit Fotografen-Kollegen, 1924. Walter Kleinfeldt in legerer Kleidung.

Schritt nach Tübingen

Das florierende Geschäft mit den Ansichtskarten gibt Kleinfeldt schließlich so viel Selbstvertrauen, sich nach eigenen Räumlichkeiten umzuschauen. Reutlingen als Standort kommt nicht in Frage, Esslingen, Göppingen und Ulm scheinen nicht interessant genug, und so streckt Kleinfeldt seine Fühler nach Tübingen aus. Im Dezember 1928 mietet er in der Friedrichstraße 11 einen Laden mit rund 20 Quadratmetern Verkaufsfläche. Im Sortiment hat er Kameras, Filme, Platten, Fotopapier, Chemikalien, Postkarten und Fachliteratur. In der Universitätsstadt musste Kleinfeldt zunächst kaum Konkurrenz fürchten. Die wenigen etablierten Fotografenateliers sahen sich in der Tradition der künstlerischen Fotografie des 19. Jahrhunderts und hatten mit der Amateurfotografie und dem Handel mit Fototechnik, Filmen und Chemikalien nichts im Sinn. „Das war was völlig Neues, denn die anderen waren ja Fotografen, die sich mit ‚Ph' geschrieben haben. Mein Vater schrieb sich mit ‚F' und bezeichnete sich als Lichtbildner, um sich bewusst von diesen Fotografen abzuheben. Er war modern, er hat eine andere Zeit vertreten und er wollte wohl außer seinen Bildern mit der Fotografie handeln.“ (3) Walter Kleinfeldt gelingt es, als Quereinsteiger ohne entsprechende Berufsausbildung eine Nische zu besetzen. Diesen Werdegang teilt er mit zahlreichen jungen Kolleginnen und Kollegen in der Nachkriegszeit, auch international – vor allem für junge Fotojournalistinnen und Fotokünstlerinnen stellte das kriegsbedingte gesellschaftliche Vakuum eine Chance dar, in ein noch kaum entwickeltes künstlerisch-handwerkliches Metier vorzustoßen, ohne die sonst üblichen Einschränkungen der Berufstände. Besonders in der Mode-, Portrait- und Werbefotografie sowie im aufstrebenden Fotojournalismus ergaben sich bis um 1930 enorme künstlerische Wirkmächte und Gestaltungsmöglichkeiten, die ebenso den Protagonisten in eher kleineren und mittleren Städten nicht verschlossen blieben.

Auch im fotografischen Eldorado Tübingen ist aller Anfang schwer: „Die erste Tageseinnahme am 8. Dezember 1928, das war der Samstag vor dem 2. Advent, das steht im Kassenbuch drin, waren 2 Reichsmark und 35 Pfennige! Sie verloren aber den Mut nicht und schafften, schafften, schafften!“ (3) (Abb. 19) Walter Kleinfeldt bleibt mit seiner Familie zunächst noch in Reutlingen wohnen und pendelt jeden Tag mit dem „Laubfrosch“ an den Neckar. Das Geschäft erweist sich rasch als zu klein und zu ungünstig gelegen, weil abseits der von der Laufkundschaft frequentierten Strecken

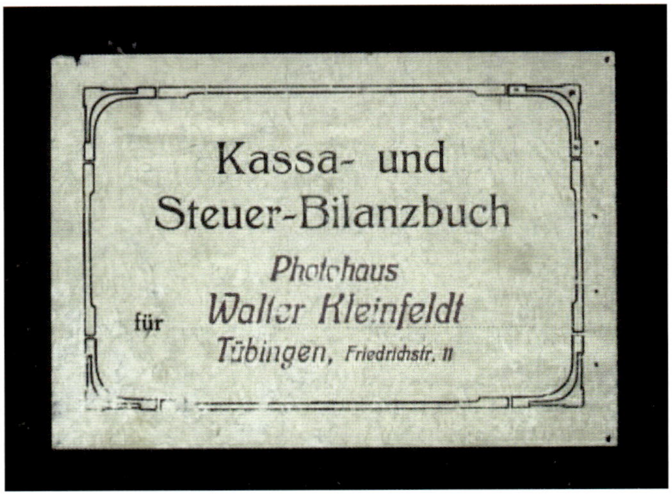

Abb. 19: Erstes Kassenbuch, Tübingen, Friedrichstraße 11, 1928.

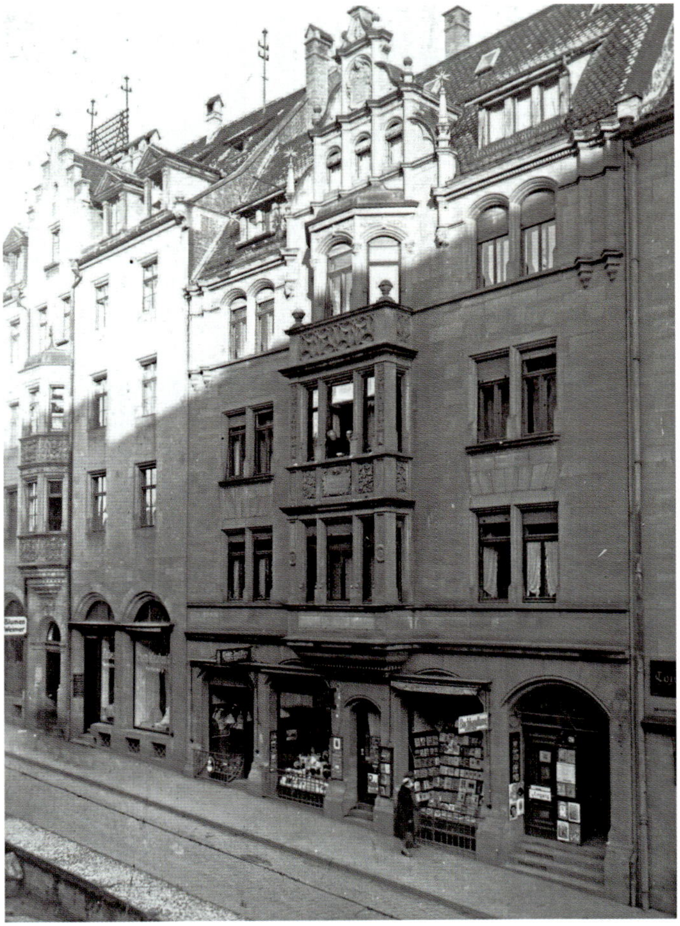

Abb. 20: *Foto-Kleinfeldt, Tübingen, Mühlstraße 20 zwischen Elektro Eugen Schlienz und Buchhandlung Kircher, 1929.*

zwischen Bahnhof, Altstadt und Universität. Bereits im Juni 1929 wechselt die Firma in die Mühlstraße 20 in ein repräsentatives Gebäude der Jahrhundertwende (Abb. 20). Eine Wohnung findet sich gleich nebenan in Nummer 8. Die Mühlstraße, bis heute eine der Hauptverkehrsachsen im Stadtgebiet, galt in den 1920er Jahren als ‚erste Adresse‘ in Tübingen für Kunden und Ladeninhaber. Entsprechend horrend war die Miete: 360 Goldmark im Monat für ein weiträumiges Verkaufslokal mit Untergeschoss, in dem Kleinfeldt sein Labor einrichtete.[14] Das Geschäftsmodell umfasste wie

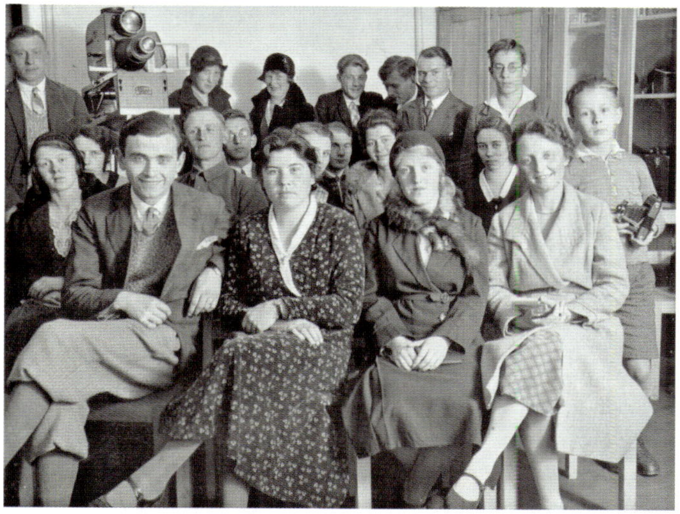

Abb. 21: Fotokurs von Walter Kleinfeldt, 1931.

bereits in Reutlingen: Fotohandlung, Entwicklung und eigene Bilder. Hinzu kam der Verkauf von fotografischer Literatur. Ein Portraitstudio war in der Mühlstraße 20 nicht vorgesehen, denn zunächst befanden sich noch zwei weitere Läden in dem Gebäude.[15] „Die Rollfilm- und Plattenkameras waren das Rückgrat. Im wesentlichen verkaufte man Klappkameras in den Formaten 6 x 9, 6,5 x 9 und 9 x 12 cm: von Agfa die Billy und die Billy Record, beides Erfolgsmodelle. Von Zeiss Ikon war es dann die Ikonta und von Kodak die Junior und von Nagel aus Stuttgart die Librette und die Recomar.“ (3) Aber auch eine 6 x 9-Rollfilmkamera unter dem Label „Kleinfeldt“, von einem der zahlreichen kleineren Hersteller produziert, war erhältlich. Die Kleinbildfotografie erlangte zunächst mit dem Rollfilmformat 3 x 4 (Nagel Pupille und Kochmann Korette) eine gewisse Popularität. Die Leica spielte um das Jahr 1930 zumindest im Tübinger Fotohandel noch keine Rolle – das kleine Wundergerät mit dem 35 mm Kinofilmpack war schlichtweg zu teuer. Als 1934 die in Stuttgart bei Nagel produzierte Kodak Retina als Nachfolgerin der Pupille in den Handel kam, ging es mit der Kleinbildfotografie steil bergauf. Das System blieb bis Ende der 1960er Jahre vor allem bei Einsteigern das beliebteste Modell und spielte bei Kleinfeldt über Jahrzehnte hinweg einen signifikanten Teil des Umsatzes ein.

Erfolg und wachsende Bekanntheit

In den wirtschaftlich schwierigen Jahren Ende der zwanziger und Anfang der dreißiger Jahre gab es für Kleinfeldt in Tübingen kaum Konkurrenz. Foto Schnell verkaufte ursprünglich Tabakwaren im sogenannten Havanna-Haus und nahm dann Foto-Artikel dazu, die er in einem Geschäft am Holzmarkt anbot. Außerdem gab es Foto Queißner in der Friedrichstraße; Foto Jäggle in der Wilhelmstraße hatte sich auf Studioaufnahmen spezialisiert.[16] „Das ganz große Problem war, dass die Optiker sich ein Stück vom Kuchen abschneiden wollten, ohne sich groß für die Sache zu engagieren. Mein Vater hat zum Beispiel Fotokurse angeboten (Abb. 21) und abendliche Veranstaltungen mit Dias gemacht. Er ging mit den Kunden in den Schönbuch und nach Bebenhausen, fotografierte dort mit ihnen. Man machte Omnibusfahrten auf die Alb, ins Lautertal, um die Leute in der Fotografie auszubilden, und die Optiker wollten eben absahnen ohne was für die Sache, für die Fotografie zu tun. Wie heute die Drogeriemärkte.“ (3) Walter Kleinfeldt betrachtet sich als Fotolehrer, und die lichtbildtechnischen Exkursionen in die Region gelten auch der Kundenbindung. Außerdem schult er das zahlreiche Laborpersonal der Universität in Präparatfotografie und Diakopie – zugute kommt ihm bei seinen Aufträgen seine Dienstzeit an der Front, die ihm bei Arbeitgebern und Kunden große Sympathien einbringt.[17] Walter Kleinfeldt ist nunmehr auch Autor. In der Tübinger Chronik bekommt er eine eigene Kolumne – Titel:

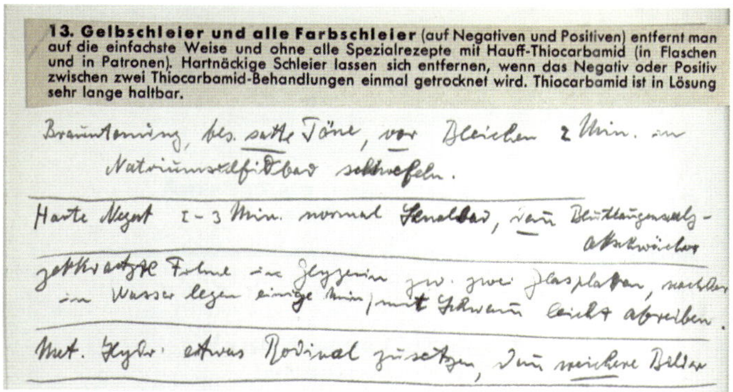

13. Gelbschleier und alle Farbschleier (auf Negativen und Positiven) entfernt man auf die einfachste Weise und ohne alle Spezialrezepte mit Hauff-Thiocarbamid (in Flaschen und in Patronen). Hartnäckige Schleier lassen sich entfernen, wenn das Negativ oder Positiv zwischen zwei Thiocarbamid-Behandlungen einmal getrocknet wird. Thiocarbamid ist in Lösung sehr lange haltbar.

Abb. 22: Geheimrezept für Foto-Chemikalien, von Walter Kleinfeldt in ein Buch notiert, 1930er Jahre.

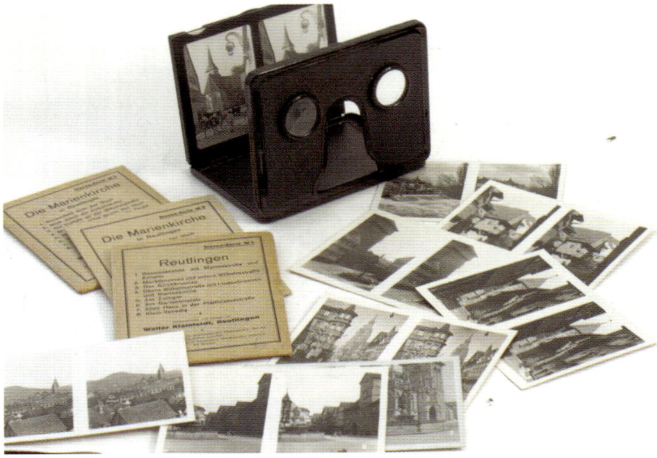

Abb. 23: Stereobilder, um 1933. Foto: Volkmar Kleinfeldt, 2012.

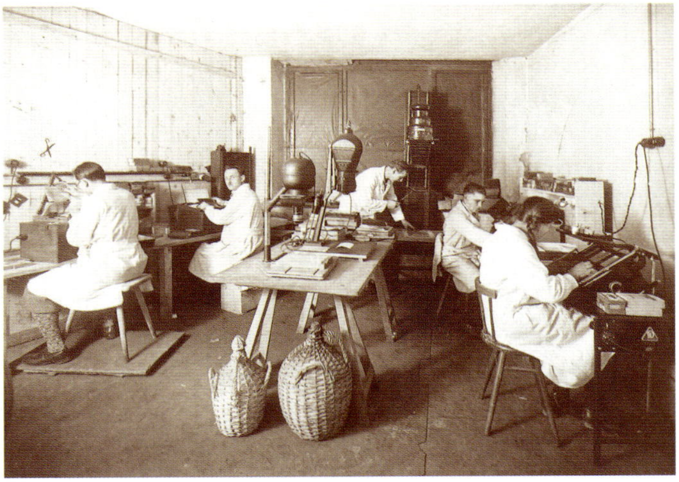

Abb. 24: Im Fotolabor, Untergeschoss Mühlstraße 20, 1930.

„Lichtbild-Post. Allerlei für Photo-Freunde“ mit Tipps für Amateurfotografen oder Berichten über Messeneuheiten.[18] Der Foto-Enthusiast experimentiert und tüftelt an der Mischung seiner Chemikalien (Abb. 22) und an mancher Eigenkreation – aus einer Zigarrenkiste entsteht eine Lochkamera, mit der er Glasnegative im Format 13 x 18 cm belichtet, um zu zeigen, dass es für gute Bilder keiner hochwertigen Kamera bedarf.[19]

Im Kleinfeldt-Bildarchiv gibt es eine Reihe von Schwarzweiß-Dias im Kleinbild- und Mittelformat sowie Zettel, auf denen einzelne Stichworte und Notizen verzeichnet sind. Mit ihnen hat der Fotograf in den dreißiger und frühen vierziger Jahren in Tübingen und Umgebung öffentliche Vorträge über seinen Kriegseinsatz, über die Landschaft auf der Schwäbischen Alb oder seine Ausflüge in die Alpen gehalten. Zu diesen Vorträgen existieren Ankündigungen und redaktionelle Berichte in der Tübinger Chronik.[20] Zugleich erhält das Geschäft mehr und mehr Aufträge von Privatleuten. Eigenheimbesitzer wollen ihr Haus dokumentiert haben, Messebauer ihre Stände und Firmeninhaber ihre Maschinen und Gebäude. Im Archiv des Geschäfts überdauert haben kleine Kuverts mit Stereofotos von Tübingen und Reutlingen sowie der Reutlinger Marienkirche und der Schwäbischen Alb (Abb. 23). In Handarbeit produziert werden kleine Alben mit Einsteckfotos im Format 6 x 9 cm. Der aufgedruckte Titel lautet: „Tübinger Heimatbilder“. Analog forciert Kleinfeldt den Handel mit Ansichtskarten – im

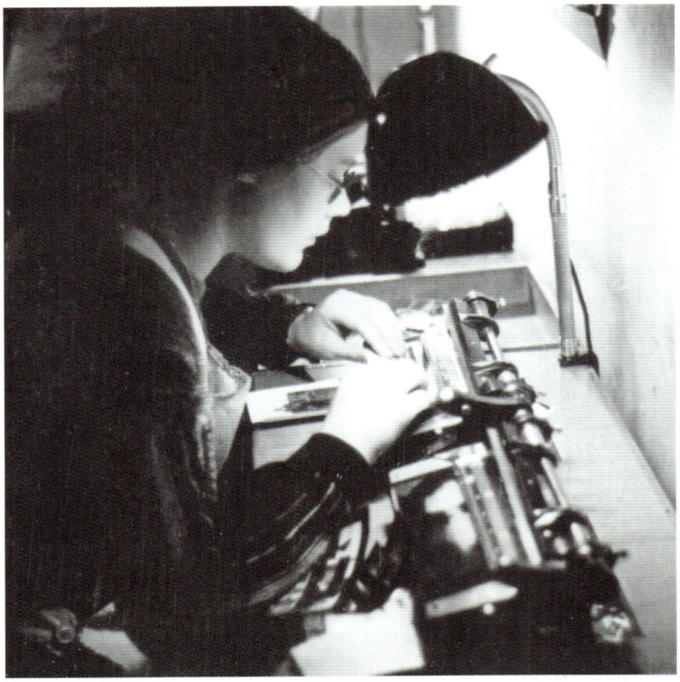

Abb. 25: Mitarbeiterin im Labor, 1937.

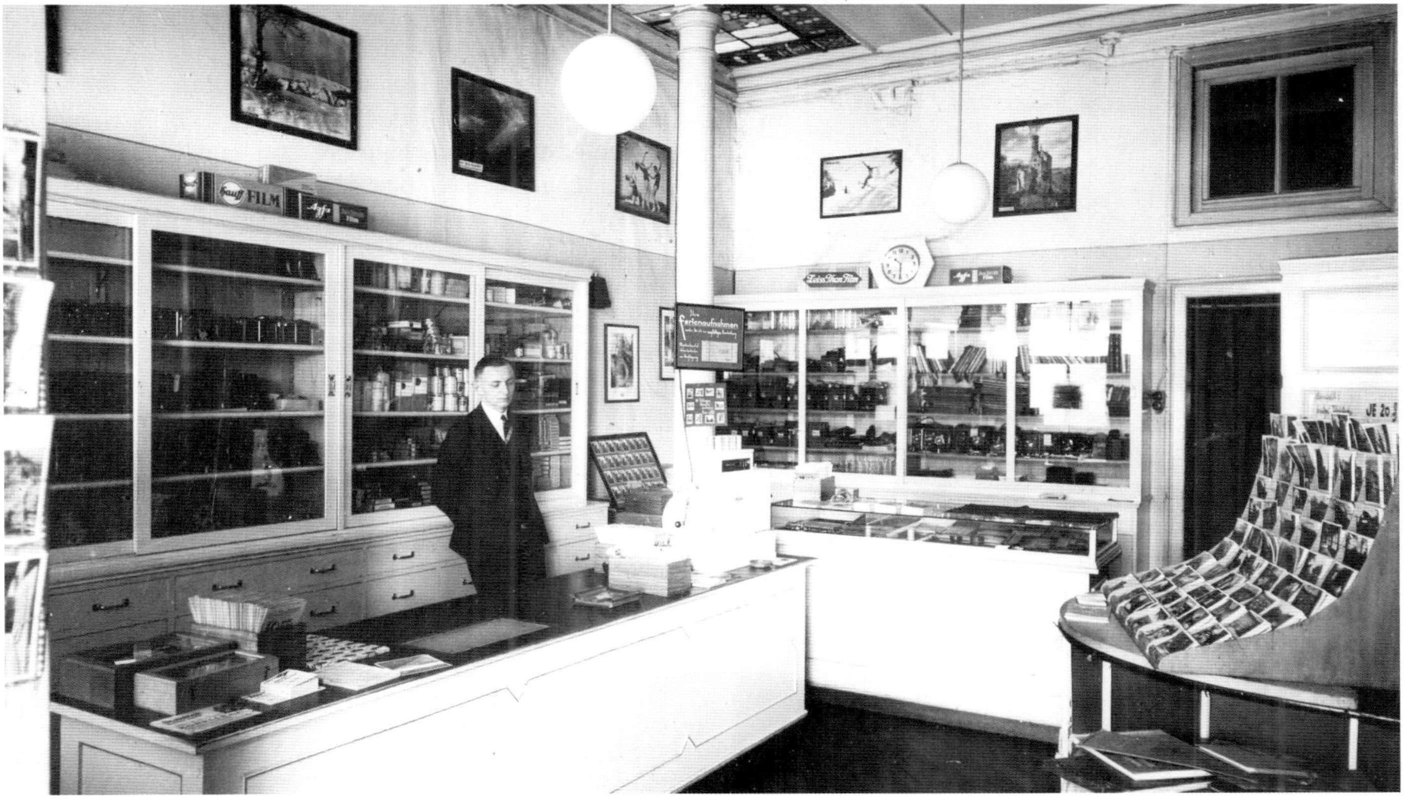

Abb. 26: Verkaufsraum von Foto Kleinfeldt, 1931. Rechts: Ständer mit 72 Postkartenmotiven.

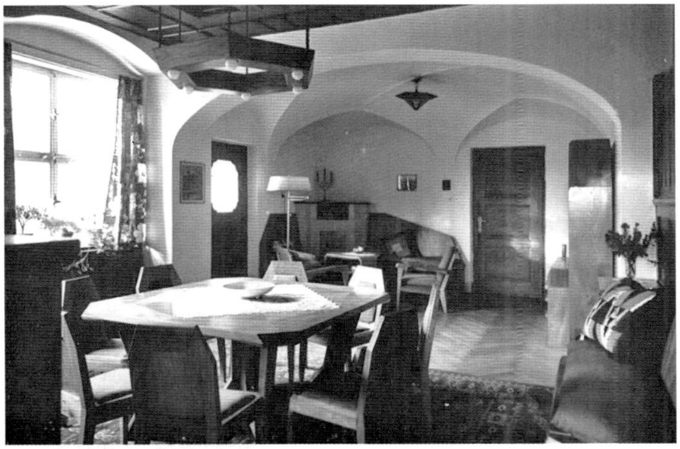

Abb. 27: Wohnraum, Staufenstraße 32 (heute Kindergarten Stauffenbergstraße 32), 1932.

Sortiment befinden sich rund dreihundert Motive, darunter auch eigenhändig fotografierte Stimmungsbilder für Weihnachts-, Oster- und Geburtstagsgrüße.

Das Geschäft in der Mühlstraße floriert und die Firma expandiert. Walter Kleinfeldt stellt Leute ein und hat bald 16 feste Mitarbeiterinnen und Mitarbeiter, in der Hauptsache im Fotolabor (Abb. 24–26). Dessen Leiter Willy Nicolai (1909–1981) hält Foto Kleinfeldt von 1932 bis 1962 die Treue.[21] 1933 kauft Kleinfeldt ein nach den Plänen von Theodor Fischer zu Beginn des Jahrhunderts errichtetes Wohnhaus auf dem Österberg (heute Stauffenbergstraße 32) mit großem Garten und Blick auf die Schwäbische Alb (Abb. 27). 1934 wird Sohn Volkmar geboren, der später in die Fußstapfen des Vaters treten und das Geschäft übernehmen wird; 1937 folgt das Nesthäkchen Gisela.

Fotograf unter dem Hakenkreuz

Der Machtantritt der Nationalsozialisten im Frühjahr 1933 brachte für die beschauliche Universitätsstadt Tübingen eine gravierende Zäsur: Außer der NSDAP sind alle Parteien verboten, die Presse ist gleichgeschaltet[22], kritische Zeitgenossen werden mit Einweisung in die Konzentrationslager Heuberg und Dachau bedroht. Aus rassischen und gesundheitlichen Gründen verfolgen die neuen Machthaber und ihre Helfershelfer in den Behörden und in der Universität Menschen aus Stadt und Land. Der Rassenwahn – der Massenmord an behinderten Menschen, an Sinti und Roma – hat in Einrichtungen der Tübinger Universität ihre Vordenker.[23]

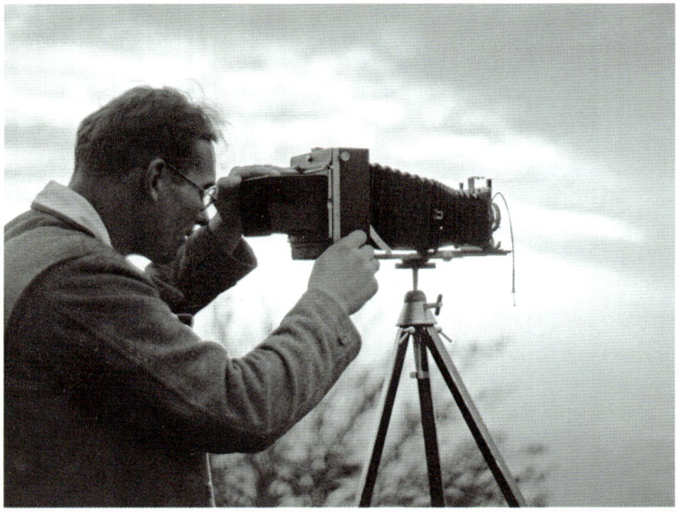

Abb. 28: Walter Kleinfeldt mit einer Linhof Technica, 1938.

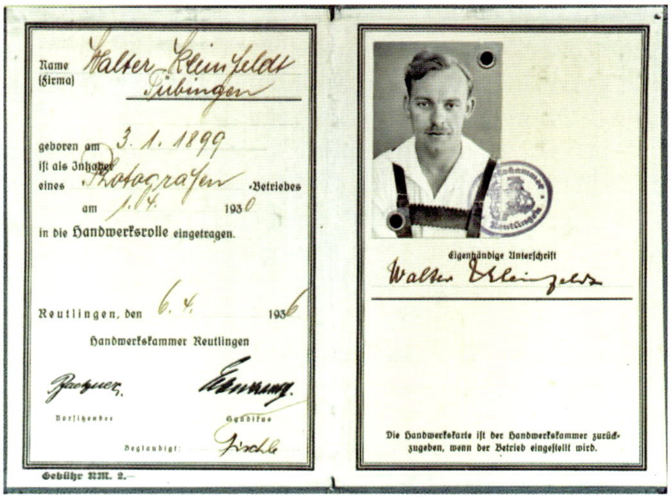

Name (Firma) Walter Kleinfeldt Tübingen

geboren am 3. 1. 1899

ist als Inhaber eines Photografen -Betriebes

am 1. 4. 1930

in die Handwerksrolle eingetragen.

Reutlingen, den 6. 4. 1936

Handwerkskammer Reutlingen

Vorsitzender

Syndikus

Beglaubigt:

Gebühr RM. 2.–

Eigenhändige Unterschrift

Walter Kleinfeldt

Die Handwerkskarte ist der Handwerkskammer zurückzugeben, wenn der Betrieb eingestellt wird.

Abb. 29: Handwerkerkarte von Walter Kleinfeldt, 1936.

Walter Kleinfeldt ist als Anhänger der freien Wandervogelbewegung zunächst skeptisch gegenüber den neuen Machthabern, denn sämtliche Jugendorganisationen gehen bald in der paramilitärischen Hitlerjugend auf. Als im Sommer 1933 ein Mitarbeiter mit Parteiabzeichen am Revers im Verkaufsraum erscheint, verlangt er, dass der Mann die Nadel ablegt – „das gehört nicht hierher" (3). Die kritische Einstellung zum Nazi-Regime relativiert sich allerdings, als 1935 die Wehrmacht gegründet und gleichzeitig die allgemeine Wehrpflicht wieder eingeführt wird. Obgleich Kleinfeldt traumatisierende Erfahrungen bei seinen Einsätzen an der Somme gesammelt hatte, erweist er sich als begeisterter Reservist: „Mein Vater war ein alter Frontsoldat. Das hatte damals in der Bevölkerung ein Ansehen, das man heute nicht mehr nachvollziehen kann. In der Bevölkerung und bei den Offizieren. Die waren natürlich alle Kunden bei uns." (3)

Nach wie vor fotografiert Kleinfeldt mit seiner Plattenkamera, die er insbesondere bei Landschafts- und Architekturaufnahmen – den Vorlagen für die Ansichtskarten – verwendet (Abb. 28). Parallel kommt die Pupille von Nagel in Stuttgart zum Einsatz, ein handliches und vielseitig verwendbares Gerät, das mit dem ‚kleinen' 127er Rollfilm für Negative im Format 3 x 4 zu laden war. Wie viele Fotografen zeigte sich Kleinfeldt eher skeptisch gegenüber der Leica, der vielleicht wichtigsten fototechnischen Erfindung des 20. Jahrhunderts. Verglichen mit den großen Plattennegativen scheinen ihm die winzigen Negative im 35 mm Kinofilmformat keine zufriedenstellenden Ergebnisse zu liefern. Eine ernsthafte Fotografie, so der Eindruck, ließe sich mit diesem Apparat kaum bewerkstelligen. Etwas zögerlich beginnt Kleinfeldt dennoch mit der Kleinbildfotografie. Beifolgend hat er seit Beginn der dreißiger Jahre Leica- und Contax-Kameras in Gebrauch.

Während des Ersten Weltkrieges hatte sich Walter Kleinfeldt als Dokumentarfotograf geübt. Entsprechend besitzen seine Bilder einen unverkennbar fotojournalistischen

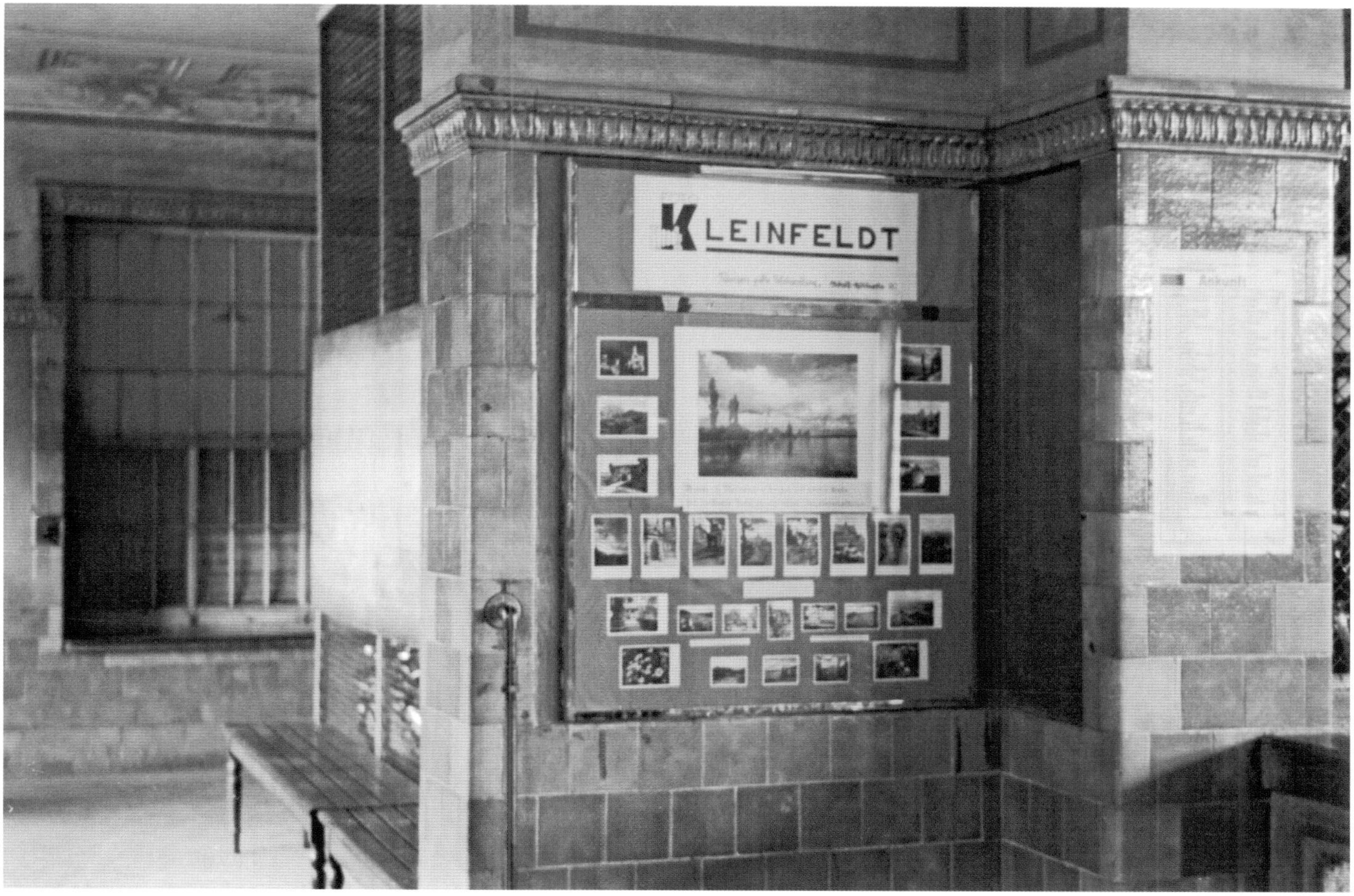

Abb. 30: Aushang mit Kleinfeldt-Fotos im Tübinger Bahnhof, 1939.

Charakter. Das journalistisch ambitionierte Festhalten von Ereignissen wurde nun zu einem Hauptbetätigungsfeld – in Ergänzung zu Fotohandel, Ladengeschäft, fotografischer Schulung und Vorträgen – offiziell ist Kleinfeldt als „Inhaber eines Photographen-Betriebes" bei der Handwerkskammer Reutlingen registriert (Abb. 29). Der Weltkriegsteilnehmer ist ständiger und gern gesehener Gast bei den Manövern der Wehrmacht, die von 1935 bis 1939 in regelmäßigem Turnus in der Region stattfinden. Hierzu bucht ihn die Lokalpresse Tübinger Chronik als Bildberichterstatter. Überdies fotografiert er bei militärischen Paraden und Vereidigungen, um die Bilder hinterher zu verkaufen. „Die sind im Laden und in einer Vitrine am Bahnhof ausgehängt worden (Abb. 30) und die Soldaten konnten die Bilder abholen, auf denen sie sich wiedererkannten: Im Manöver, beim Exerzieren oder bei der Vereidigung. Das war ein Brot-und-Butter-Geschäft. Es sind aber trotzdem ein paar gute Bilder dabei von den Vereidigungen – nicht gerade Leni Riefenstahl, aber dennoch ganz brauchbar!" (3)

Aus den Jahren 1934 bis 1945 befinden sich im Bildarchiv Kleinfeldt rund 600 Kontaktbögen im Kleinbildformat (Abb. 31). Die Negative, zum großen Teil auf Nitrocellulosebasis, haben die Zeit fast vollständig in sehr gutem Zustand überdauert. Dieses Konvolut stellt einen zentralen Schwerpunkt im Œuvre dar. Außer Militär- und Manöverbildern entstehen zu den meisten öffentlich relevanten Ereignissen in Tübingen und in der Region Fotografien; zum Beispiel: Bau der Motorsportschule 1934, Elektrifizierung der

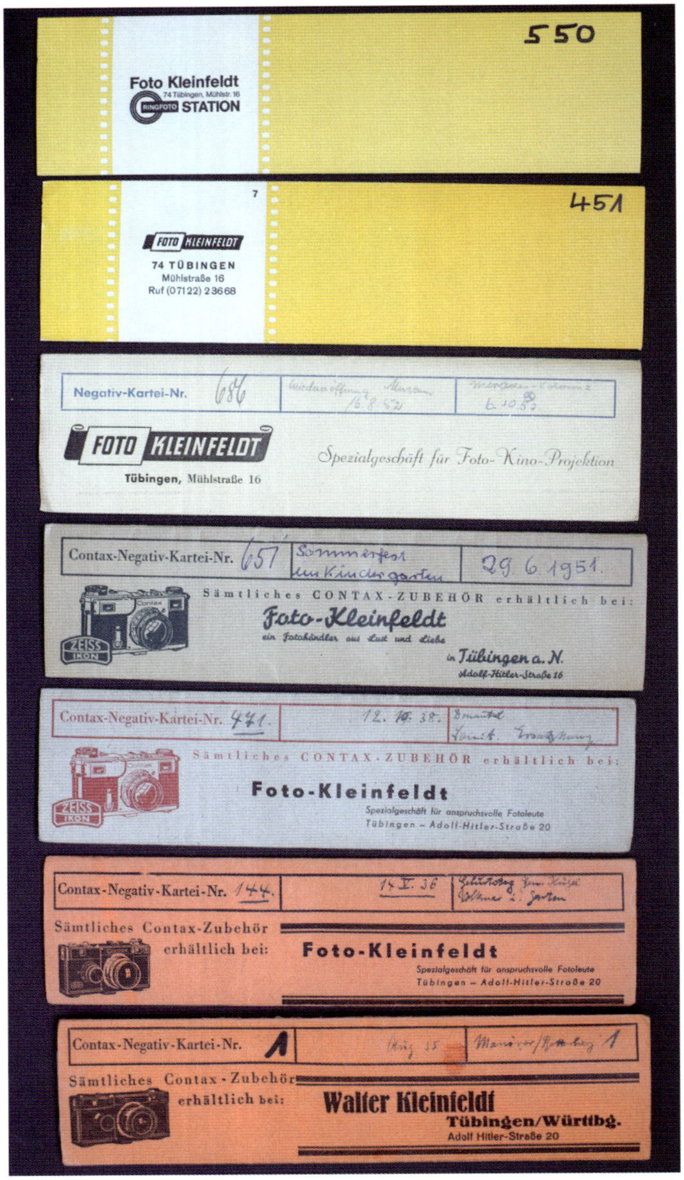

Abb. 31: Kleinbildnegative in den Originaltaschen aus den 1930–1970. Foto: Volkmar Kleinfeldt, 2012.

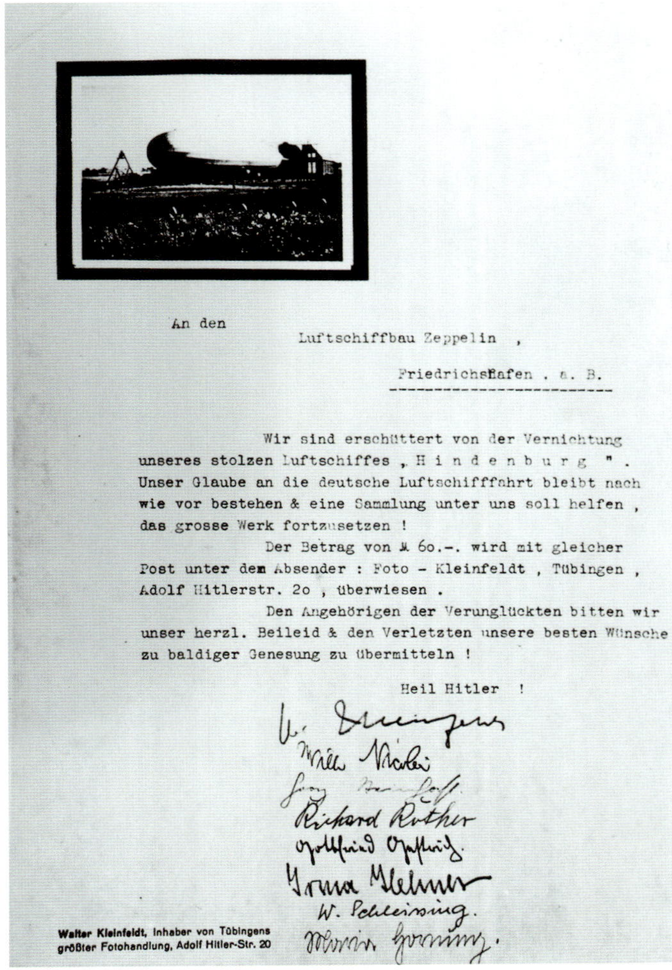

An den
Luftschiffbau Zeppelin ,
Friedrichshafen . a. B.

Wir sind erschüttert von der Vernichtung unseres stolzen Luftschiffes „ H i n d e n b u r g " . Unser Glaube an die deutsche Luftschifffahrt bleibt nach wie vor bestehen & eine Sammlung unter uns soll helfen , das grosse Werk fortzusetzen !

Der Betrag von RM 6o.-. wird mit gleicher Post unter dem Absender : Foto - Kleinfeldt , Tübingen , Adolf Hitlerstr. 2o , überwiesen .

Den Angehörigen der Verunglückten bitten wir unser herzl. Beileid & den Verletzten unsere besten Wünsche zu baldiger Genesung zu übermitteln !

Heil Hitler !

Walter Kleinfeldt, Inhaber von Tübingens größter Fotohandlung, Adolf Hitler-Str. 20

Abb. 32: Sammelaktion der Belegschaft anlässlich der Hindenburg-Katastrophe in Lakehurst am 6. Mai 1937.

Eisenbahn, Fasnacht, Ulmer Fischerstechen, Tübinger Tiergarten, Kartoffelernte, Gewerbeschauen, Sammlung für das Winterhilfswerk oder Bilder der Betzinger Tracht – die Palette der Themen ist breit gefächert. Kleinfeldt ist ein Technikbegeisterter, fliegt ab Flughafen Stuttgart-Böblingen nach Hannover zur Messe. Eine Fotostrecke vom Zeppelin in Friedrichshafen entsteht. Außerdem fotografiert er immer wieder im Kundenauftrag auf Hochzeiten und auf Betriebsausflügen und Fahrten der NS-Organisation „Kraft durch Freude“ (KdF) (Abb. 111, 118). Wie die Bilder vom Ersten Weltkrieg sind auch die Kleinbildfotografien ästhetisch und technisch professionell ausgeführt. Der Lichtbildner hält sich immer mitten im Geschehen auf, nimmt den für ihn optimalen Standort ein und bedient sich dazu bisweilen offenbar einer Klappleiter als mobilem Hilfsmittel.

Kleinfeldts Fotografien zeigen Aufmärsche, Paraden und Umzüge wie am 1. Mai oder aber Gausportfeste und Feierlichkeiten, bei denen Repräsentanten des Regimes ihre Köpfe vor die Kamera rücken. Insofern sind die Bilder in einem öffentlichen und offiziellen Rahmen entstanden und Teil des Meinungsbildes im Nationalsozialismus. Der Tübinger Fotograf lag mit seiner fortschreitenden Bildproduktion also durchaus im Trend – Fotografie und Film besaßen seit der Machtübernahme in der Propagandamaschinerie eine hervorstechende mediale Funktion.[24] Daneben wurden die Fotografie und der Film reichsweit verstärkt im privaten und halböffentlichen Rahmen gepflegt, so auch bei Kleinfeldt. Dies war vom Regime insofern beabsichtigt, als sich damit einmal mehr völkische Politik visuell verbreiten ließ: „Die Amateurphotographie muß organisiert werden. Nicht durch Vereine und Spitzenverbände, wie das bisher üblich war, sondern von oben herab machtgebietend (…), um aus der zusammenhanglosen Masse ein Heer der Propaganda und Volksaufklärung zu machen.“[25] Gleichwohl ist es schwierig, für die Fotografie im Nationalsozialismus charakteristische Merkmale aufzuzeigen.[26] Allenfalls jene Themenfelder, die medial nicht vorhanden waren, stellen einen Gradmesser für die Beurteilung der NS-Fotopraxis dar: etwa die gesellschaftskritische, sozialdokumentarische Fotografie und Fotografien, die sich mit der Diktatur ironisch auseinandersetzten oder nicht diffamierende Bilder von aus rassischen Gründen ausgegrenzten Menschen. Desgleichen dürfte bei zunächst regimekritisch eingestellten Fotografen rasch die vielzitierte Schere im Kopf zur Wirkung gekommen sein, denn Bilder zur oben genannten Thematik waren in der gleichgeschalteten deutschen Presse nicht zu vermarkten. „Es ist diese Verknüpfung von staatlicher und privater *Image production*, die die Bildpropagandastrategien des NS-Staates auszeichnet. Inwieweit eine solche Verknüpfung intendiertes Verhalten oder nur Fortführung individueller Prägungen des bürgerlichen Konservatismus war, ist nicht entscheidbar; gleichwohl ist sie als Phänomen zu konstatieren.“[27]

Neue Sachlichkeit statt völkischer Pose

Walter Kleinfeldt bediente mit seinen Ansichtskarten und halböffentlichen Reportagefotografien das gängige Spektrum eines regional tätigen Bildberichters mit editorischen Ambitionen. Ästhetisch ließ er sich freilich nicht vor den Karren der sogenannten völkischen Fotografie spannen (Abb. 33). Deren Protagonisten, darunter Erna Lendvai-Dircksen[28] und Hans Retzlaff[29], hatten mit ihren reichsweit in

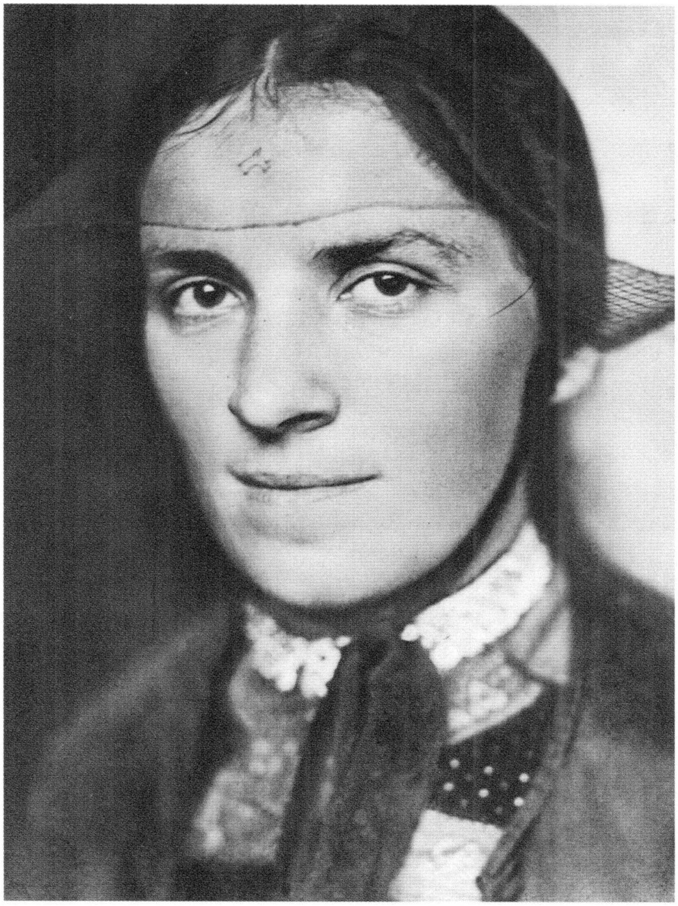

Abb. 33: Visuelle Antimoderne: Erna Lendvai-Dircksen: „Schwarzwaldmädchen, Gutachtal“, um 1930.

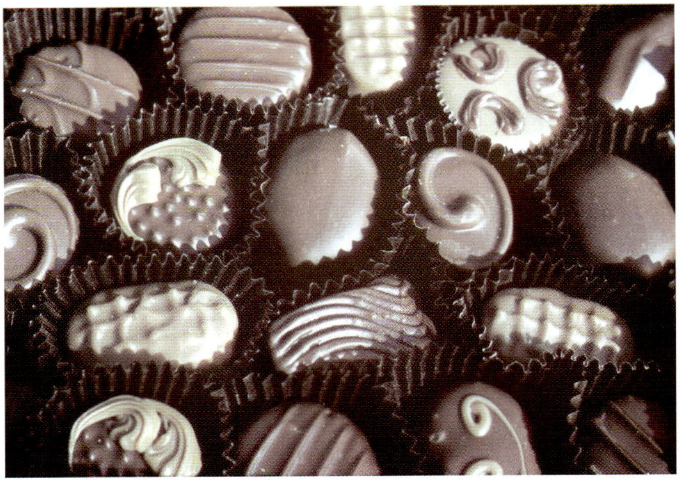

Abb. 34: Walter Kleinfeldt: Pralinen in Color, 1936.

hohen Auflagen verbreiteten Bildbänden wesentlichen Anteil an der Popularisierung eines rückwärtsgewandten, technologie- und bildungsfeindlichen Blut-und-Boden-Gedankens, der das altgermanische Prinzip der Scholle zum zentralen Ziel staatlicher Politik erhob. Kleinfeldts Aufnahmen wiesen nicht nach dem Gestern, sondern befanden sich in der Gegenwart. Sie thematisierten, was der Fotograf für zeigenswert einstufte. Sie kaschierten wenig: Die Moderne in Form von technischen Dingen geriet zum selbstverständlichen Zubehör, dessen man sich nicht zu schämen brauchte. Insofern kann seiner Reportagefotografie, aber auch den Landschaftsbildern von der Schwäbischen Alb durchaus eine Ästhetik zugeschrieben werden, die sich in den Bahnen der Neuen Sachlichkeit bewegte. Zudem besaß Kleinfeldt ein sicheres Gespür für den Markt – demgemäß waren nach sachlich-ästhetischen Kriterien hergestellte Aufnahmen beim regionalen Publikum besser absetzbar, als jene anthropologisch angehauchten Bilder, die auf fragwürdigen Rassentheorien basierten.

Wie die Protagonisten der neu-sachlichen Fotografie spielte Walter Kleinfeldt mit Gegenlichteffekten. So etwa bei einer Serie von Bildern, auf denen Kinder oder Fischer am Bodensee sowie die Heu- und Kartoffelernte am Albrand zu sehen sind. Mit dem extremen Lichtdesign transformiert er die ansonsten traditionellen Themen in die fotografische Moderne. Ein weiteres Stilmittel der Neuen Sachlichkeit ist die Auflösung der Symmetrie mittels gekreuzten oder diagonalen Linien, sowie Schräg-, Ober- und Unteransichten. Der Tübinger Fotograf macht sich diese Prinzipien explizit in den Portraits zueigen, die auf Betriebsausflügen und KdF-Fahrten entstanden sind (Abb. 111, 118). Signifikant dabei ist die mit Hilfe von architektonischen Details wie Schiffsreling, Fensterflächen zwischen Innen- und Außenräumen sowie Treppen und Aufgängen entstandene bildästhetische

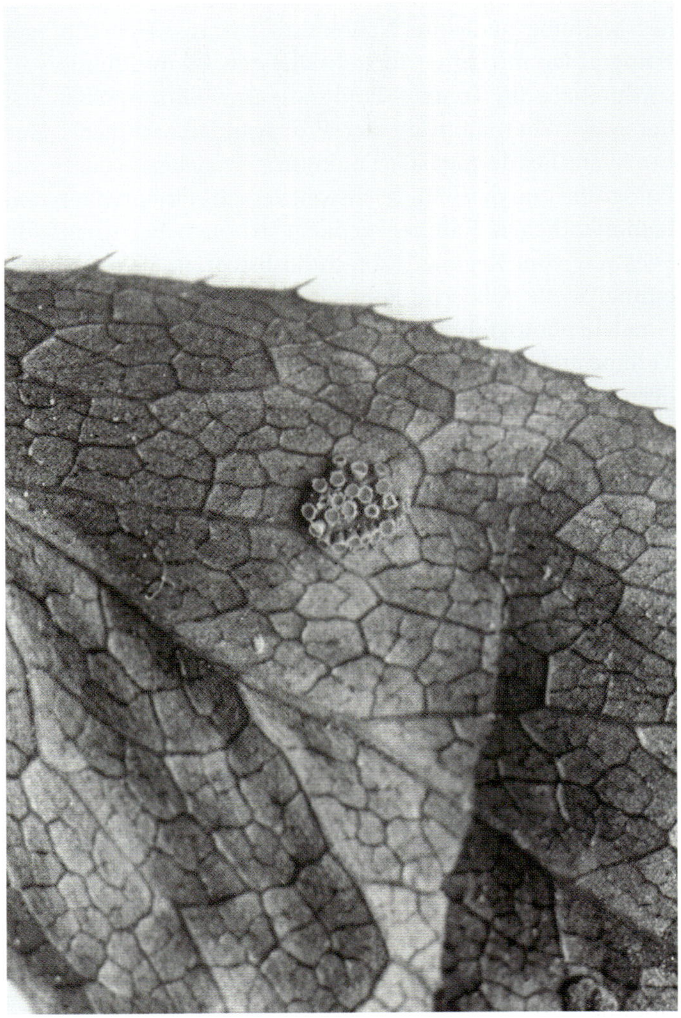

Abb. 35: Makro-Experimente, um 1930.

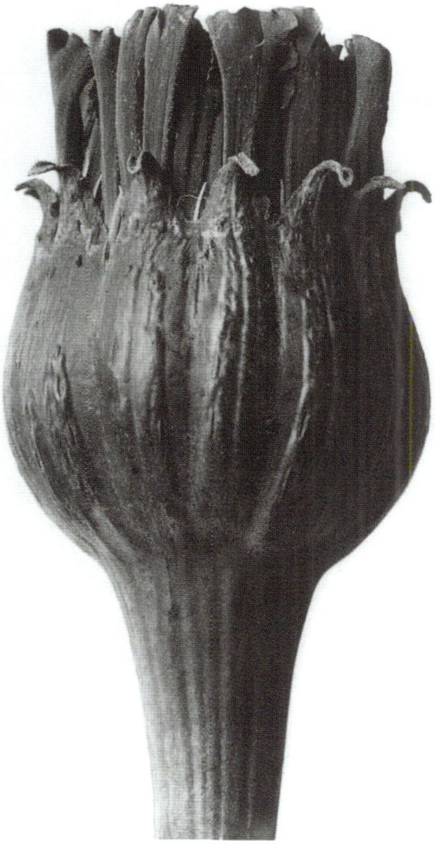

Abb. 36: Karl Blossfeldt: Lämmersalat, 1926.

Tiefenwirkung, die durch die geometrische Verzerrung ein weiteres dynamisches Moment erhält.

Auch bei eher volkskundlichen Themen orientiert sich Kleinfeldt an der modernen Bildsprache. Wenn er am Rechberg Bauern mit Heuwagen vor der Linse hat, in der Tübinger Unterstadt die alten Fachwerkhäuser thematisiert oder in Rottenburg, Rottweil und in Oberschwaben Fasnachtsumzüge aufnimmt, so geschieht dies im Einklang mit der Umgebung. Der Fotograf isoliert Gegenstände und Personen nicht und vermeidet so ihre Stilisierung und Überhöhung – Merkmale, die bei der völkischen Fotografie zum gängigen Repertoire der Visualisierung zählten.

Eher unterrepräsentiert in Kleinfeldts Werk sind Nah- und Makroaufnahmen. Einzelne Beispiele gibt es dennoch, etwa die Weihnachtsplätzchen und Pralinen, fotografiert im Dezember 1936 auf brandneuem Agfa-Diafilm (Abb. 34), oder Pflanzen und Blätter, transformiert auf Glasdias in Schwarzweiß für einen Vortrag über die Botanik auf der Schwäbischen Alb (Abb. 35). Einmal mehr werden Anklänge an die Protagonisten der modernen Fotografie deutlich, die sich in Deutschland insbesondere im Umfeld des Bauhauses in Weimar entwickelten, die aber wie Karl Blossfeldt durchaus eigenständig eine für sich bahnbrechende Bildsprache schaffen konnten (Abb. 36).

Im Gegensatz zu den Bildern von Mensch, Arbeit und Architektur wirken die Landschaftsaufnahmen – vorrangig auf der Schwäbischen Alb und in den Alpen entstanden – wie entleert. Doch auch dieser Aspekt ist ein Kriterium des Neuen Sehens. Eugène Atget, der maßgebliche Vorreiter dieser Bewegung, hat seit Beginn des 20. Jahrhunderts entsprechende Fotografien von den französischen Parks und Großstadtlandschaften kreiert. Man Ray und Walter Benjamin sollten sich später bildpraktisch und fototheoretisch auf ihn berufen.[30]

Es ist freilich nicht bekannt, ob Walter Kleinfeldt Kontakte zur fotografischen Avantgarde der zwanziger und frühen dreißiger Jahren pflegte. Allerdings ist davon auszugehen, dass er als begeisterter Lichtbildner 1929 die Stuttgarter Ausstellung des Deutschen Werkbunds „Film und Foto“ besucht hat, wo sich die europäische Fotografenelite ein Stelldichein gab, darunter auch die bisher Genannten.[31] Ein weiteres Indiz für seine Sympathie zur Moderne ist das in der frühen Tübinger Zeit mehrfach von ihm selbst modifizierte Logo der Firma, das sich stark an der Typographie des Bauhauses orientiert (Abb. 37–38).

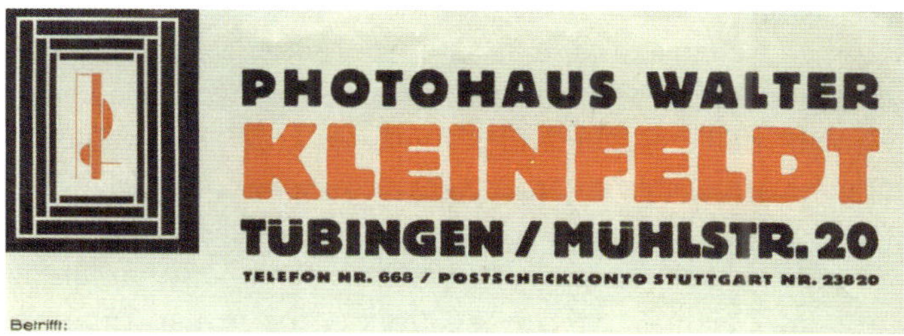

Abb. 37: Briefkopf im Bauhaus-Design von Foto Kleinfeldt um 1930.

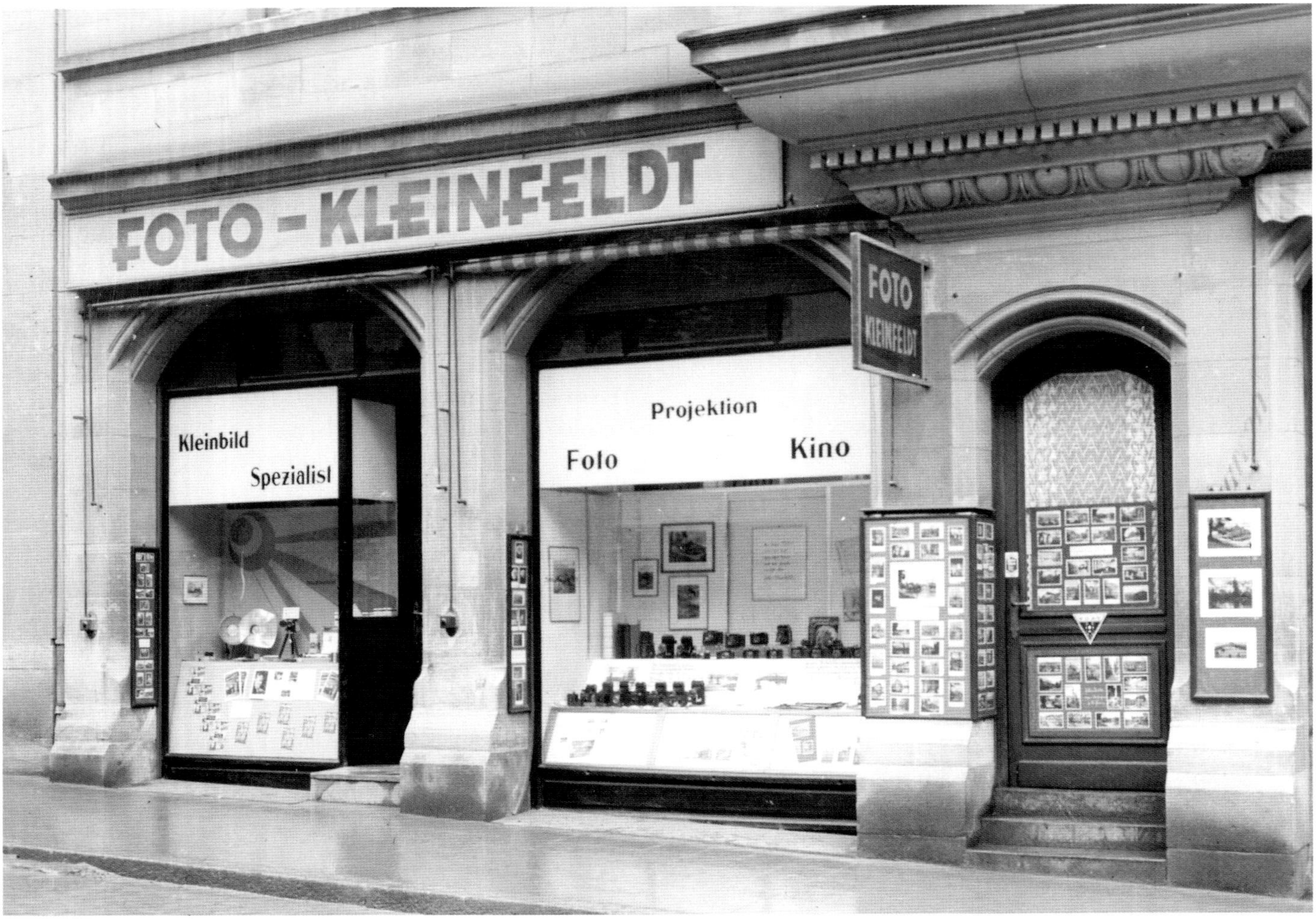

Abb. 38: Ladenfront Mühlstraße 20, 1938.

Die Kunst des Augenblicks

Ob Landschaftsaufnahme, Großstadtfotografie oder Manöverbild – Walter Kleinfeldt hatte ein Gespür für den rechten Moment, den entscheidenden Augenblick, den es für eine gelungene Aufnahme zu nutzen gilt, etwa wenn beim Manöver plötzlich dem Kanonier Gänse vors Blickfeld watscheln (Abb. 171), oder aber, wenn bei einer Truppenvereidigung auf dem Gelände der Hindenburgkaserne in der Tübinger Südstadt am Ende die Zaungäste zu Hauptdarstellern werden (Abb. 179). Außerdem ist er stets auf Augenhöhe mit seinem Motiv und so nah dran, dass er sich um die spätere Bildqualität keine Sorgen zu machen braucht.

Der Blick dieses Fotografen ist kultur-dokumentarisch und weniger heimattümelnd-rückwärtsgewandt. Aus seinen Städtebildern erfahren wir, wie sich die regionalen Metropolen verändern: Zeppeline, Flugzeuge, Straßenverkehr, Einkaufsmeilen und Baustellen – der Fotograf konzentriert sich auf kulturgeschichtlich Relevantes. Wir sehen andernorts kaum für fotografierenswert gehaltene unscheinbare

Details wie Ladenfassaden, Automobile, Wäsche, Maiskolben (Abb. 145). Man kann sehen, dass Coca-Cola nicht erst in den fünfziger Jahren nach Deutschland gekommen ist, sondern den Kindern bereits 1937 im Biergarten auf der Lochen kredenzt wurde – denen daraufhin die Suppe nicht mehr schmeckte (Abb. 123).

Für Walter Kleinfeldt war es kein Widerspruch, die Moderne in ästhetischer Hinsicht in einer Zeit für sich in Anspruch zu nehmen, als die künstlerische Avantgarde verfehmt am Nazi-Pranger stand. Als Sohn eines weltoffenen und in Kunstdingen feinsinnigen Freimaurers hatte er mit der abstrakten Kunst keine Berührungsängste, obgleich es diesbezüglich in der Universitätsstadt wenig zu sehen gab – ein paar Flachdachbauten sowie die Neuapostolische Kirche und die Frauenklinik verkörperten die Bauhausarchitektur – Werke aus Plastik, Malerei und Graphik waren allenfalls in Privatbesitz vorhanden.[32] Beim Umzug in den neuen Laden, Mühlstraße 16 (1939), freilich wechselte man das Bauhauslogo auf Briefkopf und Ladenfront gegen einem Entwurf von Luise Kleinfeldt in Sütterlinschrift aus (Abb. 44).

Die braunen Machthaber selbst gaben sich bisweilen durchaus progressiv, etwa in der Automobil- und Rüstungstechnik, in Straßen- und Brückenbau sowie in manchen öffentlichen Bauaufgaben. Auch viele Werbegrafiker und Layouter wendeten weiterhin die Prinzipien der Bauhauslehre an. Die Adaption und phasenweise Aneignung richtungsweisender Verfahren in Entwicklung, Wissenschaft und Produktion lässt sich mit einem segmentierenden Modernismus charakterisieren: Das Regime propagierte eine Mischung aus der menschenverachtenden Ideologie des Rassenwahns und der Mystifizierung einer kollektiven Abstammung vom Germanentum sowie einer Rüstungs- und Propagandamaschinerie, die sich auf dem neuesten Stand der Technik befand.

Volkmar Kleinfeldt, Jahrgang 1934 und zweitjüngster Spross der Familie, erinnert sich, wie sehr das Militär – Hitlers Wehrmacht – auch die Universitätsstadt Tübingen in Beschlag genommen hatte. Die Mühlstraße hieß von 1934 bis 1945 „Adolf-Hitler-Straße". Das Kopfsteinpflaster stammte aus den zwanziger Jahren, wurde in den sechziger Jahren mit Asphalt zugedeckt und erst 2009 entfernt. Auf diesem Pflaster übten mehrmals in der Woche Truppenteile ihre Formationen im Gleichschritt. Der dumpfe und metallische Hall der genagelten Stiefel ging durch Mark und Bein. „Da marschierte immer einer vorne draus. So ein Kasper, würde ich heute sagen. Der dirigierte mit einem langen Stab den Musikzug, warf das Ding immer in die Luft und es kam bis hinauf zu unserer Wohnung in den dritten Stock! Dann fing er es wieder auf und der Musikzug folgte mit Tschingderassabumm. Aus heutiger Sicht eine fremde Welt! Für uns Kinder war das aber super!" (3) Die Paraden und Aufmärsche faszinierten, wurden zur willkommenen Abwechslung im Alltag. Über Politik sprach man freilich so gut wie nie. Auch die Tatsache, dass die jüdischen Geschäftsinhaber in der Altstadt gegen Ende der dreißiger Jahre zwangsenteignet wurden und ihren Besitz zurücklassen mussten, wurde nicht kommentiert – eine gängige Praxis im ganzen Deutschen Reich, wo opportunes Wegschauen zum kollektiven Verhalten zählte. Die Begeisterung für den NS hatte wohl auch mit einer bis ins Aberwitzige gesteigerten Symbolik zu tun, die zeitgenössische Fotografien oder Filme meist nur unzulänglich dokumentieren konnten. Dazu noch einmal Volkmar Kleinfeldt: „Wir hatten eine ganz große Hakenkreuzfahne. Die reichte vom Bühnenfenster bis in den ersten Stock hinunter! Das war der Ehrgeiz meines Vaters, die größte Hakenkreuzfahne Tübingens zu haben! Dann hat er noch acht Fahnen in Reserve gehabt. Im ersten Stock waren vier Fenster und für jedes waren zwei Fahnen vorgesehen, insgesamt also acht. Dann sagte er: ‚Die kommen erst raus, wenn der Endsieg da ist!' Heute schüttelt man den Kopf darüber, aber damals dachte man so. Meine Schwestern hatten nach dem Krieg dann weiße geraffte Röcke aus dem Mittelfeld mit dem Hakenkreuz. Aber auch der rote Stoff wurde hierfür verwendet – die Fahnen, still und heimlich umgenutzt, weil es ja sonst nichts gab!" (3) (Abb. 39).

Die Begeisterung für den Nationalsozialismus, für Militarismus und politische Symbolik soll nicht darüber hinwegtäuschen, dass Walter Kleinfeldt sich mit seiner Kamera manchmal auf bildthematische Pfade begab, welche die braunen Machthaber nicht unbedingt goutierten. So lichtete er den sogenannten „Boinerkarle" vom Anatomischen Institut mit SA-Sanitätsschülern in einer Weise ab, die zumindest mit einer gehörigen Portion Ironie interpretierbar

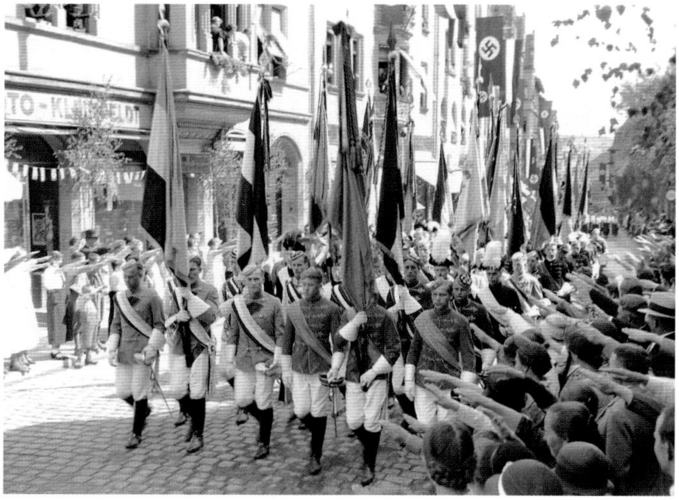

Abb. 39: Umzug zum 1. Mai 1934 in der Mühlstraße: Gleichgeschaltete Verbindungsstudenten.

war (Abb. 190). Die Nazis kannten in der Medienproduktion keinen Spaß, deshalb wanderte die Fotografie vom menschlichen Skelett, das im Hörsaal zumeist neben der Wandtafel stand, unveröffentlicht ins Archiv. Auf einer Urlaubsfahrt an den Bodensee fotografiert er im September 1936 auf der Chaussee nach Reichenau eine antisemitische Tafel an einem Baum, darunter ein Schild des ADAC und am 1. Mai 1937 fokussiert er seine Leica beim ‚Festzug' durch die Tübinger Wilhelmstraße auf Kostümierte, Wagen und Transparente, die jüdische Menschen oder politische Gegner „der Systemzeit" verunglimpften – von Letzterem gelangt eine Abbildung in die Tübinger Chronik.[33]

Fragt man Volkmar Kleinfeldt heute, wie seine Eltern in den dreißiger Jahren das Geschäft geführt haben, so erzählt er folgende Anekdote: „Meine Mutter sagte mir mal, Bäcker Lutz von gegenüber habe zu ihr gesagt: ‚Wenn ich bei mir morgens um viere das Licht anmach', dann geht bei Ihnen das Licht aus.' Meine Eltern arbeiteten wirklich oft die Nacht durch. Der einzige freie Tag in der Woche war der Sonntag – der war für die Buchhaltung reserviert!" (3) Luise Kleinfeldt entfaltete sich als „Macherin", während ihr Ehemann sich mehr für die „künstlerischen" Dinge zuständig sah. Sie arbeitete im Geschäft, erledigte die Buchhaltung, führte die Korrespondenz und war dann auch noch für die Erziehung der vier Kinder zuständig. Nebenher war sie auch eine begabte Fotografin, die – vornehmlich mit der handlichen Nagel Pupille und später mit 6x6-Rolleiflex – im Familienkreis (Abb. 40) oder auf Urlaubsreisen knipst.

In kurzer Zeit wuchs Foto Kleinfeldt zu einem erfolgreichen Mittelständler mit einem Monatsumsatz im höheren fünfstelligen Bereich: Je zur Hälfte stammten die Einnahmen aus der Fotohandlung und dem Geschäft mit den Fotoarbeiten. Der Ertrag aus dem Postkartenverlag lag immerhin bei etwa 15 Prozent. Die Gehälter der Beschäftigten schlugen monatlich mit rund 8.000 Reichsmark zu Buche.[34] Das Fotolabor lieferte höchste Qualität. Aufträge aus dem ganzen Reich gingen ein (Abb. 41). „Chamoix glänzend mit Büttenrand, weit verbreitet in der Zeit, da mit den geringsten Ansprüchen zu fertigen, gab es nur auf ausdrücklichen Wunsch." (2)

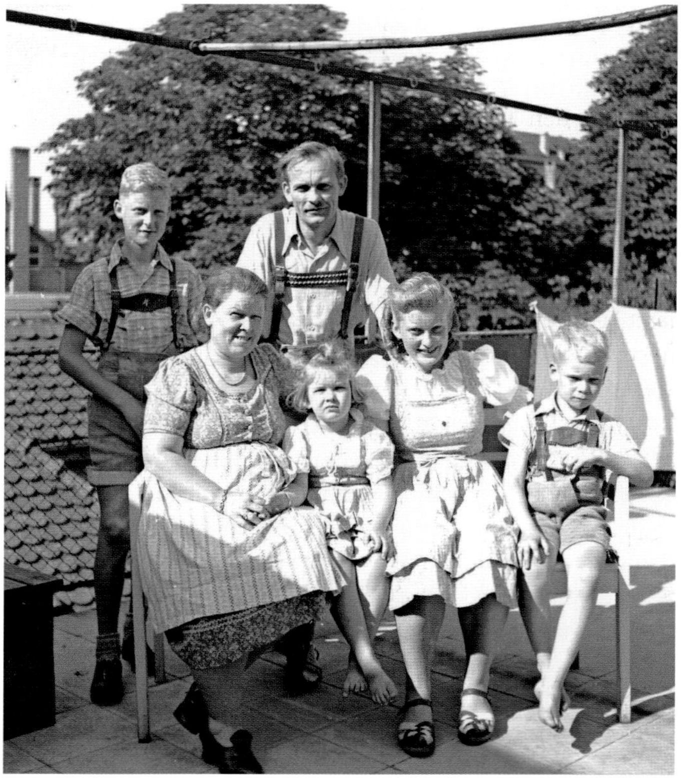

Abb. 40: Familie Kleinfeldt auf dem Dachgarten, Mühlstraße 16, um 1940.

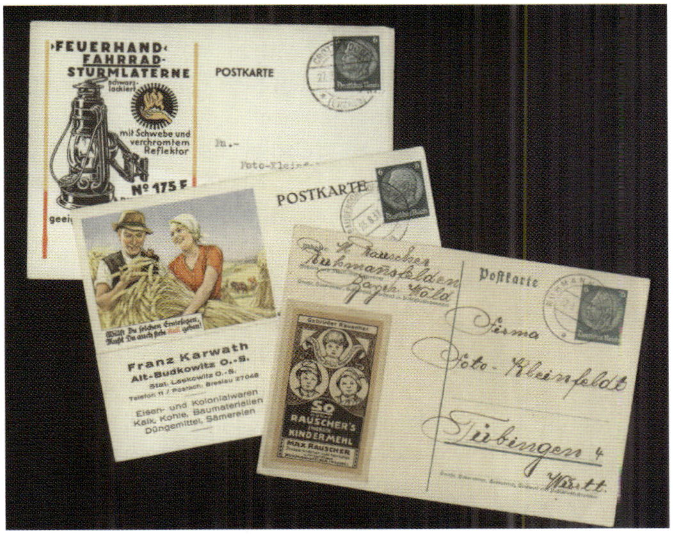

Abb. 41: Aufträge für das Fotolabor, 1930er Jahre.

Nach den Jahren der Plackerei war es offenbar an der Zeit, auszuspannen, denn für die Kleinfeldts brachte der unternehmerische Erfolg einen gewissen Wohlstand und wirtschaftliche Unabhängigkeit – für die vier Kinder ein paradiesisches Leben: „Ich erinnere mich, dass wir ein wunderschönes Heim hatten, da oben auf dem Österberg, wo jetzt der Kindergarten drin ist. Ein riesiger Garten drum herum. Im Herbst hat man Kartoffeln auf den Spieß gesteckt und am offenen Feuer gebraten. Wir hatten schöne Wohnräume und Kinderzimmer. Weihnachten war der Traum: Ein großer Raum mit einem großen Christbaum und mit der Spielzeugeisenbahn!“ (3)

Symbole des Wohlstands

Meist im August oder September gönnte sich die Familie eine Auszeit am Bodensee. Walter und Luise Kleinfeldt leisteten sich dazu 1935 eine komfortable Opel-Reiselimousine mit Sechszylindermotor und Anhängerkupplung. Die war für den Wohnwagen bestimmt, den man dann auf den Campingplatz stellte – in den dreißiger Jahren ein absolutes Novum und ein Traum, auf dessen Erfüllung die meisten Deutschen noch mindestens zwei Jahrzehnte warten mussten (Abb. 42–43). „Im Sommer in den Schulferien fuhr mein Vater uns runter zum See auf die Höri. Meine Geschwister waren ja älter. Hat uns dort vier bis sechs Wochen abgeladen, ging dann wieder ins Geschäft und besuchte uns an den Wochenenden. An die Höri erinnere ich mich wirklich gut und dass morgens an einem Pfosten frische Hörnchen in einem Beutel vom Bäcker Kupprion befestigt waren. Da gab es zum Frühstück dann Honig dazu. Das ging mir den ganzen Krieg über nach: Die Hörnchen und der Honig!“ (3)

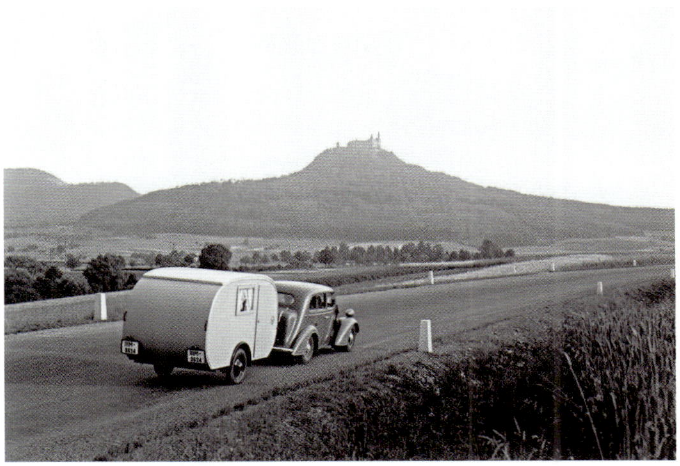

Abb. 42: Mit Opel-Limousine und Caravan auf der R 27 zum Camping an den Bodensee, 1938.

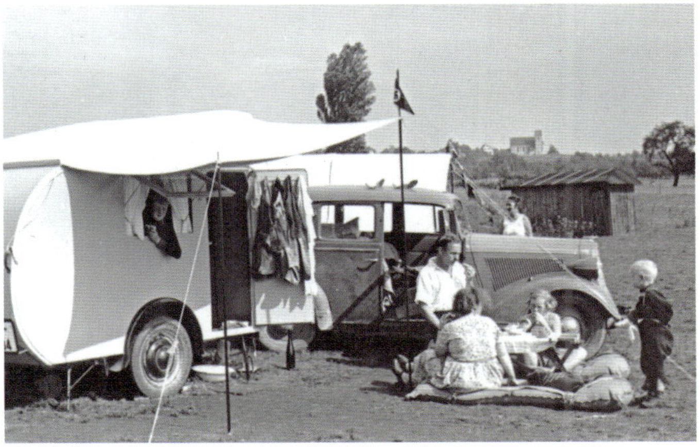

Abb. 43: Familie Kleinfeldt – Camper unterm Hakenkreuz, 1938.

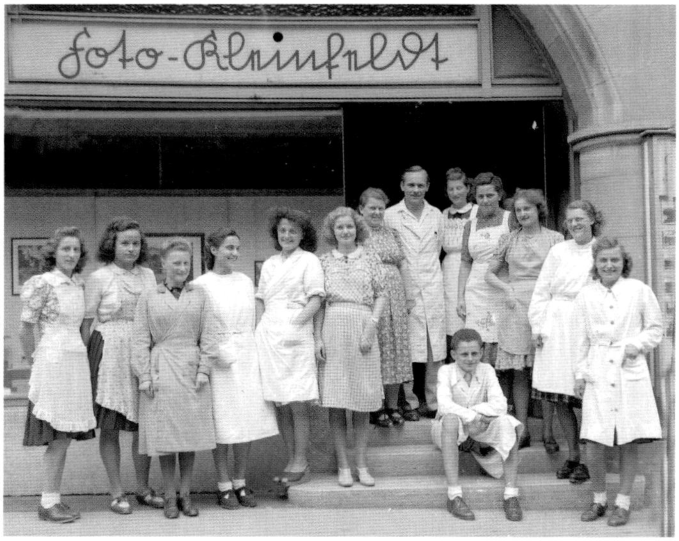

Abb. 44: Ästhetische Anpassung und Männer im Krieg: Walter und Luise Kleinfeldt, Mitarbeiterinnen, Lehrling vor dem neuen Geschäft, Mühlstraße 16, Ende 1939.

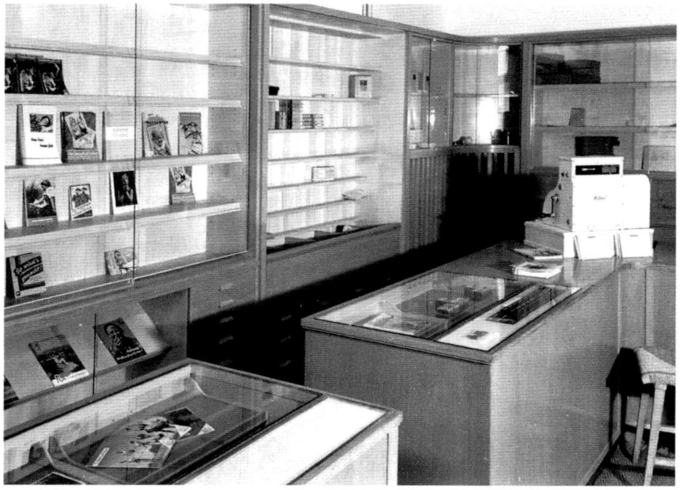

Abb. 45: „Alle Regale leer." Verkaufsraum, 1940.

Im Urlaub und auf seinen Ausflügen experimentiert Walter Kleinfeldt mit dem neuen Agfa-Farbdiafilm, den er im Sommer 1936 als einer der ersten in Tübingen probeweise erhalten hatte. Er ist zwar von den Möglichkeiten des Umkehrprozesses fasziniert und in den kommenden Jahren bis Kriegsbeginn entstehen rund 1.000 Aufnahmen. Aber richtig überzeugt ist er von dem Material nicht, das sich noch nicht auf Papier belichten ließ. Dabei lag der Preis für einen 36er Kleinbilddiafilm mit 3,60 Reichsmark inklusive Entwicklung nur unwesentlich über dem sonst üblichen Schwarzweißmaterial: Die Nazis versuchten, sich mit dem subventionierten Preis einen Vorteil gegenüber dem 1935 vorgestellten Kodachrome-Diafilm aus den USA zu verschaffen, um so auch in technischer Hinsicht einen Propagandaerfolg zu verbuchen.[35]

Wieder Krieg

Im Frühjahr 1939 wechselt Foto Kleinfeldt von Nummer 20 in 16, wo sich der Laden auch heute noch befindet. Der Erwerb des Gebäudes erfolgt im Tausch plus Aufschlag mit der Stadt, die auf dem Österberg ein Anwesen für das „NS-Lehrschwesternheim" sucht, das sich provisorisch im Gebäude des heutigen Leibniz-Haus II (Stauffenbergstraße 30) befand. „Die Gauleitung drängte" auf eine „moralische Verpflichtung der Stadt zur Abhilfe."[36] Währenddessen hatte Arthur Gröger[37], der Inhaber des Ateliers von Hausnummer 14 versucht, gegen den Wechsel zu intervenieren, „mit der Bitte, das städtische Gebäude in der Adolf-Hitler-Straße 16 nicht an seine Konkurrenz zu verkaufen"[38].

Zum 1. April 1939 zieht die Familie vom Österberg in den dritten Stock der heutigen Mühlstraße 16; darüber liegen eine Wohnung für die Großmutter und Räume fürs Personal. In der ersten Etage installiert man ein Labor mit modernster Technik, sowie Parterre neben dem Verkaufsraum einen Unterrichtsraum für die Fotokurse sowie ein Portraitatelier (Abb. 44) „Eine Schreinerei aus Honau fertigte eine wunderschöne Ladeneinrichtung, 1939 – fünf Minuten vor zwölf! Eiche, mittel, im Stil der Zeit. Die Innenwände der Regale waren Ahorn, hell gegen dunkel! Nach dem letzten Stand der Technik." (3) (Abb. 45)

Mit Beginn des Zweiten Weltkrieges ändert sich auch für Foto Kleinfeldt und die Familie der Alltag in einer bislang nicht gekannten Weise. Als Reservist wird der vierzigjährige Walter Kleinfeldt eingezogen (Abb. 46). Er kommt allerdings nicht an die Front, sondern muss am Standort Esslingen seinen Dienst in einer Verwaltungseinheit leisten. Die Wo-

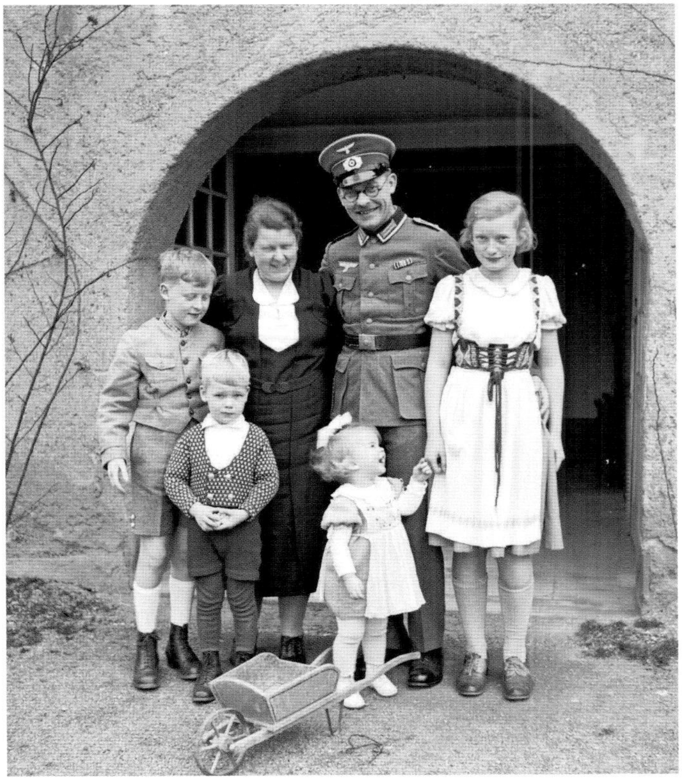

Abb. 46: Walter Kleinfeldt zieht wieder in den Krieg, September 1939.

che über verbringt er in der Kaserne, am Wochenende kann er die Familie besuchen. Die Wehrmacht requiriert den Wohnwagen, die Opel-Limousine wird in einer Garage an der Blauen Brücke eingemottet. Es dauert nicht lange, und die Fabrikanten, Hersteller und Händler stoppen ihre Lieferungen. Eine Zeitlang kann man noch von den vorhandenen Reserven an Filmen, Fotopapier und Chemikalien zehren, doch Mitte 1941 kommt das Geschäft schließlich fast ganz zum Erliegen. Lediglich Fotoliteratur ist noch erhältlich und in geringem Umfang produziert Luise Kleinfeldt Portraits (Abb. 47). „Man machte in den vierziger Jahren Innenaufnahmen von Labor, Geschäft und Wohnung zur Bestandssicherung, falls eine Bombe reinfällt. (...) Die Regale sind alle leer, ein paar Bücher stehen noch drin und sonst nichts. Im Labor lief noch einiges. Die Mädchen waren ja auch dienstverpflichtet. Die mussten zum Teil noch in der Industrie arbeiten. Papier hat man wohl noch in bescheidenen Mengen bekommen. Ich hab' auch noch die Karteikarten von den Soldaten, die uns immer die Filme geschickt haben zum Entwickeln und Ausarbeiten. Mein Vater hat damals auch alle Kameras verkauft, auch die Betriebskameras, das waren zwei Leicas. Er meinte: ‚Das brauchen jetzt die Soldaten zum fotografieren. Wir können, wenn der Krieg zu Ende ist, alles wieder kaufen.'" (3) Im Juli 1941 schreibt Walter Kleinfeldt an seine Frau, wie sie an Fotomaterial kommen könne, um für die Institute der Universität sowie für Kunden bei der Wehrmacht und der Marine Fotoaufträge erledigen: „Bescheinigung auf Briefbogen mit ihrem Aufdruck und Bescheinigung, dass die Sachen für dienstliche (wissenschaftliche) Zwecke gebraucht werden. Stempel und Unterschrift. Dann liefert Agfa. Wir haben keinerlei Zuteilung für solche Zwecke!"[39]

Walter Kleinfeldt erreicht seine Freistellung vom Militär – die Nationalsozialisten hatten den Handwerksfotografen eine kriegswichtige Funktion an der ‚Heimatfront' zugewiesen – sie sollten Soldatenportraits anfertigen und Amateuraufnahmen von Soldaten entwickeln.[40] Nebenbei engagiert er sich im Kollegenkreis (Abb. 48), fotografiert auf Hochzeiten oder nimmt Aufträge von heimatgeschichtlichen Publikationen des Schwäbischen Albvereins[41] und der Tübinger Chronik an, wo Alfred Göhner als freier Fotograf

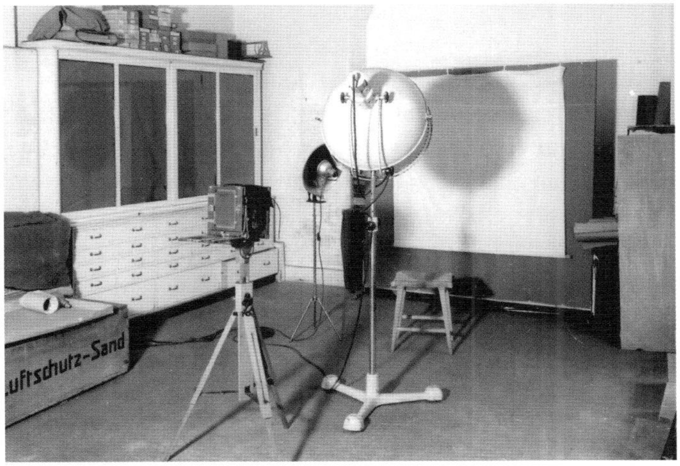

Abb. 47: Portraitstudio mit Kurt Bentzin-Holzkamera aus Görlitz im Format 13 x 18 cm. Mühlstraße 16, 1944.

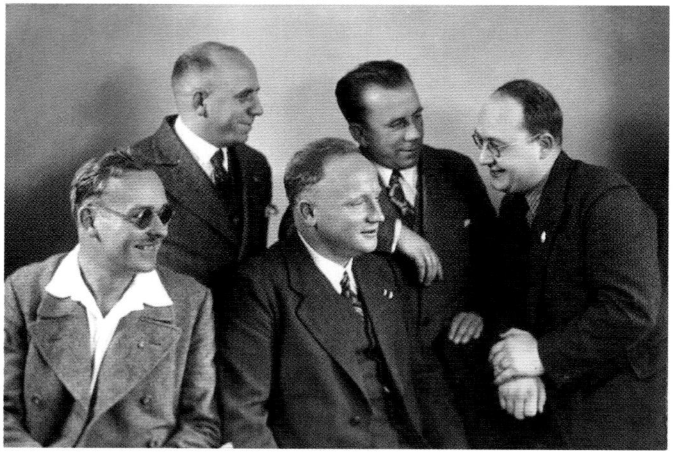

Abb. 48: Vom Krieg freigestellte Fotografen: Walter Kleinfeldt (links), Peter Dohm (Reutlingen) und Gustav Scherer (Heilbronn), 1943. Silbergelatineabzug 10 x 16 cm.

arbeitet. Göhner war bereits 1931 in die NSDAP eingetreten, seit 1935 Mitglied des Tübinger Stadtrates und von 1935 bis 1941 Kreispropagandaleiter.[42]

Die Erfolge der Wehrmacht imponieren dem altgedienten Frontkämpfer Walter Kleinfeldt und er beantragt im Oktober 1939 die Aufnahme in die NSDAP, möglicherweise ein Kalkül wegen seiner Tätigkeit bei der örtlichen Tagespresse.[43] „Ich hab' dann deswegen geschimpft gegenüber meiner Mutter und Walter ließ ausrichten, er möchte mich nicht mehr sehen und nicht mehr sprechen, wenn ich so hässliche Gedanken hätte. Deshalb dürfte ich nicht mehr nach Tübingen kommen, nix, wollte nichts mehr wissen! Mein Bruder war von Herzen begeistert." (1)

Beim jüngsten Sohn Volkmar stellt der Arzt bei einer Reihenuntersuchung in der Silcherschule eine verkapselte Tuberkulose fest, worauf man den Jungen für einige Wochen nach Königsfeld in den Schwarzwald zur Erholung schickt. Inzwischen war der Krieg auch in Tübingen angekommen. Fast jede Nacht heulen die Sirenen. „Das heißt: Mäntele drüber, drei Stock runter bis Erdgeschoss und noch mal zwei Treppen runter ins Gewölbe – wir hatten einen zweistöckigen Keller. Und dann hockt man da und es ist langweilig. Man hockt und hockt und hockt. Würde eigentlich gerne im Bett liegen und schlafen. Dann: Endlich Entwarnung! Also wieder hoch ins Bett! Und nach einer Stunde kommt der nächste Alarm! Zum Schluss blieb man dann drunten. Stellte Feldbetten unten rein. Für ein Kind ist das gnadenlos. Das war brutal." (3) (Abb. 49) Beim folgenschwersten Angriff am 15. März 1944 trifft es das Quartier um das Tübinger Neckartor.[44] Das historische Wohngebäude Ludwig Uhlands fällt in Schutt und Asche. „Einmal hat es dann fürchterlich gekracht. Ich weiß heute noch, wie der staubende Dreck die Treppe herunter kam. Ich bin hoch und sah, wie das Haus Betz und Gerlach unten an der Mühlstraße lichterloh brannte, aus allen Fenstern. Wie Fackeln kamen Flammen heraus. Es brannte tagelang und die Feuerwehr war nicht in der Lage, das zu löschen. Und der Geruch vom Betzschen Haus und vor allem vom Uhlandhaus und vom Pomona gegenüber am Neckartor und vom Barbarino, dieser Geruch ist uns allen bis heute nicht aus der Nase: Gips und Staub und Dreck." (3) Vater Walter Kleinfeldt fotografiert am folgenden Morgen, was noch übrig ist. Vom Uhlandhaus liegt kein Stein mehr auf dem anderen. (Abb. 197–199)

Verheerender waren die Luftangriffe auf Reutlingen und Stuttgart (Abb. 195–196). In beiden Städten dokumentierte Kleinfeldt im Januar und Februar 1945 mit verdeckter Kamera die Schäden, denn die Nazis hatten ein Verbot erlassen, Trümmerwüsten aufzunehmen. Er setzt sich darüber hinweg und fotografiert in Stuttgart die Ruinen des Neuen Schlosses sowie der Stiftskirche und das Gebiet um den Marktplatz. Schnee hat die Stadt zugedeckt. Die Bilder wir-

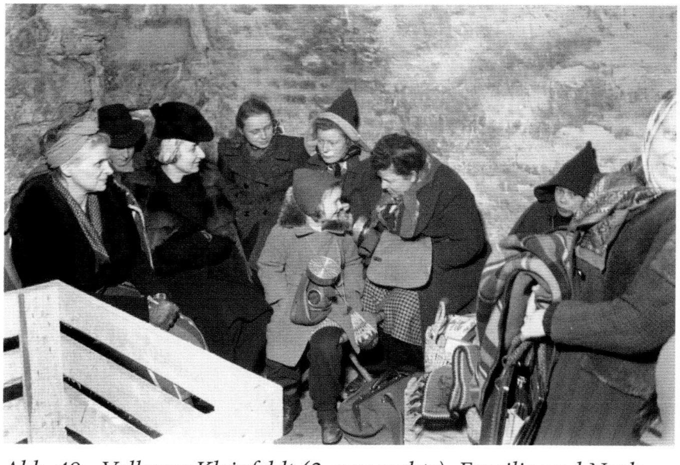

Abb. 49: Volkmar Kleinfeldt (2. von rechts), Familie und Nachbarn im Luftschutzkeller Mühlstraße 16, 15. März 1944.

ken seltsam entrückt. Menschen finden sich darauf keine, nur eine scheinbar unendliche Leere zwischen grauem Himmel und ausgebrannten Mauerresten. Eine makabre Szenerie mit merkwürdig friedlichem Anstrich. Zwischendurch nimmt Kleinfeldt wie sein Stuttgarter Kollege Hannes Kilian (1909–1999)[45] auch Dienstverpflichtete und Uniformierte auf, die sich um die einsturzgefährdeten Ruinen zu kümmern hatten.

Im November 1944 wird der kaum sechzehnjährige Sohn Werner zum Reichsarbeitsdienst nach Hinterstein im Allgäu eingezogen. Am 5. Februar 1945 folgt der Marschbefehl zum Luftwaffenausbildungs-Regiment 4 in der 1. Luftwaffen-Ausbildungsdivision. Der Standort befindet sich in Oschatz, östlich von Leipzig. Der Rekrut wird schließlich Anfang April in die Nähe von Berlin verlegt, um die Hauptstadt zu verteidigen. Ein letzter Feldpostbrief erreicht die Familie in Tübingen am 20. April 1945, der Tag nach dem Einmarsch der Franzosen. Werner Kleinfeldt gilt als vermisst.[46]

Das Ende

Ein paar Wochen vor Kriegsende trifft Walter Kleinfeldt eine folgenschwere Entscheidung: Mit sechs oder sieben Tübinger Bekannten rückt er zum Volkssturm ein (Abb. 50). Man zieht sich in den Schönbuch auf den Dickenberg zurück und übt den Einsatz von Handgranate und Panzerfaust. Am 19. April 1945 ist die französische Armee in der Stadt. Luise Kleinfeldt und die Kinder verbringen die Nacht im Keller. „Es war ein Donnerstag und ich bin morgens um sieben oder acht hinaus, um zu schauen. Und da stand ein ganz fremdartiges Auto! War niemand drin, ein komischer Wagen. Das war der erste Jeep, den ich gesehen habe. Das war meine erste Berührung mit den Franzosen.“ (3) Bald darauf rollen die ersten Panzer die Mühlstraße hinab und halten an, da die noch intakte Neckarbrücke voller Sprengladungen steckt. Das Prinzip der verbrannten Erde hatten die Nazis kurz zuvor schon einmal demonstriert, als sie die Brücke der Umgehungsstraße bei Lustnau in die Luft jagten. Schließlich steigen die französischen Uniformierten aus ihren Kettenfahrzeugen und durchkämmen die Geschäfte nach Wertgegenständen: „Bei uns fanden sie Taschen, aber keine Kameras. Das brachte meine Mutter in Erklärungsnöte, da die Kameras zu den

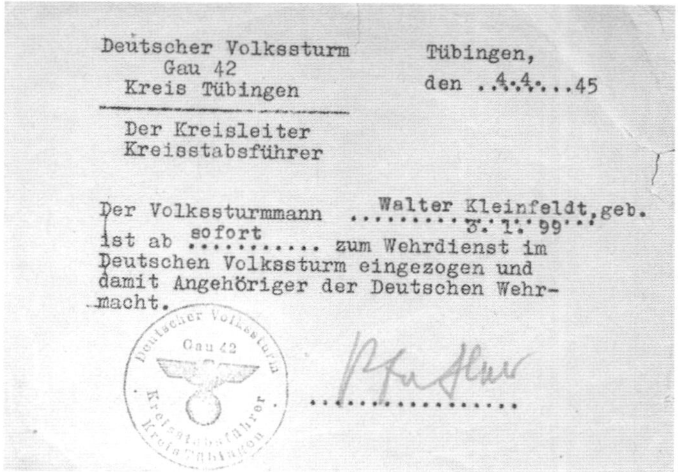
Deutscher Volkssturm
Gau 42
Kreis Tübingen

Tübingen,
den .4.4...45

Der Kreisleiter
Kreisstabsführer

Der Volkssturmmann ..Walter Kleinfeldt,geb. 3.1.99..
ist ab sofort .... zum Wehrdienst im Deutschen Volkssturm eingezogen und damit Angehöriger der Deutschen Wehrmacht.

Deutscher Volkssturm Gau 42 Kreisstabsführer Kreis Tübingen

....

Abb. 50: Zum Volkssturm eingezogen, 4. April 1945.

Taschen verlangt wurden. Hinter dem Laden war ein abgeteilter Nebenraum. Und ich bin gerne Rollschuhe gelaufen. Dort hatte ich meine Hudora-Rollschuhe abgestellt. Und ein Franzos’ hat die gefunden, sie mitgenommen und hat draußen auf dem Panzer die Rollschuhe angezogen.“ (3) Die wenigen noch vorhanden Kameras und etwas Fotopapier hatte man rechtzeitig versteckt oder im Keller vergraben.

Luise Kleinfeldt packt den Leiterwagen und entschließt sich, mit ihren Kindern das Feld zu räumen. Zuflucht findet man bei einer befreundeten Familie auf dem Schönblick. Währenddessen liegt das Familienoberhaupt weiterhin in seiner Stellung auf dem Dickenberg. „Ja, die haben das richtig ernst genommen, dass die mit ihren Panzerfäusten im Schönbuch den Feind aufhalten können. Aus heutiger Sicht eine absurde Vorstellung!“ (4)

Vier Tage, nach dem die Franzosen die Stadt eingenommen hatten, stirbt Walter Kleinfeldt am 23. April 1945. Französische Soldaten hatten die Stellung unter Beschuss genommen. Bei seinen Sachen findet man eine neue Kennkarte, ausgestellt am 14. April 1945. Bis heute haften Blutreste an ihr.

Bei der wohl letzten Kampfhandlung in der Gegend um Tübingen gibt es außerdem Verletzte, aber keine weiteren Toten. Die Überlebenden kommen in ein Internierungslager nach Balingen. Walter Kleinfeldt wird in einem improvi-

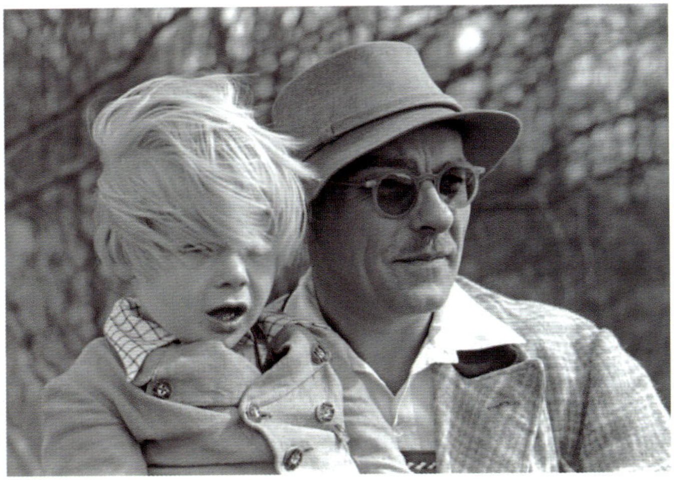

Abb. 51: Volkmar Kleinfeldt mit seinem Vater Walter, um 1940.

sierten Grab auf dem Dickenberg beerdigt. Im Sommer 1945 beantragt Luise Kleinfeldt die Umbettung der sterblichen Überreste in das Familiengrab auf dem Tübinger Stadtfriedhof. „Wenn Sie in diesem Alter den Vater verlieren, das begreifen Sie nicht! Das erfassen Sie erst später. Hinterher hatte ich immer Angst, dass meine Mutter stirbt, dass sie von Franzosen erschossen wird. Grausame Vorstellung! Dass ich dann in das Waisenhaus da unten komm', nach Lustnau in die Sophienpflege. Das war für mich der Alptraum als Kind." (4) (Abb. 51)

Frau Kleinfeldts Neuanfang

Luise Kleinfeldt war nun mit dem Geschäft auf sich alleine gestellt. „Zunächst gab es gar nichts. Das Labor ging wieder in Betrieb, man musste wieder Bilder entwickeln. Fotopapier war noch etwas da. Die Franzosen sind allerdings gekommen und machten Hausdurchsuchungen. Dann haben sie auch noch so Requisitionsscheine mitgebracht, nahmen Fotopapier mit." (4) Die resolute Frau lässt sich von den Besatzern nicht verunsichern. Mit bescheidenen Mitteln und dem wenigen, was den Krieg überdauert hatte, beginnt sie, den Laden wieder aufzubauen. Verkauft wird, was gerade im Angebot ist: Brillantine in Bakelit-Schächtelchen, Brieföffner (Abb. 52), Feuerzeuge, Uller – ein Talisman für Wintersportler aus der nordischen Mythologie – und Lupen von der Münchner Firma KILFITT, gefertigt aus Trümmerglas. Für Reportagen und Erinnerungsbilder stellt sie Alfred Göhner an, der wegen seiner Tätigkeit in der NS-Propaganda zunächst keinen Job findet.[47] Dennoch tauchen bald Probleme auf – die verbliebenen Geschäftsinhaber versuchen, der Witwe den Laden abspenstig zu machen. Die Argumentation: „Eine Frau könne doch keinen Fotoladen führen." (4) Luise Kleinfeldt bekommt Rückhalt von der Industrie- und Handelskammer Reutlingen sowie vom zeitweiligen Tübinger Oberbürgermeister Viktor Renner (SPD). 1949 schreibt er ihr – nun Innenminister des Landes Württemberg-Hohenzollern: „Falls Sie je wieder einmal ein Anliegen haben sollten, bitte ich Sie, sich ohne Hemmung an mich zu wenden."[48]

Obendrein hatte das Geschäft mit der Mangelwirtschaft zu kämpfen. Weil es kein Heizmaterial gab, musste der Laden im Winter 1945/46 mehrfach für einige Wochen geschossen bleiben. Im Gaswerk an der Reutlingerstraße suchten Mitarbeiter unter der alten Schlacke nach Kohleresten, die man mitnehmen durfte. „Auch ging die ganze Mannschaft mit dem Leiterwägele in den Schönbuch, um in zugewiesenen Bereichen Brennholz zu holen. Es waren traurige und hoffnungslose Tage, durch die man sich quälte."[49]

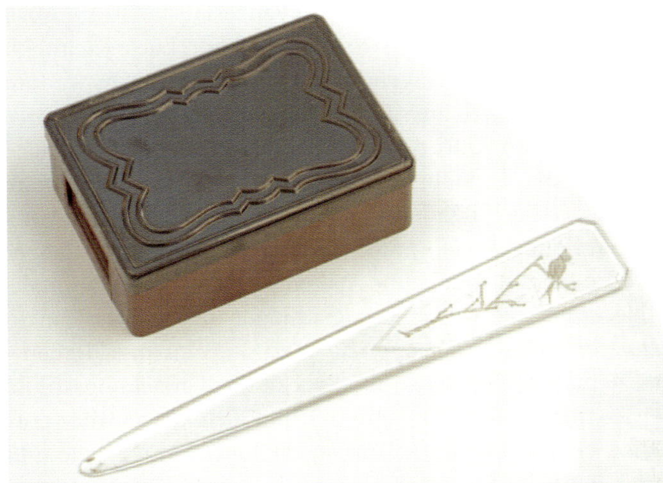

Abb. 52: Verkaufsartikel in der Notzeit: Brillantinedose und Brieföffner 1945/46.

Nach der Währungsreform am 20. Juni 1948 füllten sich die Regale in den Geschäften. „Meine Mutter erfuhr, dass man in Stuttgart-Hedelfingen bei Kodak Kameras gegen Barzahlung bekommen könnte. Da wir aber auch nur unser DM-Kopfgeld hatten spielte es sich folgendermaßen ab: Die Franzosen bezahlten im Voraus, mit dem Geld holten wir dann per Zug, einmal aus Sicherheitsgründen mit einem Taxi, die Kameras bei Kodak in Stuttgart. Andere Franzosen sahen sich dann diese Kameras an, bestellten und bezahlten. So ging es einige Zeit weiter." (4) In den späten vierziger und frühen fünfziger Jahren existiert Foto Kleinfeldt außer vom Handel und dem Bildergeschäft von kleineren Aufträgen für die fotografische Dokumentation. So hielt Mitarbeiter Hans Steinhorst (1928–1973) immer wieder Litfaß-Säulen im Tübinger Stadtgebiet fest, um damit die Plakatierung für eine Werbefirma zu dokumentieren (Abb. 223). Heute geben diese Bilder Aufschluss darüber, wie die Werbung im öffentlichen Raum funktioniert hat – obendrein lassen sich Informationen über das genaue Datum von Veranstaltungen gewinnen. Luise Kleinfeldt hatte Steinhorst als Allroundmann für das Portraitstudio, die Fotoreportagen und den Laden sowie für Außentermine und die Werbefotografie eingestellt (Abb. 53). „Von ihm lernte ich sehr viel. Er hat alles gemacht und alles gekonnt." (4) Der ausgebildete Fotograf und Fotokaufmann hatte noch in der Wehrmacht gedient. In der Nachkriegszeit verschlug es ihn von Thüringen über Hannover nach Tübingen – die Kleinfeldts pflegten bereits vor dem Krieg freundschaftliche Kontakte zur Familie Steinhorst und Sohn Georg Steinhorst war aus Eisenach kommend von 1937 bis Kriegsbeginn bei der Firma Mitarbeiter gewesen.[50]

Hans Steinhorst führt in den Räumlichkeiten in der Tübinger Mühlstraße 16 Volkmar Kleinfeldt behutsam an die professionelle Fotografie heran und beeindruckt mit eigenen Reportagen: „Er war jung und trotz seines Alters hoch qualifiziert, war Fotograf mit Herz, Leib und Seele."[51] Thematisch bediente er ein breites Spektrum: die legendären Autorennen in den späten vierziger Jahren zählten genauso dazu, wie Land und Leute, Arbeit und Alltag sowie Architektur und Werbung oder die fotografische Dokumentation des Besuches von Bundespräsident Theodor Heuß mit Gattin in Tübingen und Bebenhausen am 5. Juni 1950 (Abb. 214–215).

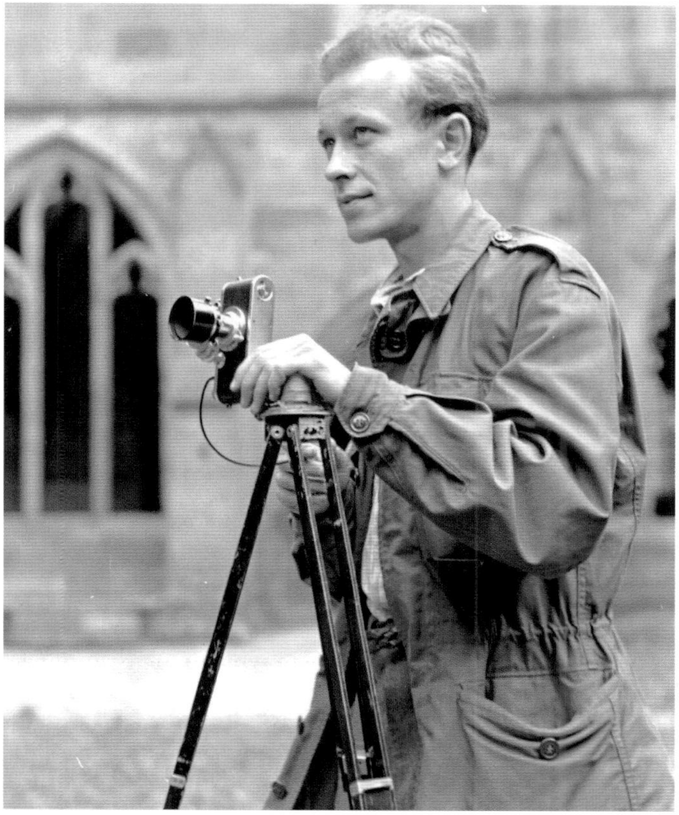

Abb. 53: Hans Steinhorst in Maulbronn, 1948. Foto: Volkmar Kleinfeldt.

Außerdem bestritt Steinhorst Fotokurse und Diavorträge. Seine geradlinigen und unprätentiösen Bilder stehen in der Tradition der sozialdokumentarischen Fotografie der Weimarer Republik. Bildästhetisch orientierte er sich an einem neu-sachlichen Stil des Bildjournalismus. Er hatte einen „besonderen Sinn für die zeit- und sozialgeschichtliche Relevanz einer Situation, eines Momentes, der sich in genau getroffenen Aufnahmen äußert"[52]. Steinhorst lernte bei Foto Kleinfeldt seine spätere Frau, die Fotolaborantin Edith Binder, kennen, und legte 1953 in Reutlingen seine Meisterprüfung ab. Er blieb bis zu seinem Wechsel an die Landesbildstelle in Stuttgart (1960) und wurde dort 1963 Chef der fotografischen Abteilung.

Luise Kleinfeldt lenkt die Geschäfte. Ihr obliegen Buchhaltung, Einkauf, Führung der Mitarbeiter sowie die Planungen für den Geschäftsumbau. Nebenbei steht sie hinter der alten Passbildkamera, mit der Walter Kleinfeldt in den zwanziger Jahren begonnen hatte. Sohn Volkmar absolviert die Lehrzeit als Kaufmann und als Fotograf, bildet sich in Seminaren bei Agfa, Leitz und Zeiss Ikon weiter – ist als Nachfolger für den Laden bestimmt. „Während des Krieges fotografierte ich mit der kleinen Baby-Ikonda. Nach 1945 ging es dann ernsthaft los. Als mir meine Mutter die ausgegrabene Contax-Ausrüstung brachte, da brannte es mir schon unter den Fingern, dass ich damit was machen kann. Damit fotografierte ich und ich hab' Bücher verschlungen! Dann kam 1948 von Walther Heering das Buch ‚Meine Foto-Praxis‘[53]. Das war für mich ein Schlüsselerlebnis! – Ein Buch auf neuem Stand. Bis dahin war alles aus den dreißiger Jahren. Das war meine Schule, dieses Buch hab' ich gefressen, das geb' ich auch nicht her!“ (4)

Volkmar Kleinfeldt hat eine natürliche Gabe, im richtigen Augenblick auf den Auslöser der Kamera zu drücken. Zunächst beobachtet er bei Hans Steinhorst, wie man sich als Fotograf bei Terminen bewegt und welche Bildmotive sich lohnen, auf Platte gebannt zu werden. Für den Heranwachsenden, der seinen Vater früh verloren hat, ist es zunächst schwierig, in die Fußstapfen des Firmengründers zu treten.

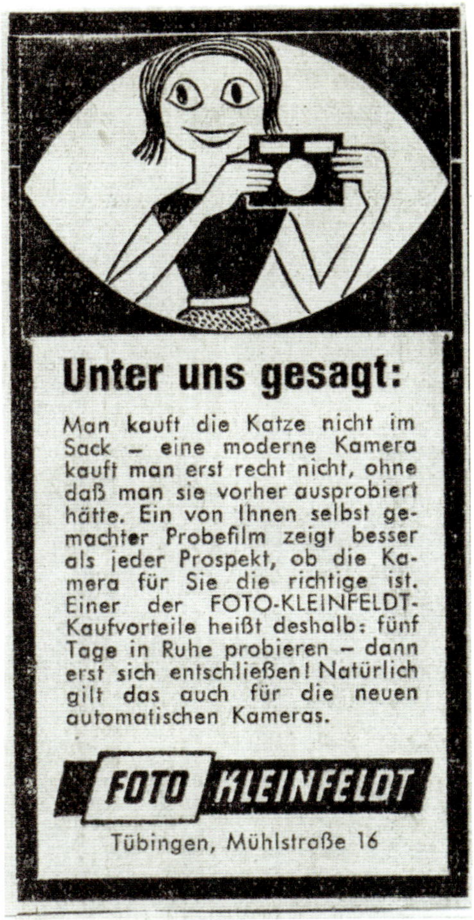

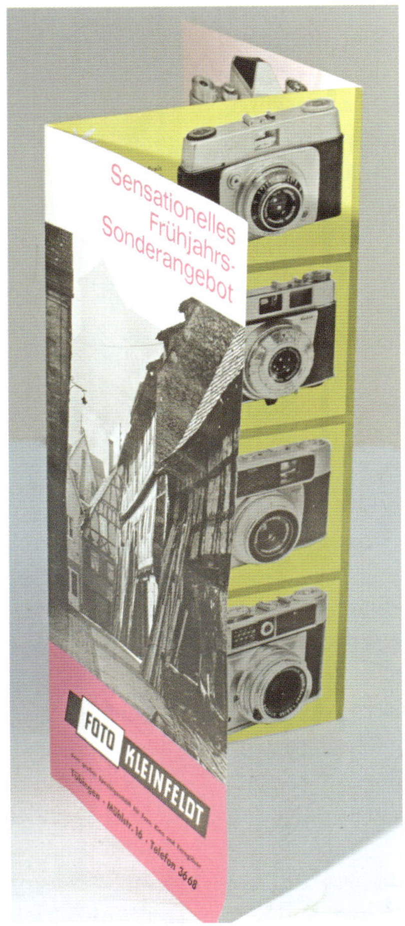

Abb. 54–55: Zeitungswerbung und Faltblatt, von Volkmar Kleinfeldt entworfen, 1960 und 1962.

Inzwischen ist Luise Kleinfeldt in die Rolle der Chefin hineingewachsen. Sohn Volkmar sucht und findet seinen Weg in der Naturfotografie. Außerdem dokumentiert er die Veränderungen von Stadt und Landschaft in der Region. Als Ausgangspunkt dienen zum Teil die Bilder des Vaters aus den dreißiger Jahren. Immer wieder sucht er jene Orte auf, an denen einst die Motive für die Postkarten entstanden sind (Abb. 237–238), und fotografiert das, was sich ihm darbietet. Die Natur, die Landschaft, die Städte und Dörfer verändern sich in den fünfziger und sechziger Jahren in einem zuvor nicht gekannten Tempo. Bald sind die negativen Erscheinungen der wirtschaftlichen Hochkonjunktur offensichtlich. Überall schießen Industrieanlagen aus dem Boden, auch im hintersten Winkel auf der Schwäbischen Alb entstehen Siedlungen mit Einfamilienhäusern und der Straßenbau macht vor den Zentren der wenigen unzerstört gebliebenen Städte nicht halt.

Volkmar Kleinfeldt sieht sich selbst als ein handwerklich motivierter Fotograf und weniger als Fotokünstler. Ein Lichtbildner, so seine Einschätzung, agiere stets in Abhängigkeit von der Technik des fotografischen Geräts und von der Chemie des Entwicklungsvorganges. „Mich hat immer die technische Seite fasziniert, aber auch die Laborarbeit. Ich konnte mich stundenlang darin vertiefen, um letzten Endes das Beste aus einem Bild herauszuholen.“ (4) Im Geschäft kümmert er sich um die Werbung, entwirft Zeitungsbeilagen, Faltblätter und Werbeanzeigen (Abb. 54–55). Von seinem Vater hat er eine technische Begabung geerbt: Er richtet sich ein Experimentallabor ein und konstruiert bis in die Gegenwart fototechnische Vereinfachungen, darunter Panoramaköpfe, ein Balgengerät für Nahaufnahmen, eine Vorrichtung für die Ausdehnung der Tiefenschärfe von nah bis fern, einen Kombikopf für Panorama- und Stereoaufnahmen (Abb. 56). 1956 erfolgt der Eintrag eines Gebrauchsmusters für eine verbesserte Zeit/Blenden-Einstellung am Kameraobjektiv beim Deutschen Patentamt.[54] „Im Nachhinein bedauere ich schon manchmal, dass man nicht mehr daraus gemacht hat. Aber ich musste halt immer für meine Kunden im Laden sein. Da hat die Zeit für größere Konstruktionen einfach nicht gereicht.“ (5) Bis in die Gegenwart schreibt Volkmar Kleinfeldt für Spezial-

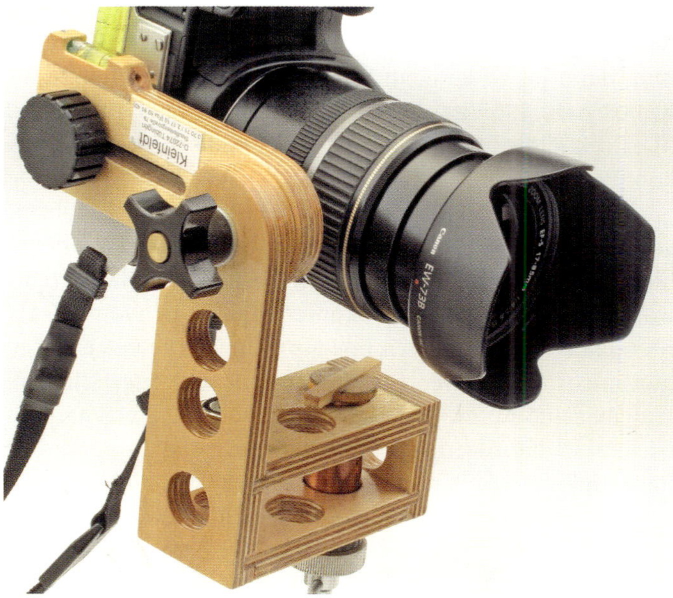

Abb. 56: Panoramakopf für Spiegelreflexkamera, Konstruktion von Volkmar Kleinfeldt.

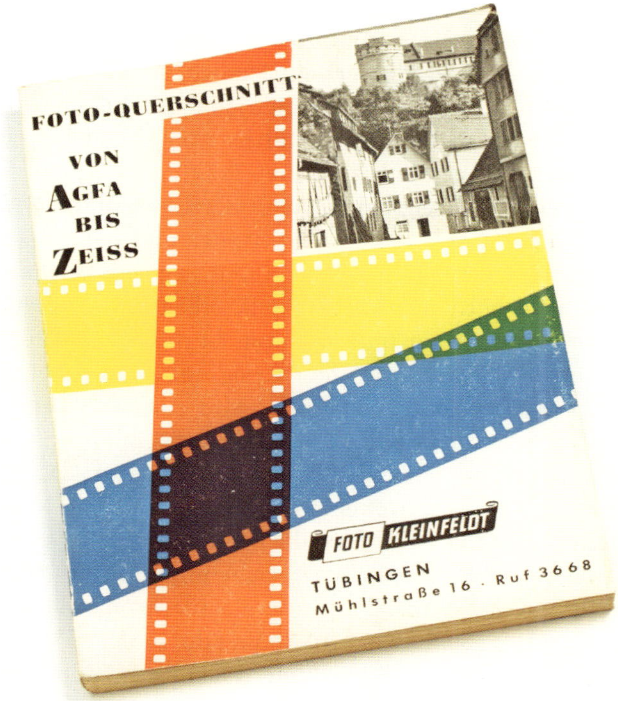

Abb. 57: Foto-Querschnitt von Agfa bis Zeiss, 1957.

zeitschriften, darunter Club Daguerre aktuell, Photo-Antiquaria und Photo Deal. Mit der Fachschriftstellerei begonnen hatte er bereits als 19-Jähriger in dem jährlich erschienenen Katalog *Foto-Querschnitt von Agfa bis Zeiss* (Abb. 57) sowie der Zeitschrift des Fotohandels *Licht und Schatten*, wo er vor allem die Rubrik „Was gibt es Neues“ und spezielle technische Themen bediente.[55]

In den fünfziger und frühen sechziger Jahren prosperiert der Fotomarkt. In der Zeit des Wirtschaftswunders leistet man sich gerne wieder etwas. Zunächst sind es die kleinen Dinge, deftiges Essen, eine Kamera, die Phonotruhe, der Fernseher. Sodann spart man auf einen VW-Käfer und macht damit Urlaub am Gardasee. Alles will fürs Familienalbum dokumentiert werden. Es dauert nicht lange und Foto Kleinfeldt erreicht wieder die Umsatzzahlen aus der Vorkriegszeit. Allerdings war der Kameramarkt ziemlich durcheinandergewirbelt worden – Beispiel der Zeiss Ikon, von der man in den dreißiger Jahren mit die meisten Kameras verkauft hatte: Der Sitz der Firma wird 1948 von Dresden nach Stuttgart verlegt, auch die Namensrechte fallen an den Westen. Das Stammwerk in Dresden, Produzentin der Contax, wird zum Volkseigenen Betrieb (VEB).

Kaum jemand will nun mehr mit den alten Plattenkameras von früher oder den umständlichen Rollfilm-Apparaten fotografieren. Foto Kleinfeldt verkauft die Kameras von Zeiss Ikon Stuttgart, Agfa, Balda, Voigtländer und der zahlreichen neuen Hersteller wir Dacora und Regula. Die Kodak Retina, bald auch mit Wechseloptik erhältlich, wird zum Renner. Nach wie vor im Programm ist die Leica, die sich allerdings, wie schon vor dem Krieg, nur wenige leisten können. Der 35 mm Kleinbildfilm wird zum alles beherrschenden System. Farbe hält Einzug in die Bildpraxis der Fotoamateure. Nachdem der 1936 vorgestellte Agfa-Diafilm wegen des Krieges nur eine unwesentliche Rolle am Markt gespielt hatte, will bald jeder die so schön bunten, transluzierenden Bilder auf Agfacolor habe und auch der etwas teurere und dafür noch brillantere Kodachrome 64 geht weg wie warme Semmeln.[56] Allein im Jahr 1961 beträgt der Absatz 6.306 Kleinbildnegativfilme, 1.880 Farbdiafilme und 545 Colornegativfilme – der CT-18 Diafilm von Agfa kostet 13,50 DM und der Kodachrome stolze 19,95 DM.[57]

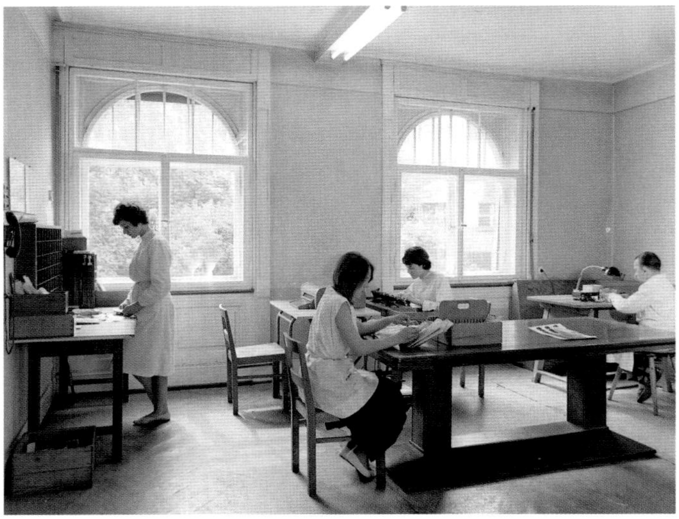

Abb. 58: Tageslichtraum, Mitarbeiter (u. a. Traudel Heidke und Willi Nicolai), 1960.

Unterstützt wird der Boom durch die Möglichkeit, von den Farbdia- und Negativfilmen auch die passenden Vergrößerungen auf Papier entwickeln zu lassen. Foto Kleinfeldt kauft dafür eine der modernsten Anlagen – das Labor für die Farb- und Schwarzweißvergrößerung befindet sich weiterhin im Obergeschoss des Ladens (Abb. 58). Zugleich wächst der Markt für Postkarten. Hans Steinhorst und Volkmar Kleinfeldt begeben sich in ihrer Freizeit und an den Wochenenden auf die Suche nach neuen Motiven. Die alten Bilder aus der Vorkriegszeit bleiben weiterhin im Programm.

Zeit des Wechsels

1954/55 entschließt sich Luise Kleinfeldt zu einem Umbau des Geschäfts – die aktuelle Fassade mit dem großflächigen Schriftzug datiert aus dieser Zeit (Abb. 59). Der Laden erfährt eine Runderneuerung – die alten Vitrinen und Regale aus der Vorkriegszeit werden umgesetzt und ergänzt, (Abb. 60). Foto Kleinfeldt entwickelt sich mit dem universell einsetzbaren Hans Steinhorst bis Ende der fünfziger Jahre zum Tübinger Marktführer. Inzwischen hatte Volkmar Kleinfeldt Liselotte kennengelernt, seine große Liebe. Sie war 1952 in die Firma eingetreten, um den Beruf der Foto-Kauffrau zu lernen – die beiden heiraten 1960. In der Folgezeit steht Liselotte ihrem Mann im Verkauf zur Seite und pflegt die Kontakte zur Kundschaft. 1965 ist die Geburt von Werner, 1968 kommt Martin auf die Welt. 1972 ist die Familie mit Sohn Bodo komplett.

Volkmar Kleinfeldt versucht den Laden voranzubringen. Er ist unter anderem für den Einkauf, den Verkauf, die Werbung, das Labor und den Postkartenverlag verantwortlich. Für die Foto-Dokumentation, wie von Walter Kleinfeldt und Hans Steinhorst praktiziert, reicht die Zeit nun nicht mehr. Der Juniorchef geht mit jugendlichem Elan an seine Aufgaben heran, tüftelt zudem an eigenen optischen Erfindungen, an Apparaten für die fotografische Reproduktion. Außerdem entwickelt er 1970, lange bevor die EDV in den Einzelhandel Einzug hält, ein MDV-System: Die manuelle Datenbearbeitung mit einem Schablonen-Verfahren für die gesamte Warenwirtschaft. „Diese Form der Automatisierung war Teil einer Rationalisierung und ergab sich gezwungenermaßen, denn es war in den sech-

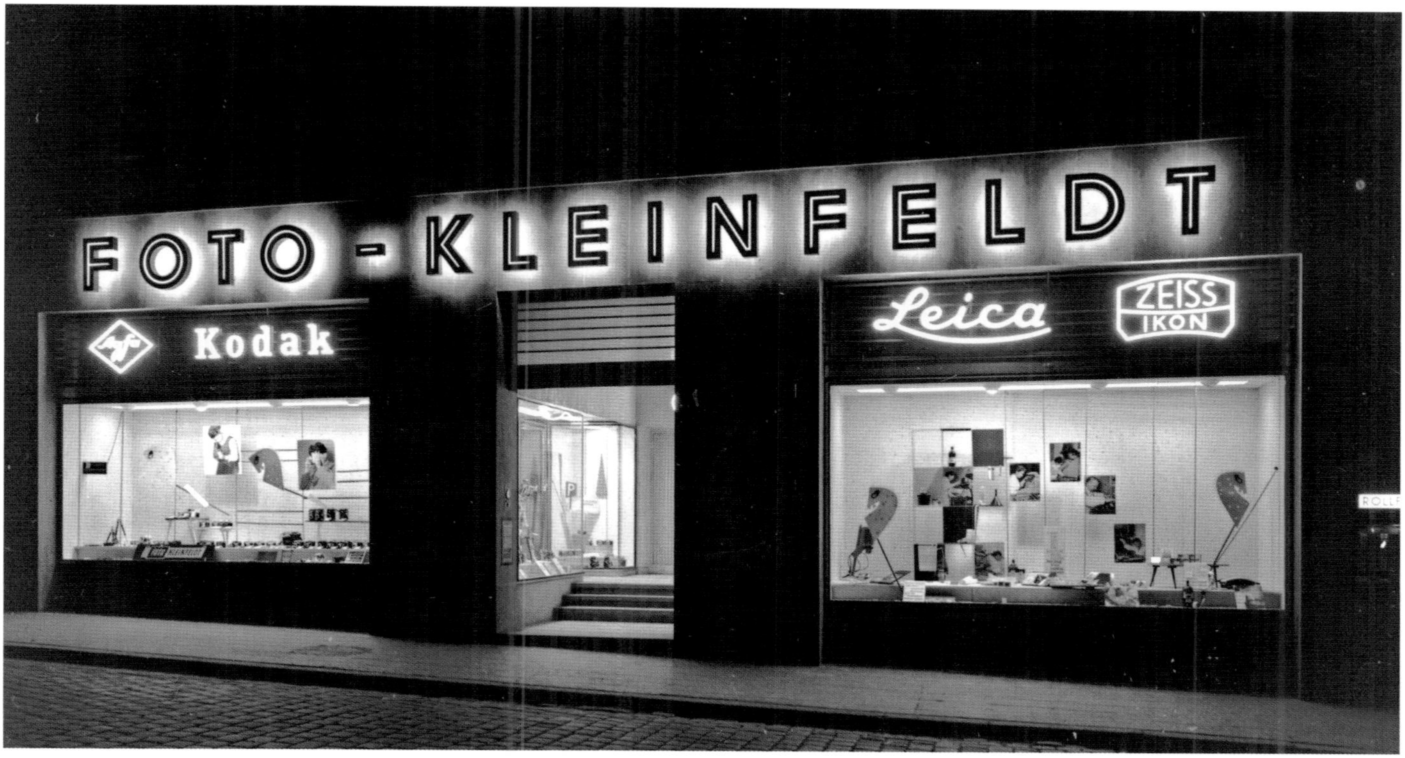

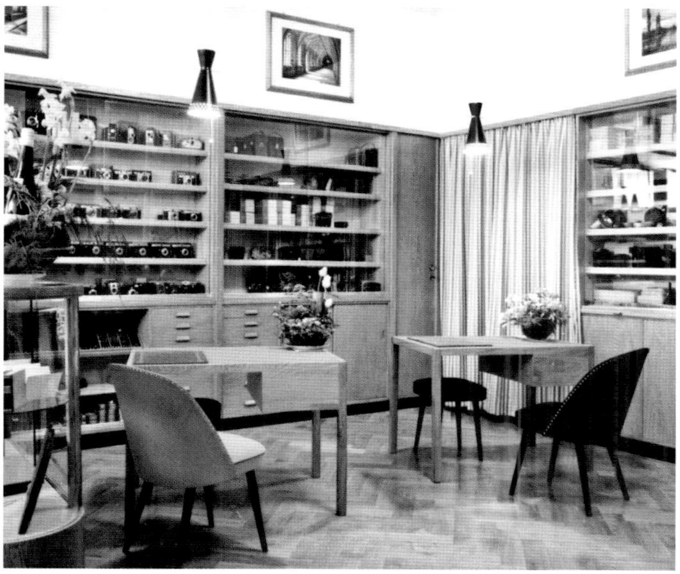

Abb. 59–60: Foto Kleinfeldt nach dem Umbau, 1954/55.

ziger und frühen siebziger Jahren sehr schwierig, gut ausgebildetes Personal zu bekommen. Man musste sich etwas überlegen, um auch mit wenig Personal den gesteigerten Anforderungen gerecht zu werden." (5) Parallel ersinnt er einen Warenschlüssel mit 36 Einzelgruppen, den hernach die Händlergemeinschaft Ringfoto übernimmt. Jede verkaufte Kamera wird in eine Kladde eingetragen mit Typenbezeichnung, Seriennummer, Verkaufspreis und Kundenadresse. Die Listen reichen von 1948 bis 1979 und sind eine fotohistorische Fundgrube. „Sogar das Agfa Foto-Historama in Köln hat mit unseren Daten immer mal wieder verloren gegangene Informationen über die eigene Herstellung zu rekonstruieren versucht. Diese Verkaufslisten wurden ja schon vor dem Krieg geführt. Meine Mutter hat das Material aber beim Einmarsch der Franzosen verbrannt. Sie befürchtete, dass die Besatzer damit eine Möglichkeit für die Requirierung von privaten Kameras in die Hand bekommen hätten." (5)

Generationenproblem

Immer stärker empfindet Volkmar Kleinfeldt die Tatsache, dass seine Mutter die Zügel nicht aus der Hand geben will, als Belastung, die sich mit der Zeit auch auf die Familie auswirkt. „Nennen wir das mal ein Generationenproblem. Ich vergeudete dabei viel Kraft in meinen besten Jahren. Meine Mutter hatte das ja seinerzeit aufgebaut und dann gerettet und wollte das dann nicht abgeben, hielt sich für unentbehrlich.“ (4)

Dass sich Gründer mit der Firmenübergabe an die nachfolgende Generation schwertun, ist ein allgemeines Phänomen und bringt bis heute immer wieder alteingesessene, einst erfolgreiche Familienunternehmen an die Grenzen der Belastbarkeit, bis hin zur Liquidation. Foto Kleinfeldt verzeichnete in den 1960er Jahren Umsatzeinbrüche, zum Teil bedingt durch die hochwertigen und dabei erschwinglichen japanischen Kameras, die nunmehr auf dem europäischen Markt den Siegeszug antraten. Während die früheren deutschen Marktführer auf Altbewährtes setzten, hatten die Hersteller in Japan, allen voran Nikon, Canon, Yashica, Pentax und Olympus, das Spiegelreflexsystem verfeinert und für einen breiten Markt erschwinglich gemacht. Bald waren die Kameras so günstig geworden, dass fast jeder Fotoamateur eine Ausrüstung kaufen konnte. Nach dem Erfolg des Kleinbildfilmes in den dreißiger Jahren und dem Siegeszug des Farbumkehrfilmes nach 1945 kristallisierte sich nun ein weiterer Hype auf dem Kameramarkt heraus, der mit einem Paradigmenwechsel gleichzusetzen ist: Seit Beginn des fotografischen Zeitalters hatten Firmen aus Europa und den USA die Produktion foto-optischer Geräte und des Zubehörs dominiert. Nun gaben Firmen aus Fernost mit ihren innovativen Strategien die Richtung vor. Außerdem nahm der Versandhandel eine zuvor nicht gekannte Stellung bei der Vermarktung von Fotoartikeln ein. Die in Japan sowie in der DDR produzierten Spiegelreflexkameras trugen entscheidend zur Popularisierung dieser Technik bei und hatten somit eine wichtige Funktion in der weiteren Verbreitung der Amateurfotografie.

1965 wird Ringfoto als Händlergemeinschaft gegründet. Gegen den Vorbehalt der Mutter setzt Volkmar Kleinfeldt die Mitgliedschaft in diesem Verbund durch, wobei zunächst

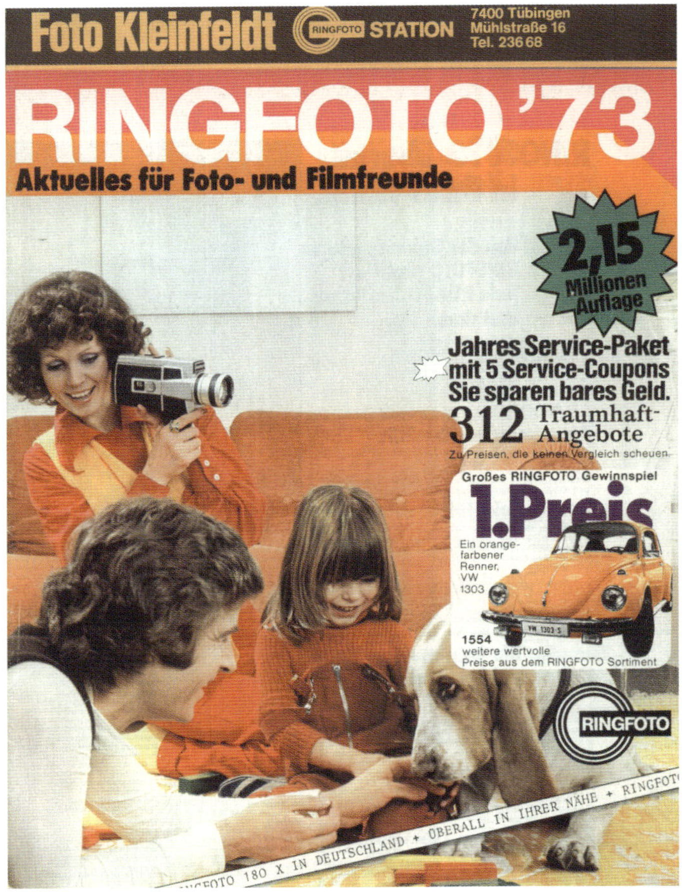

Abb. 61: „Ringfoto“-Katalog 1973.

10.000 DM als Kommanditisteneinlage fällig sind – eine erkleckliche Summe. Der Beitritt erfolgt 1966: „Das hat sich als großer Glücksfall erwiesen. Nach dem wir bei Ringfoto waren, ging es mit dem Geschäft und dem Laden rapide bergauf.“ (4) (Abb. 61)

Nach längeren Bemühungen und Auseinandersetzungen mit der Mutter übernimmt Volkmar Kleinfeldt 1972 das Fotogeschäft und den Handel mit fotografischem Gerät als alleiniger Inhaber. Zugleich wird der Laden ein weiteres Mal grundlegend renoviert (Abb. 62). In der Folgezeit entpuppte sich eine Marke, mit der ansonsten kaum jemand in der Bundesrepublik gerechnet hatte, zum Renner mit Kultfaktor, vor allem bei jenen Amateurfotografen, die sich eine günstige und dabei technisch hochwertige Kamera leisten wollten und weniger auf große Namen bedacht waren: „Ich tat mir dann mal eine Praktica her und die ist aber ewig liegen geblieben, hat nicht gegriffen. Dann kam der Vertreter und meinte: ‚Wenn Sie zehn Prakticas abnehmen, bekommen Sie einen guten Preis.' Ich sagte, ‚Mensch, die eine Praktica liegt jetzt ein halbes Jahr, wenn ich zehn abnehm', dann liegen die ja fünf Jahre! Das hat doch keinen Wert!' Ich nahm die zehn und sie waren innerhalb von ein paar Wochen weg. Dann wurde ich der drittgrößte Prakticahändler Baden-Württembergs!" (4)

Analog und digital – das Archiv Foto Kleinfeldt

Mit der Zeit der Spiegelreflexkameras begann sich der Fotomarkt zu spezialisieren. Allrounder wie Foto Kleinfeldt mit Laden, Handel, Studio und Labor konnten gegenüber den Großlabors bald nicht mehr konkurrieren. Zunächst schließt Volkmar Kleinfeldt schweren Herzens sein Fotolabor – um das Jahr 1980 sind die eigenhändig hergestellten Schwarzweißabzüge Geschichte.

Mitte der 1990er Jahre zeichnen sich weitere, gravierende Änderungen ab. Zunächst kommen die ersten Digitalkameras auf den Markt und werden um die Jahrtausendwende auch für Amateurfotografen erschwinglich. Mit 60 Jahren spendiert sich der Ladeninhaber den freien Samstag: „Das war jede Woche ein Kurzurlaub. Total anders, ein ganz anderes Leben für mich!" (5) Volkmar Kleinfeldt entschließt sich 2000 im Alter von 66 Jahren, den Laden an seinen Sohn Martin abzugeben. Der ausgebildete Einzelhändler sieht die Chancen der Digitalfotografie und schafft dazu die baulichen Voraussetzungen. Die Ladentheke steht nun im hinteren Bereich des Verkaufsraumes. Dahinter befindet sich das neue „Herz" des Geschäfts: Ein lasergesteuertes Digitallabor modernster Bauart. 2004 war der Absatz an analogen Geräten eingebrochen. Man musste sich eine neue Strategie überlegen. Martin Kleinfeldt berichtet, zu Beginn der digitalen Technik seien die neuen Kameras überwiegend von Computerspezialisten gekauft worden. Die Bilder wurden nur gespeichert, Abzüge waren nicht gefragt. Inzwischen ist das digitale Fotografieren nicht mehr an einen Heimcomputer gekoppelt: „Der Kunde legt uns einen Chip oder

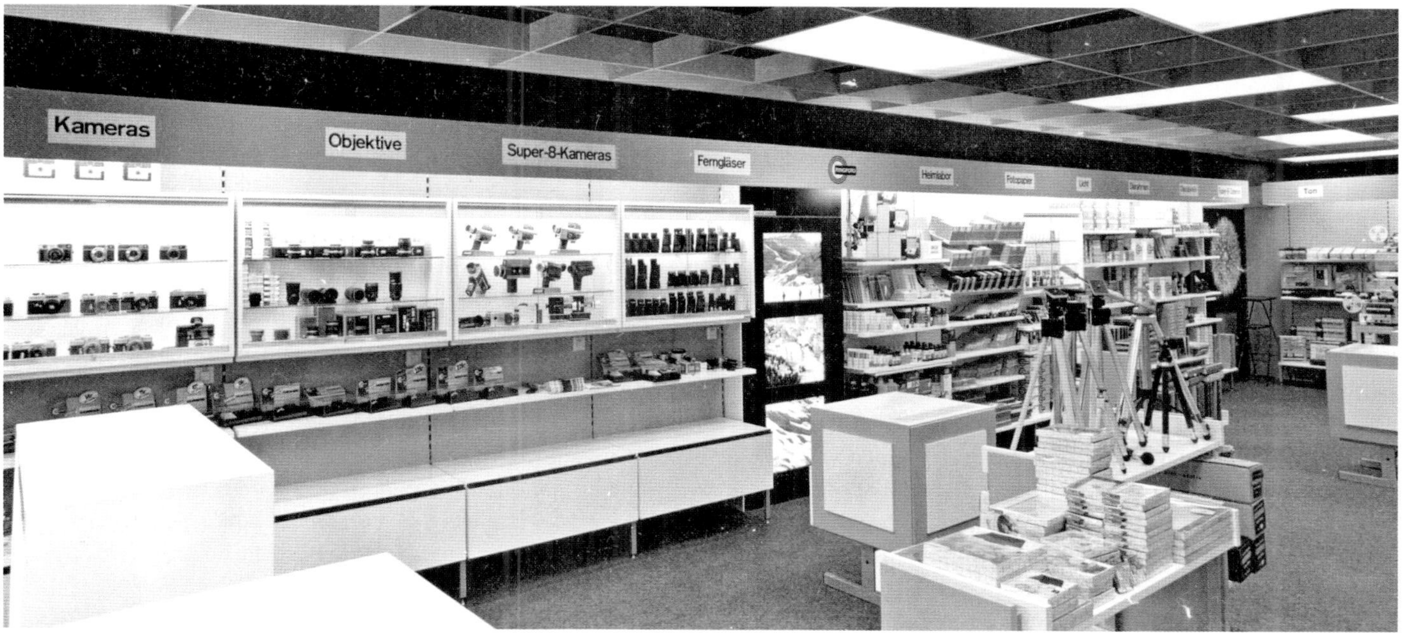

Abb. 62: Foto-Kleinfeldt, nach dem Umbau 1972.

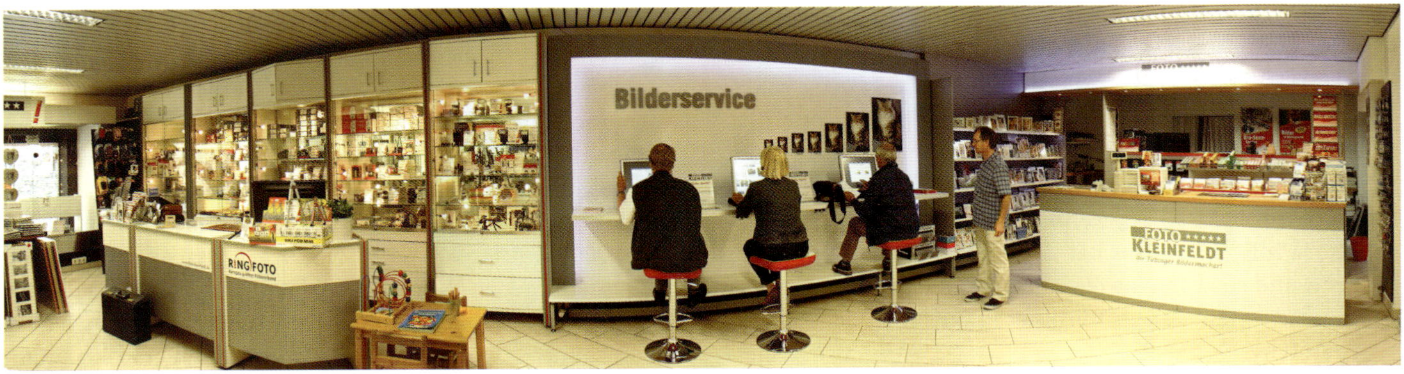

Abb. 63: Foto-Kleinfeldt, Blick in den Verkaufsraum. Foto: Volkmar Kleinfeldt, 2010.

Speicherstick genauso hin, wie er früher einen Film hingelegt hat und lässt die Bilder zu jedem Anlass entwickeln." (6) Das Auffallende: Die Anzahl der Bildaufträge ist zwar geringer geworden, die Anzahl der Bilder pro Auftrag aber ist deutlich gestiegen. Nicht wenige Kunden ordern nunmehr viele Hundert Bilder, „weil die Leute halt ein bisschen sammeln, auf einer CD, bis die voll ist und dann wird's komplett ausbelichtet und nicht mehr so wie früher, wo man viele Aufträge hatte mit zehn, zwanzig, dreißig Bildern". Ich frage ihn, ob die digitalen Bilder denn nun besser seien als analog erzeugte. Es sei ähnlich wie mit der Schallplatte und der CD. Das digitale Bild habe einen anderen Charakter. Es wirke einen Tick schärfer, „manche sagen, etwas gekünstelt". Andere seien von der Brillanz begeistert. Mit der neuen Maschine können auch analog erzeugte Bilder beliebig bearbeitet werden: Möglich sind Farbkorrekturen, variable Ausschnitte, Vergrößerungen, ‚rote' Augen können entfernt und abgelichtete Personen vom Hintergrund freigestellt werden; farbige Bilder sind als Schwarzweißabzüge verfügbar und selbst alte Familienfotografien lassen sich ohne Bildverlust reproduzieren.

Die Umstrukturierung im Laden brachte auch für die Tätigkeit der Angestellten einige Veränderungen (Abb. 63). Die Arbeit im Fotogeschäft ist anspruchsvoller geworden: Bestand der berufliche Alltag vor dem Umbau im wesentlichen aus Verkauf und Eintüten der Fotoaufträge, läuft es nun wieder mehr in Richtung Handwerk. Der Inhaber versichert, er habe durch das neue Geschäftsfeld mit der digitalen Technik die Arbeitsplätze halten können. Allerdings seien für seine Mitarbeiter umfangreiche Schulungen an der neuen Technik notwendig gewesen.

Auch Kleinfeldt Senior ist nach anfänglichem Zögern rasch in der digitalen Welt angekommen: „Ich sagte erst: ‚So einen Blödsinn mach' ich nie! Analog kenn' ich alles. Das beherrsche ich. Habe meine Ausrüstung, im ersten Stock ein eigenes Labor, wo alles drin ist, mit modernster Technik. Drei Nasstische, Reprogerät, Focomat, ein Vergrößerer bis 13 x 18. Ich bin vollkommen autark da oben, ich fang das nicht an!' Bis dann mein Sohn Martin die ersten Bilder gezeigt hat. Irgendwann 2003 hab' ich dann gesagt: ‚Gib' mir mal so ein Ding mit, ich probier's!' Ich hatte zwei Kameras dabei: Meine analoge und die digitale. Nur ein einziges Mal. Dann hatte ich nie mehr eine analoge dabei! Ich hab' 2003 mein letztes analoges Bild gemacht!" (4) An der digitalen Fotografie faszinieren Volkmar Kleinfeldt Aspekte, von denen er bislang nur habe träumen können: „Diese Bildschärfe, diese Brillanz, die Streuung war weg, die ich in der Schicht der Filme hatte. Zuvor hatte ich nie ein optimal scharfes Bild. Mit der digitalen Technik bekam ich das dann. Dazu den totalen Einfluss auf das Bild. Ich musste abends nicht mehr sagen: ‚Morgen gehe ich ins Labor' – Chemie ansetzen, temperieren, Arbeitsmantel anziehen, bis abends drin, dann Schalen waschen usw. Heut' sag' ich: ‚Es ist grau, es regnet. Jetzt mach' ich mal eine Stunde Bildbearbeitung.' Das ist eine ganz andere Welt geworden!" (4)

Volkmar Kleinfeldt hat ein besonderes Faible für Panoramaaufnahmen von Landschaften – sein Lieblingsmotiv

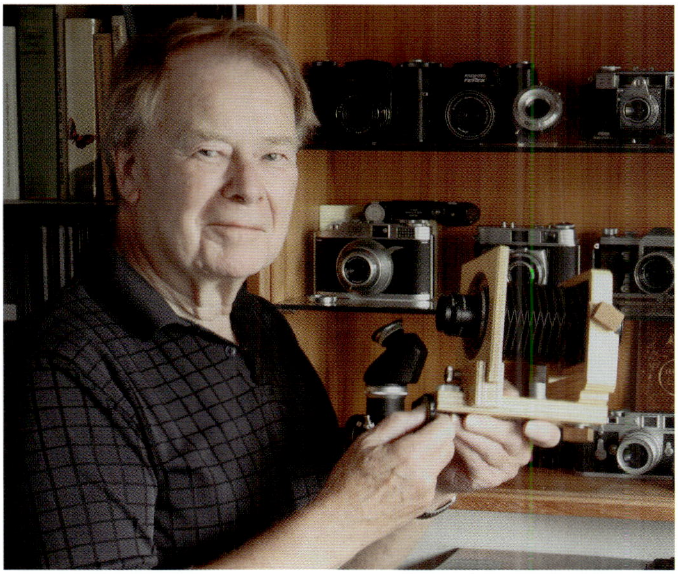

Abb. 64: Volkmar Kleinfeldt: Selbstportrait, 17. September 2012. Digitale Datei.

ist die Schwäbische Alb und mittlerweile auch die alpine Welt. Weiterhin ist er als internationaler Fachautor[58] tätig und kommuniziert in der Internet-Community. Viel Zeit verbringt er mit dem Firmen-Archiv, das zugleich eine Art Familien-Archiv darstellt. Von Walter Kleinfeldt sind rund 25.000 Fotografien auf Kleinbildnegativfilm sowie rund 1.000 Farbdias überliefert. Außerdem: mehrere Tausend Glasnegative in den Formaten 6 x 9, 6,5 x 9, 9 x 12, 10 x 15, 13 x 18 sowie 3 x 4, 4,5 x 6 und 6 x 6 cm. Volkmar Kleinfeldts Werk umfasst reichlich 20.000 Bilder auf Kleinbildnegativfilm schwarzweiß und noch einmal ebenso viele in Farbe. Dazu kommen unzählige Farbdias und etwa 10.000 digitale Bilddateien. Die vielen Tausend Portraits des Fotostudios seit 1939 bis in die siebziger Jahre existieren leider nicht mehr. Ein glücklicher Umstand für die Fotogeschichte, die Stadt Tübingen sowie für die Geschichte von Region und Stadt ist das weitgehend komplett erhaltene schriftliche Archiv mit Verträgen, Korrespondenz, Werbetexten und sonstigen Dokumenten seit den zwanziger Jahren.

Martin Kleinfeldt fotografiert als Hobby im Familien- und Freundeskreis. Der ausgebildete Einzelhandelskaufmann sagt, seit 2005 habe das Gewerbe eine starke Dynamik entwickelt. Die Umstellung auf die Digitaltechnik sei zum richtigen Zeitpunkt erfolgt: „Wir wären bestimmt nicht mehr hier, wenn wir es damals nicht gemacht hätten. Der Markt hat sich ganz gravierend geändert. Die Hardware – Kameras und Objektive – wird immer weniger wichtig für uns, weil es da inzwischen ganz andere Vertriebswege gibt und der Kunde auch andere Wege geht." (7) Das Internet und die großen Märkte außerhalb der Stadt seien zur ernsthaften Konkurrenz geworden. Man habe sich auf Dienstleistungen konzentriert, die anderswo nicht in der Qualität erhältlich seien. Ein sehr wichtiges Standbein stellen inzwischen die Pass- und Bewerbungsbilder dar – vor allem seit biometrische Regeln obligatorisch sind: „Inzwischen ist das Passbildgeschäft sehr, sehr komplex und kompliziert geworden, so dass sich viele Fotografen damit gar nicht mehr beschäftigen, sondern sagen, wir machen nur Hochzeitsaufnahmen oder Portraits. Wir sind voll auf den Zug Passbilder aufgesprungen, haben viel investiert, in Software und neue Anlagen und können für alle Anforderungen, für alle Länder, für alle Visa, egal was der Kunde will, die entsprechenden Bilder anfertigen. Problemlos, mit der Garantie, dass sie nachher auch von den entsprechenden Behörden angenommen werden. Wir sind damit fast jeden Tag ausgebucht!" (7) Martin Kleinfeldt sieht das Bildarchiv als einen großen und unvergleichlichen Schatz, dem er sich irgendwann widmen will – wenn es die Zeit erlaubt. Er ist froh darüber, dass sich sein Vater um diesen Teil der Firma kümmern kann.

Und die Zukunft? Dass Foto Kleinfeldt in die vierte Familiengeneration geht, lässt sich heute noch nicht sagen. Martin Kleinfeldt sieht sich aber gut gewappnet: „Die Entwicklung zur Dienstleistung wird weitergehen. Wir werden uns weiter spezialisieren müssen, um dem Kunden das zu bieten, was er online nicht bestellen kann, was er in den Großmärkten nicht findet. Dass wir eben diese Lücken schließen: Was der Kunde braucht und haben will – bei uns kann er es dann gerne bekommen!"

Anfänge

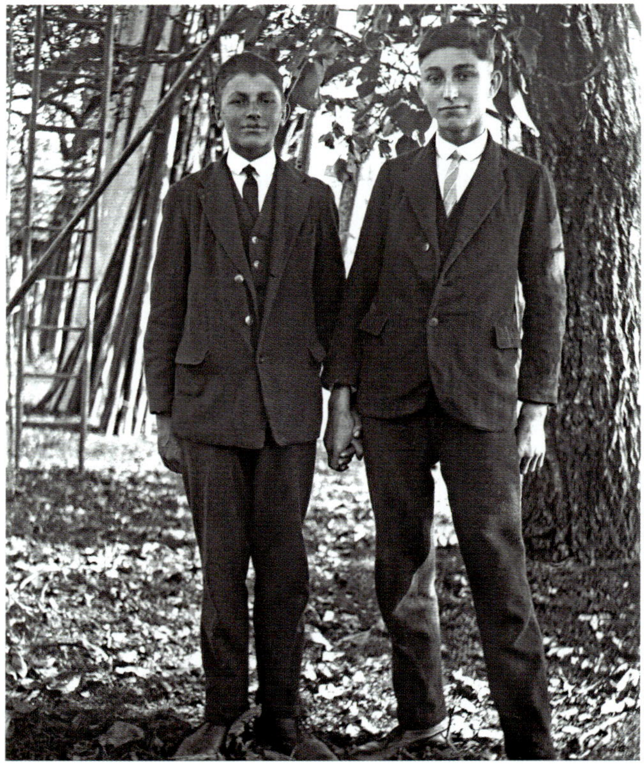

Walter Kleinfeldt kehrte erst im Februar 1919 aus dem Krieg nach Reutlingen zurück. Im Laufe seiner drei Jahre an der nordfranzösischen Front waren rund 150 Aufnahmen mit einer Plattenkamera entstanden.

Nach einer Zeit des Suchens findet er Anfang der zwanziger Jahre zu seinem Metier. Mit dem Ersparten kauft er eine Plattenkamera. Im Dachkämmerlein der elterlichen Wohnung richtet er eine Dunkelkammer ein; erste Portraits von Freunden entstehen; dann erhält er einen Auftrag der renommierten Reutlinger Leinenweberei Gminder für Architekturaufnahmen der Fabrikgebäude. Walter Kleinfeldt ist nun freischaffender Fotograf, allerdings ohne eigenes Geschäft. Er gründet einen Bildpostkartenverlag und handelt mit fotografischen Artikeln. Auf der Suche nach geeigneten Motiven für seine Postkarten bereist er die Region.

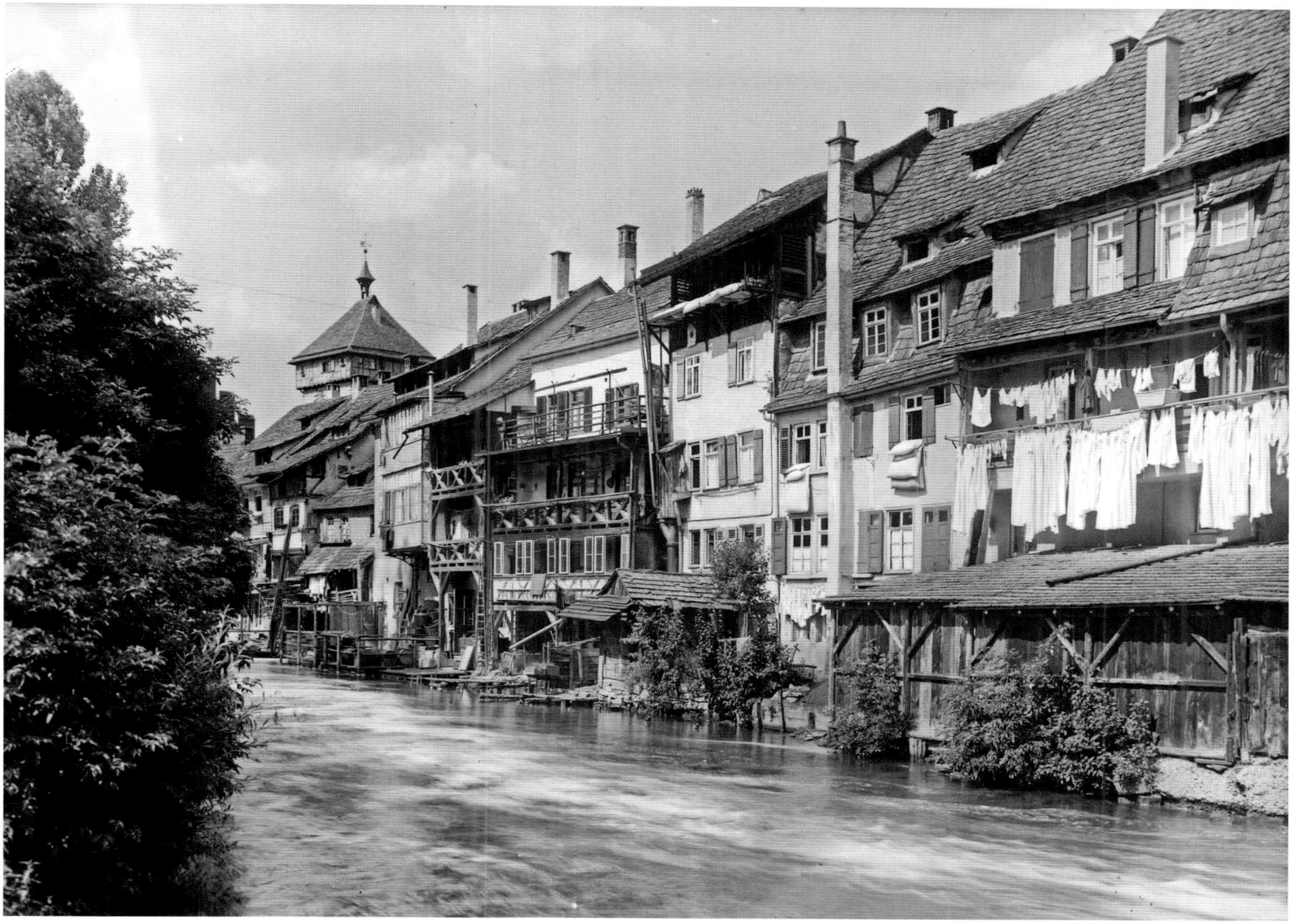

Abb. 66
Reutlingen, Gerberviertel „Kleinvenedig". Links im Hintergrund das Tübinger Tor, 1928. Silbergelatineabzug 13 x 18 cm.

Abb. 65
Linke Seite: Zwei unbekannte junge Männer, nach 1920. Glasdiapositiv 8,5 x 10 cm.

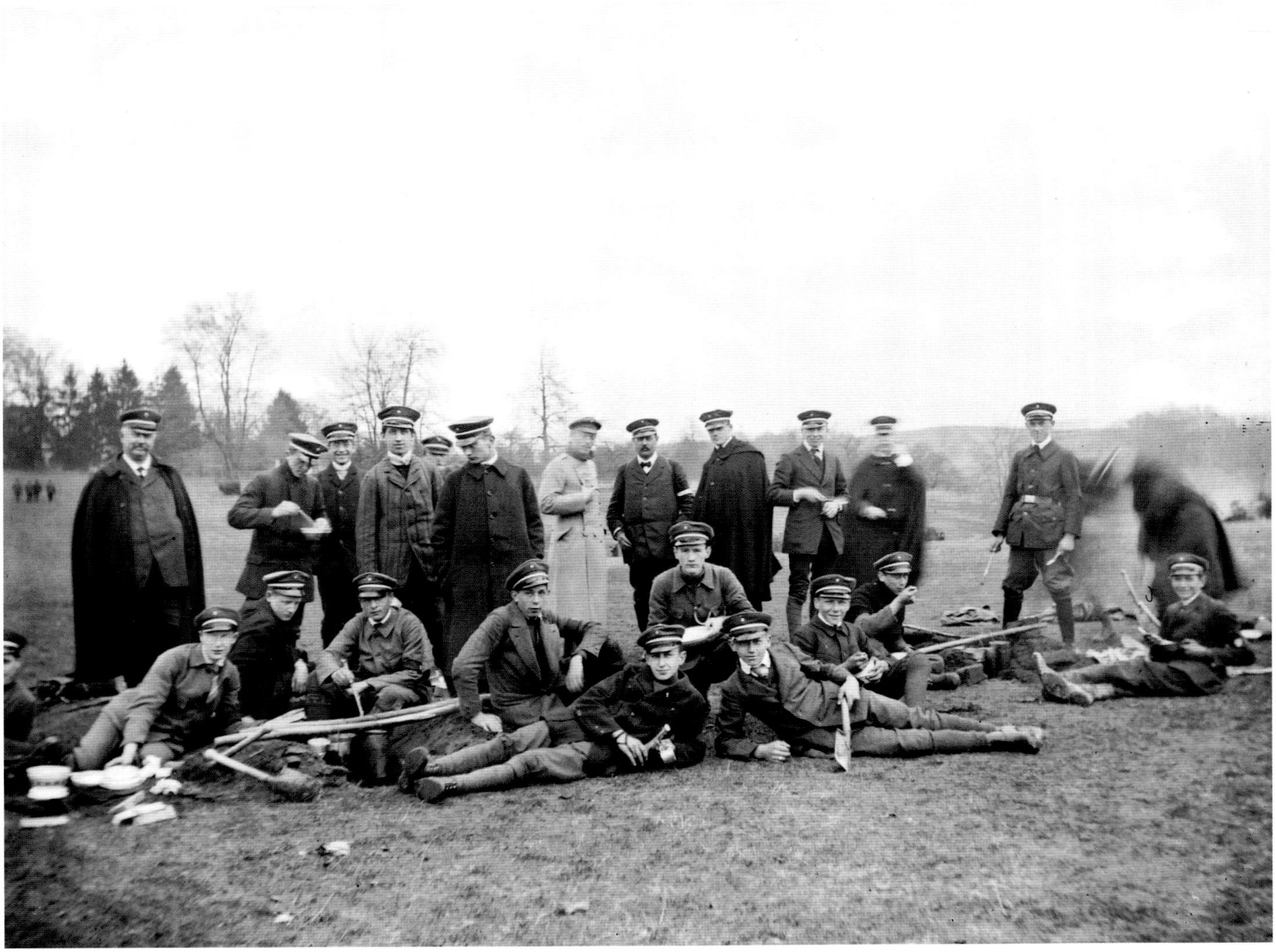

Abb. 67
Jugendwehr in Münsingen, März 1915. Glasdiapositiv 8,5 x 10 cm.

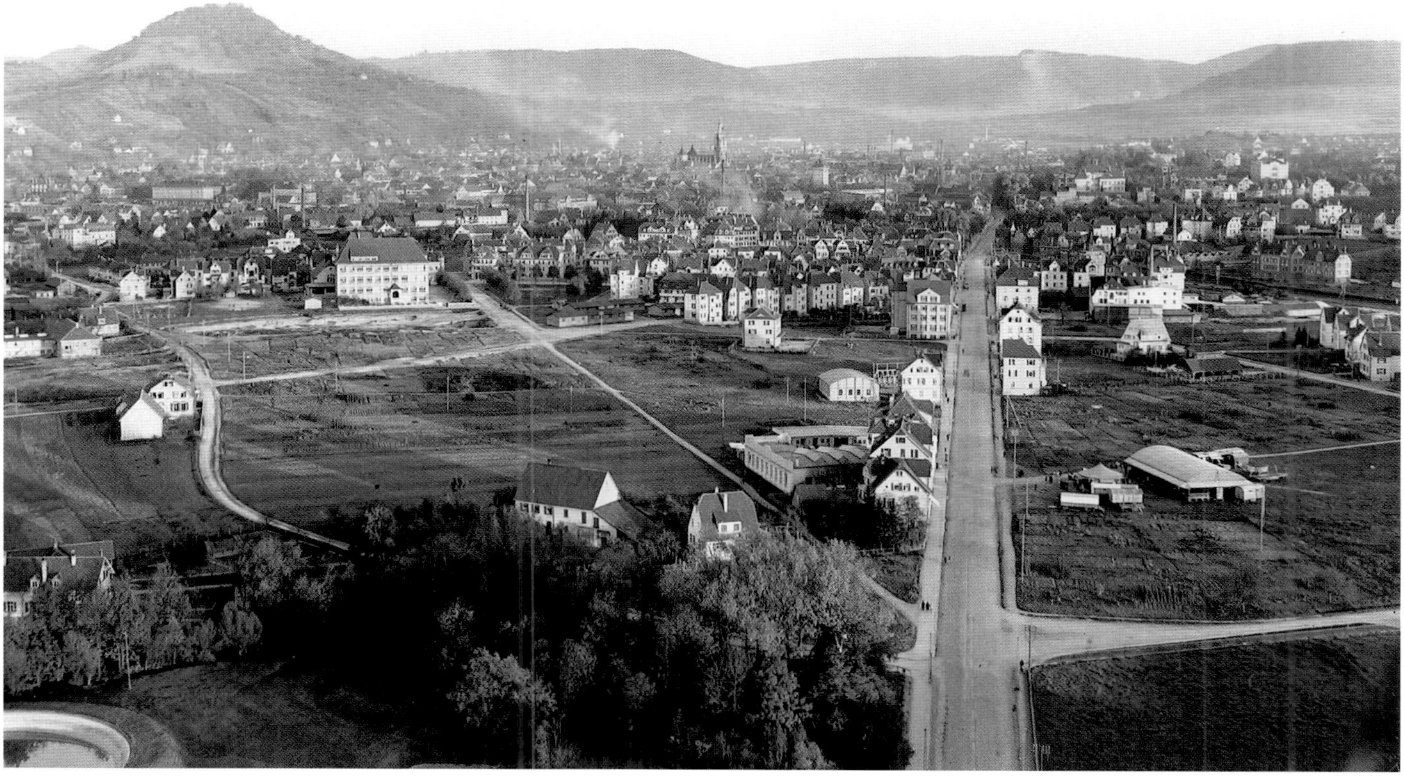

Abb. 68
Reutlingen vom „Langen Emil" aus gesehen – Kamin der Gmünder-Fabrik, 1927. Walter Kleinfeld ließ sich mit einem Förderkorb auf 101 Meter hochziehen und machte mit seiner Curt-Bentzin-Kamera (Görlitz) ein einziges Bild. Das Bauwerk wurde 1985 abgerissen. Glasnegativ 13 x 18 cm.

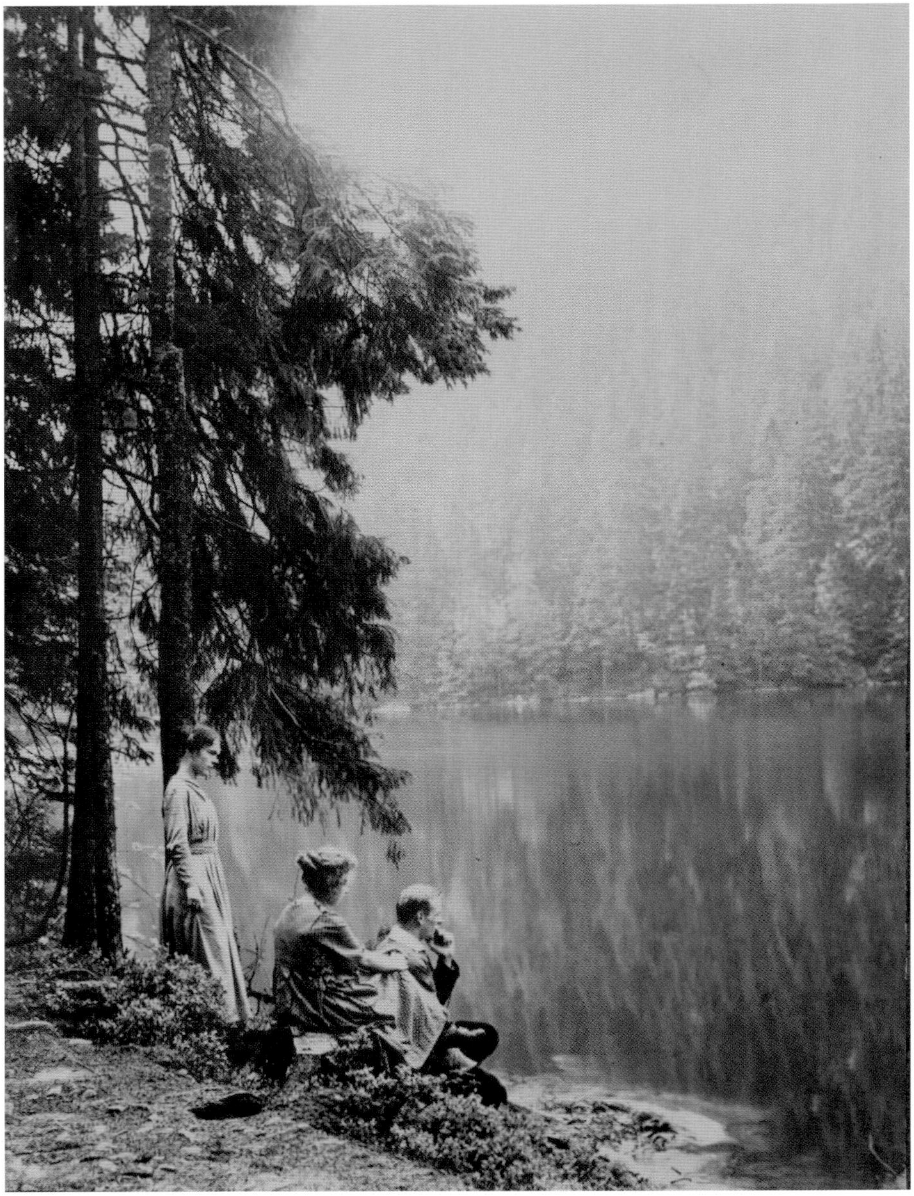

Abb. 69
Maria Gutekunst (Freundin von Luise Bader und Tochter von Glasermeister Gutekunst, Reutlingen), Luise Bader, Walter Kleinfeldt am Mummelsee, 1922. Silbergelatineabzug. 18 x 24 cm.

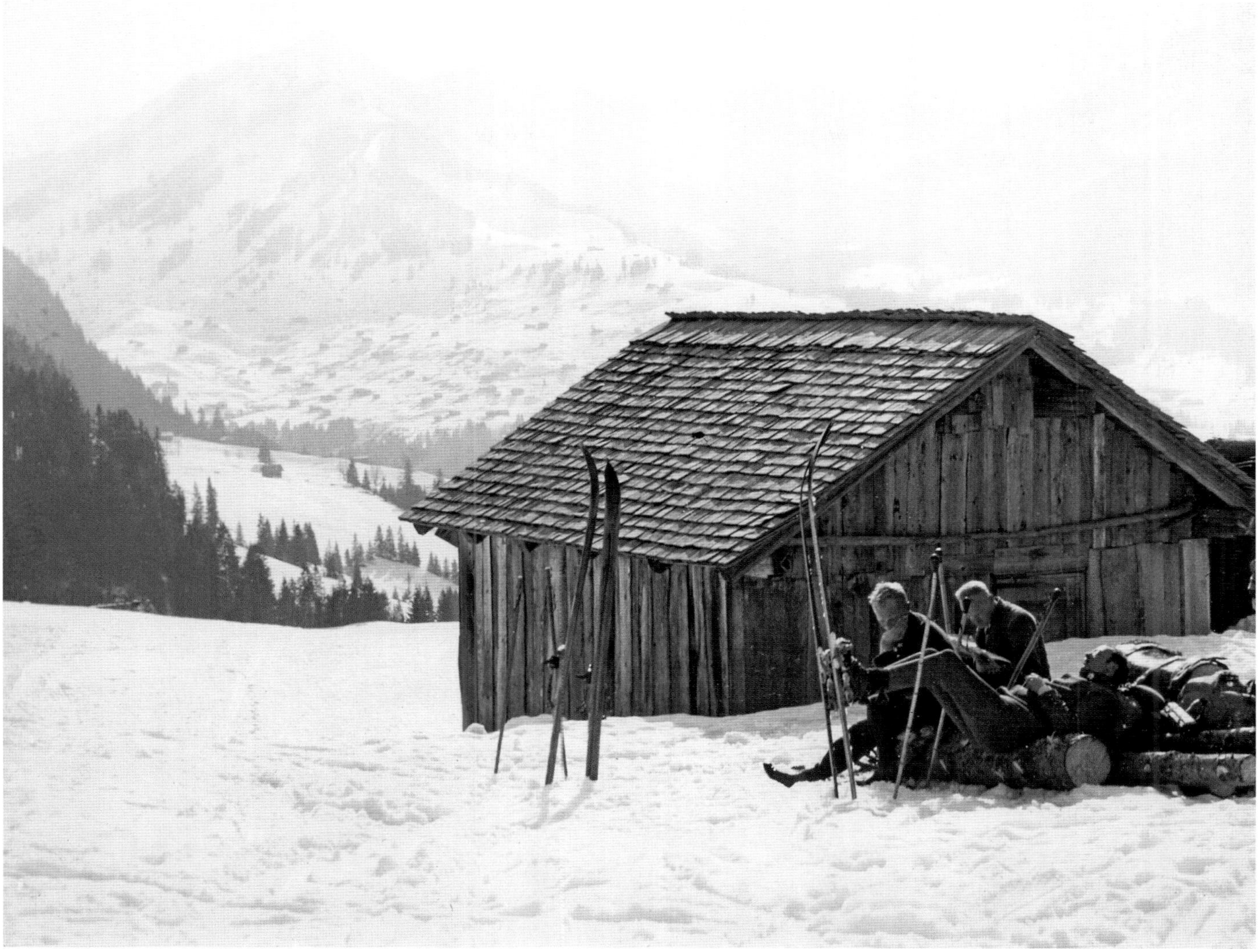

Abb. 70
Skirast bei Rietzlern im Kleinen Walsertal, 1923. In dieser Zeit war Walter Kleinfeldt beim Schwäbischen Albverein, im Deutschen Alpenverein und im Schwäbischen Schneeschuhbund. Glasdiapositiv 8,5 x 10 cm.

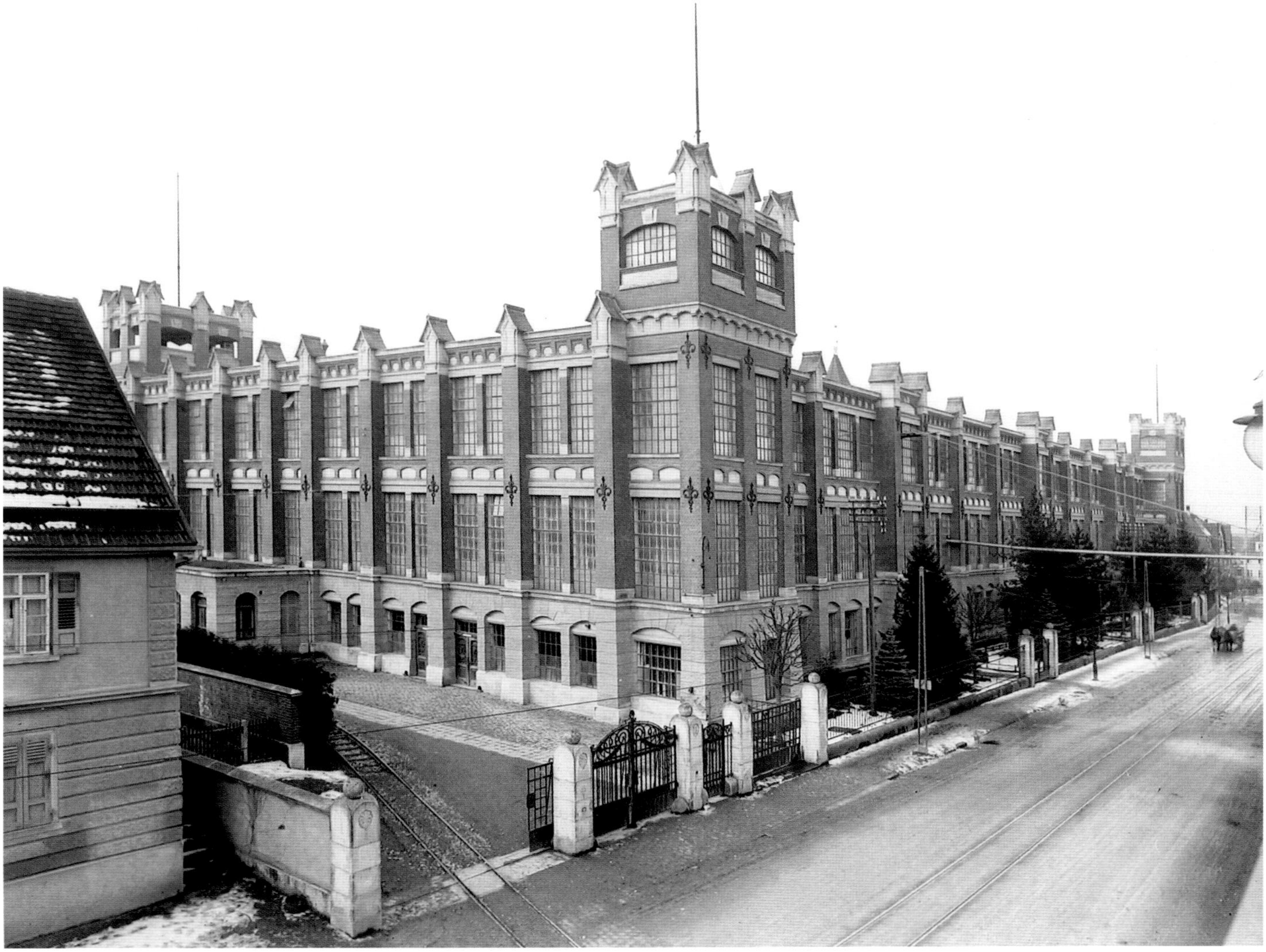

Abb. 71
Gmindersche Fabrik in Reutlingen, 1928. Glasnegativ 13 x 18 cm.

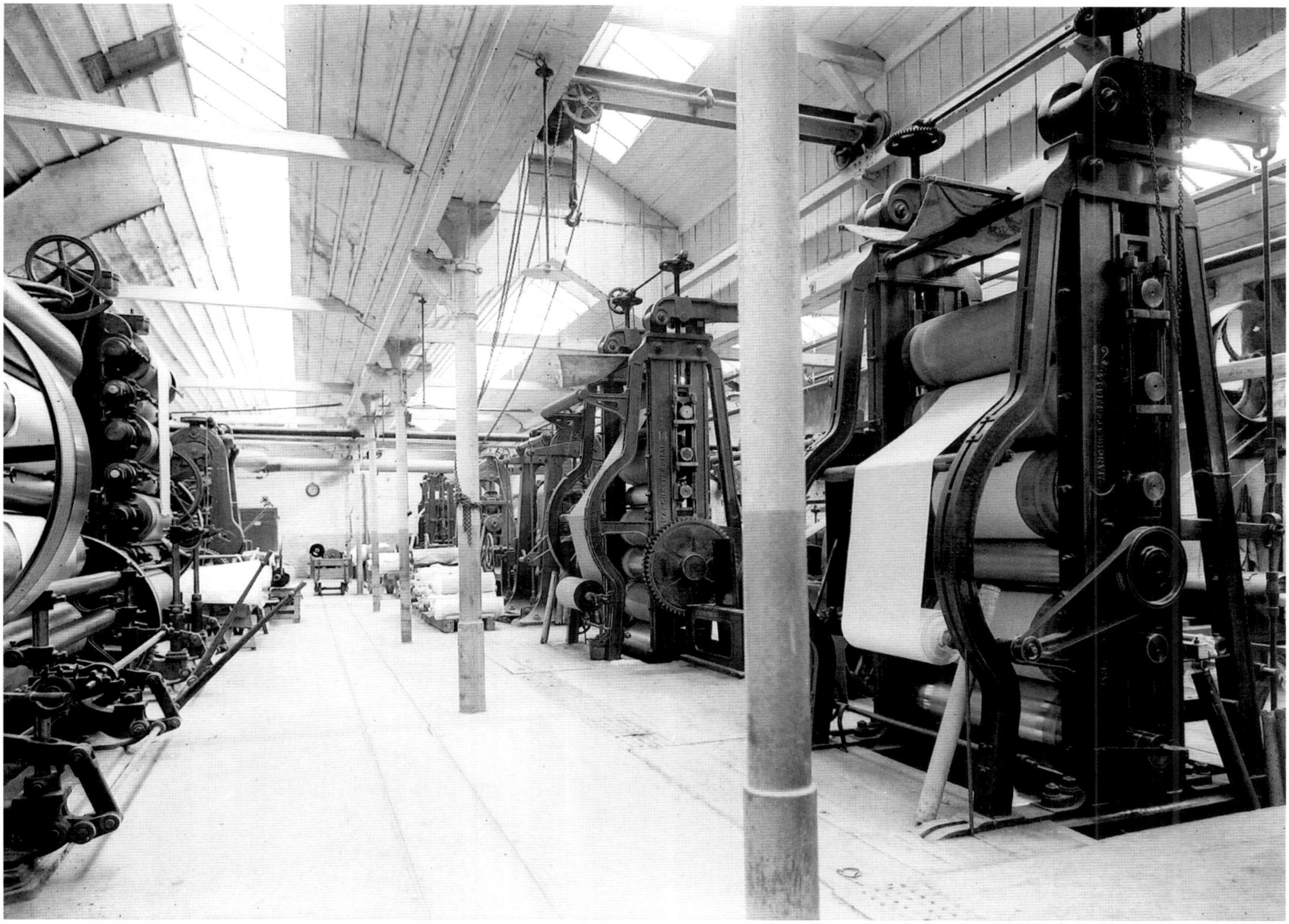

Abb. 72
Fabrikhalle Gminder, 1928. Glasnegativ 13 x 18 cm.

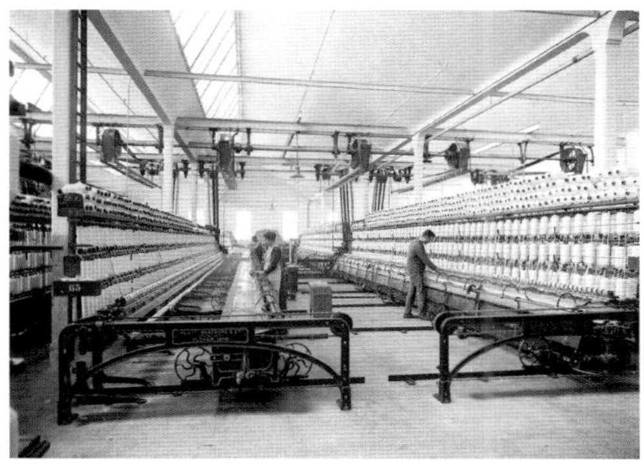

Abb. 73
Die Textilfabrikation bei Gminder, 1928. Die Maschinen stammen von der britischen Firma Platt Brothers & Cie (Oldham), um die Jahrhundertwende weltweit der größte Hersteller. Glasnegativ 13 x 18 cm.

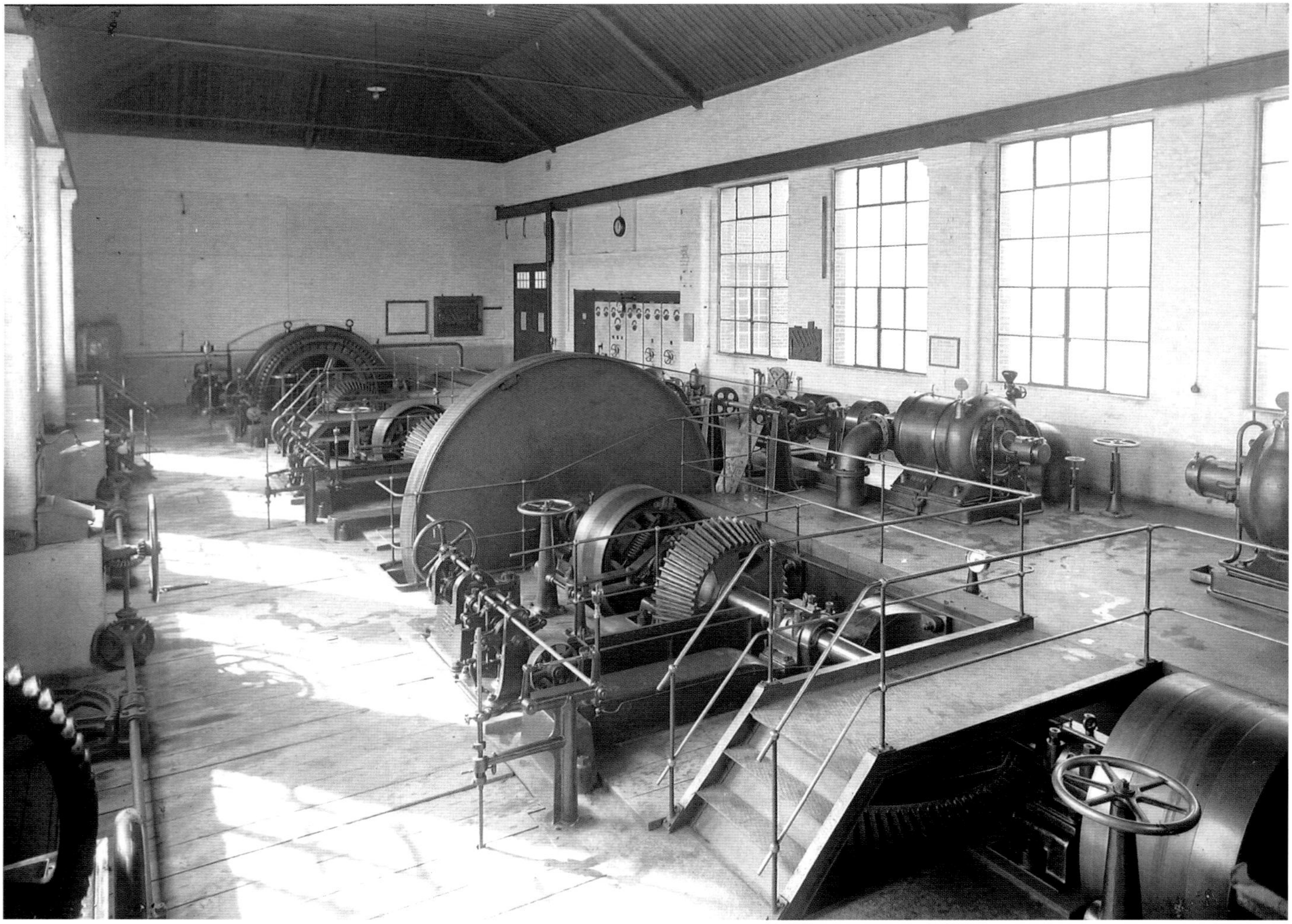

Abb. 74
Turbinenhalle Gminder, 1928. Glasnegativ 13 x 18 cm.

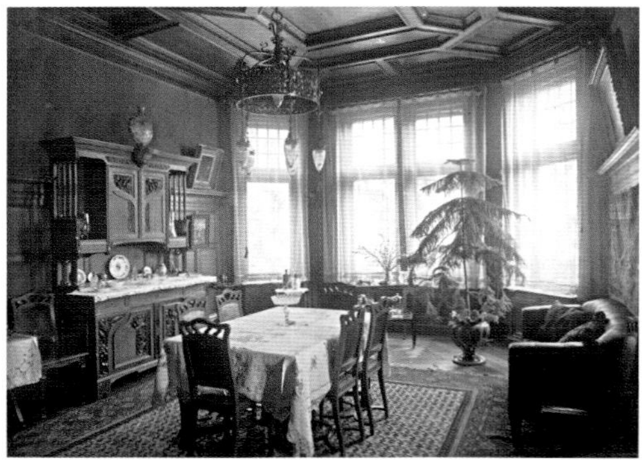

Abb. 75
Salon in der Fabrikantenvilla Gminder, 1928. Glasnegativ 13 x 18 cm.

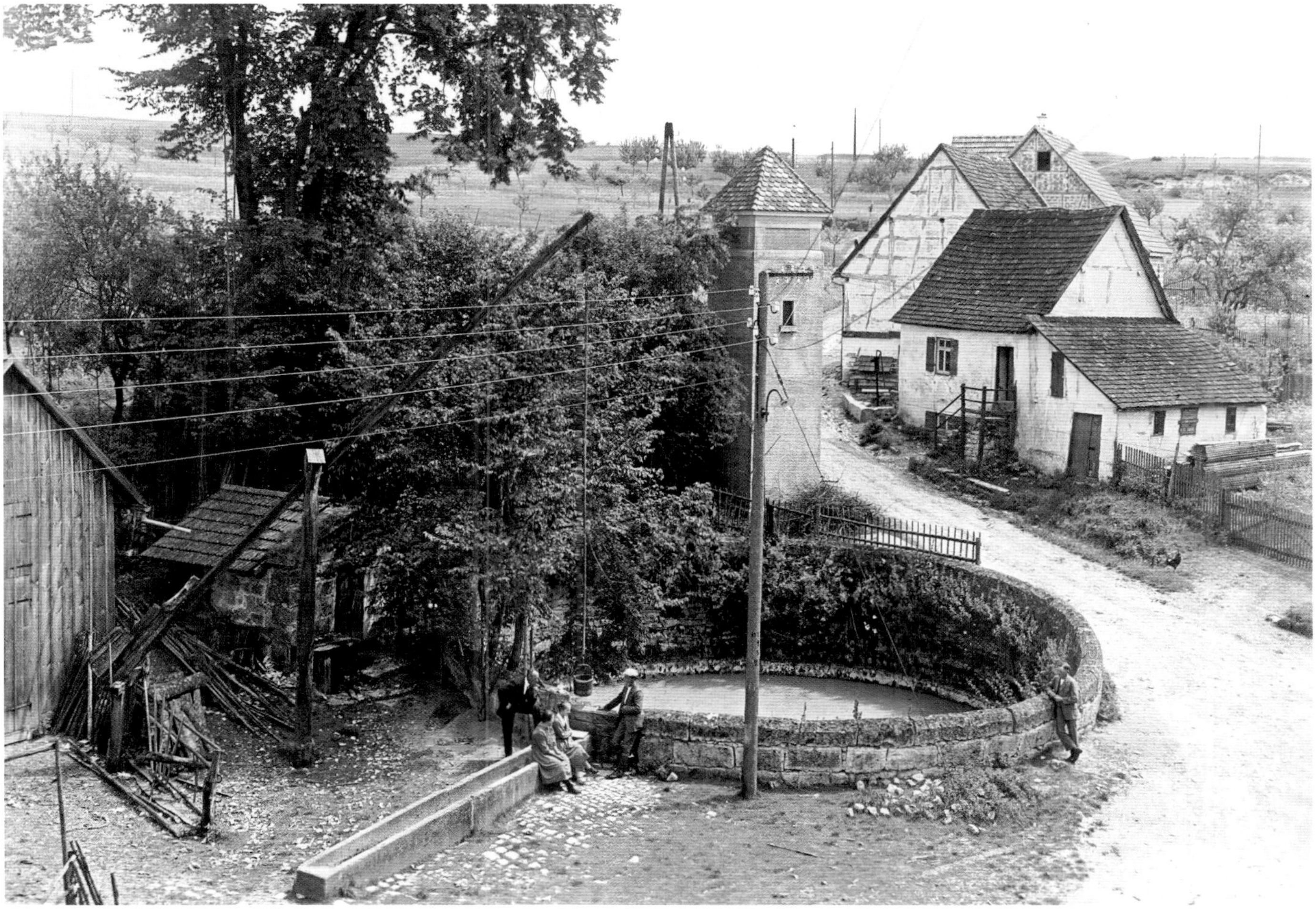

Abb. 76
Galgenbrunnen in Lonsingen/Schwäbische Alb, 1925. Walter Kleinfeldt war es bereits in den zwanziger Jahren ein Anliegen, technische und architektonische Veränderungen in der Landschaft und auf den Dörfern mit der Kamera zu dokumentieren. Auf diesem Bild sind hinter dem historischen Brunnen eine Umspannstation sowie ein Strommast zu sehen. Glasnegativ 13 x 18 cm.

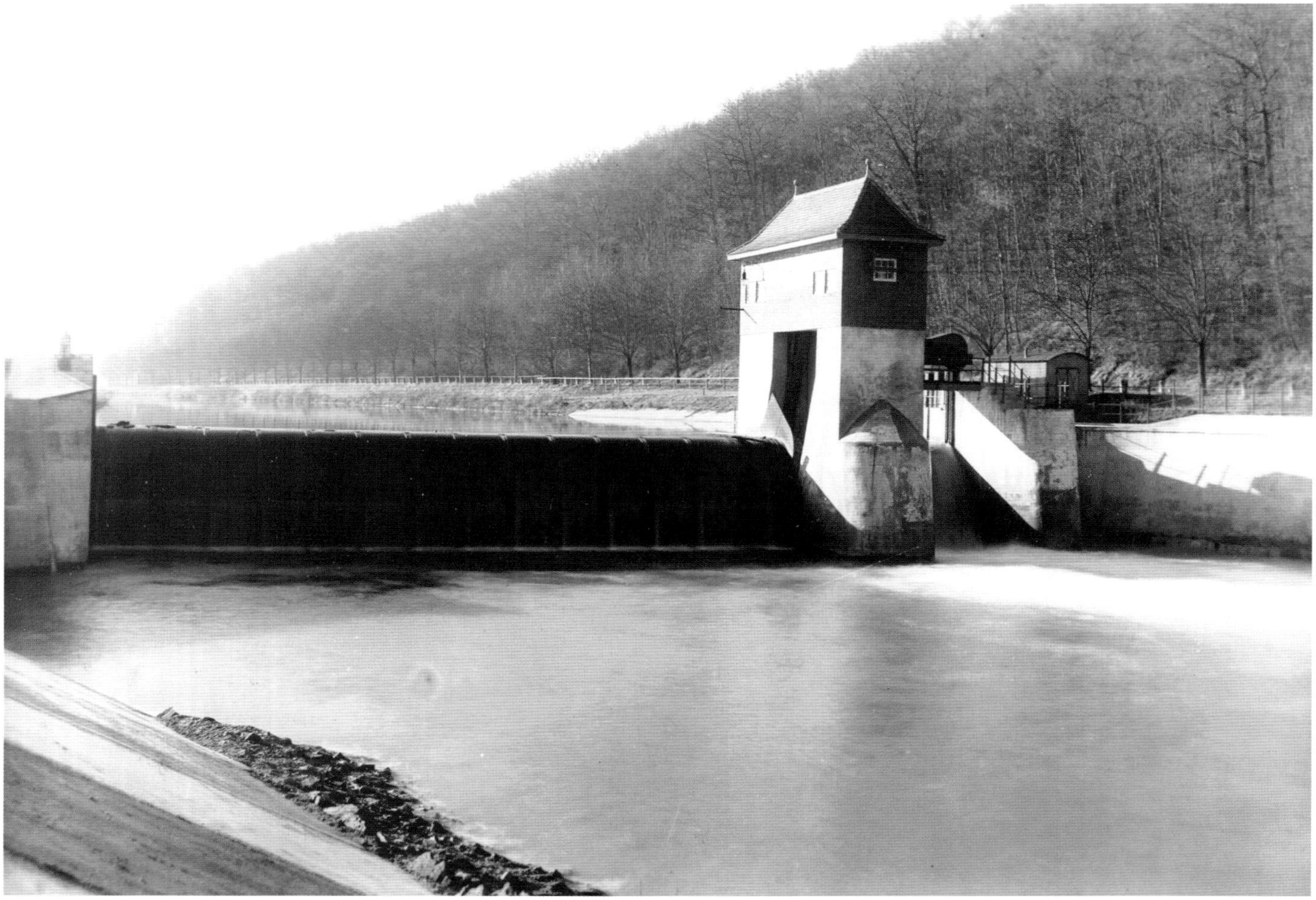

Abb. 77
Wehranlage oberhalb des Neckarkraftwerks in Kirchentellinsfurt, Dezember 1925. Das kombinierte Laufwasser- und Pumpspeicherkraftwerk mit seinen vier Francis-Zwillingsturbinen (2 x 600 Kilowatt) und einer 1.300 Kilowatt Francis Spiralturbine liefert seit 1926 rund 3,8 Millionen Kilowattstunden Strom im Jahr. Das Speicherbecken des Pumpspeicherkraftwerks liegt 127 Meter höher auf der Gemarkung Einsiedel. Der heutige Betreiber ist die Kraftwerk Reutlingen-Kirchentellinsfurt AG. Glasnegativ 13 x 18 cm.

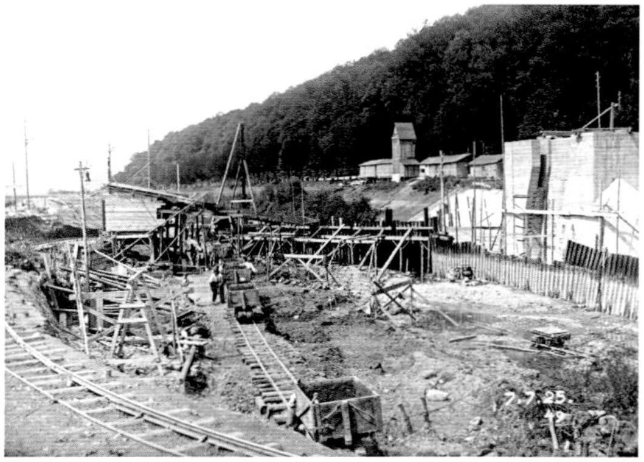

Abb 78
Neckarkraftwerk im Bau, 7. Juli 1925, Ansicht von Osten. Glasnegativ 13 x 18 cm.

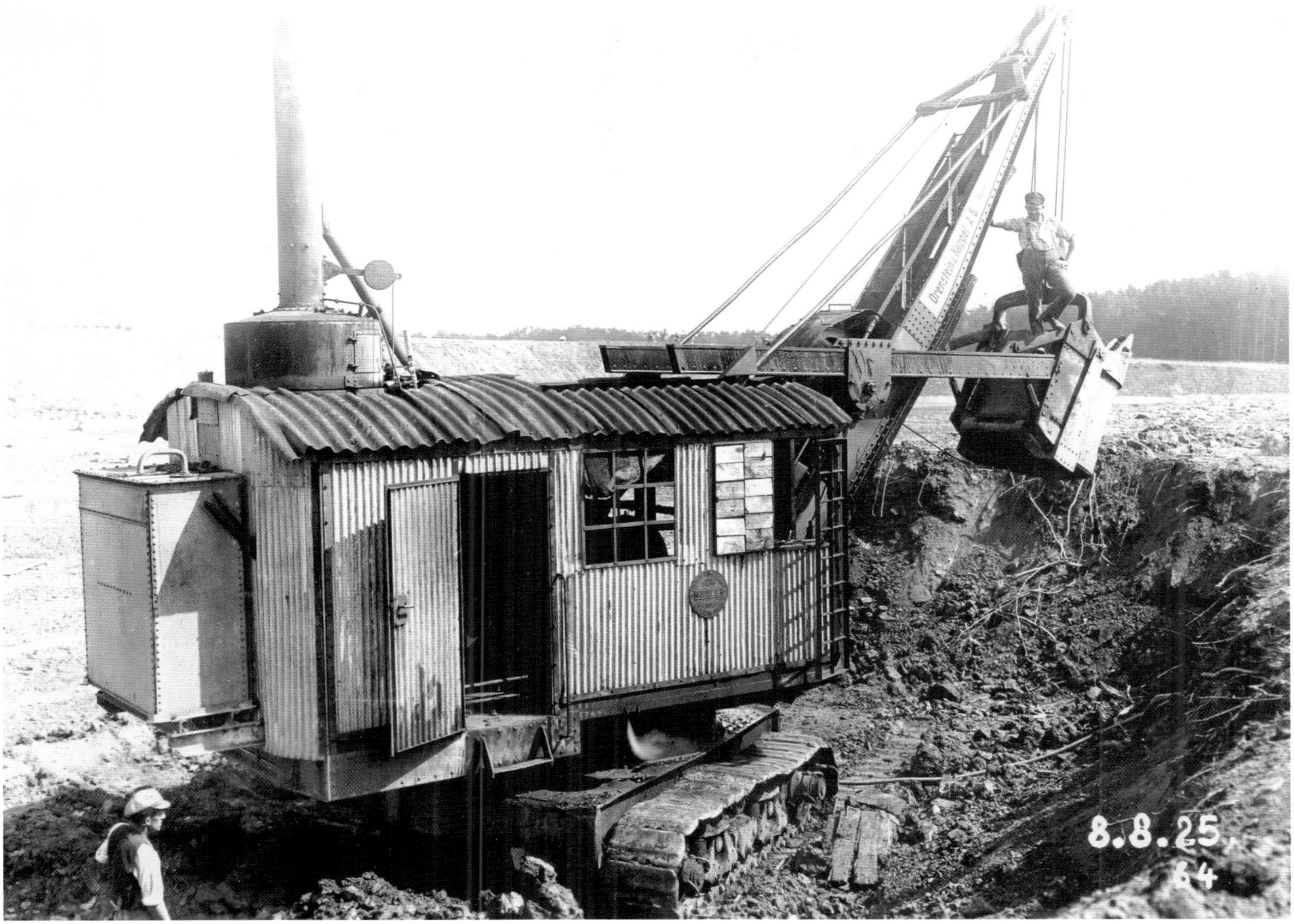

Abb. 79
Erdaushub mit Dampfbagger, Kirchentellinsfurt, 8. August 1925.
Glasnegativ 13 x 18 cm.

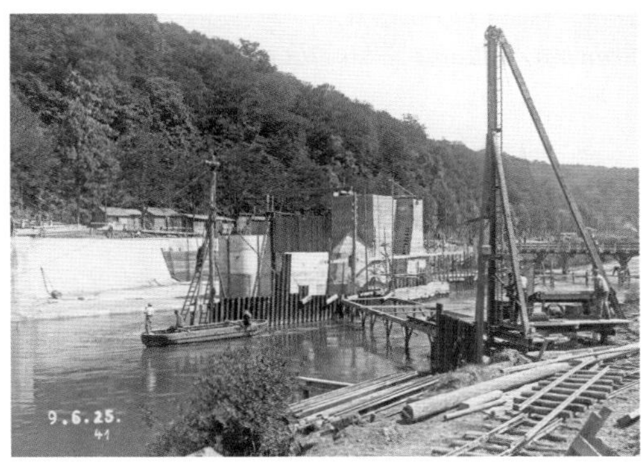

Abb. 80
Flusskraftwerk bei Kirchentellinsfurt im Bau, 9. Juni 1925. Glasnegativ 13 x 18 cm.

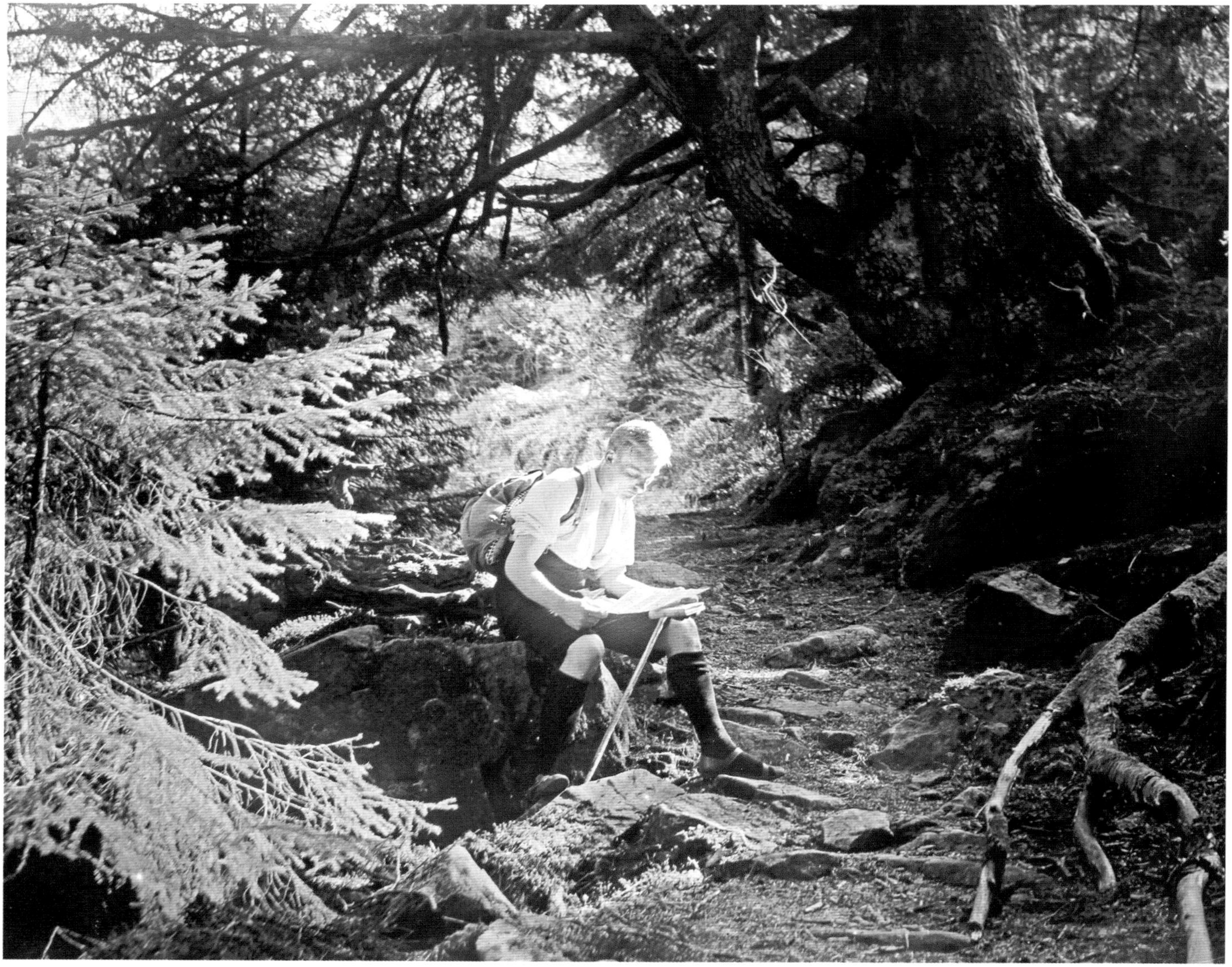

Abb. 81
Wanderer im Schwarzwald, 1920. Glasdiapositiv 8,5 x 10 cm.

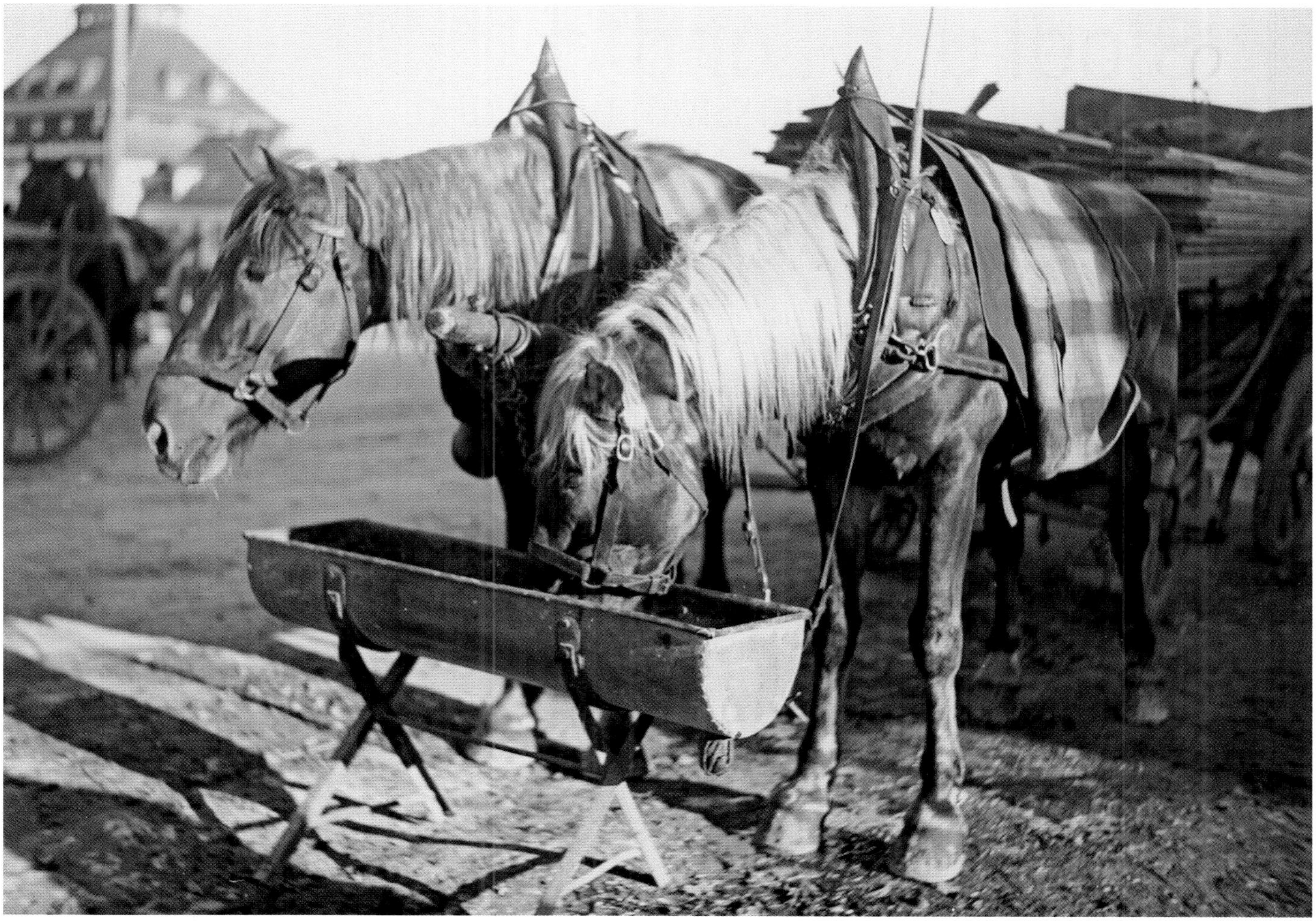

Abb. 82
Zwei Pferde am Futtertrog, um 1925. Glasdiapositiv 8,5 x 10 cm.

Stadt und Land

Über Stadt und Land

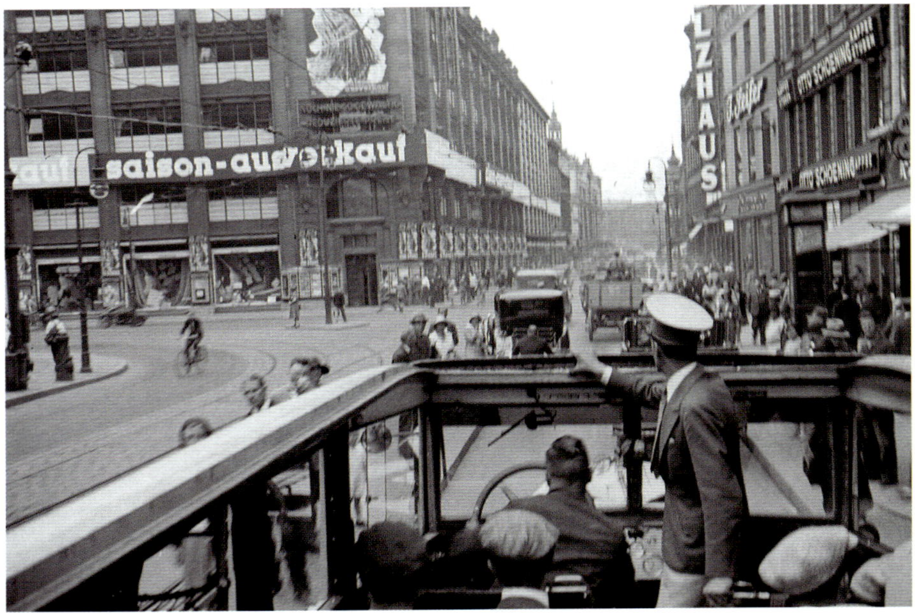

Ein Standbein von Foto Kleinfeldt ist der Handel mit Bildpostkarten. In Tübingen existiert neben dem reichsweit agierenden Gebr. Metz-Verlag eine Reihe von kleineren Herstellern wie E. Mauthe, E. Weihenmaier und Georg Euler. Sie bedienen einen stetig wachsenden Markt, hervorgerufen nicht zuletzt durch den, wenn auch bescheidenen, Tourismus des Bildungsbürgertums in den zwanziger und frühen dreißiger Jahren.

Walter Kleinfeldt hat mehrere Hundert eigenhändig fotografierte Motive im Verlagsprogramm. Mit der Produktion beauftragt er professionelle Chromsilberdruckereien. Beliebte Motive sind die Wurmlinger Kapelle, Schloss Lichtenstein sowie Stadtansichten von Tübingen und Reutlingen.

Das Geschäft in der Tübinger Mühlstraße floriert. Walter und Luise Kleinfeldt reisen an den Rhein und mit dem Lufthansa-Flugzeug vom Flughafen Stuttgart-Böblingen nach Hannover zur Messe. Die Kamera ist stets mit dabei. Die Bilder lassen einen fotografischen Blick für die ideale Situation und den Standort eines gelungenen Ansichtskartenmotivs erkennen. Bisweilen entstehen dabei ebenso Motive, die sich an einem mehr fotojournalistischen oder dokumentarischen Anspruch orientieren.

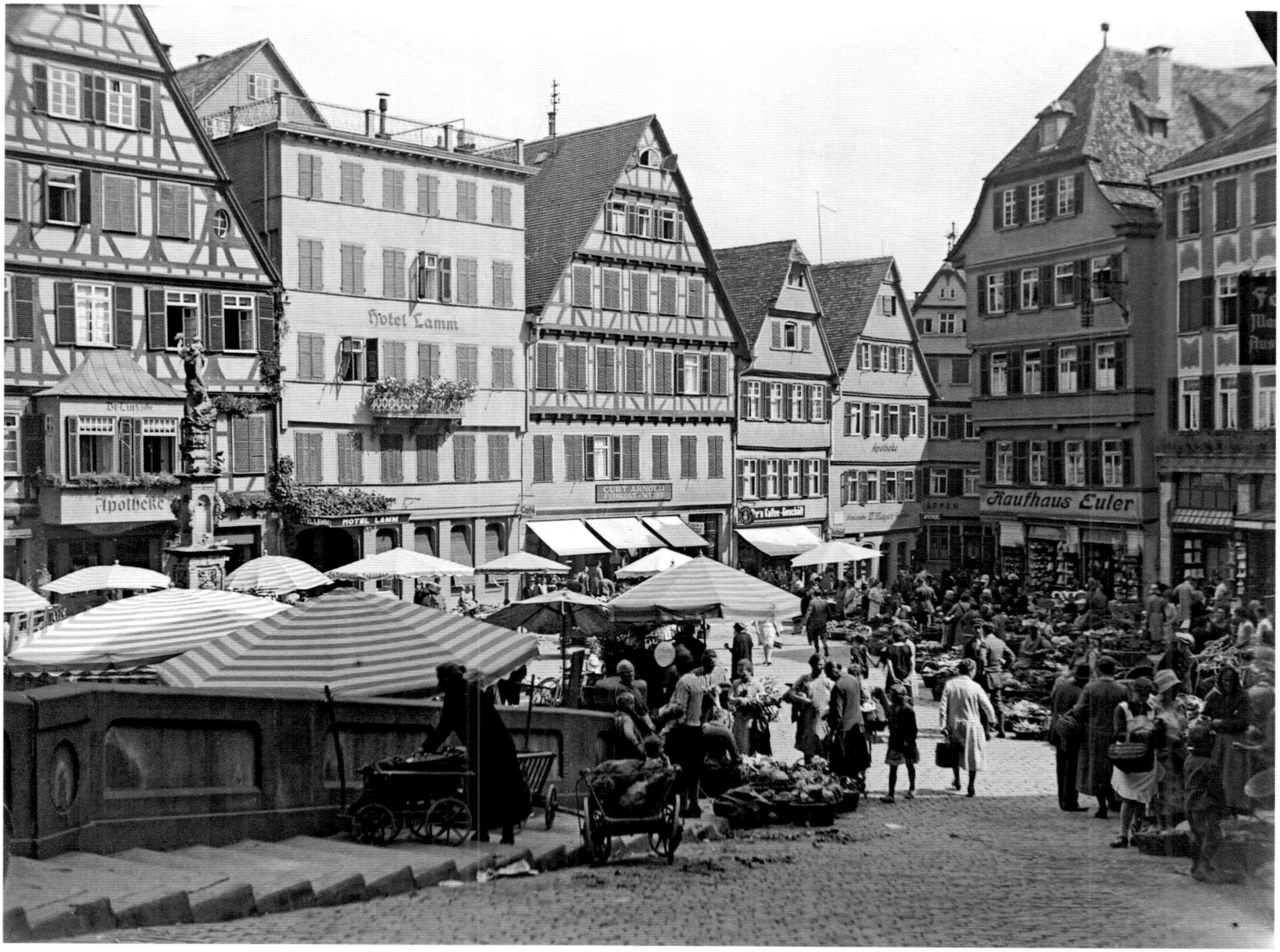

Abb. 84
Tübinger Rathaus und Markplatz, 16. Mai 1930, Glasnegativ 13 x 18 cm.

Abb. 83
Linke Seite: Luise Kleinfeldt: Berlin Mitte, 1931. Negativfilm 3 x 4 cm.

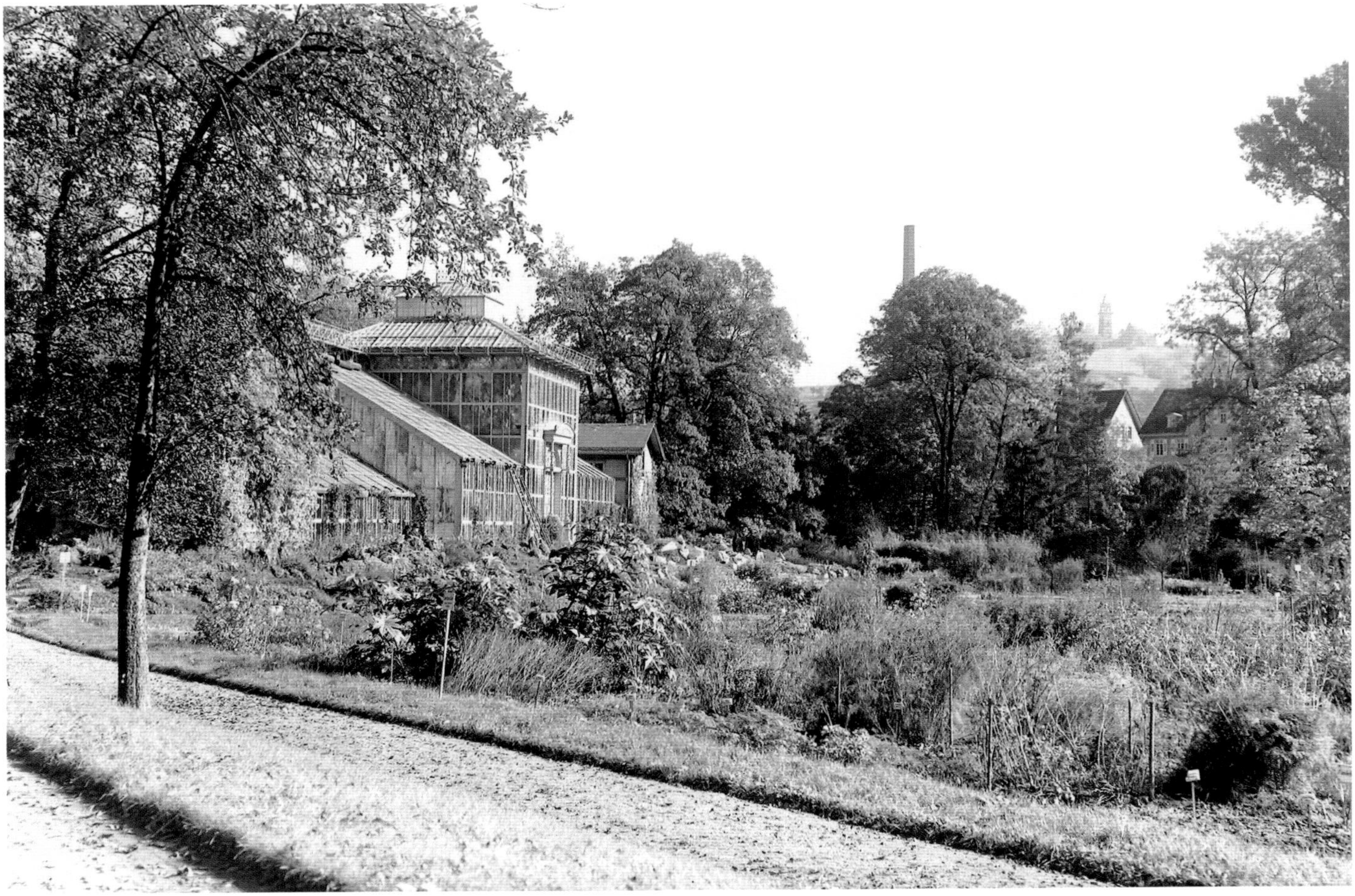

Abb. 85
Tübingen, Palmenhaus im Botanischen Garten, 1930. Glasnegativ 10 x 15 cm.

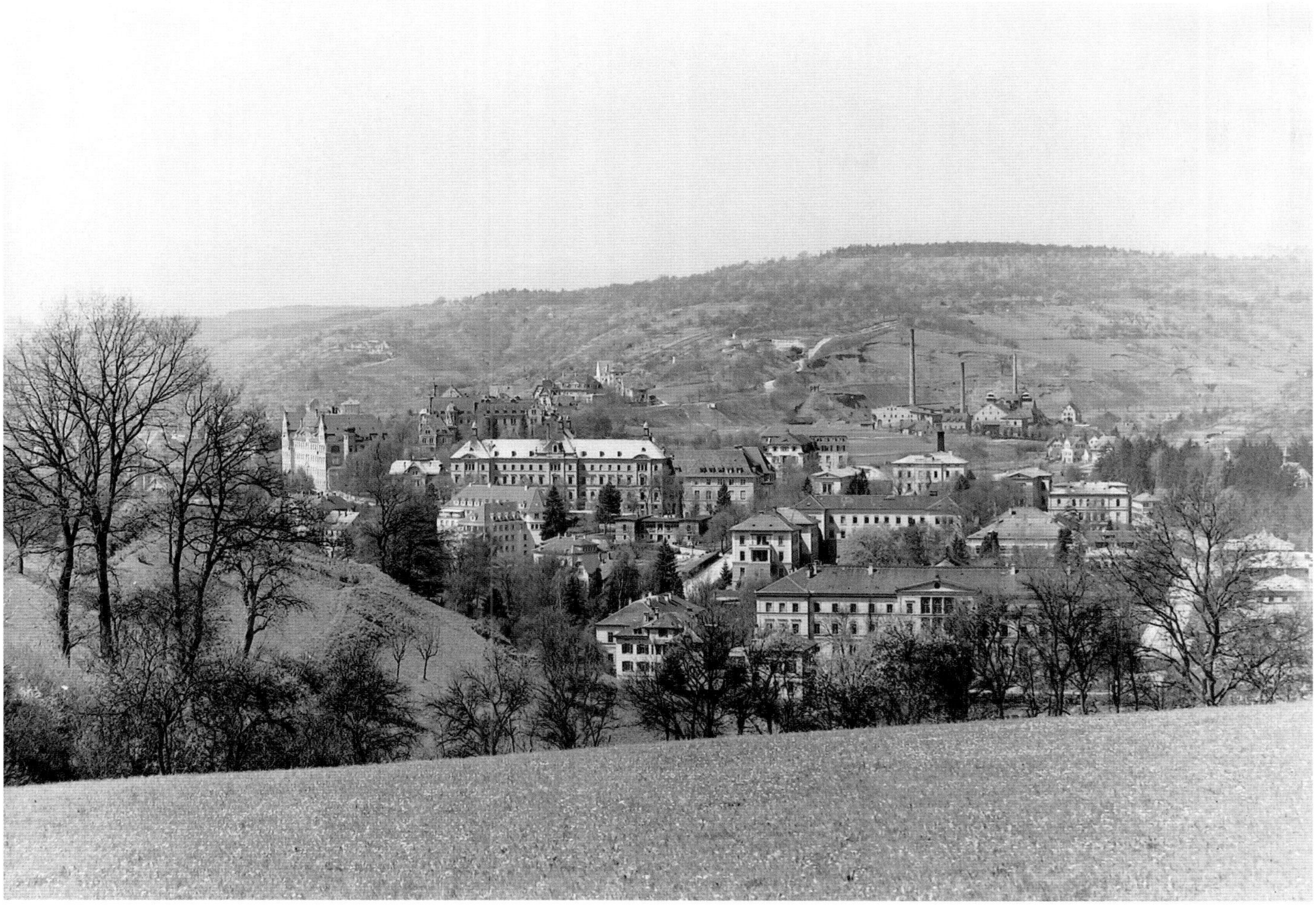

Abb. 86
Tübingen, Blick vom Österberg auf das Universitätsviertel: Neue Aula, Frauenklinik, Augenklinik; im Hintergrund: Ziegelei Clemens & Decker, 1928. Glasnegativ 13 x 18 cm.

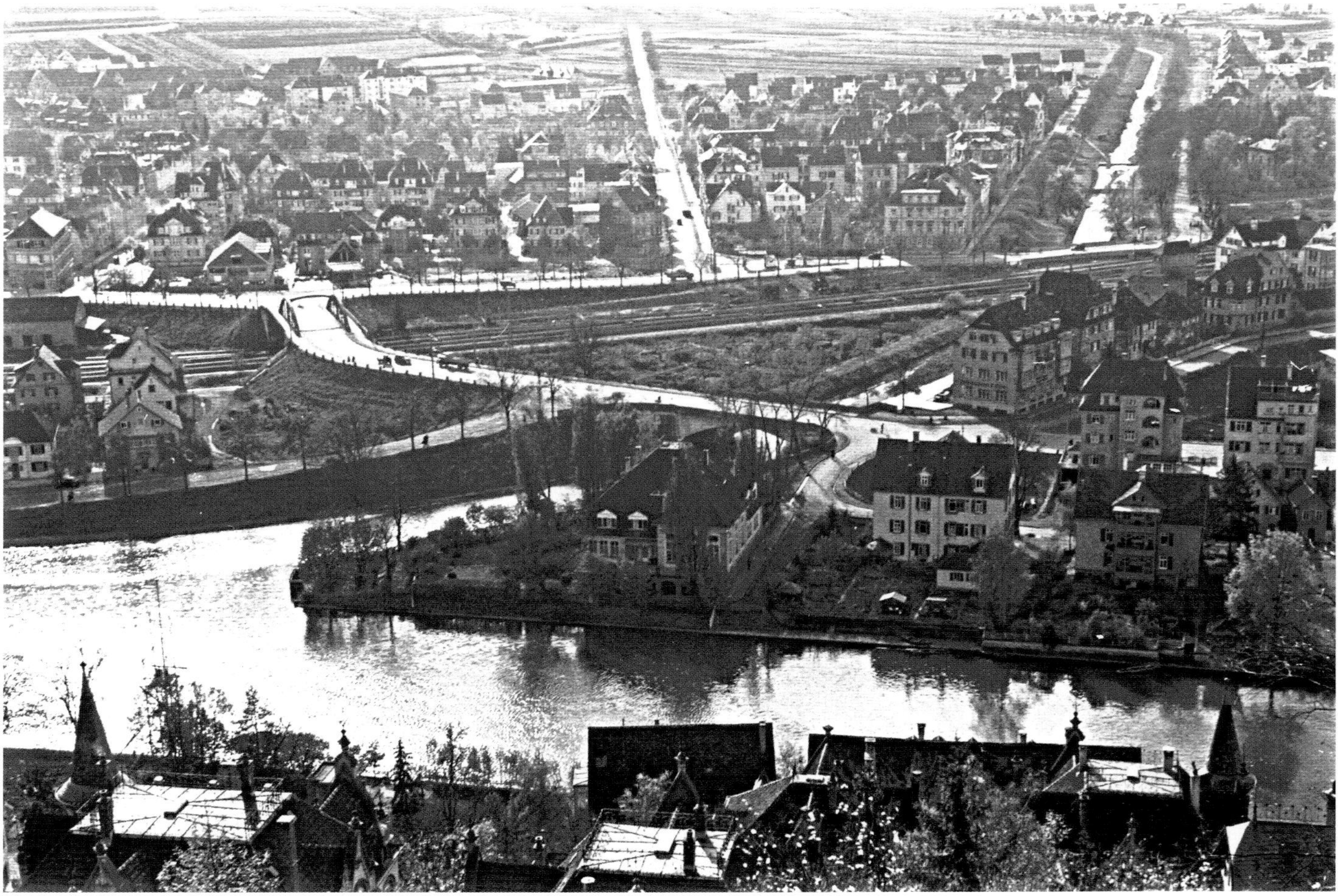

Abb. 87
Tübingen, Südstadt, fotografiert vom Österberg, Ende 1930er Jahre. Glasnegativ 10 x 15 cm.

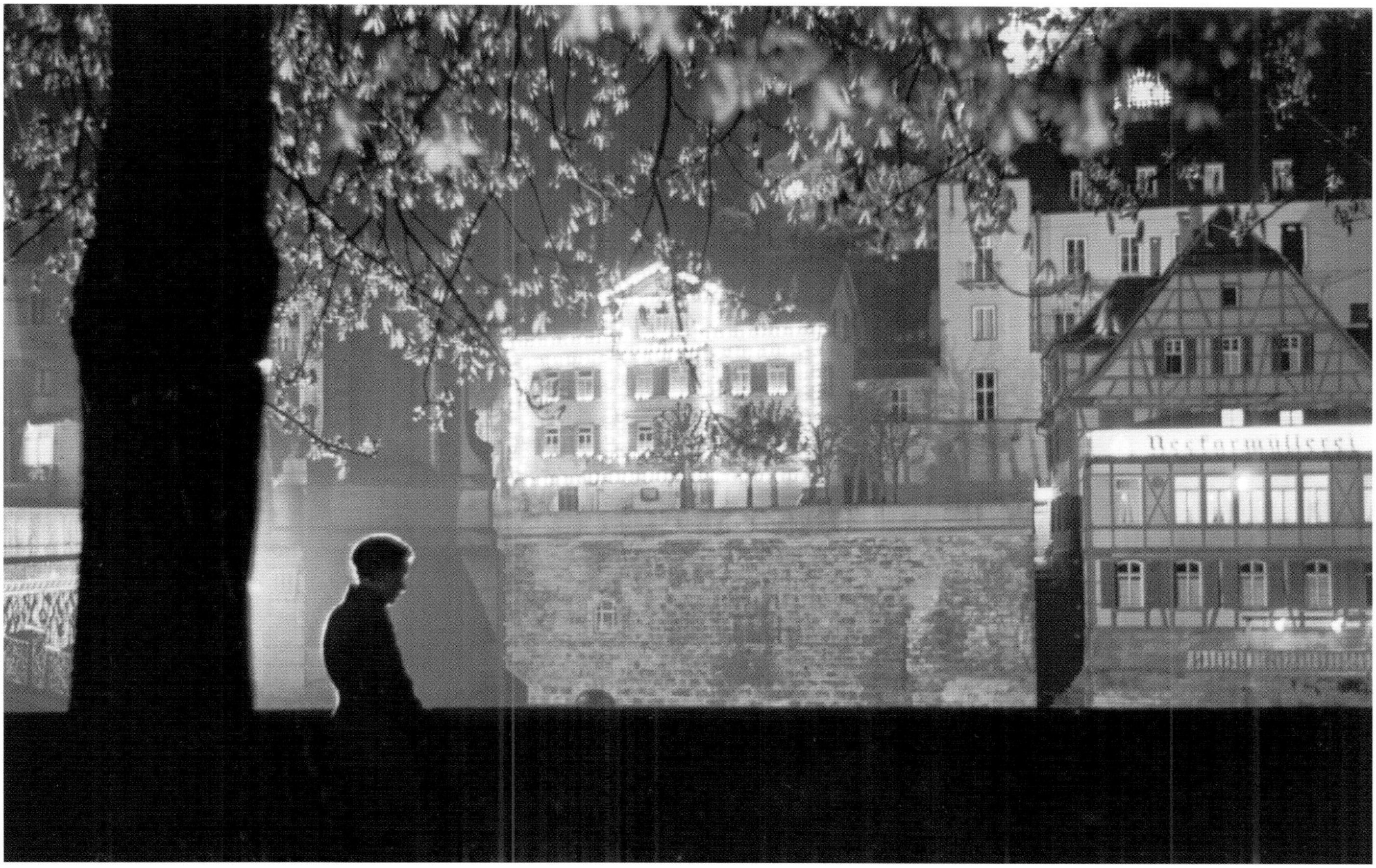

Abb. 88
Uhlandhaus, Neckarmüllerei und Germanenhaus (Gartenstraße) bei Nacht, Frühjahr 1937. Kleinbildnegativ.

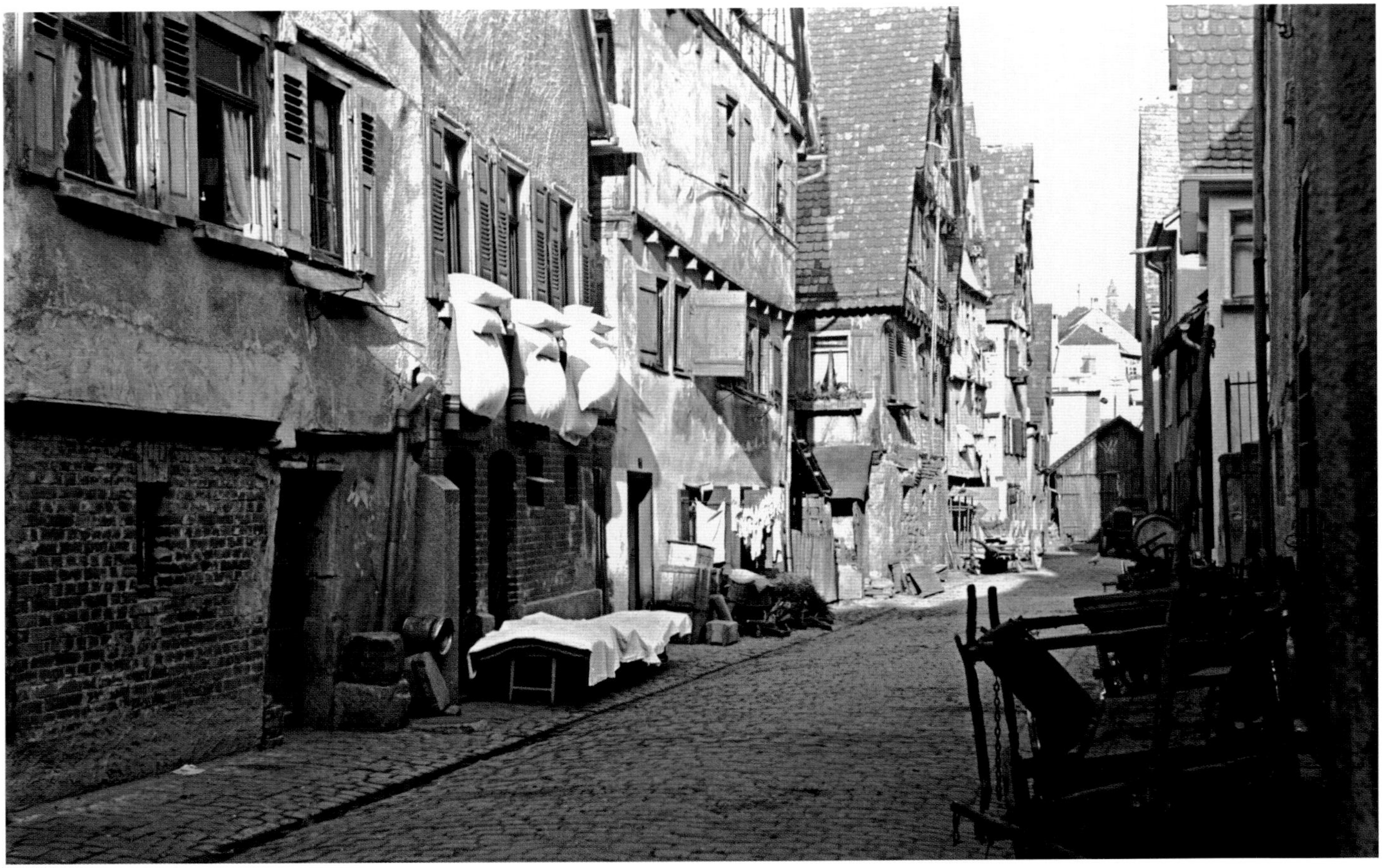

Abb. 89
Tübinger Unterstadt, 1937. Kleinbildnegativ.

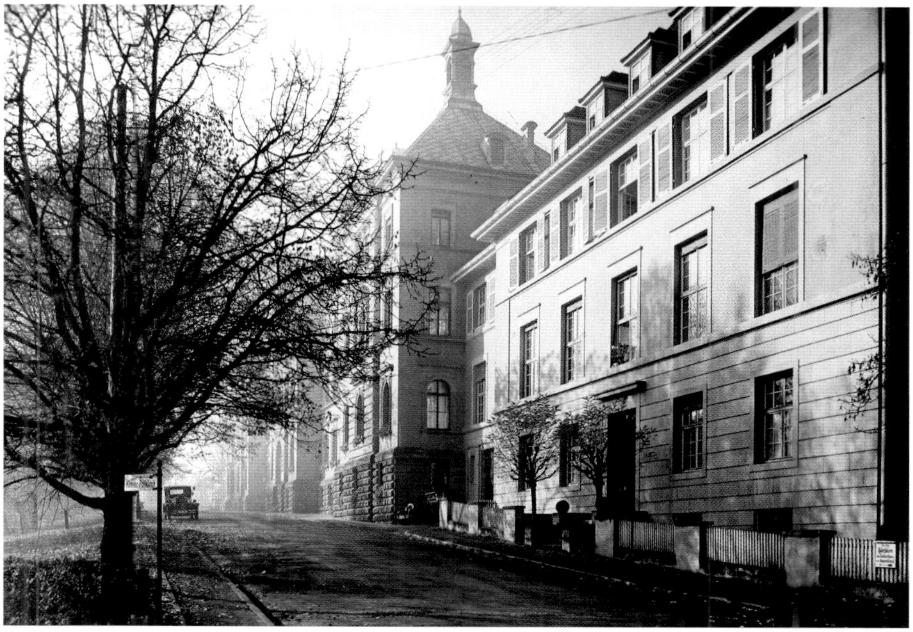

Abb. 90
Ehemalige Tübinger Frauenklinik, um 1930, Glasnegativ 13 x 18 cm.

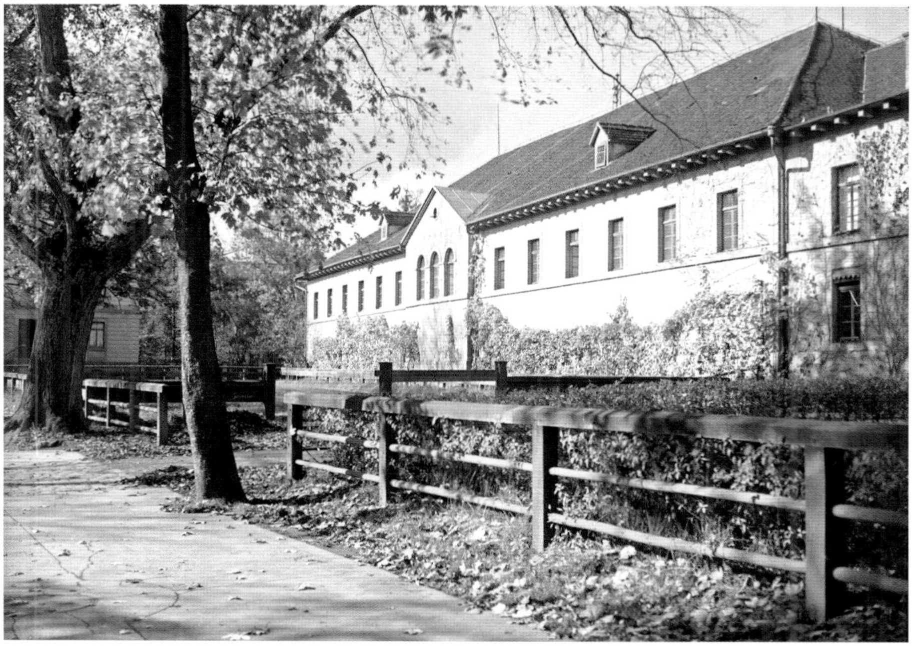

Abb. 91
Universitätsreithalle, Wilhelmstraße 13–15 (heute Mensa), um 1930. Silbergelatineabzug.

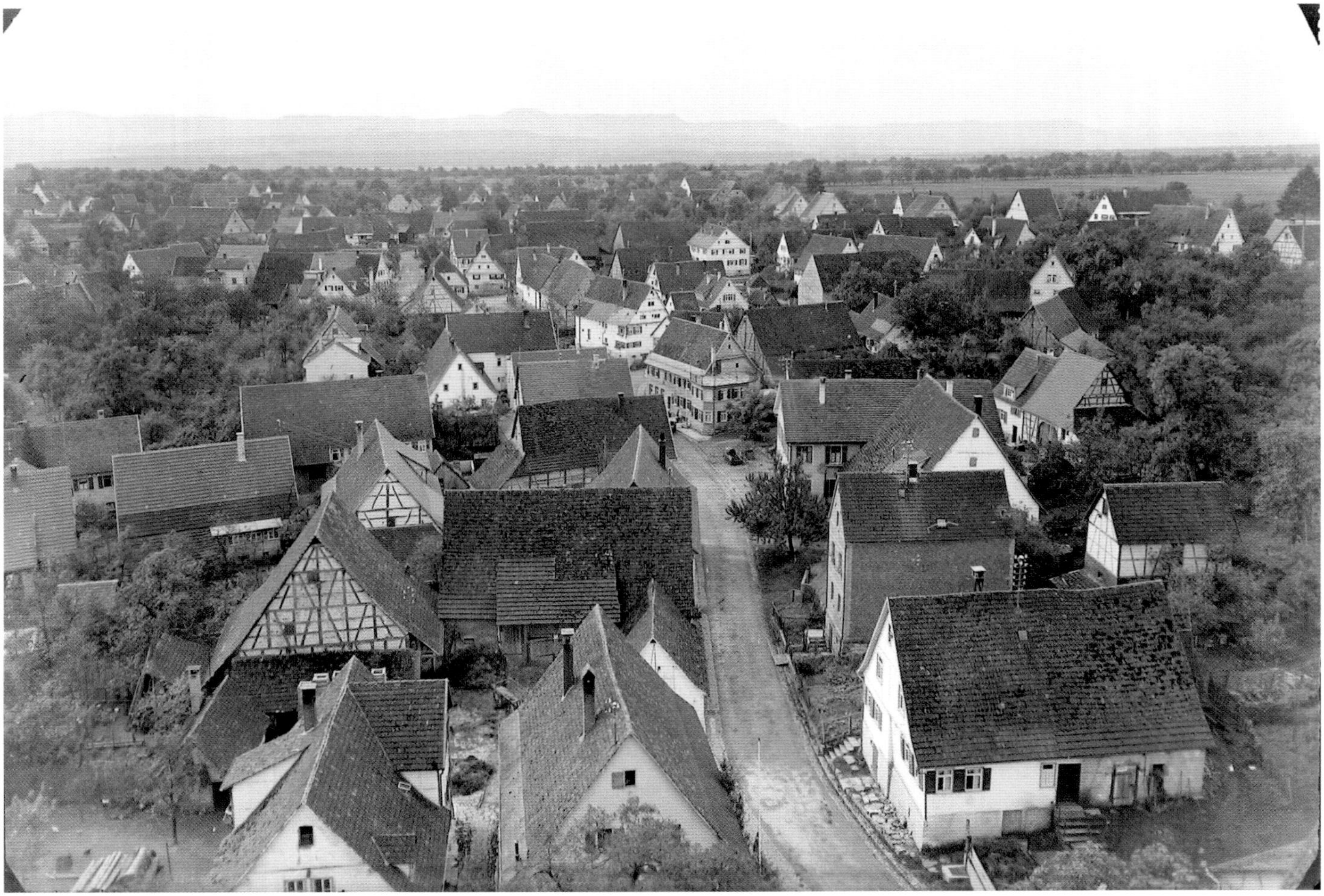

Abb. 92
Kusterdingen und Schwäbische Alb vom Kirchturm aus. Um 1930. Die schwarzen Ecken sind ein Charakteristikum der in Kassetten belichteten großformatigen Negative. Silbergelatineabzug.

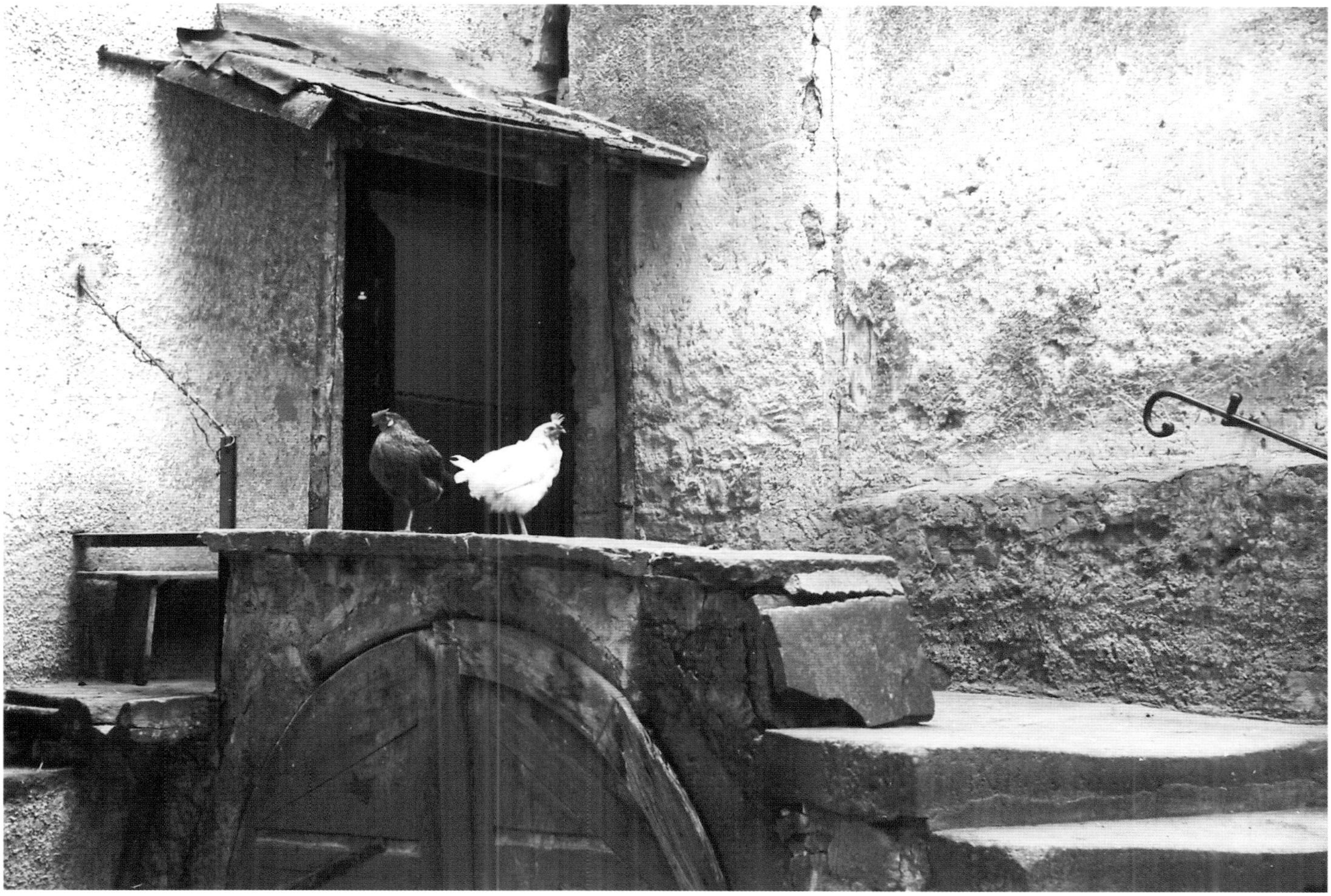

Abb. 93
Zwei Hühner in Rottenburg, 1937. Kleinbildnegativ.

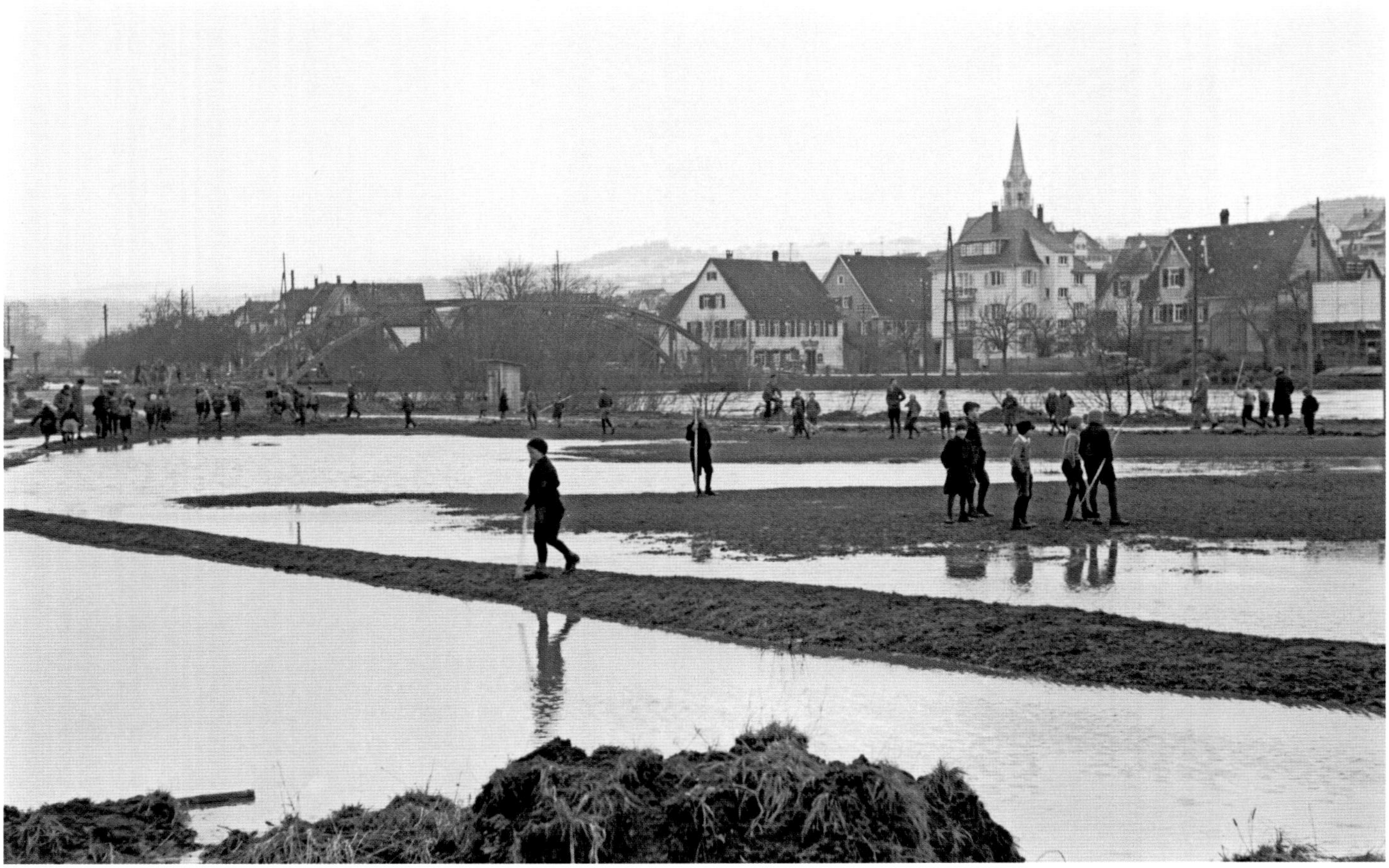

Abb. 94
Hochwasser in Lustnau, März 1937. Kleinbildnegativ.

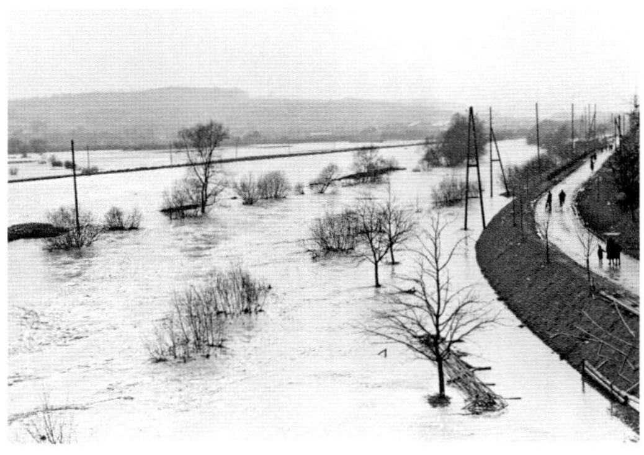

Abb. 95
Hochwasser bei Lustnau, rechts Gartenstraße, 1937. Kleinbildnegativ.

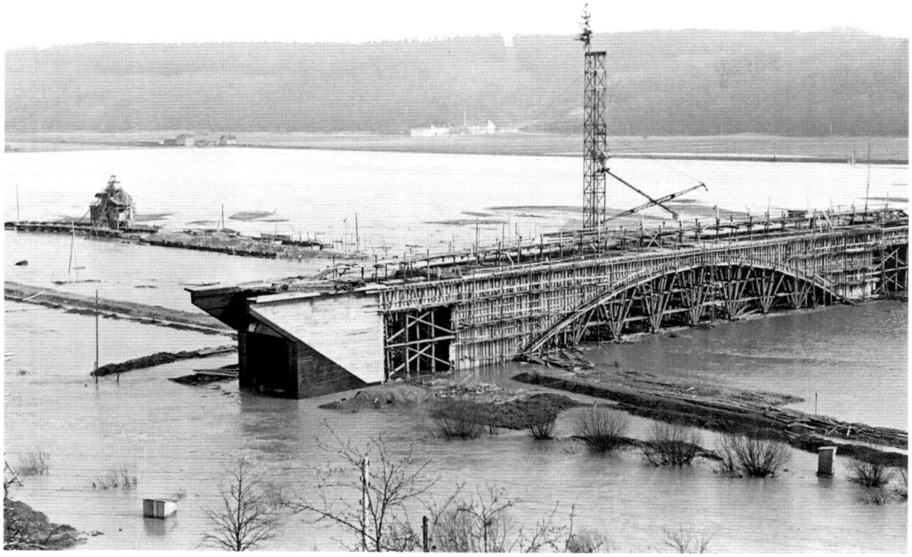

Abb. 96
Neubau der Umgehungsstraße bei Lustnau, Neckarhochwasser, März 1937. Die Wehrmacht sprengte die fertiggestellte Brücke kurz vor Kriegsende im April 1945. Der Wiederaufbau erfolgte 1949. Kleinbildnegativ.

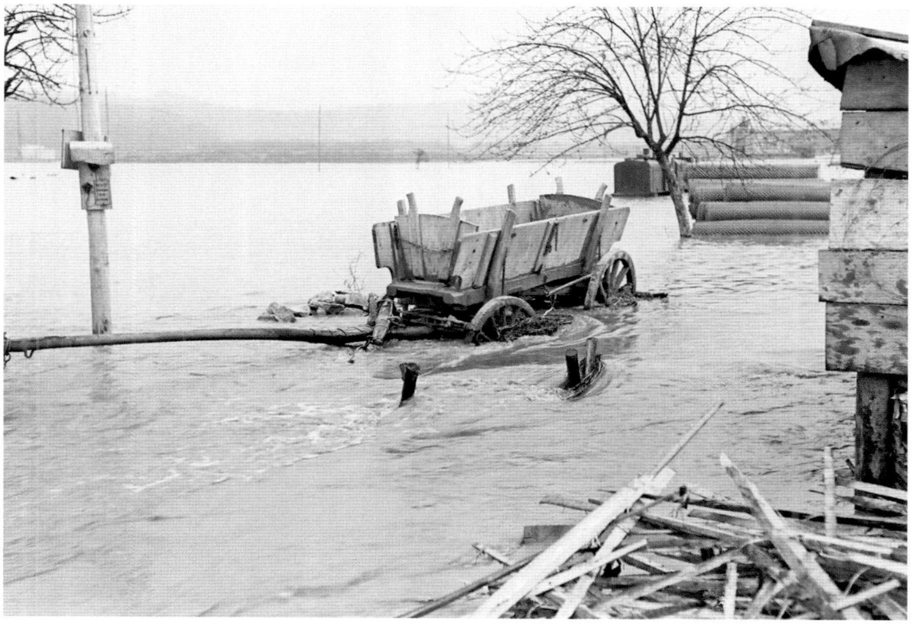

Abb. 97
Hochwasser in der Nähe der Gartenstraße, März 1937. Kleinbildnegativ.

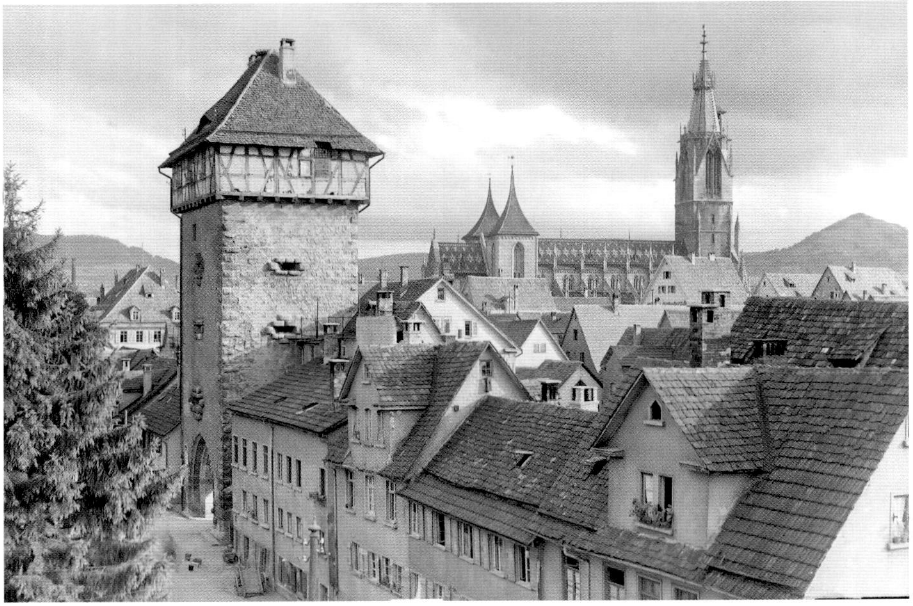

Abb. 98
Reutlingen, Tübinger Tor und Marienkirche, 1926. Glasnegativ 13 x 18 cm.

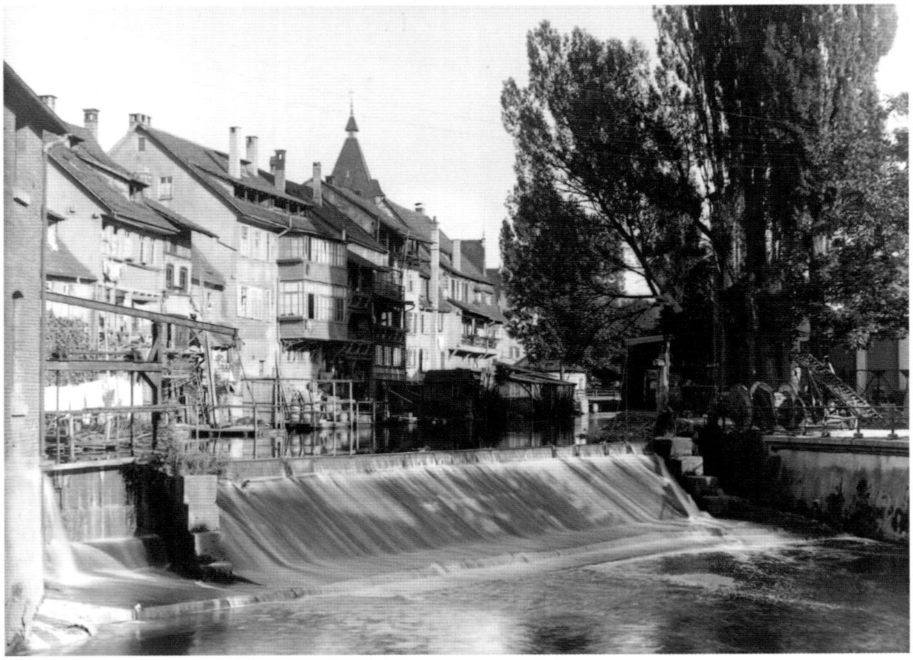

Abb. 99
Reutlingen, Gerberviertel, Stauwehr an der Echaz, um 1926. Silbergelatineabzug 13 x 18 cm.

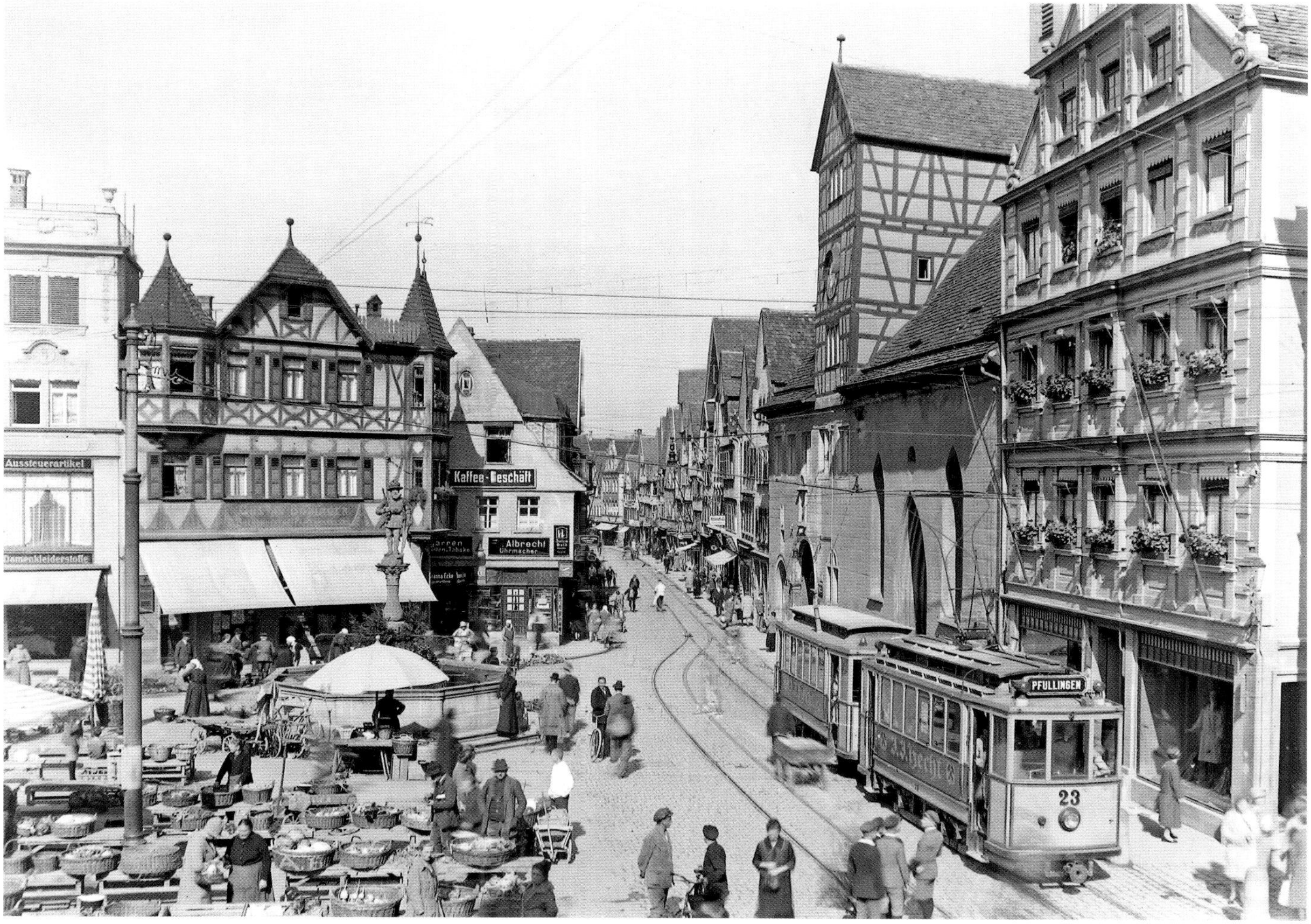

Abb. 100
Reutlingen, Marktplatz, 1928. Silbergelatineabzug 13 x 18 cm.

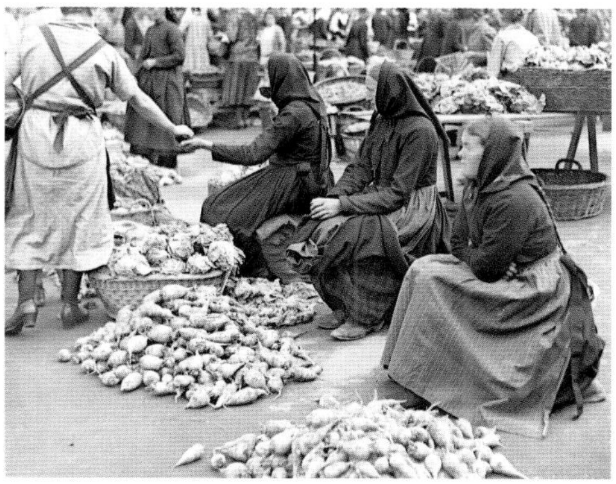

Abb. 101
„Rettichweiber" auf dem Markt in Reutlingen, um 1930. Silbergelatineabzug 12 x 13 cm.

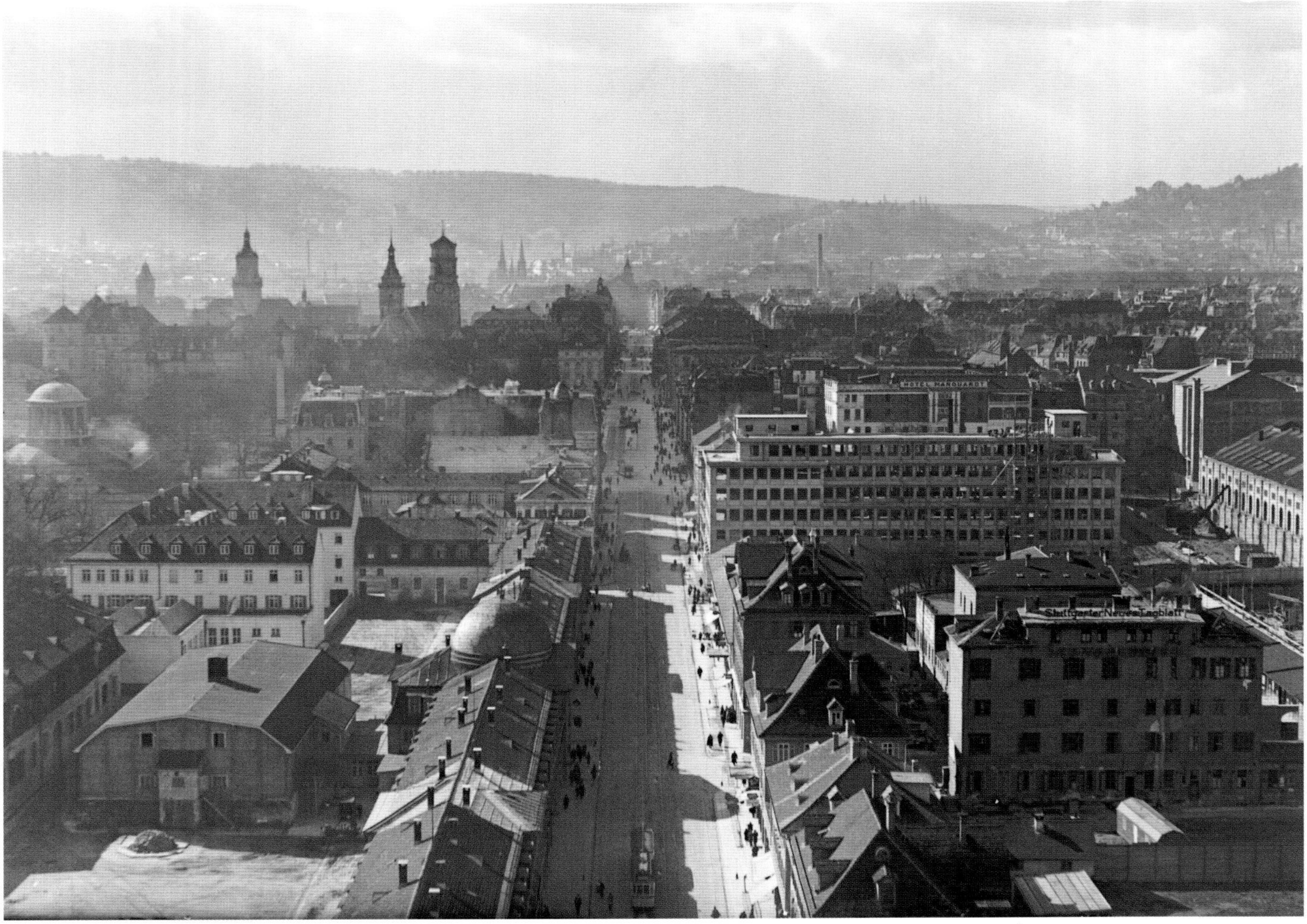

Abb. 102
Stuttgart, Blick vom Bahnhofsturm nach Westen, um 1930. Glasplatte 9 x 12 cm.

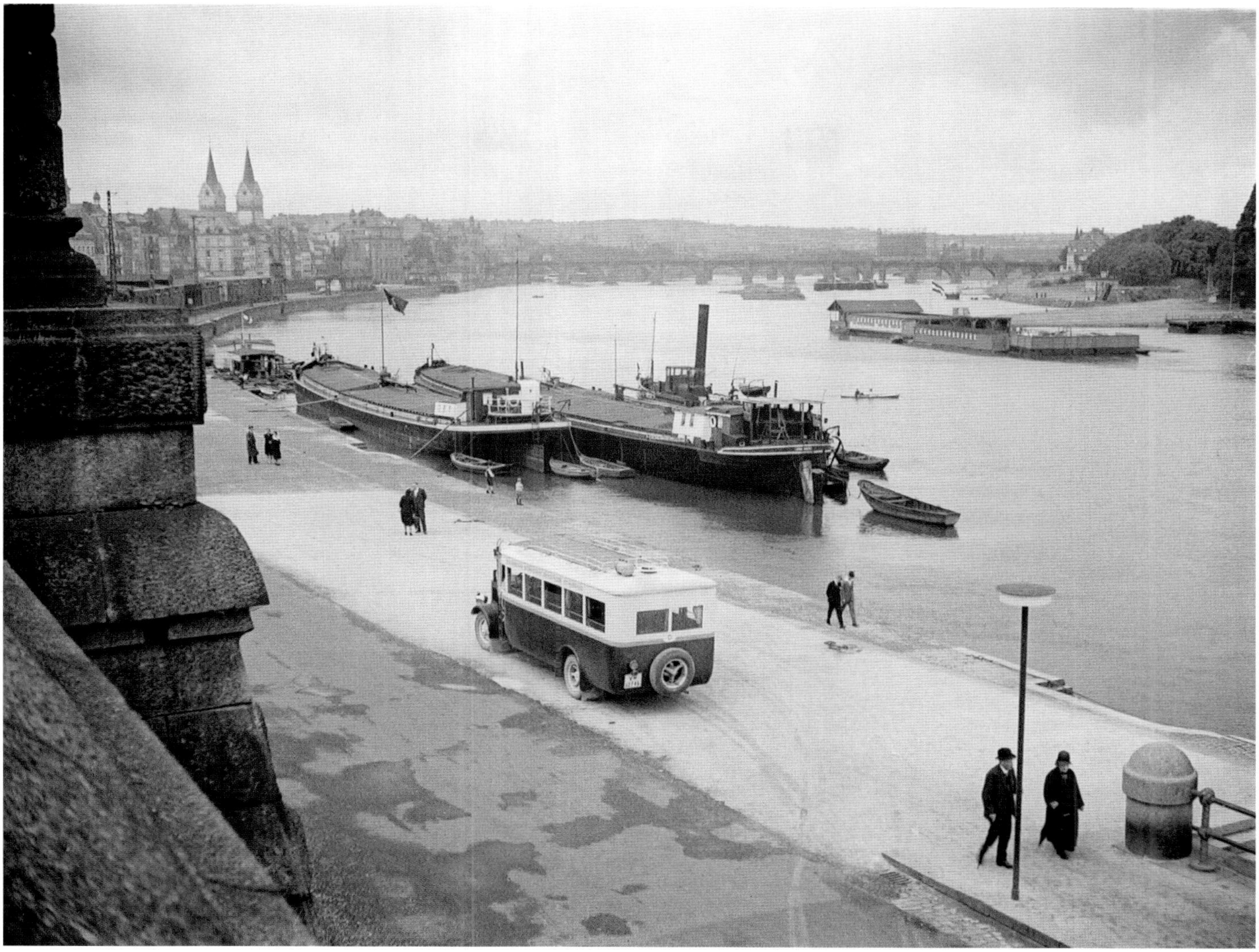

Abb. 103
Koblenz mit Mosel, Florinskirche und Balduinbrücke, um 1930. Negativfilm 3 x 4 cm.

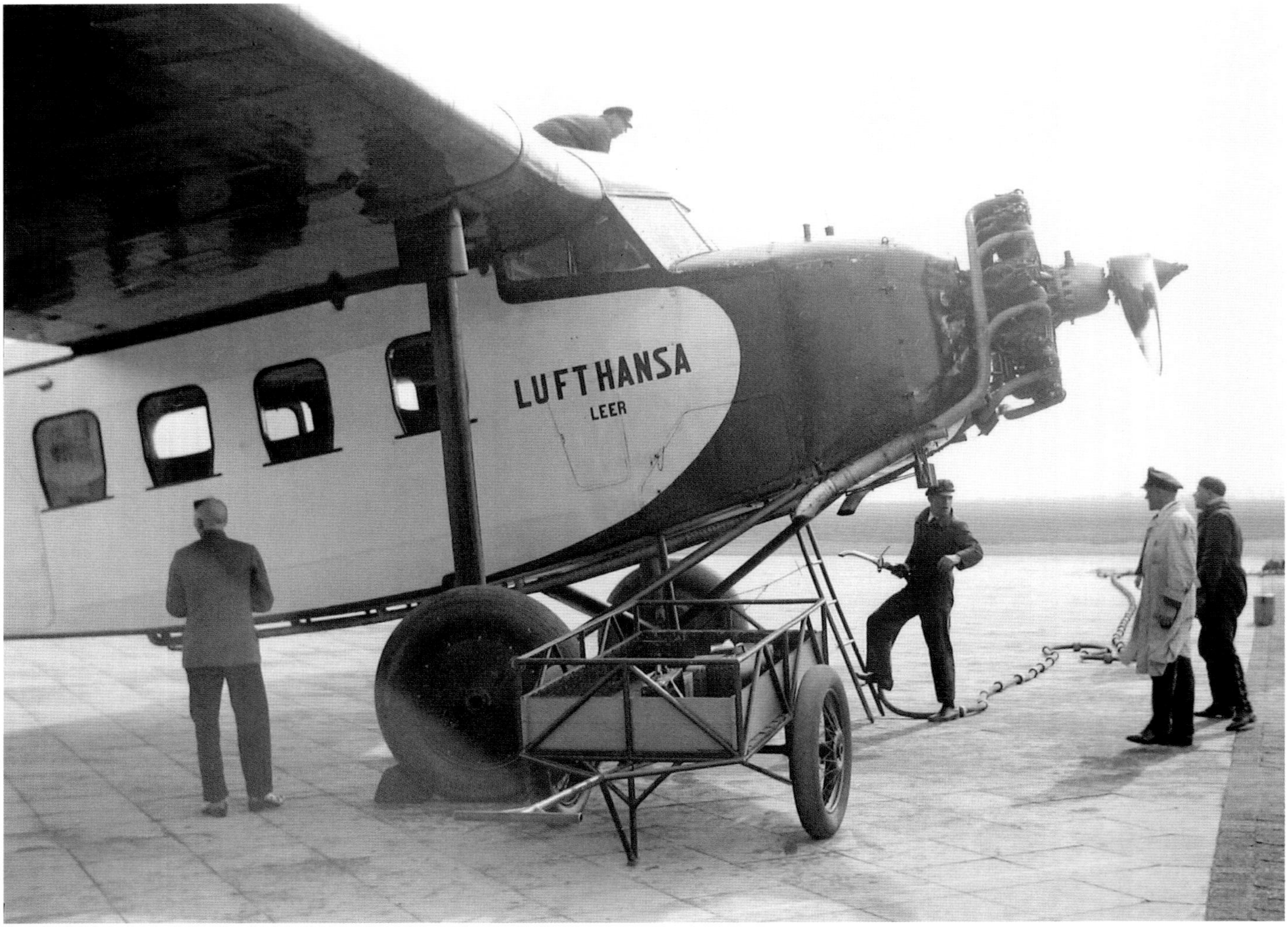

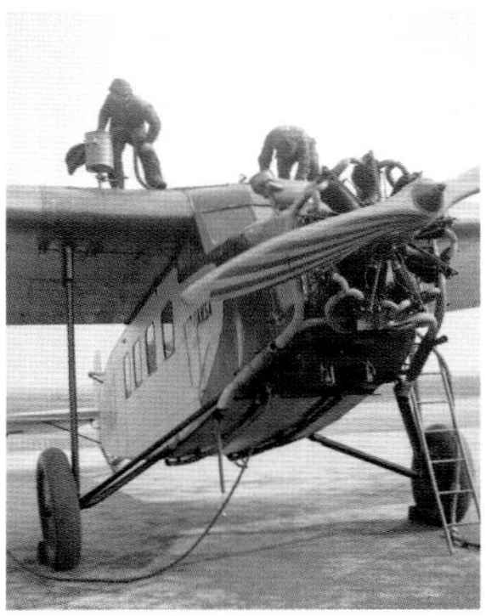

Abb. 104 und 105
Flughafen Böblingen-Stuttgart, 1931. Packfilm 6,5 x 9 cm.

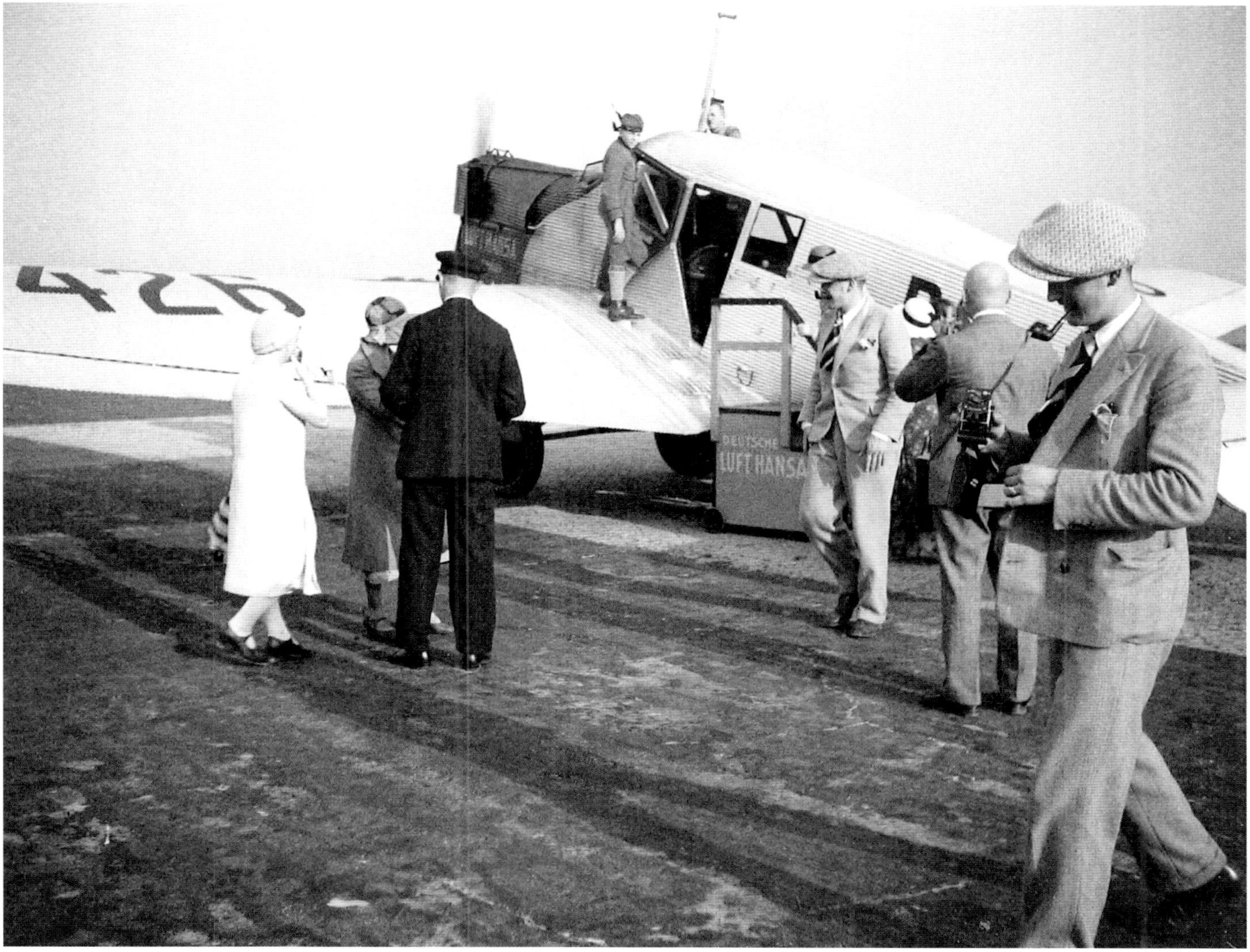

Abb. 106
Luise Kleinfeldt: Junkers F 13, D-426 „Sprosser“, Werknummer 704, Flughafen Berlin, 1931. Negativfilm 3 x 4 cm. Die Maschine war seit 1923 in Betrieb und flog bis 1934 für die Lufthansa.

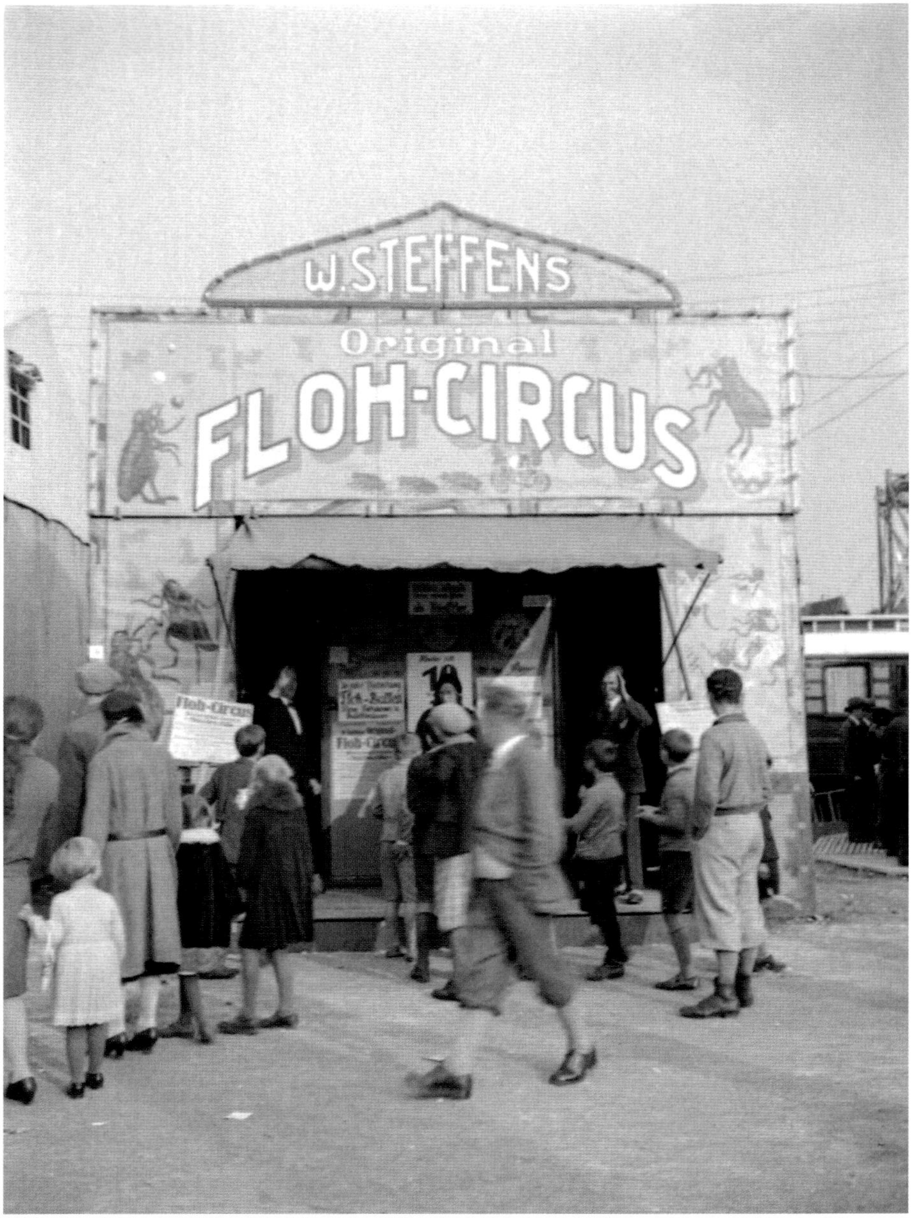

Abb. 107
Oktoberfest in München, 1931. Negativfilm 3 x 4 cm.

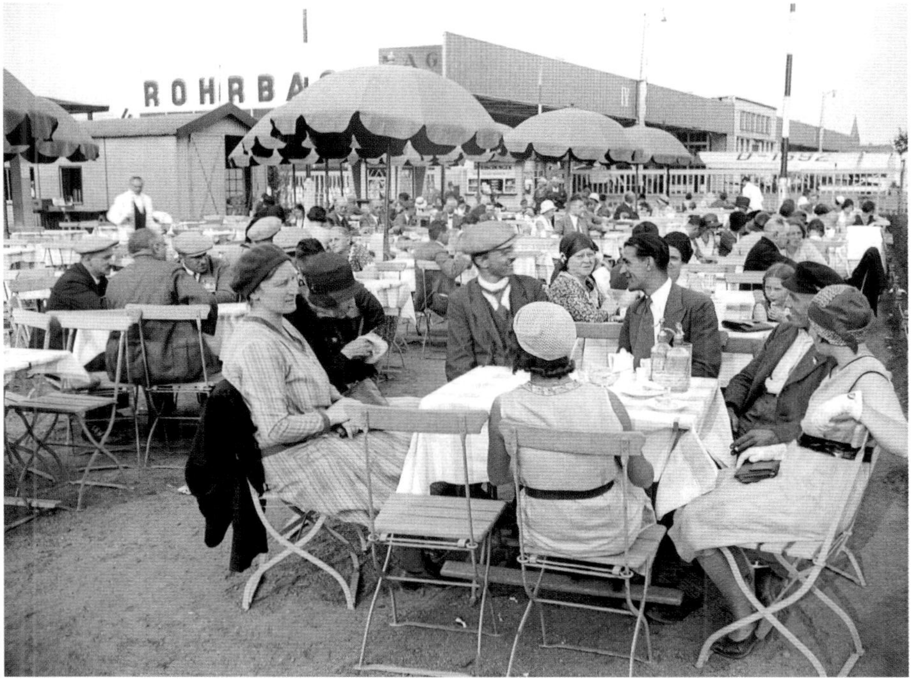

Abb. 108
Luise Kleinfeldt: Gartenlokal am Berliner Flughafen, 1931. Negativfilm 3 x 4 cm.

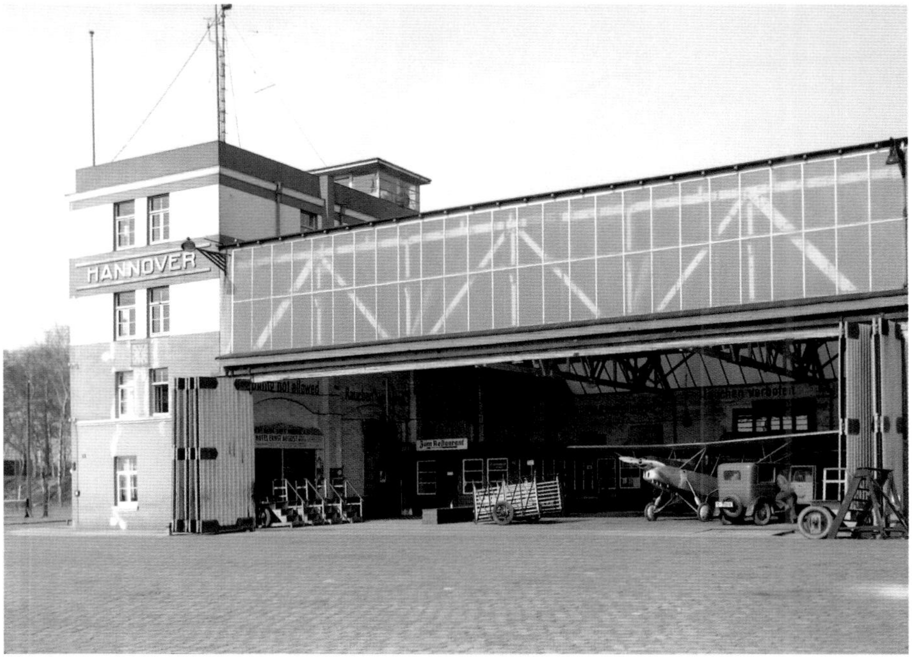

Abb. 109
Hangar, Flughafen Hannover, 1931. Packfilm 6,5 x 9 cm.

Menschen

Die Menschen und ihr Alltag

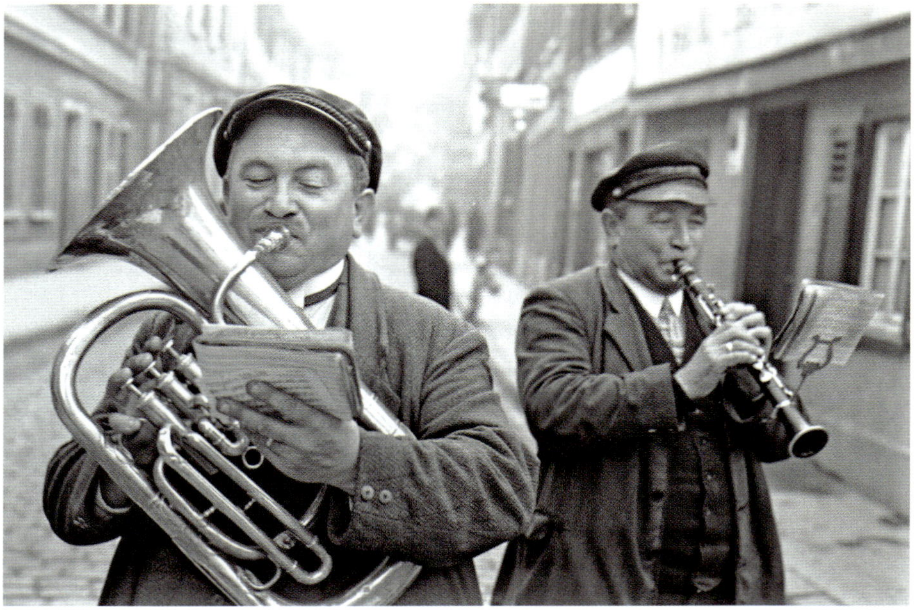

Um 1930 steckt die Kleinbildfotografie noch in den Kinderschuhen. Walter Kleinfeldt ist zunächst skeptisch gegenüber dem vom Kinofilm abgeleiteten 35 mm-Negativformat. Er beginnt dann aber dennoch professionell mit Leica- und Contax-Kameras zu fotografieren. Aus eigenem Antrieb, in privatem Auftrag oder für die Tageszeitung Tübinger Chronik entstehen seit den frühen dreißiger Jahren einfühlsame Portraits von Menschen sowie Alltagsszenen. Walter Kleinfeldt beherrscht die spontane Bildsprache des Fotojournalisten und hat ein untrügerisches Gefühl für den ‚richtigen' Augenblick.

Ein Portraitstudio richten sich Walter und Luise Kleinfeldt erst 1939 mit dem Umzug in die Mühlstraße 16 ein, wo sich die Firma bis heute befindet.

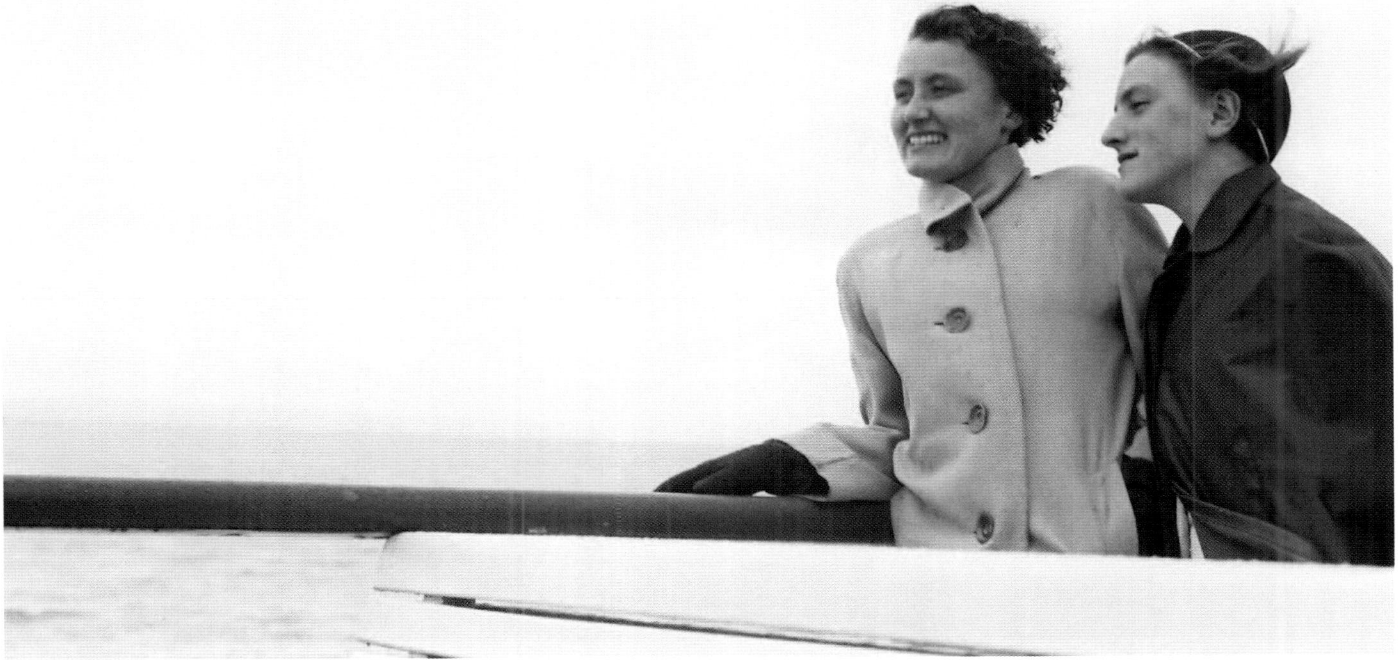

Abb. 111
Betriebsausflug der Firma Himmelwerk an den Bodensee, Sommer 1937. Kleinbildnegativ.

Abb. 110
Linke Seite: Musikanten auf dem Tübinger Martinimarkt, 1935. Kleinbildnegativ.

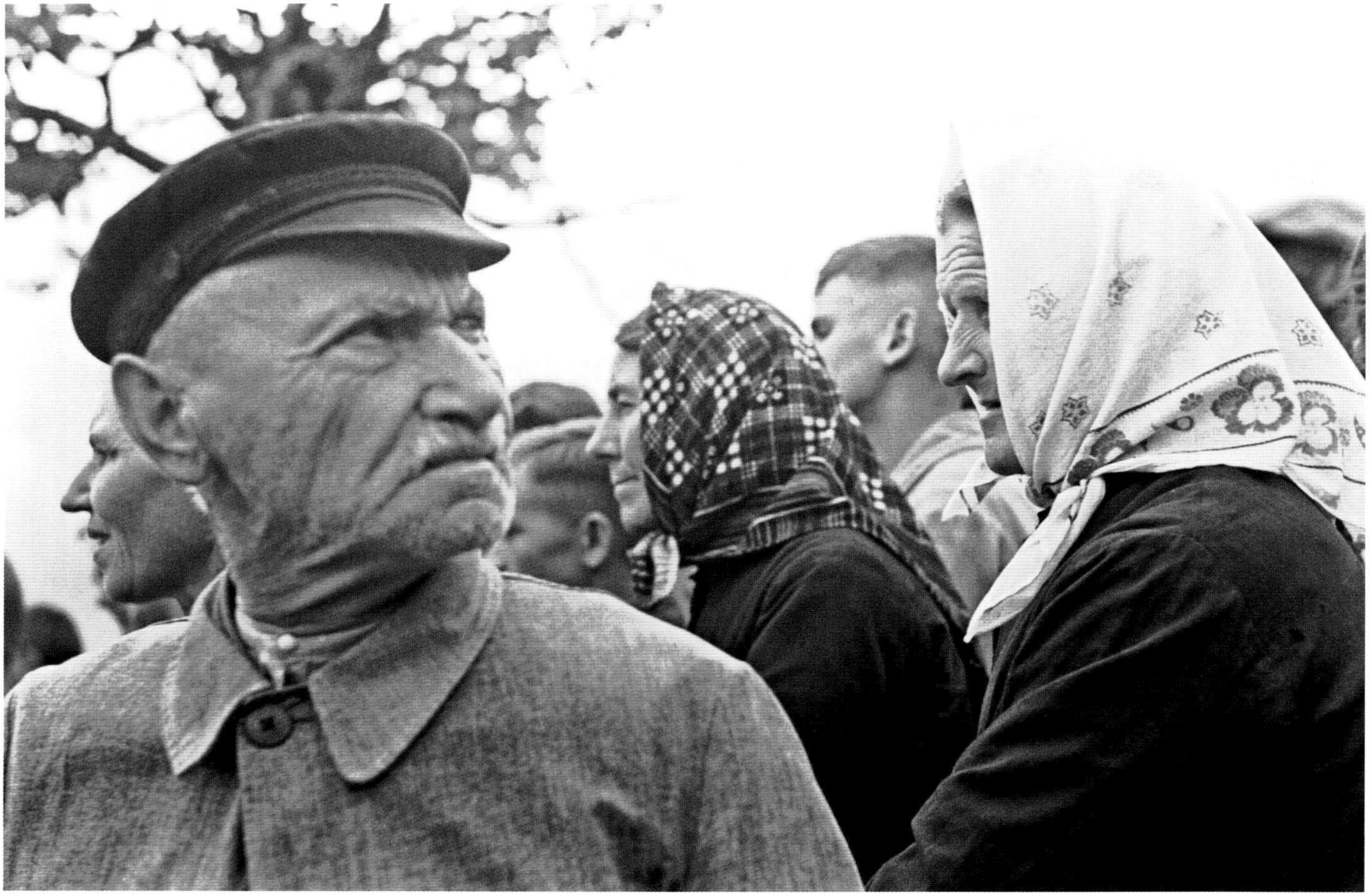

Abb. 112
Publikum beim Manöver zwischen Rottenburg und Tübingen, August 1935. Kleinbildnegativ.

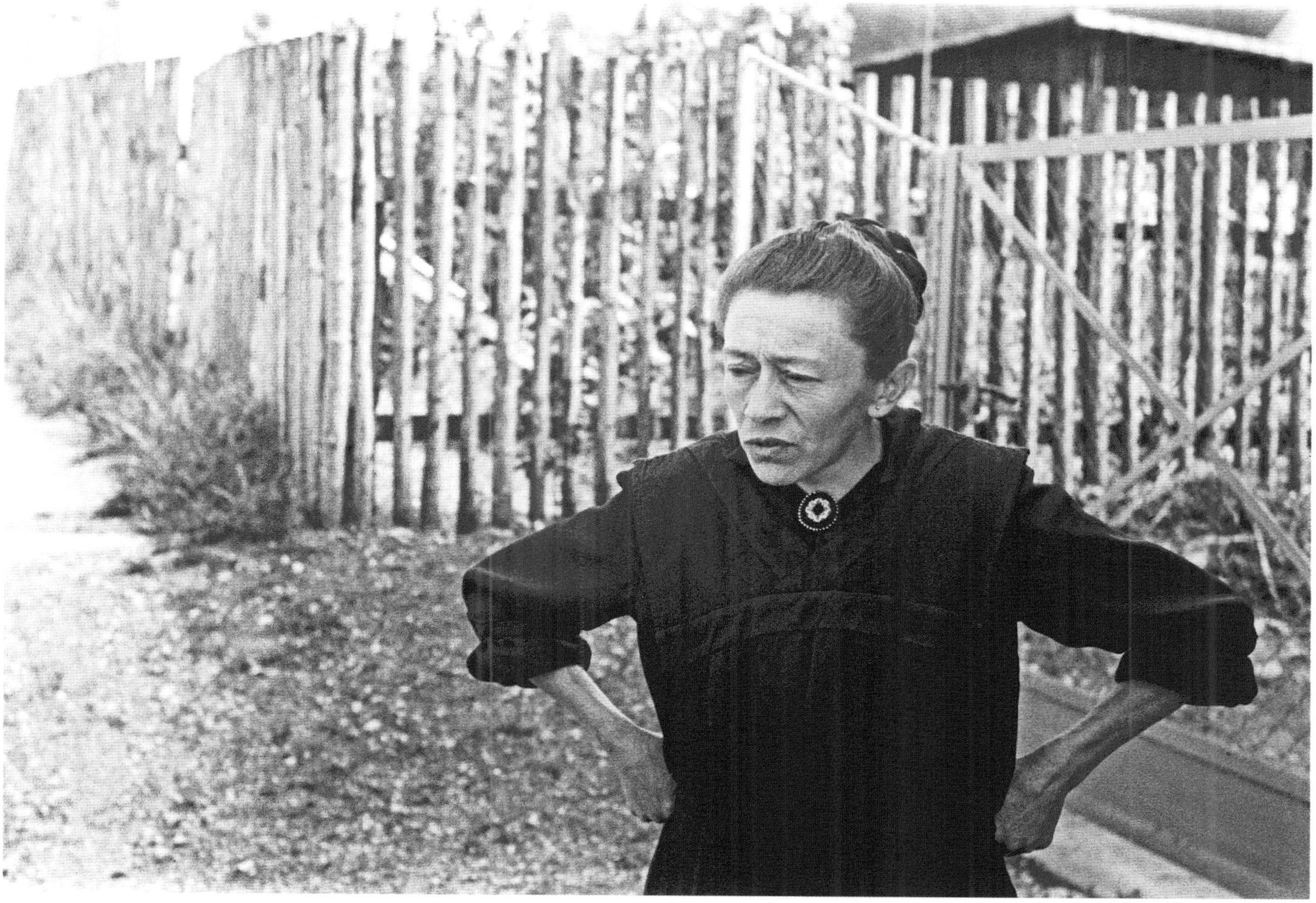

Abb. 113
Bäuerin vom Wangenhof bei Schnaitheim, September 1935. Kleinbildnegativ.

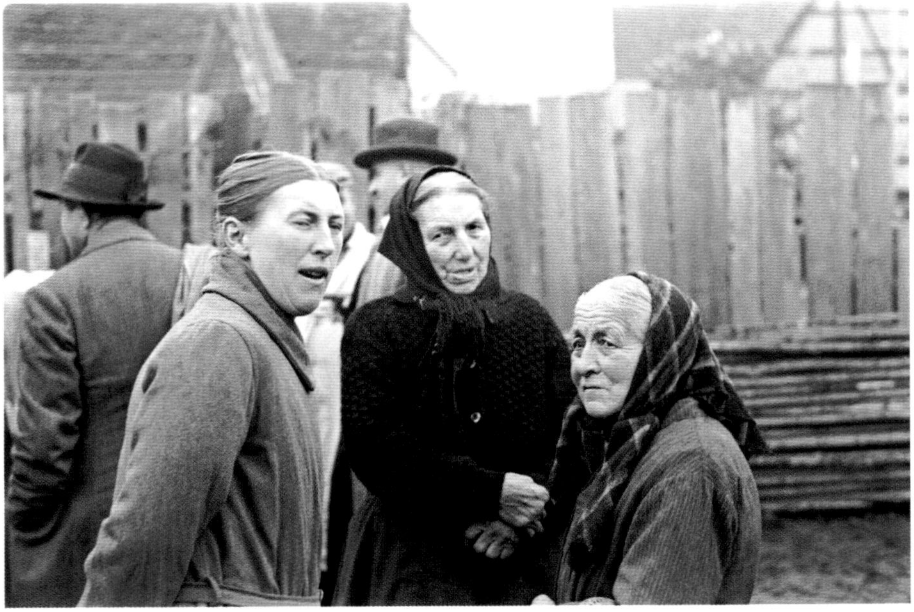

Abb. 114
Marktfrauen in Tübingen, Herbst 1937.
Kleinbildnegativ.

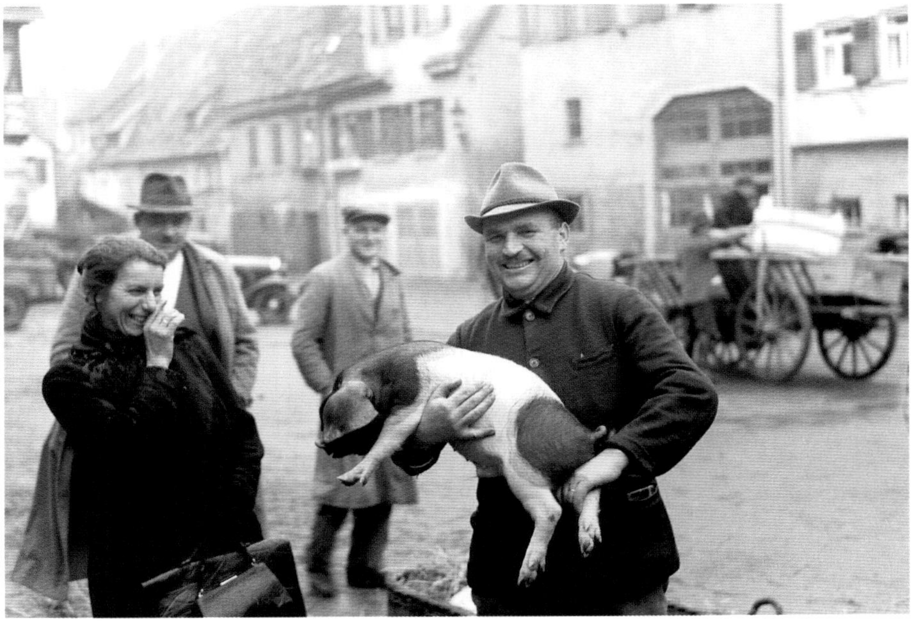

Abb. 115
Verkaufte Sau. Markt in Tübingen, 1937.
Kleinbildnegativ.

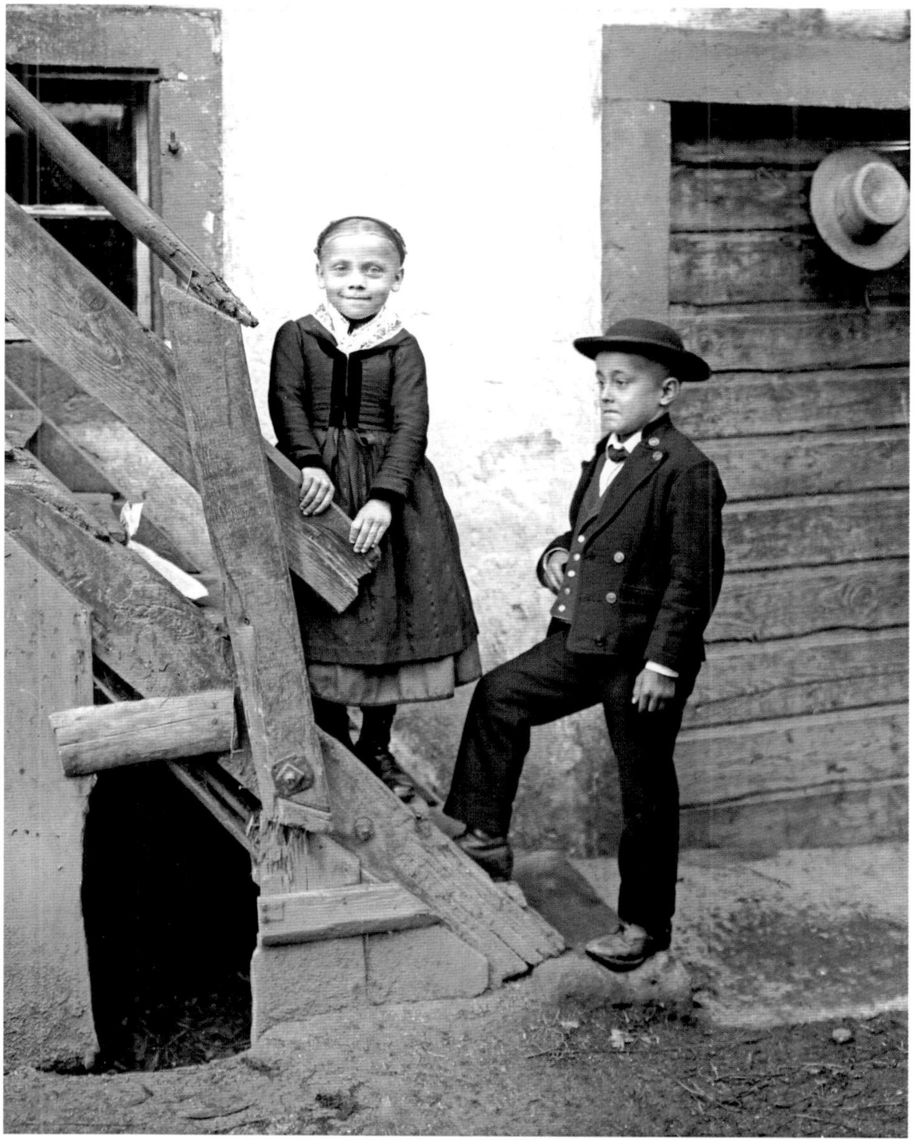

Abb. 116
Kinder im Schwarzwald, 1920er Jahre. Glasdia 8,5 x 10 cm.

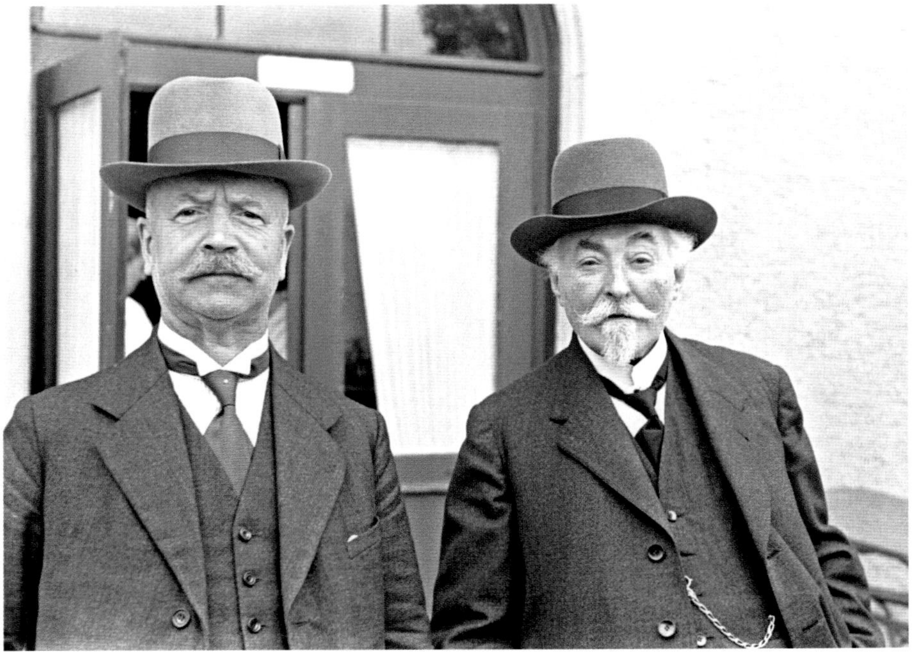

Abb. 117
Zuschauer bei einer Parade, 1936.
Kleinbildnegativ.

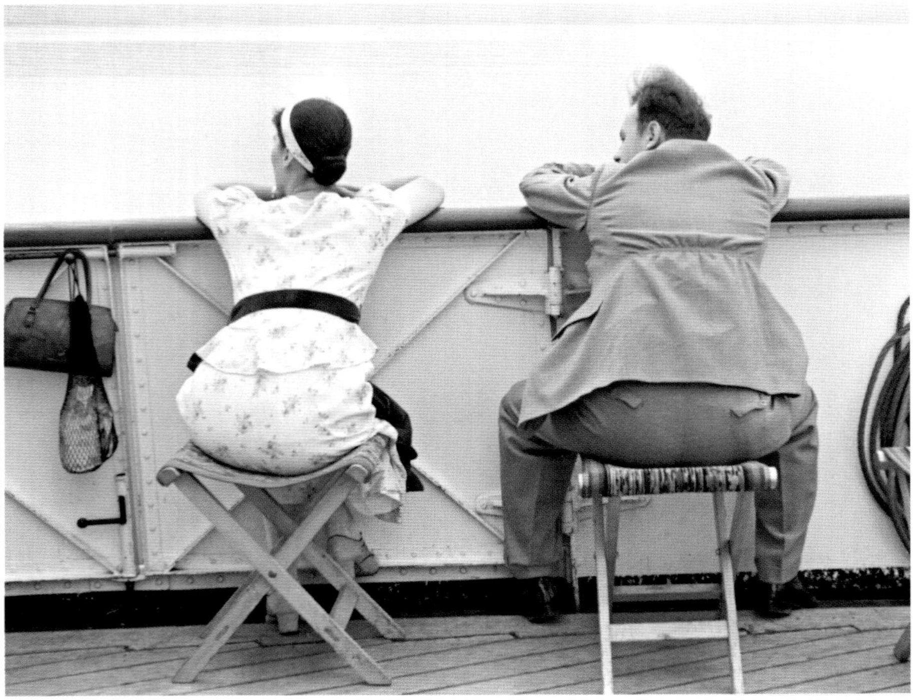

Abb. 118
Bodensee, Sommer 1937. Kleinbildnegativ.

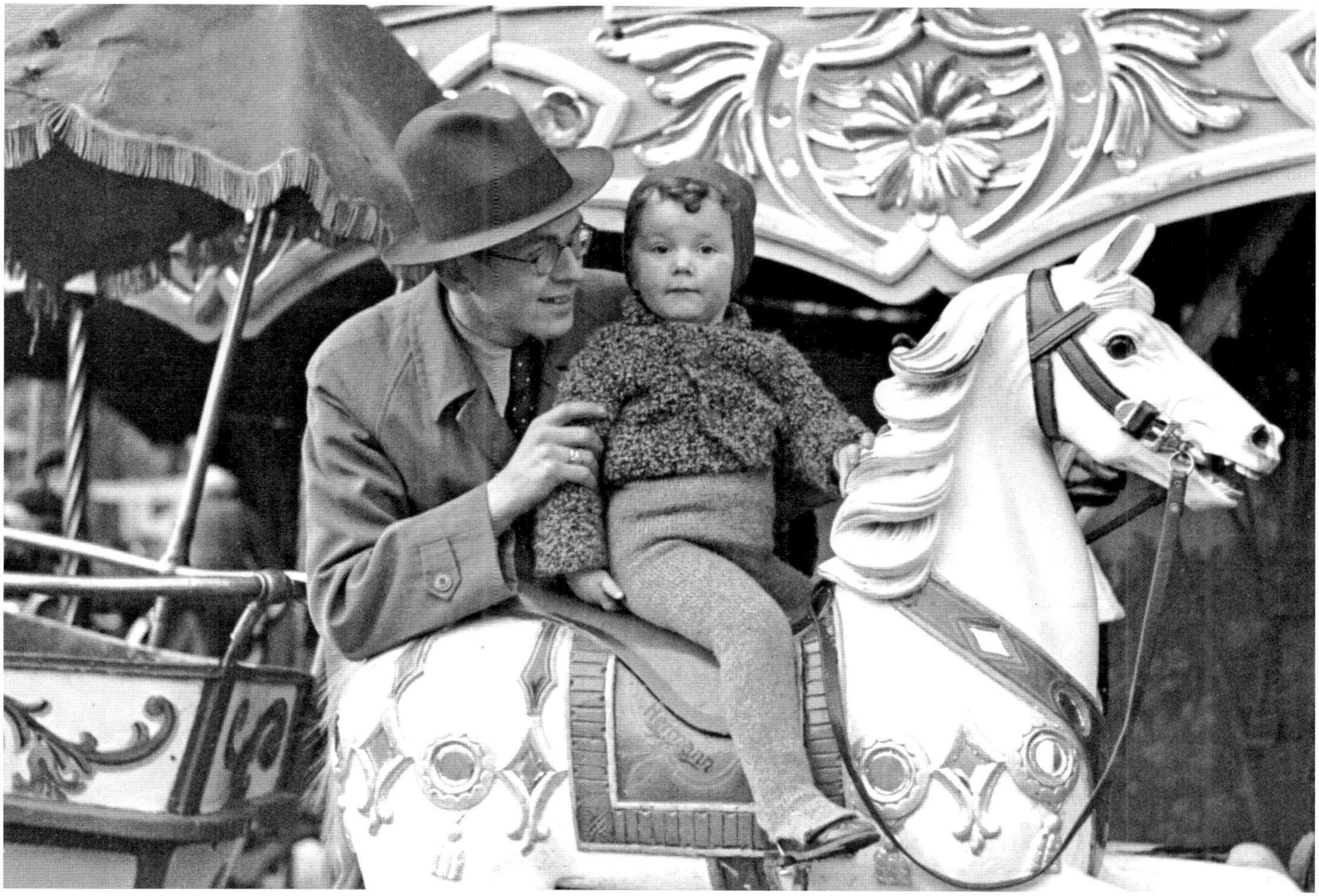

Abb. 119
Kinderkarussell, November 1936. Kleinbildnegativ.

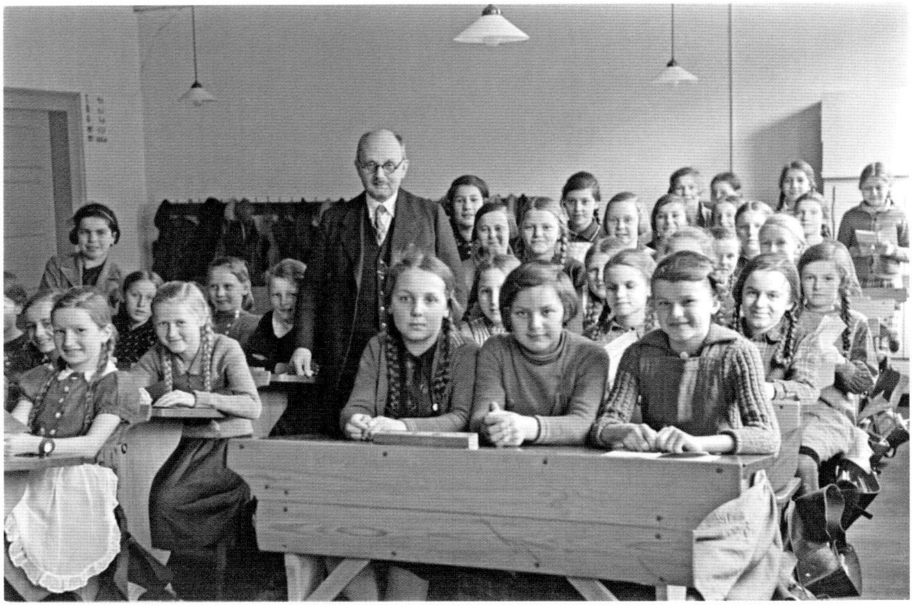

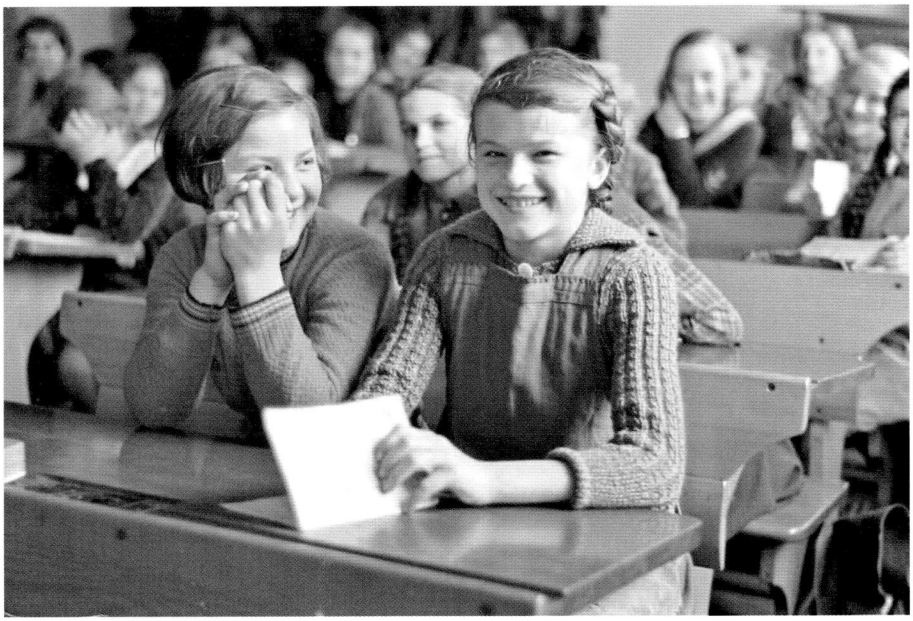

Abb. 120 und 121
„Spartag" in Tübinger Schule, 19. März 1937. Kleinbildnegative. Die serielle Aufnahme zählt zur journalistischen Bildpraxis. Entsprechend existieren von Walter Kleinfeldt zehn oder zwanzig Negative und mitunter ein ganzer Film von einem Fototermin – so auch vom „Spartag" (vgl. dazu auch Abb. 188).

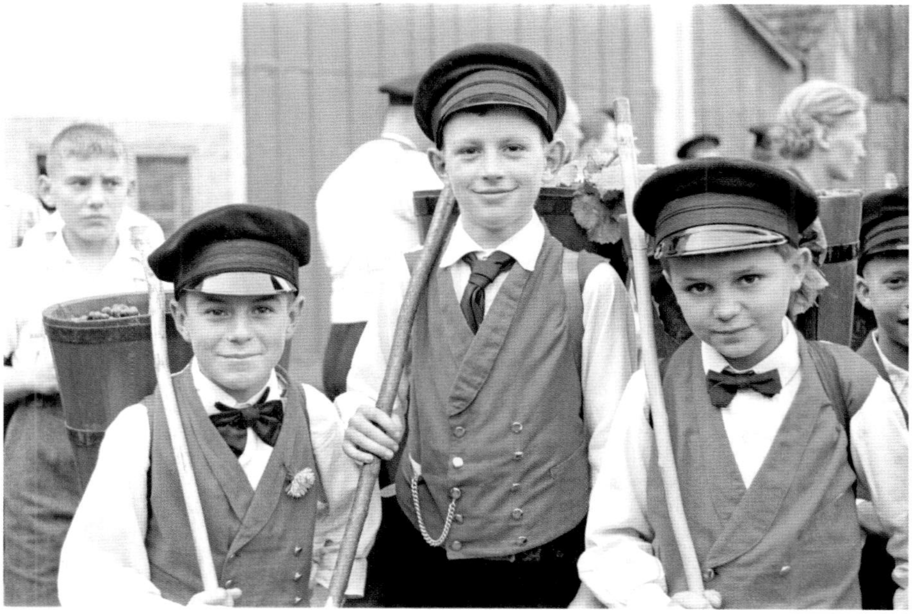

Abb. 122
„Fest des Weines“ in Tübingen, 20. September 1936. Kleinbildnegativ.

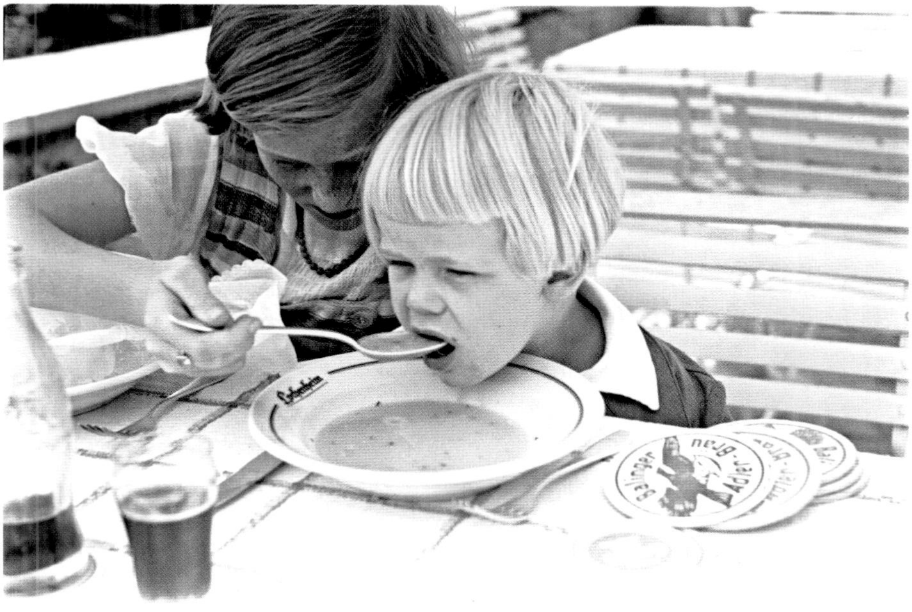

Abb. 123
Erst die Suppe, dann die Cola. Die Geschwister Volkmar und Irene Kleinfeldt, Lochenheim auf der Schwäbischen Alb, Juli 1937. Kleinbildnegativ. In Deutschland war Coca-Cola bereits seit 1929 erhältlich. Den Durchbruch als Massengetränk erlangte die amerikanische Marke während der Olympischen Spiele 1936 in Berlin. Eine Abfüllanlage bestand in Frankfurt am Main. 1942 musste die Coca-Cola-Produktion wegen Rohstoffknappheit gestoppt werden. Als Alternative kreierte die Coca-Cola GmbH „Fanta“ – eine Limonade auf Molkebasis.

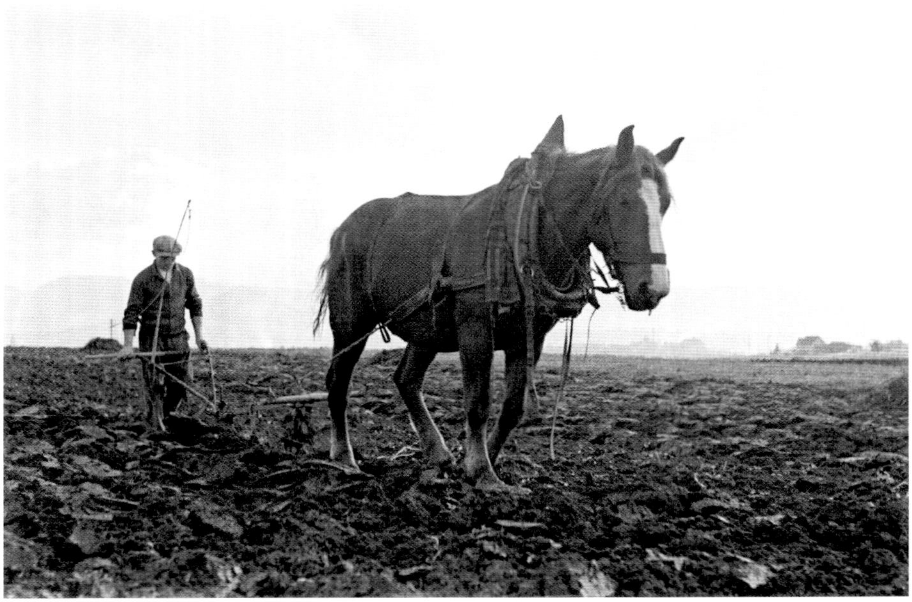

Abb. 124
Bauer beim Pflügen vor der Reutlinger Alb, Oktober 1936. Kleinbildnegativ.

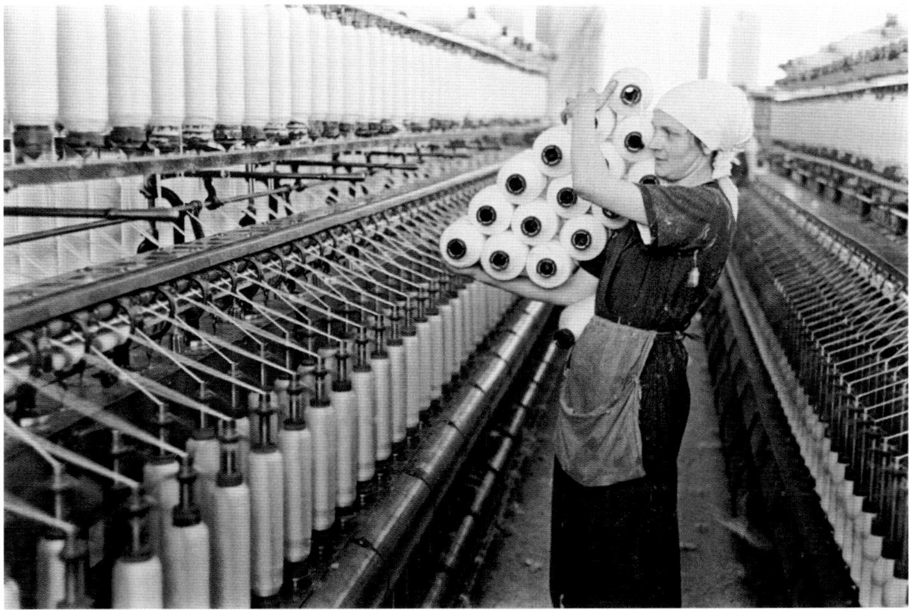

Abb. 125
Arbeiterinnen in der Frottierweberei Lustnau, 2. April 1937. Kleinbildnegativ.

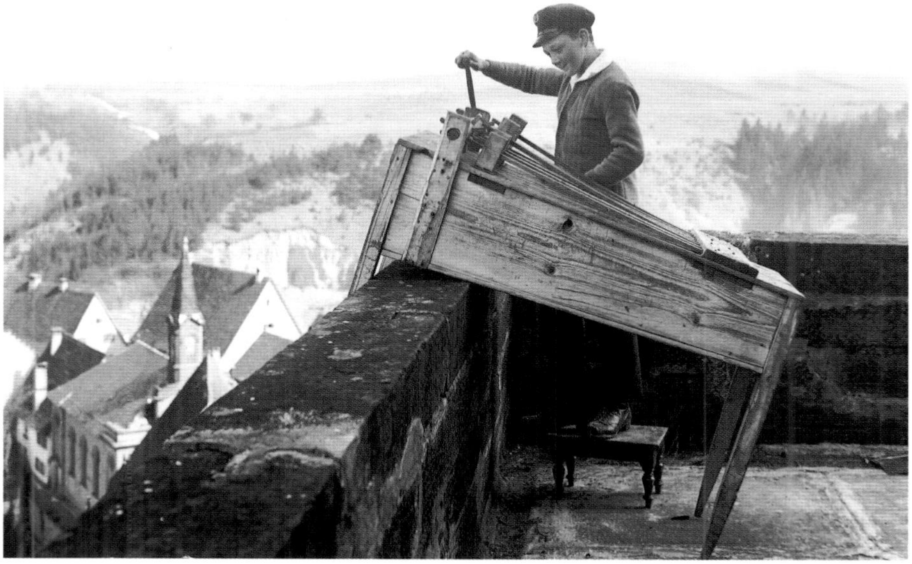

Abb. 126
Karfreitagsrätsche in Haigerloch, um 1930. Glasdia 8,5 x 10 cm. In der katholischen Kirche ist der Karfreitag ein strenger Fastentag. Nach dem letzten Abendmahl am Gründonnerstag schweigen außerdem die Glocken. An ihre Stelle treten in vielen Landstrichen Rätschen oder Klappern, mit denen Ministranten die Gemeindemitglieder zu den Gottesdiensten rufen.

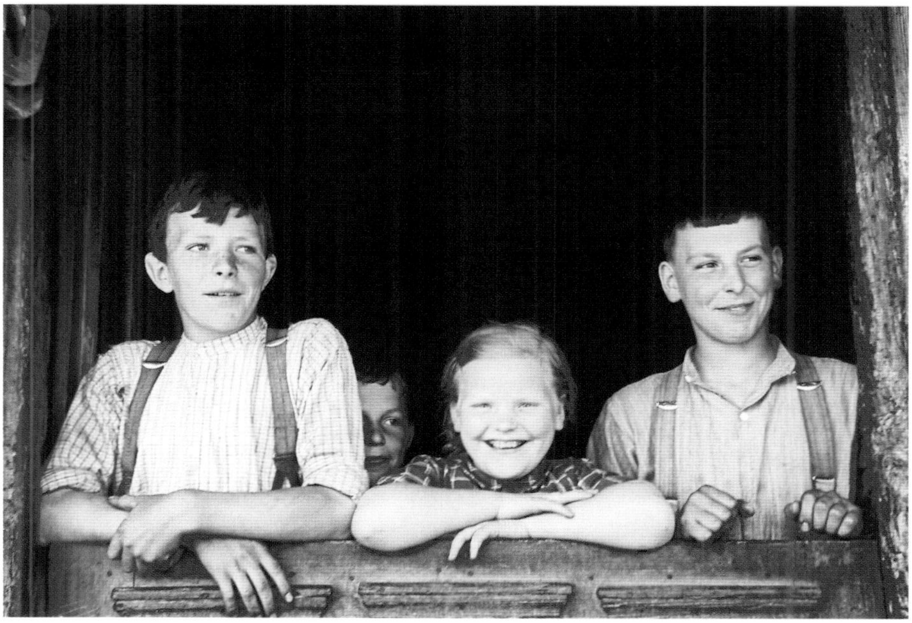

Abb. 127
Junge Zuschauer der Fronleichnamsprozession im Gutachtal/Schwarzwald, 27. Mai 1937. Kleinbildnegativ.

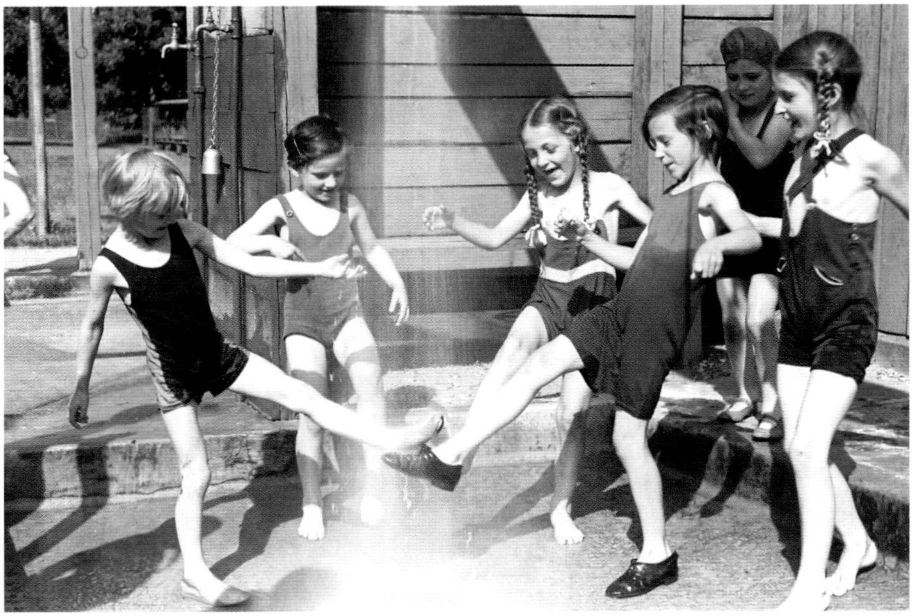

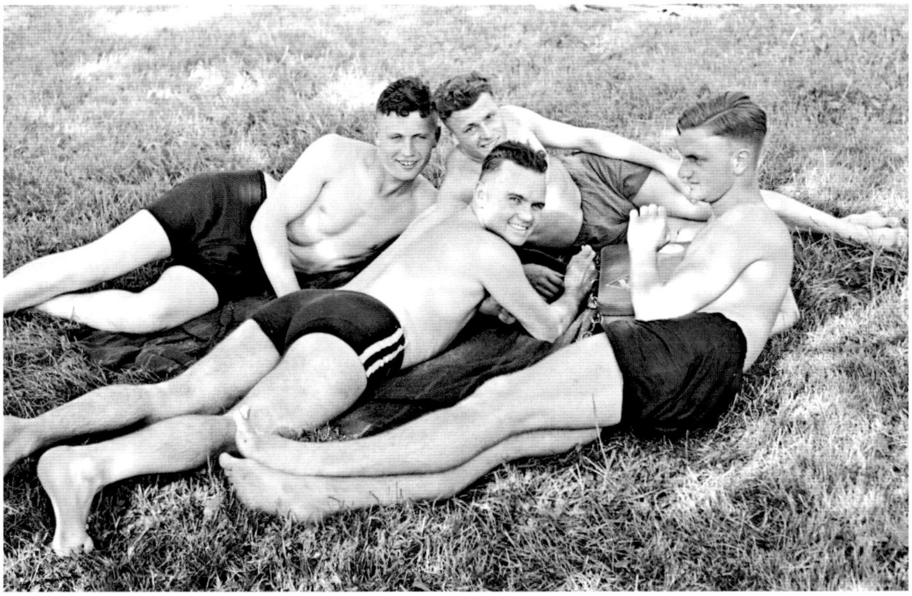

Abb. 128 und 129
Neckar-Freibad in Tübingen, 26.–27. Mai 1937. Kleinbildnegative. Das Neckarbad lag bis 1951 am Fluss auf Höhe des heutigen Freibades.

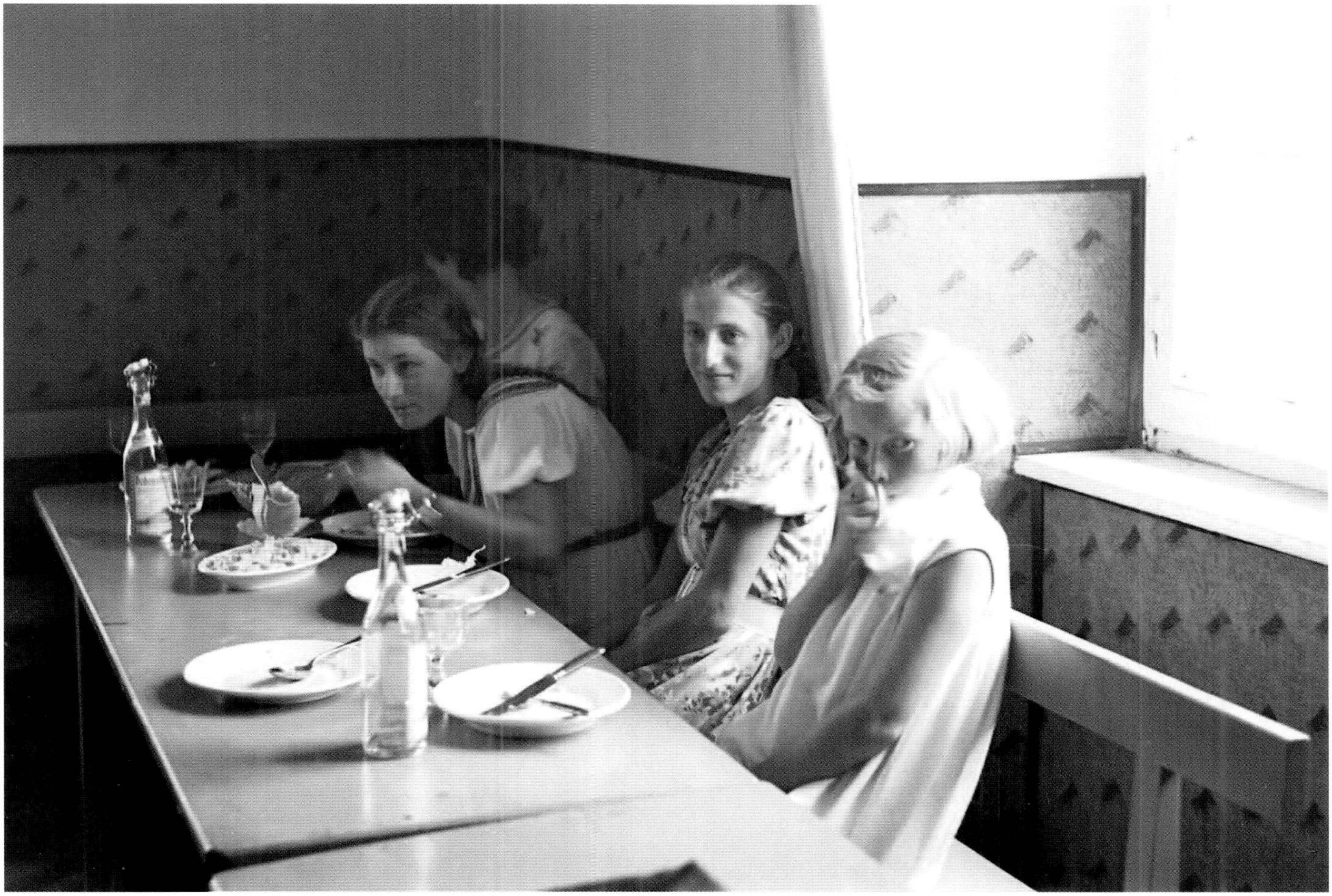

Abb. 130
Kinder von Teilnehmern einer Fotofahrt ins Lautertal, 19. Juli 1936. Kleinbildnegativ.

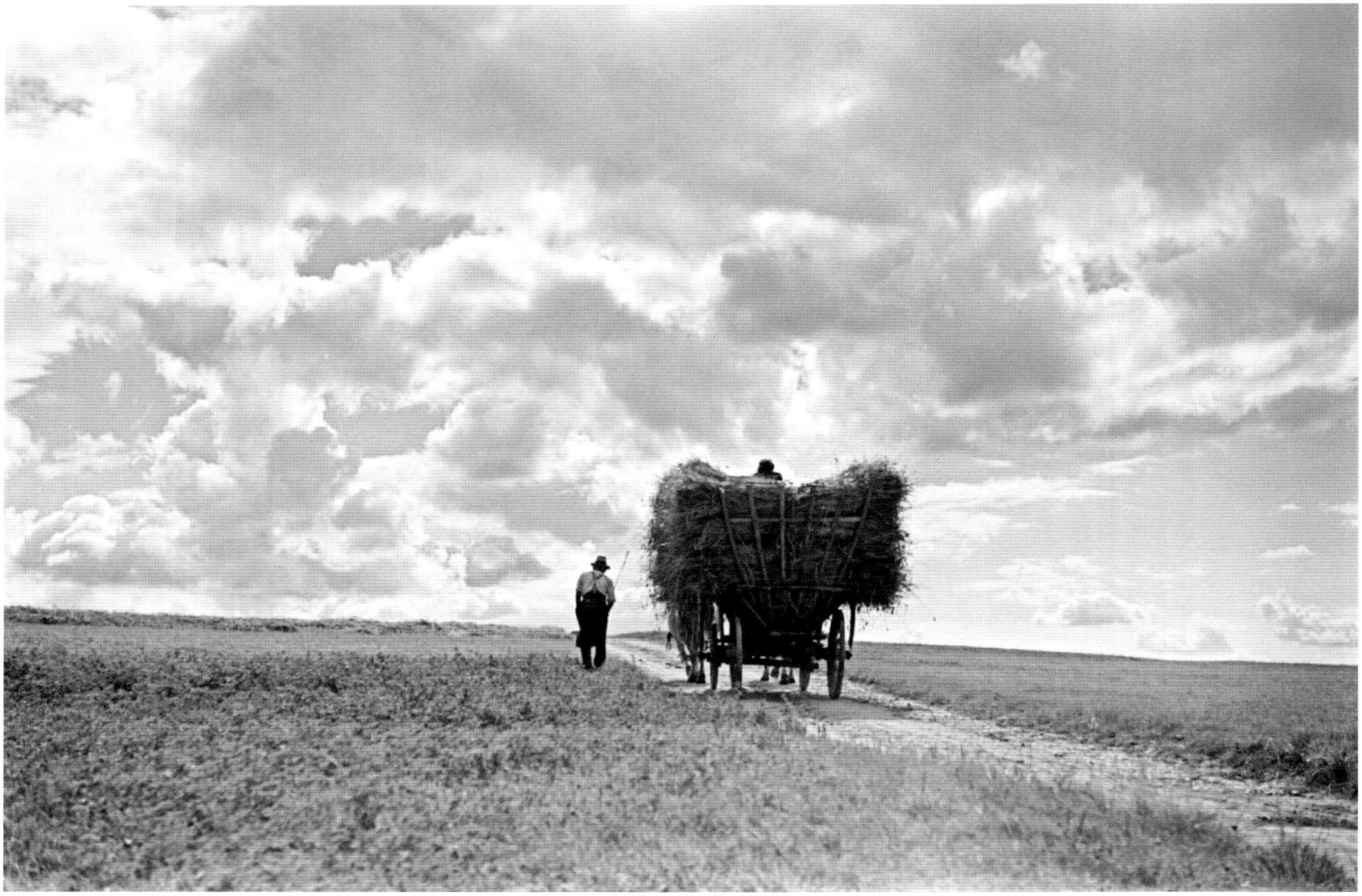

Abb. 131
Einbringen der Ernte bei Grabenstetten, August 1937. Kleinbildnegativ.

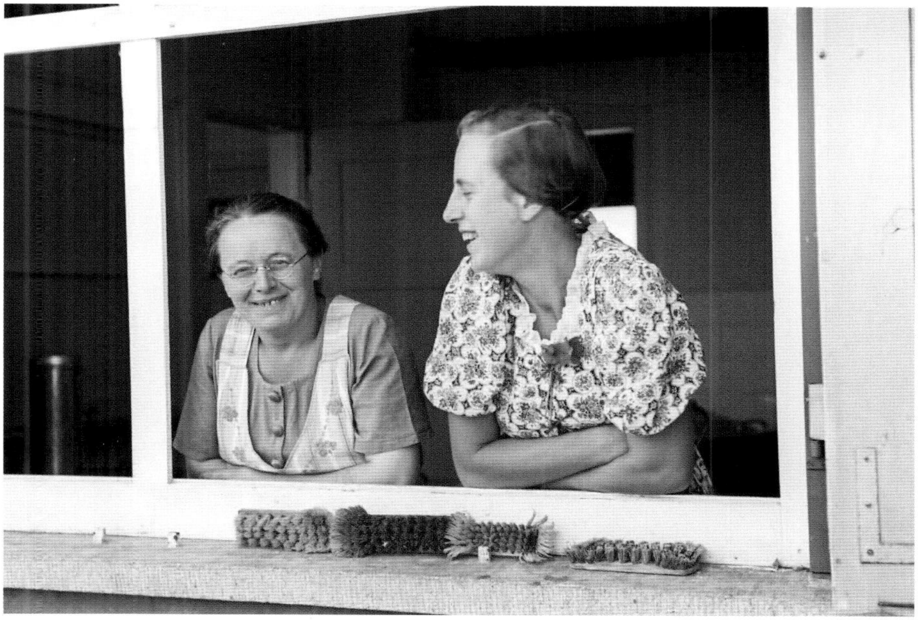

Abb. 132
Personal des Ferienlagers auf dem Schnarrenberg, August 1937. Kleinbild-negativ.

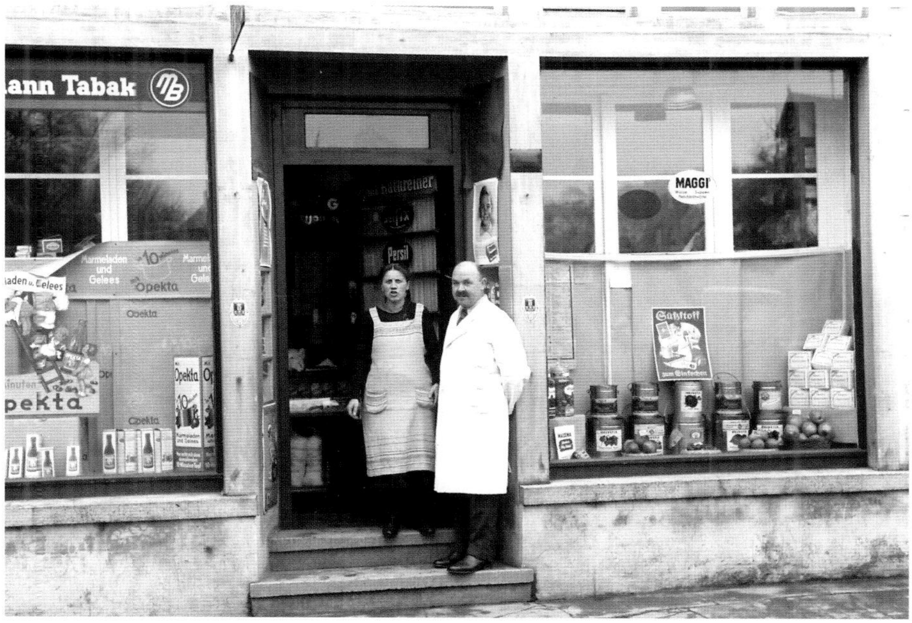

Abb. 133
Kolonialwarenladen der Familie Walzer in der Tübinger Keplerstraße. Oktober 1939. Kleinbildnegativ.

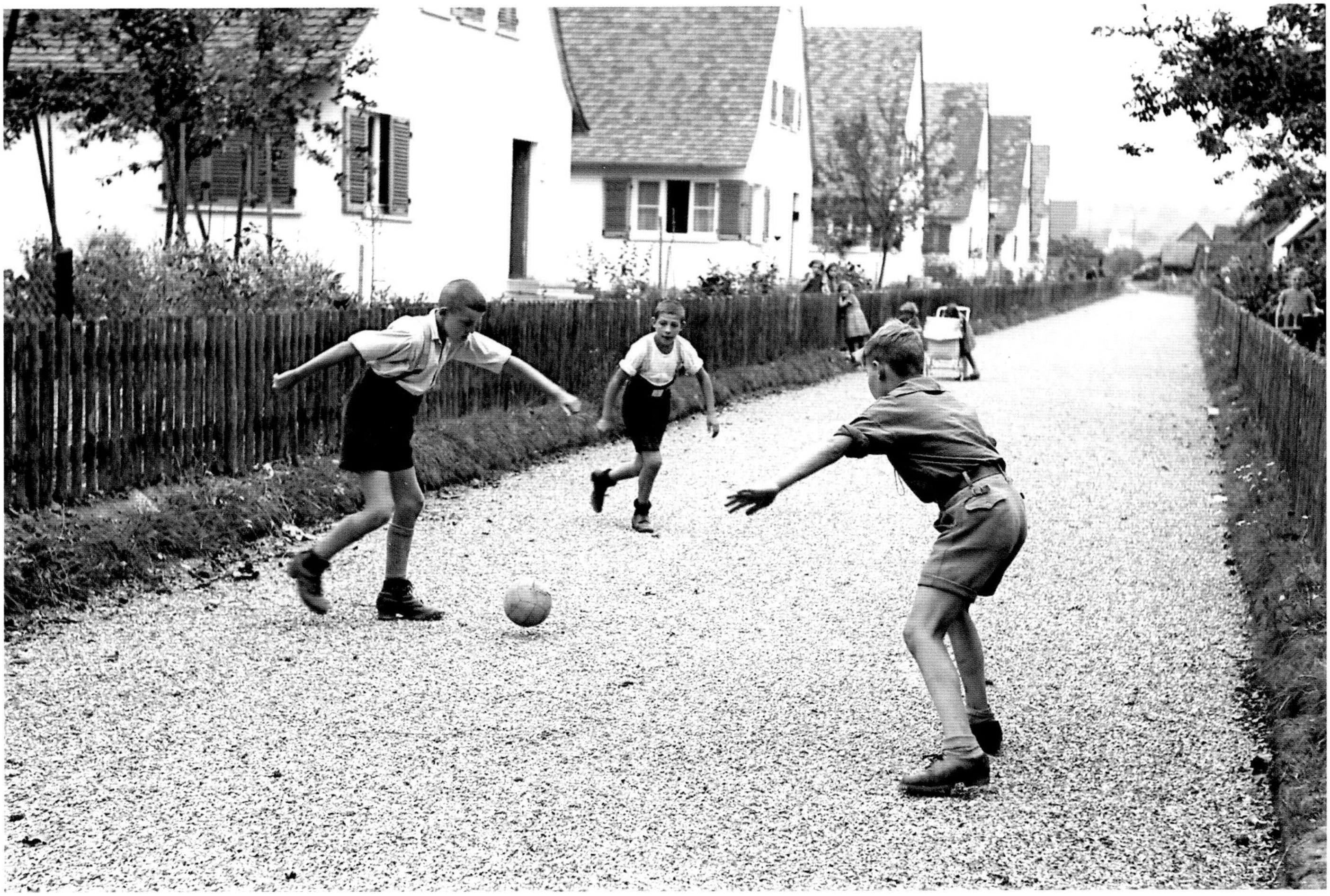

Abb. 134
Kinder beim Fußballspiel in der Rottenburger Fouquetsiedlung, Landseestraße. Sommer 1937. Kleinbildnegativ.

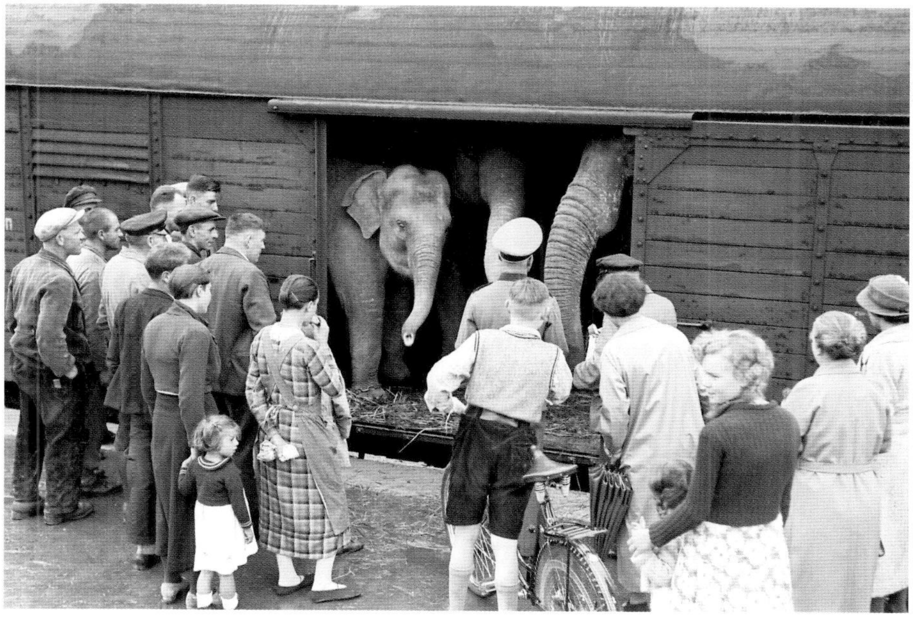

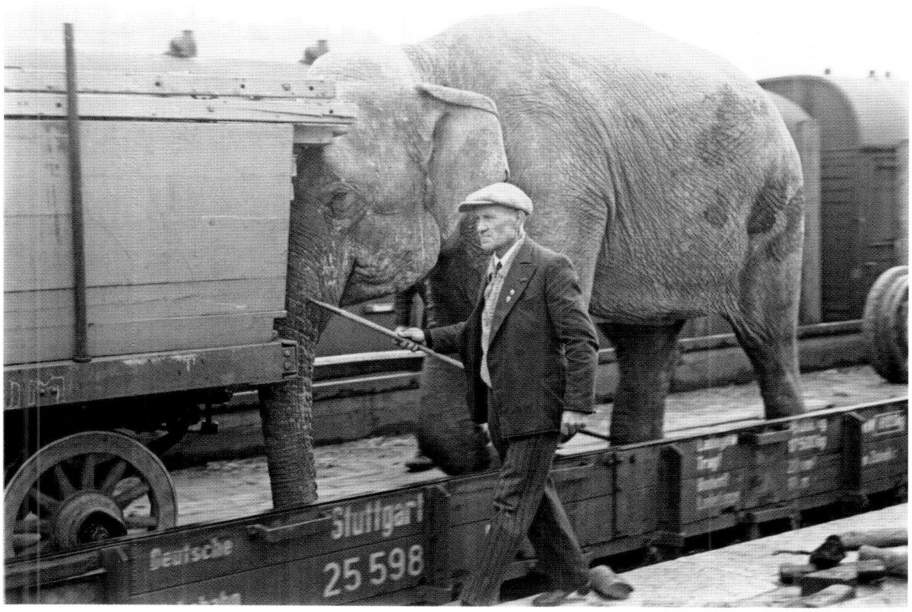

Abb. 135 und 136
Circus Barum in Tübingen, Sommer 1937.
Kleinbildnegative.

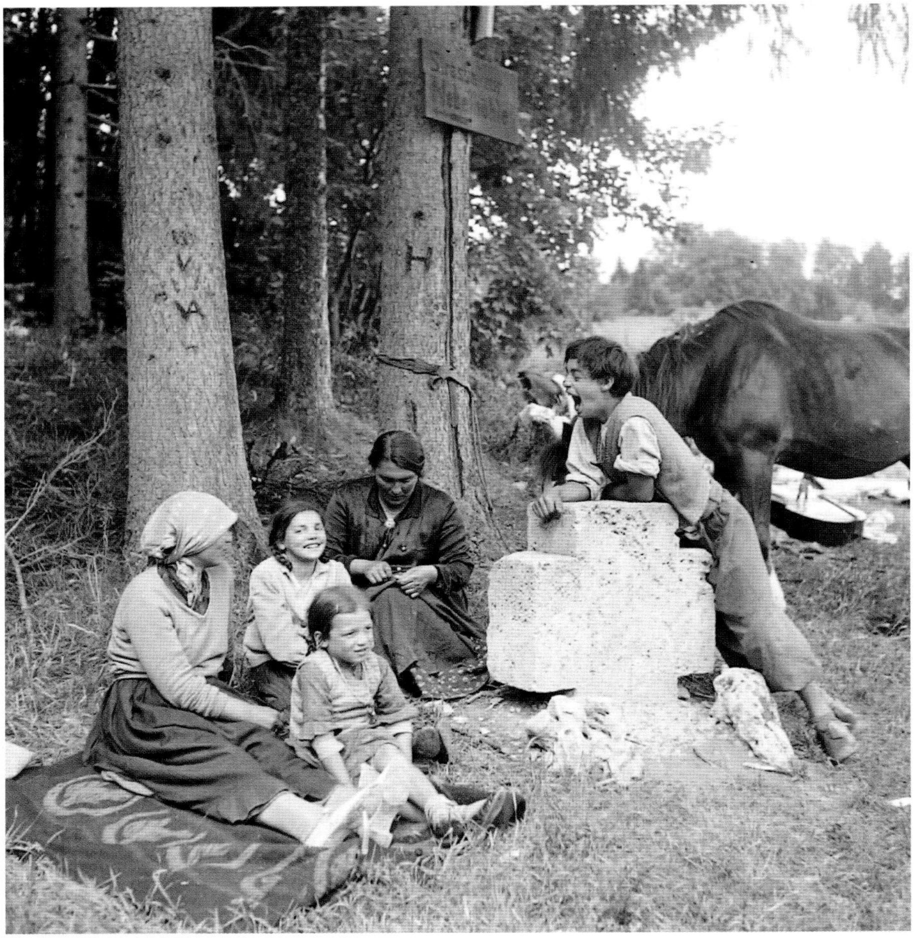

Abb. 137
„Fahrendes Volk“ auf der Schwäbischen Alb bei der Nebelhöhle, Juni 1936. Silbergelatineabzug. Walter Kleinfeldt fotografierte von der Sinti-Gruppe eine kleine Bilderserie. Die Idylle ist trügerisch: Juden und Zigeuner waren zur Zeit der Aufnahme durch die im November 1935 verabschiedeten Nürnberger Rassegesetze bereits wichtiger Bürgerrechte beraubt. Zugleich arbeitete der Arzt und „Rassenhygieniker“ Robert Ritter an der Universität Tübingen mit zwangsweise vorgeführten Zigeunern an seinen „erbbiologischen Untersuchungen“. Am Ende stand der Völkermord an Sinti und Roma im Vernichtungslager Auschwitz-Birkenau.

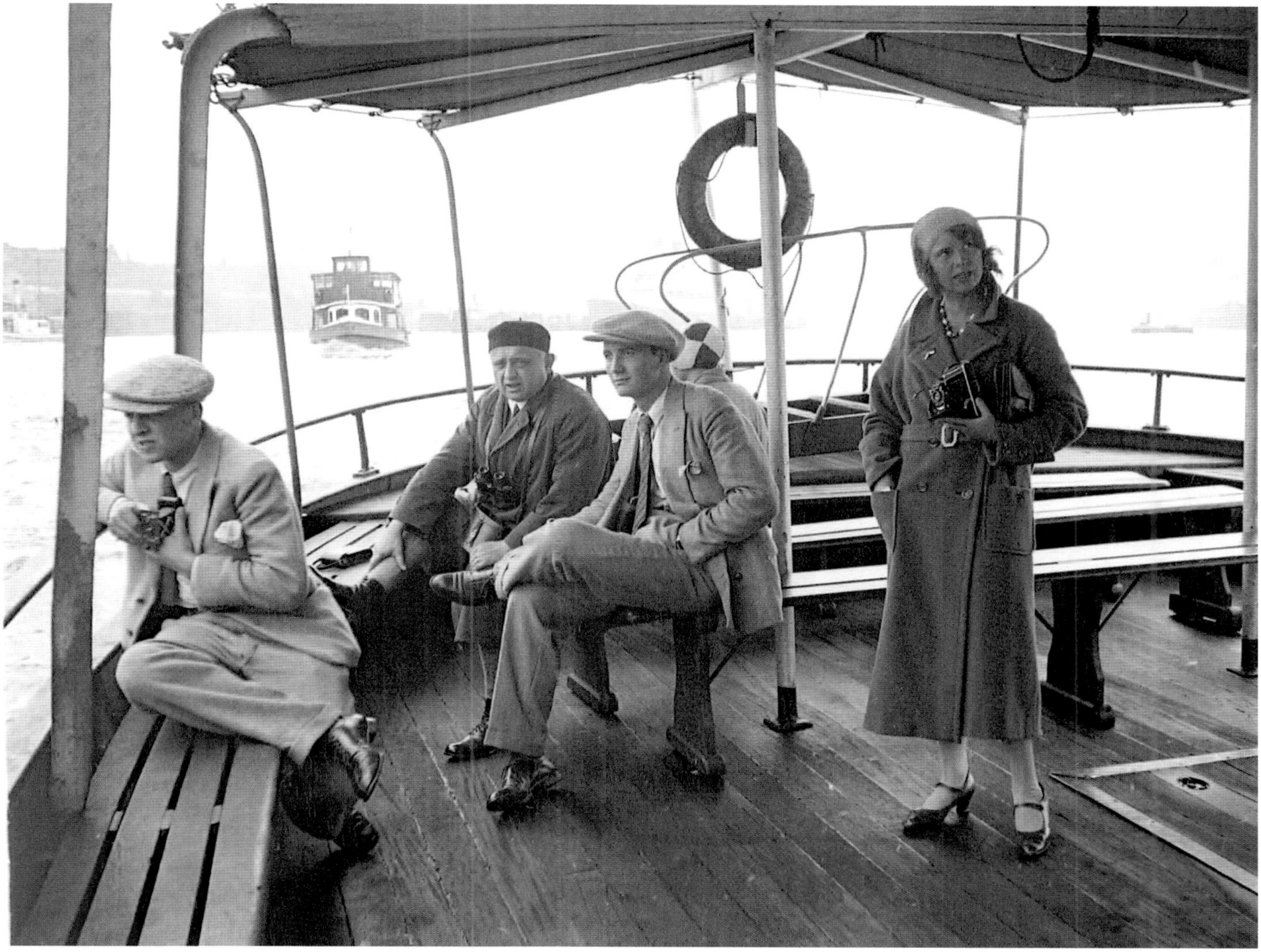

Abb. 138
Luise Kleinfeldt: Touristen bei einer Hafenrundfahrt, Hamburg 1931. Rollfilmnegativ 3 x 4 cm.

Farbe

Die kleine Welt in Farbe

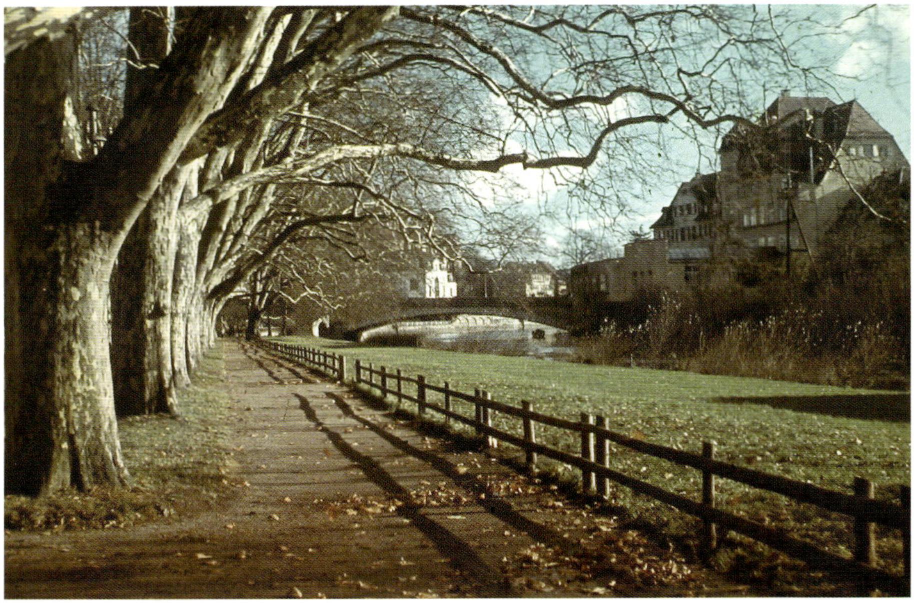

Farbfotografie in Großserie existierte mit Lumières Autochrome-Verfahren seit 1907. 1935 brachte Kodak den Kleinbilddiafilm Kodachrome auf den Markt. Die Firma Agfa, Teil des I.G.-Farben-Konzerns, folgte 1936. Agfacolor sollte ein Devisen bringender Exportartikel sein und war insofern ebenfalls Teil der Propaganda.

Als erfolgreicher Fotohändler und Fotograf erhält Walter Kleinfeldt von vielen wichtigen Neuheiten der Fotoindustrie Musterproben. Schon im Sommer 1936 – der Farbumkehrfilm ist noch nicht offiziell erhältlich – entstehen die ersten Kleinbilddias und auch farbige 16 mm-Filmstreifen. Die Bilder und Filme zeigen in erster Linie die Familie, den Urlaub, die Stadt Tübingen und die Landschaft der Schwäbischen Alb. Gleichzeitig experimentiert er aber auch mit Ansichten in Color für den Postkartenverlag. Rund 1.000 Farbdias von 1936 bis 1944 haben die Zeit überdauert – hinreißende visuelle Zeugnisse eines Pioniers der frühen Kleinbildfarbfotografie.

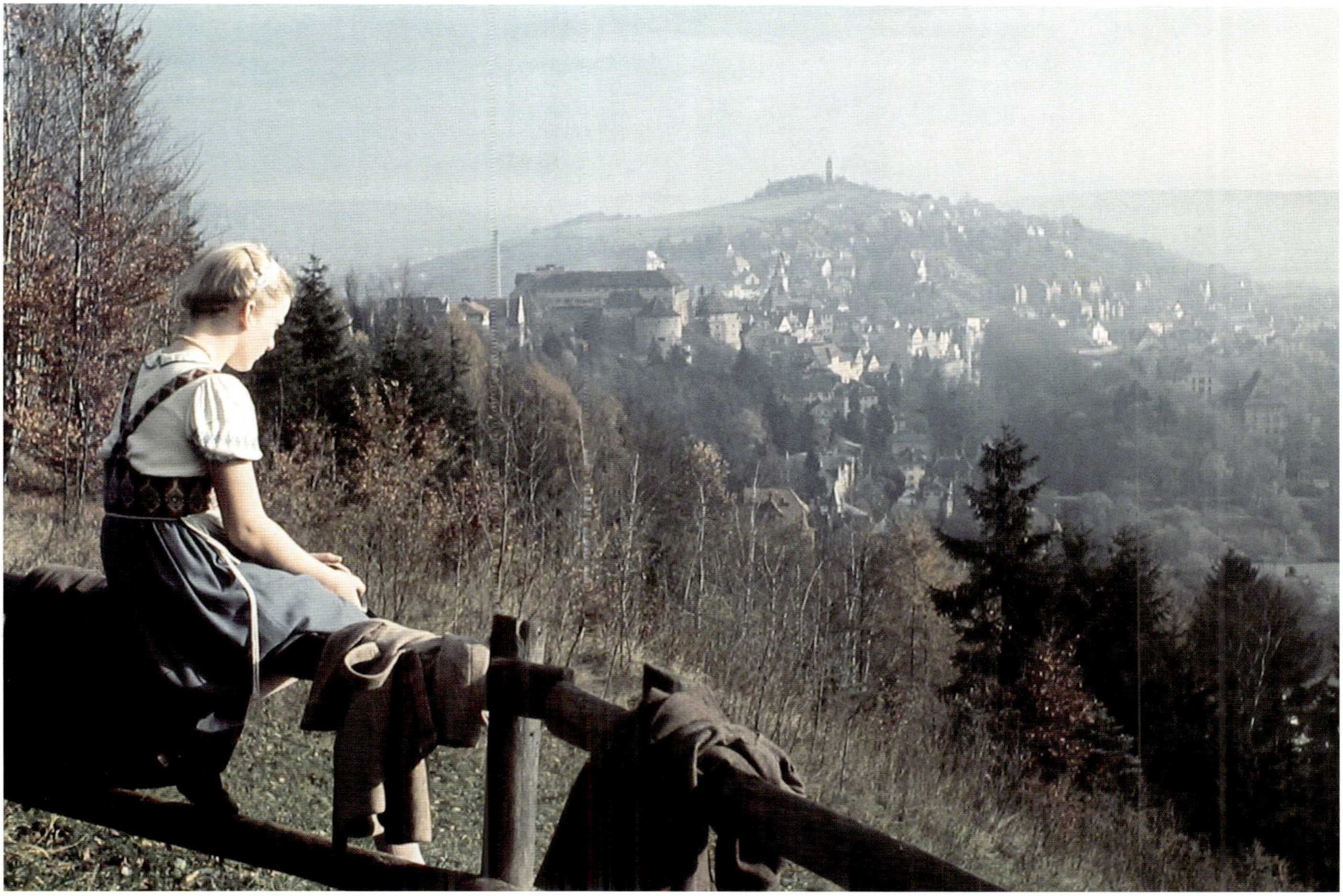

Abb. 140
Irene Kleinfeldt (1925–2008) auf der Lichtenberger Höhe, Tübingen von Westen, März 1940. Farbdiapositiv 24 x 36 mm.

Abb. 139
Linke Seite: Tübingen, Platanenallee, Blick vom Indianersteg zur Eberhardsbrücke, 1938. Farbdiapositiv 24 x 36 mm.

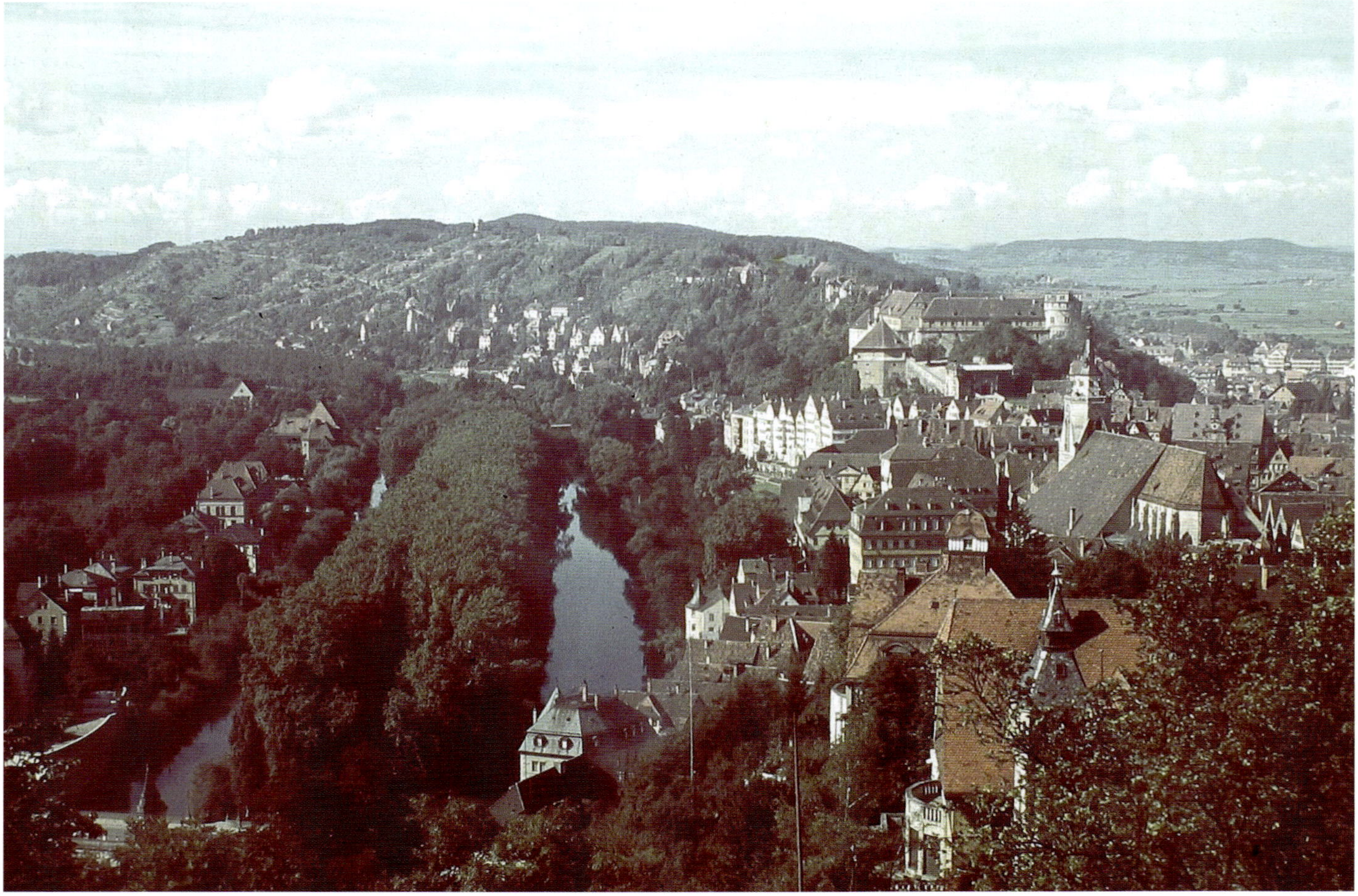

Abb. 141
Blick auf Tübingen von Osten vom Rhenanenhaus, Sommer 1938. Farbdiapositiv 24 x 36 mm.

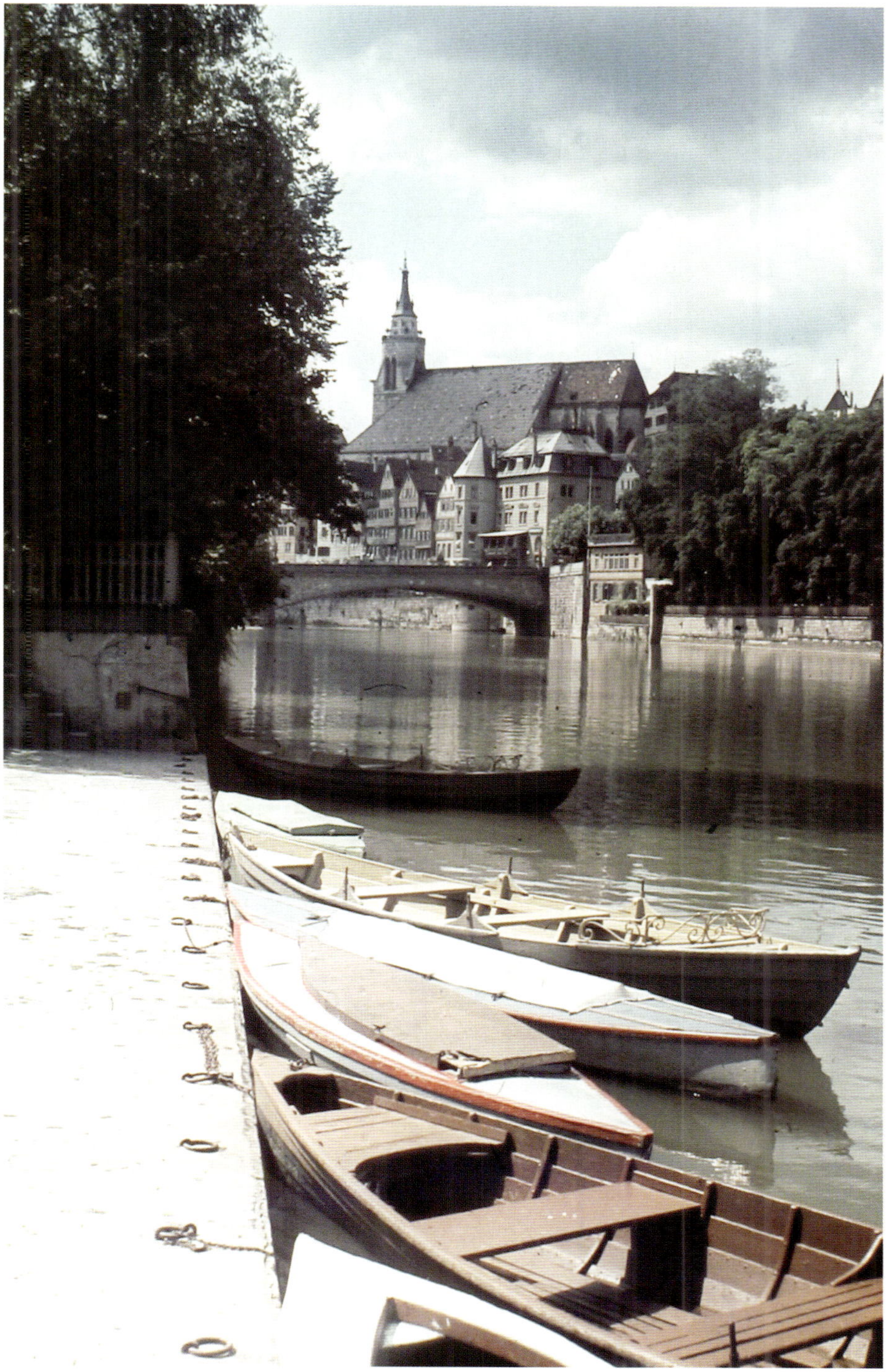

Abb. 142
Bootsanlegestelle am Offizierscasino (heute Gaststätte „Casino“), Sommer 1937. Farbdiapositiv 24 x 36 mm.

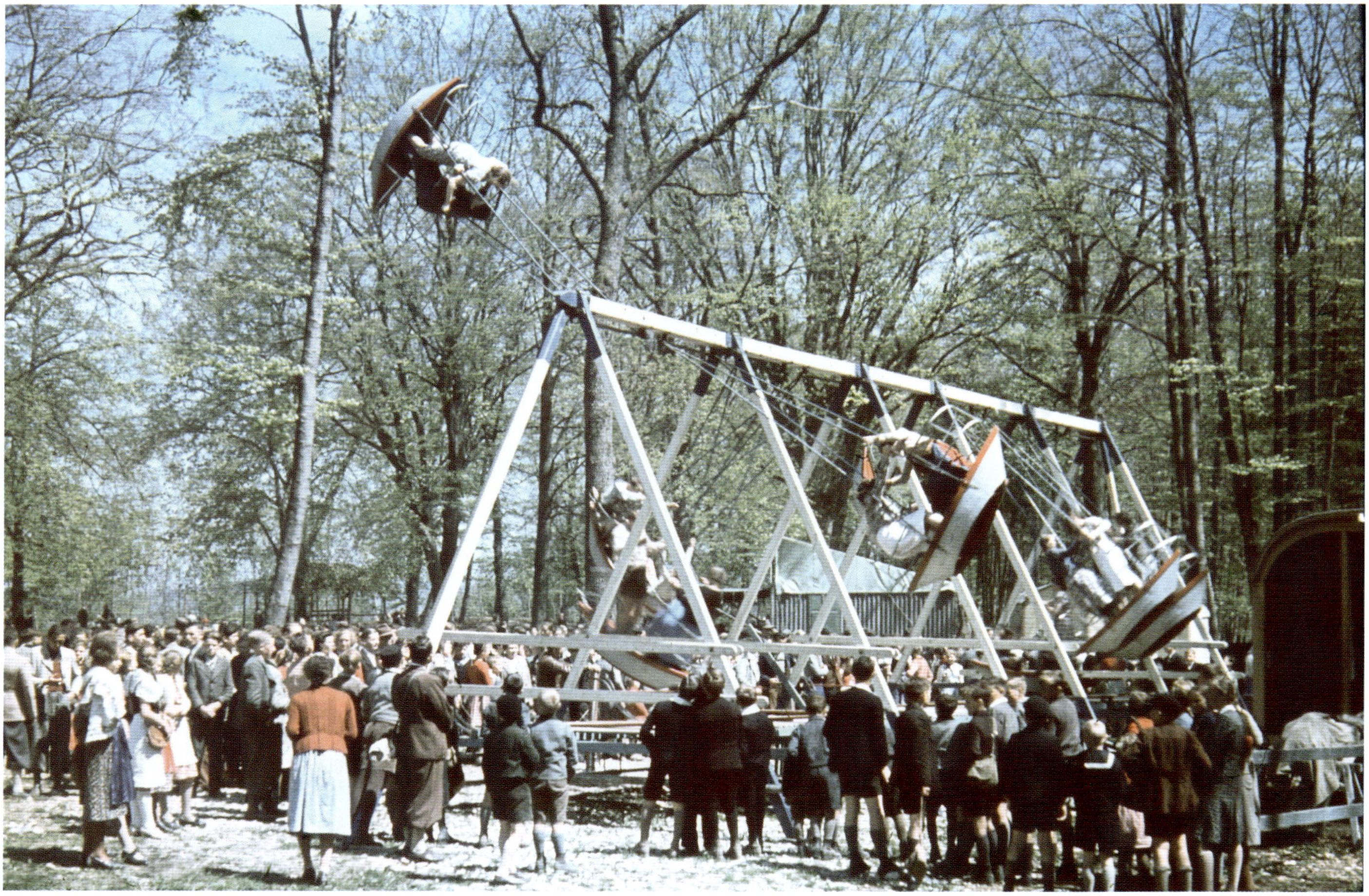

Abb. 143
Schiffschaukel auf dem Tübinger Sommerfest auf dem Festplatz, heute Busbahnhof, 1938. Farbdiapositiv 24 x 36 mm.

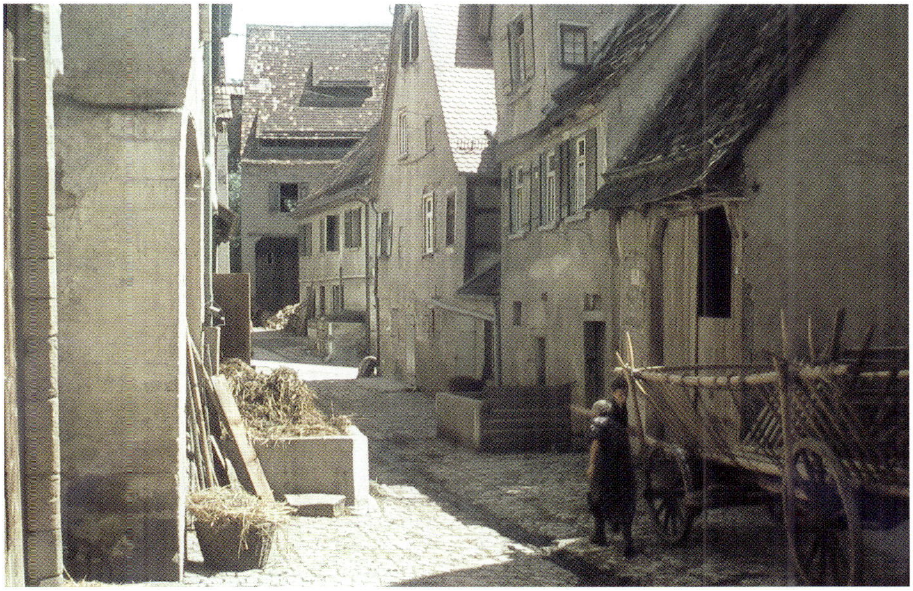

Abb. 144
Tübinger Unterstadt, Ende der 1930er Jahre, Farbdiapositiv 24 x 36 mm.

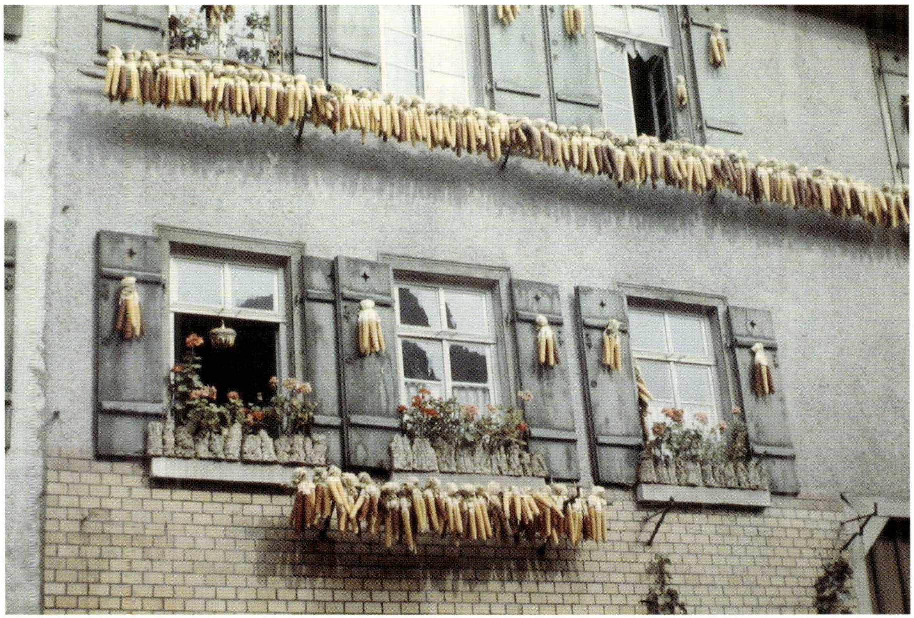

Abb. 145
Haus in der Tübinger Unterstadt, 1938. Farbdiapositiv 24 x 36 mm.

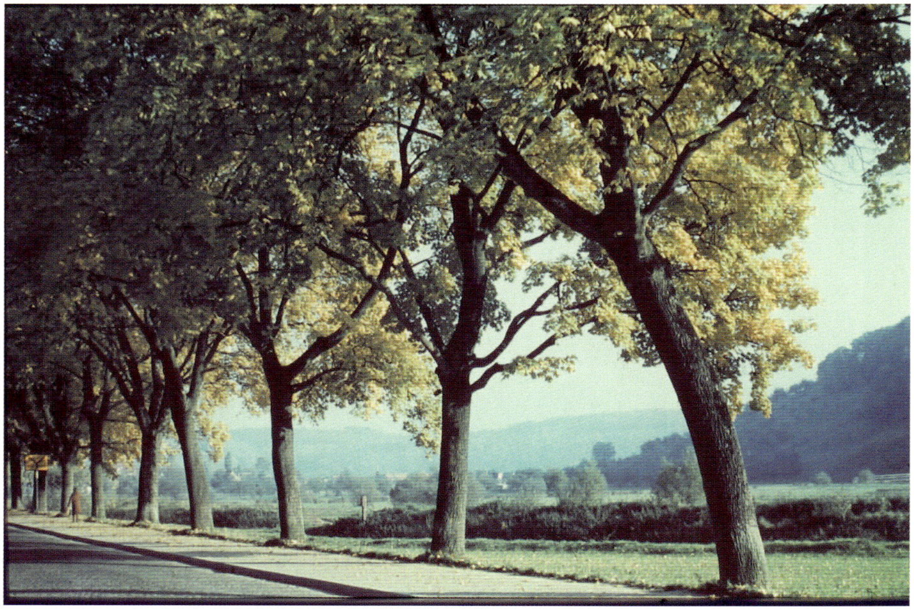

Abb. 146
Lustnauer Allee in der Wilhelmsvorstadt, heute Wilhelmstraße auf Höhe des Sportinstituts, um 1938. Farbdiapositiv 24 x 36 mm.

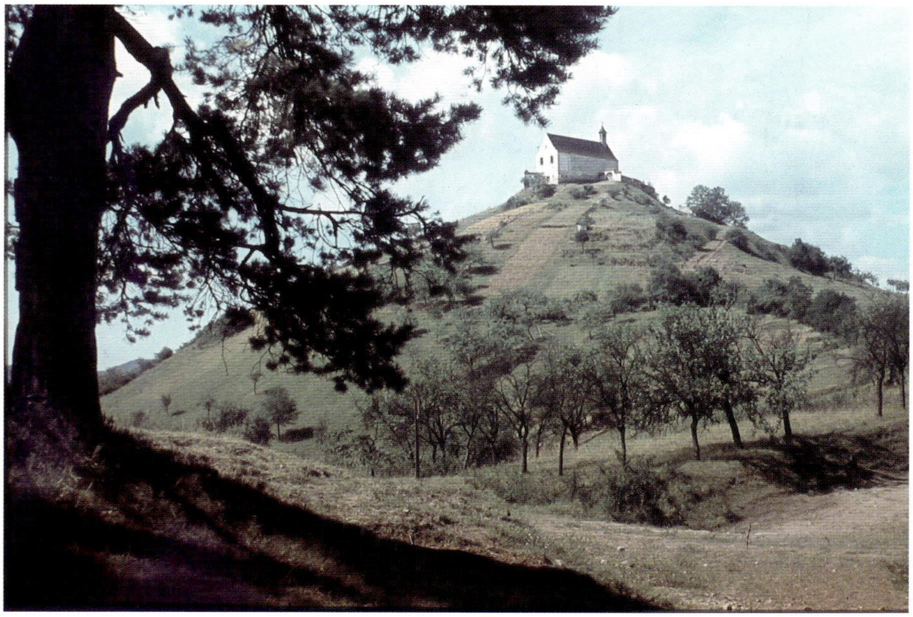

Abb. 147
Wurmlinger Kapelle, 1940. Farbdiapositiv 24 x 36 mm.

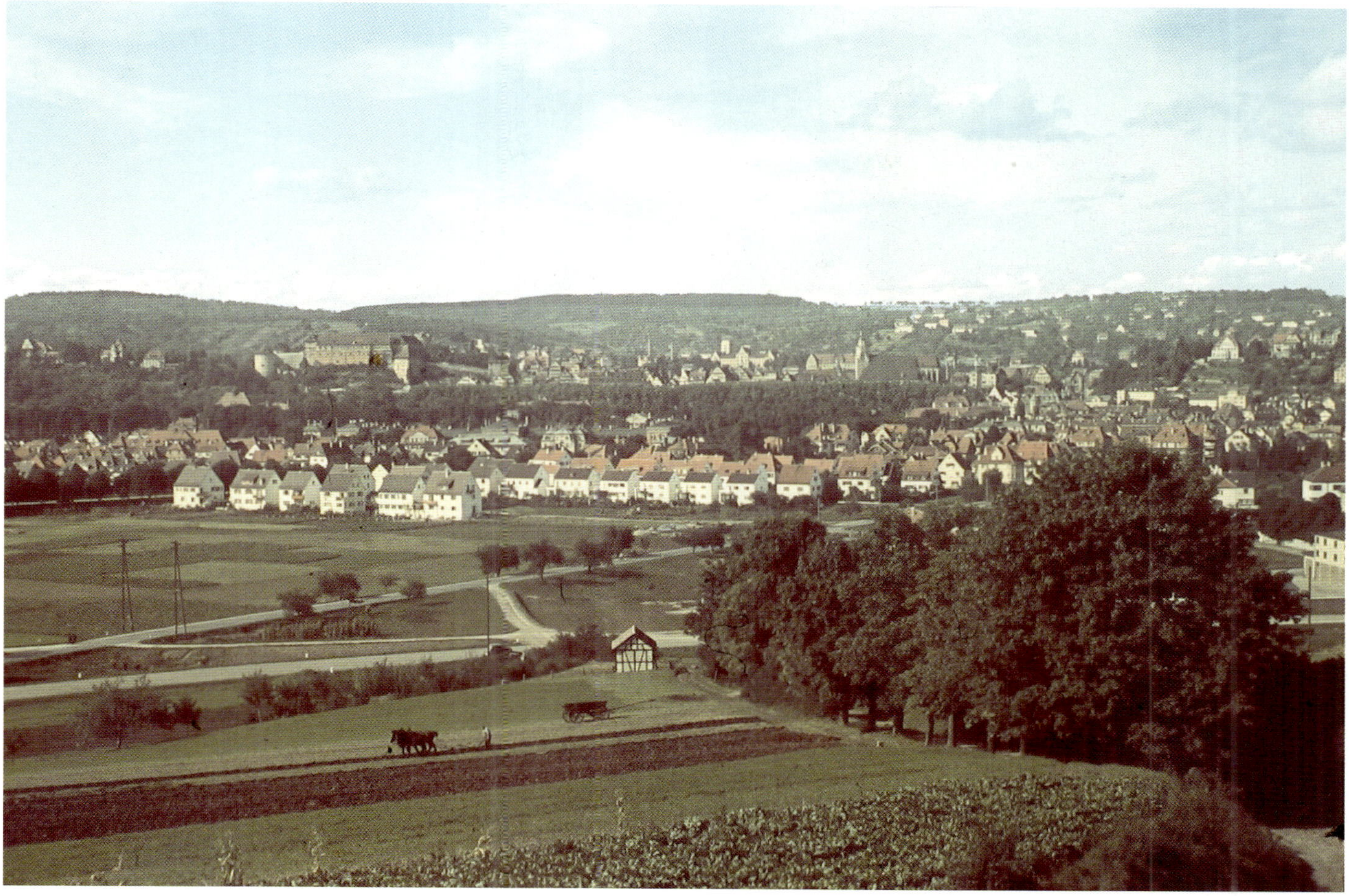

Abb. 148
Blick vom Galgenberg nach Norden mit Hechinger Straße und Stuttgarter Straße (heute B27), 1938. Farbdiapositiv 24 x 36 mm.

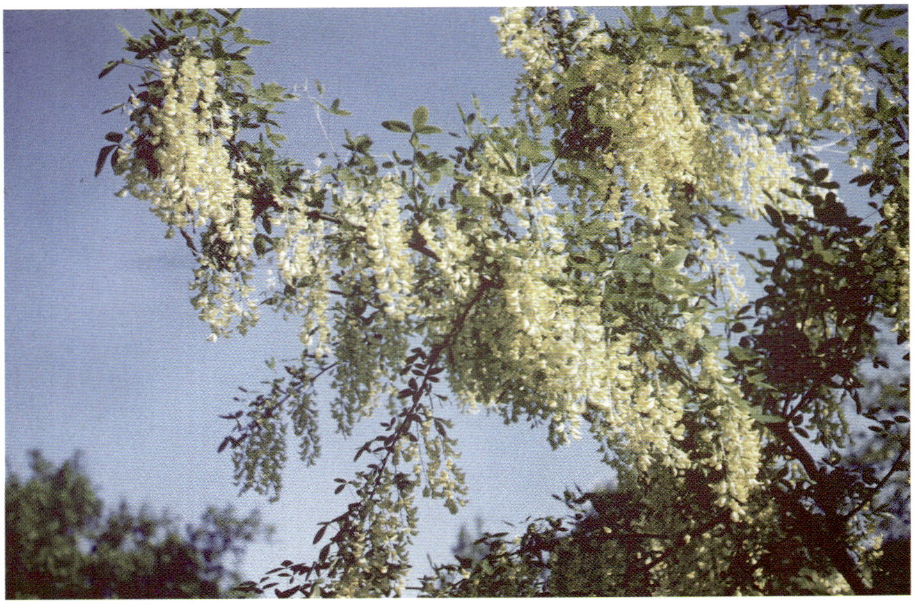

Abb. 149
Goldregen im Garten der Kleinfeldts (heute Stauffenbergstraße 32), Juni 1936. Farbdiapositiv 24 x 36 mm. Das nachweislich früheste von Walter Kleinfeldt angefertigte Farbdia. Der Inhaber einer renommierten Fotohandlung bekam von den Herstellern probeweise Filme und Fotoapparate. Offiziell war der Agfacolor Diafilm erst im Herbst-Winter 1936/37 erhältlich.

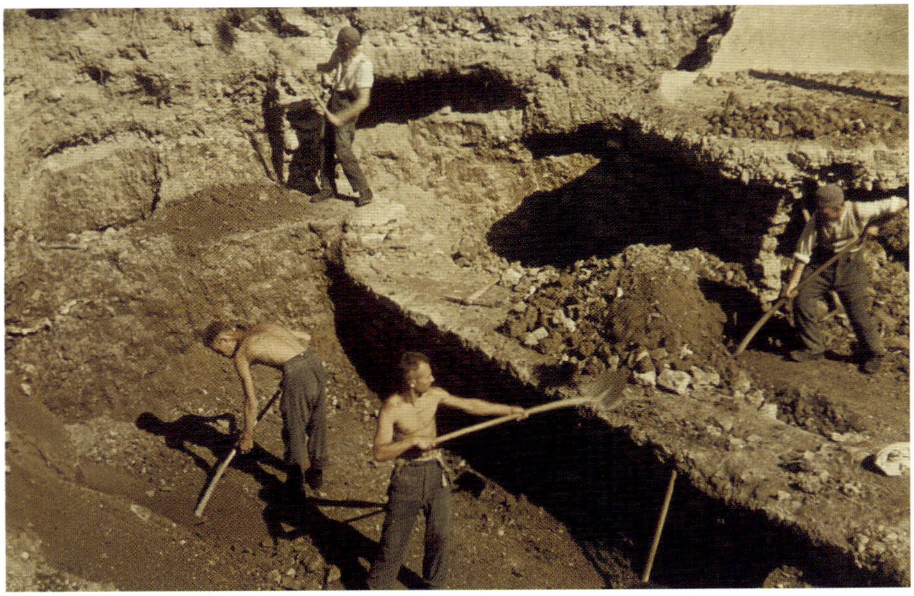

Abb. 150
Ausgrabung in Rottenburg, 1937. Farbdiapositiv 24 x 36 mm.

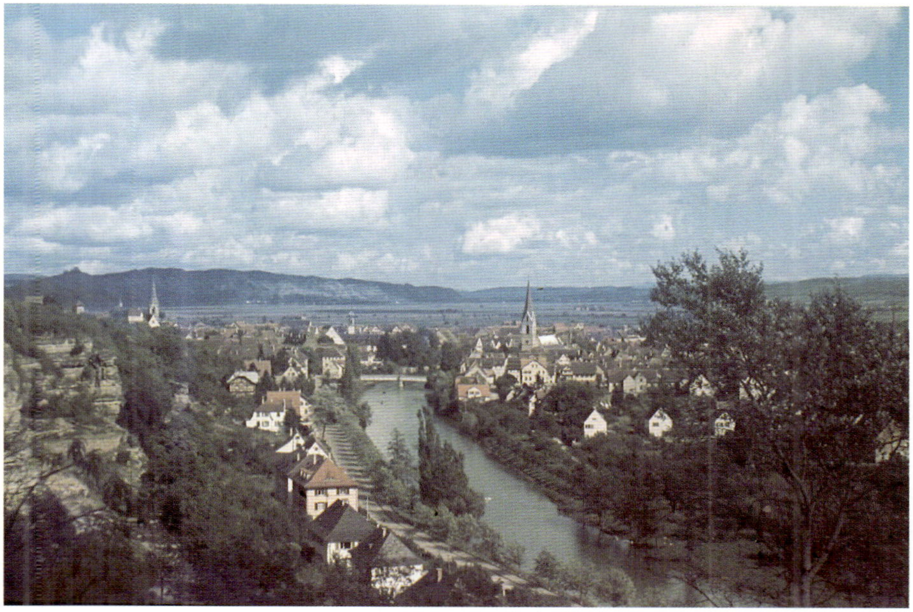

Abb. 151
Rottenburg am Neckar mit Neckarhalde. Blick von der Remmingsheimer Steige nach Osten auf Wurmlinger Kapelle und Spitzberg, 1938. Farbdiapositiv 24 x 36 mm.

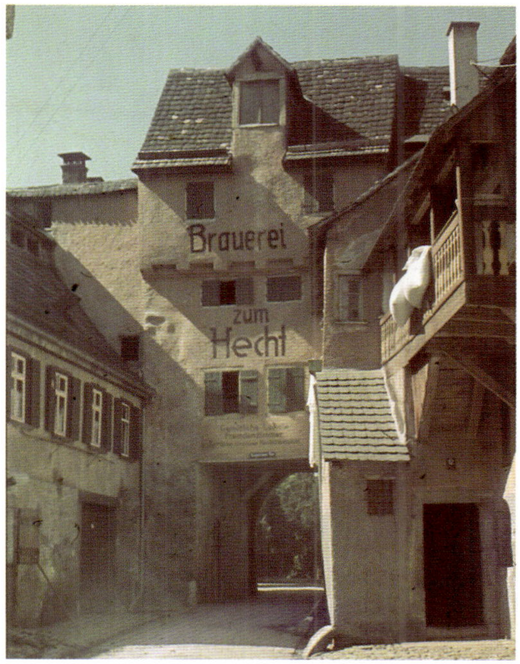

Abb. 152
Kapuzinertor in Rottenburg, 1938. Farbdiapositiv 24 x 36 mm.

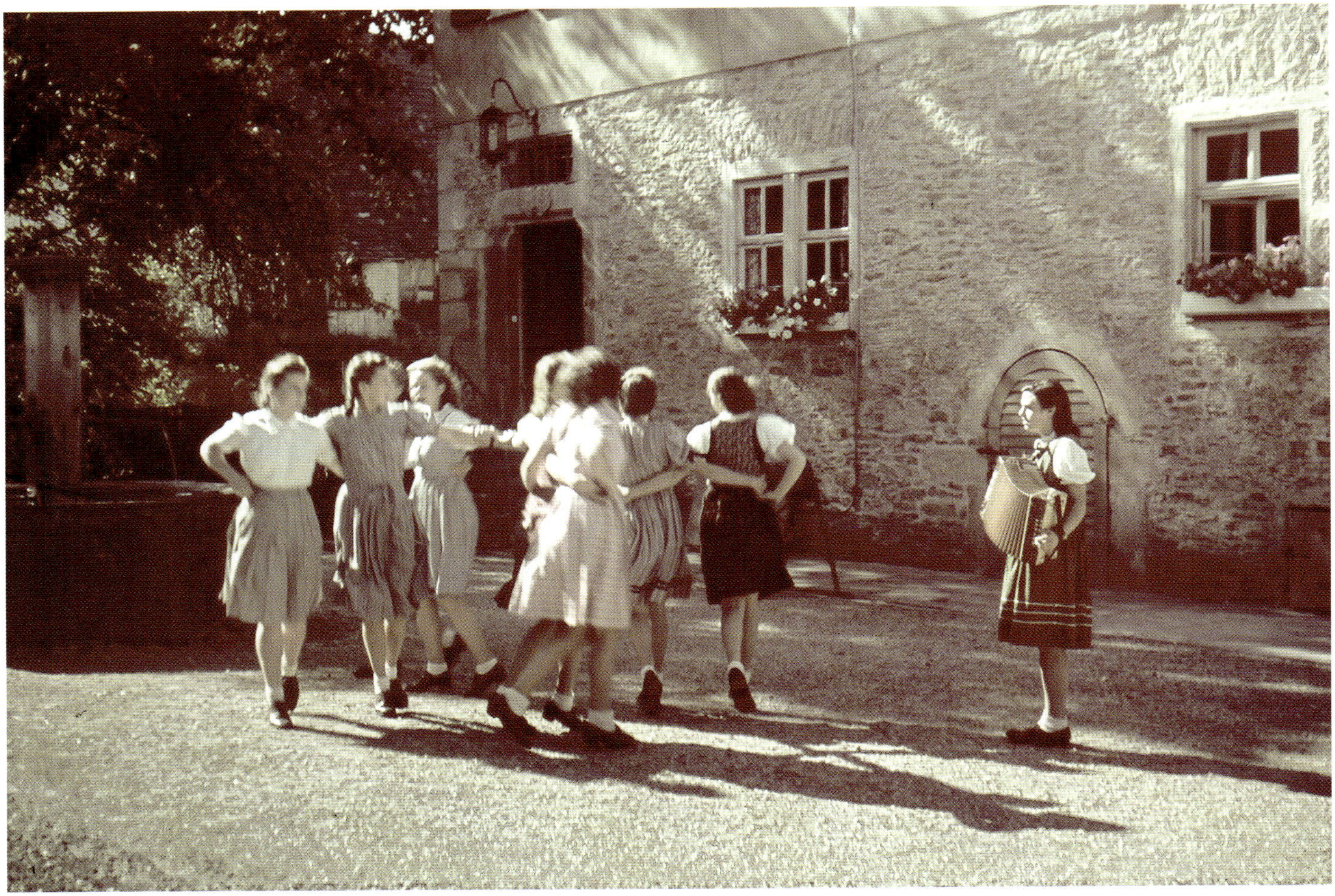

Abb. 153
Haushaltungsschule im Schlössle in Neuffen, Sommer 1941. Farbdiapositiv 24 x 36 mm.

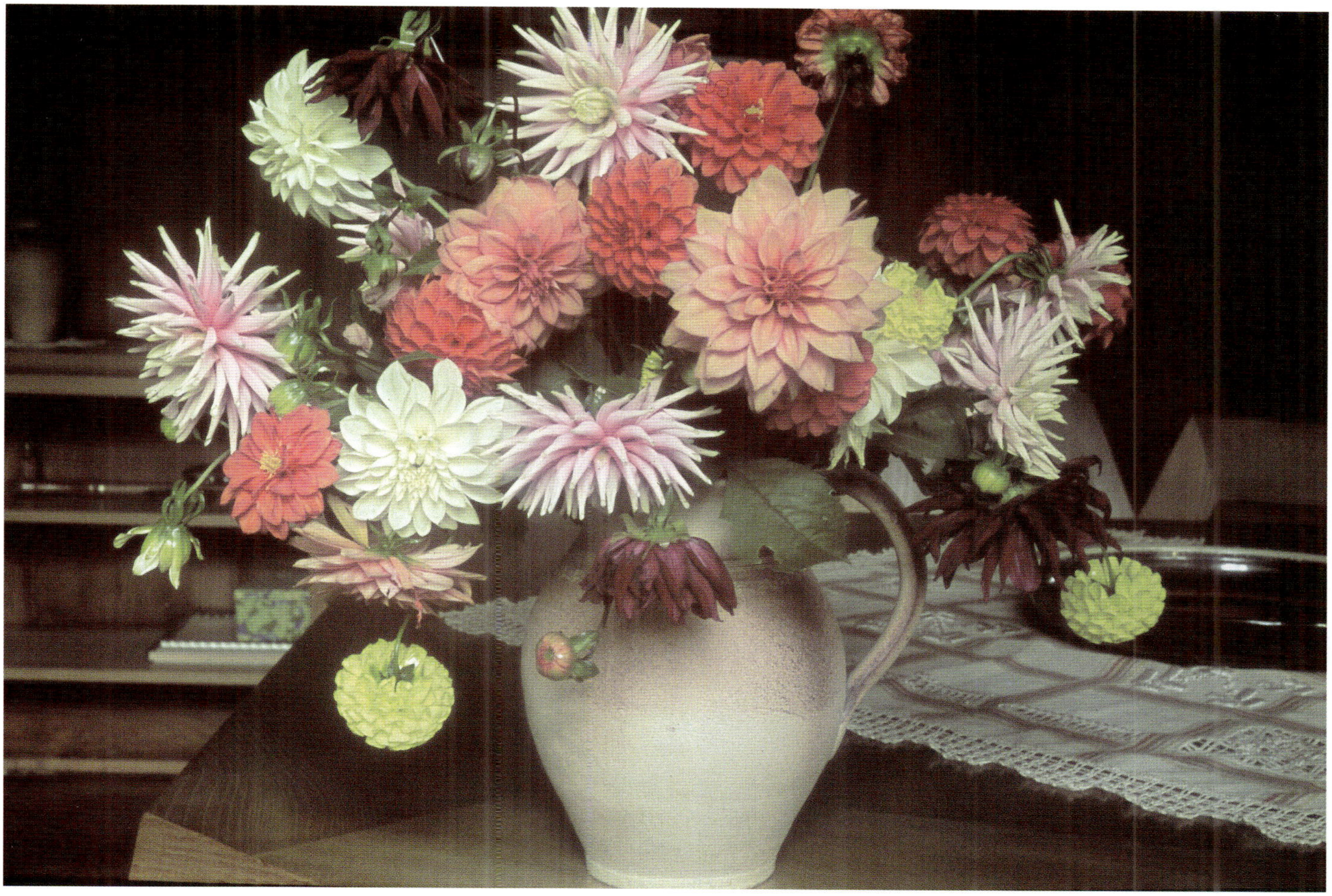

Abb. 154
Dahlienstrauß, aufgenommen im Haus Staufenstraße 32 (heute Stauffenbergstraße 32), September 1936. Farbdiapositiv 24 x 36 mm. Walter Kleinfeldt experimentierte mit dem neuen Farbdiafilm in den verschiedenen fotografischen Genres. Dabei entstanden außer Architekturaufnahmen auch Bilder von Landschaften sowie einige wenige Stillleben und Blumenarrangements.

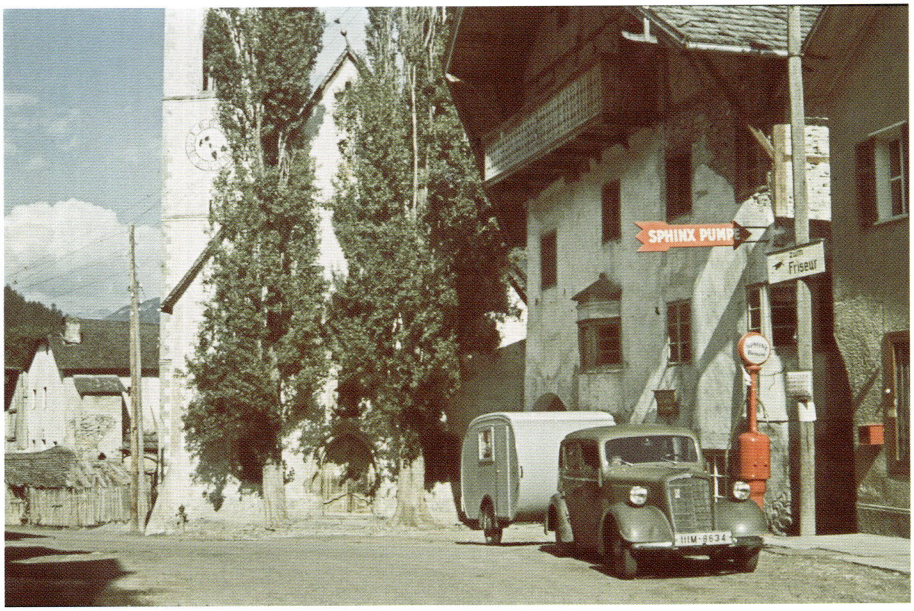

Abb. 155
Familie Kleinfeldts Opel mit Wohnwagen beim Tankstopp in Pfunds-Stuben, Tirol. September 1938. Farbdiapositiv 24 x 36 mm.

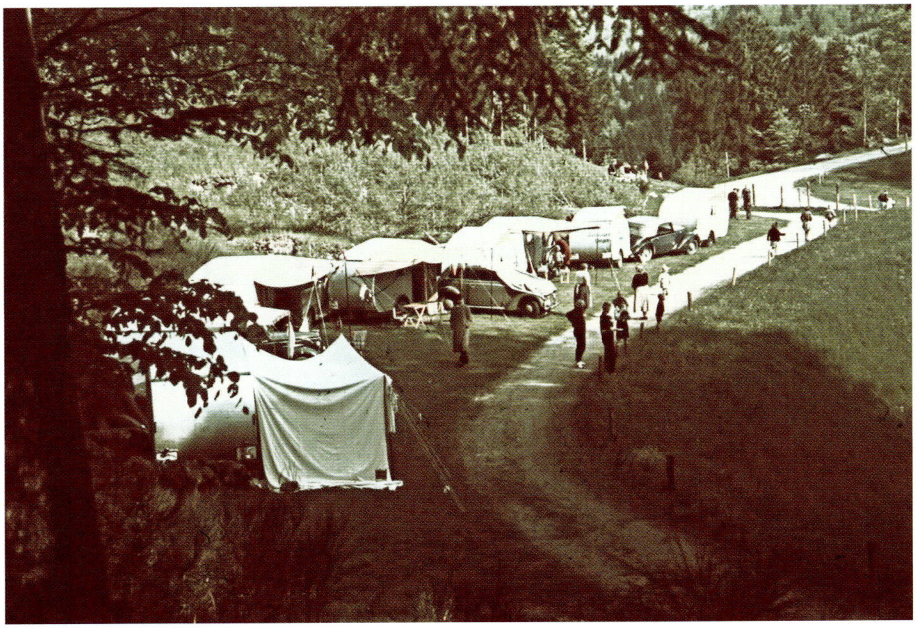

Abb. 156
„Wohnwagentreff“ im Schwarzwald, Sommer 1939. Farbdiapositiv 24 x 36 mm.

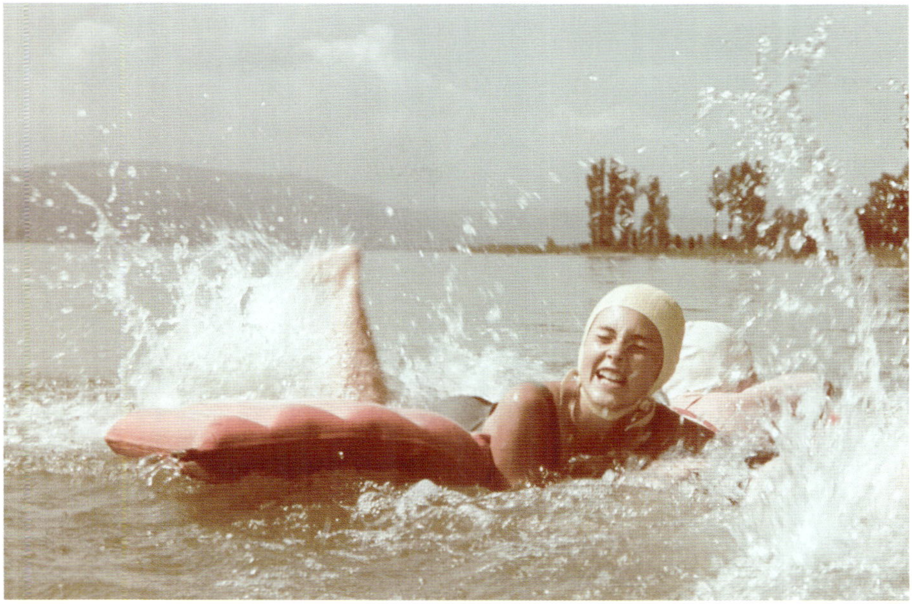

Abb. 157
Gerda und Cornelie Hartmann aus Heidenheim – Freunde der Familie – am Untersee auf der Höri, August 1939. Farbdiapositiv 24 x 36 mm.

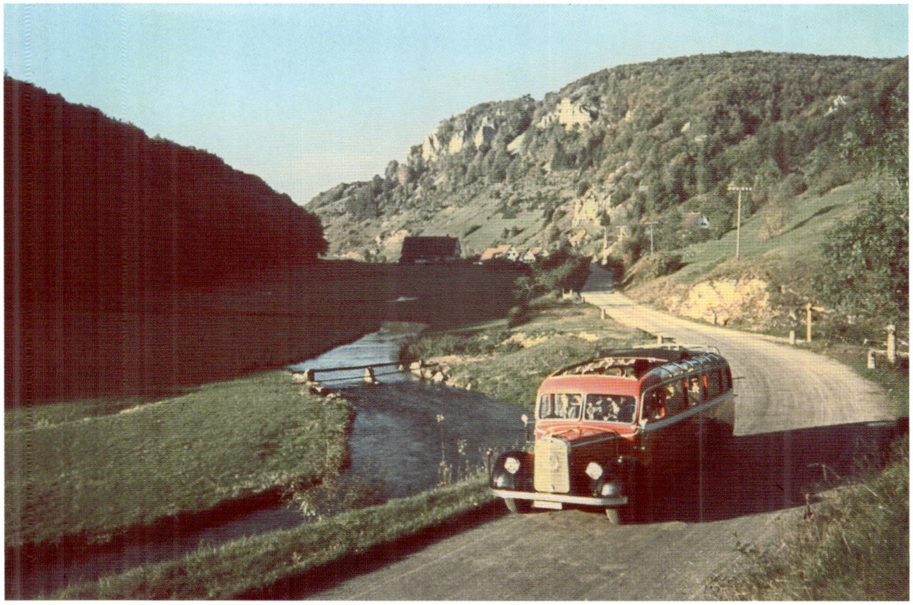

Abb. 158
Foto-Ausfahrt mit Kunden an die Lauter, Schwäbische Alb. Im Hintergrund Wittsteig und Hohen-Gundelfingen. Spätsommer 1938. Farbdiapositiv 24 x 36 mm.

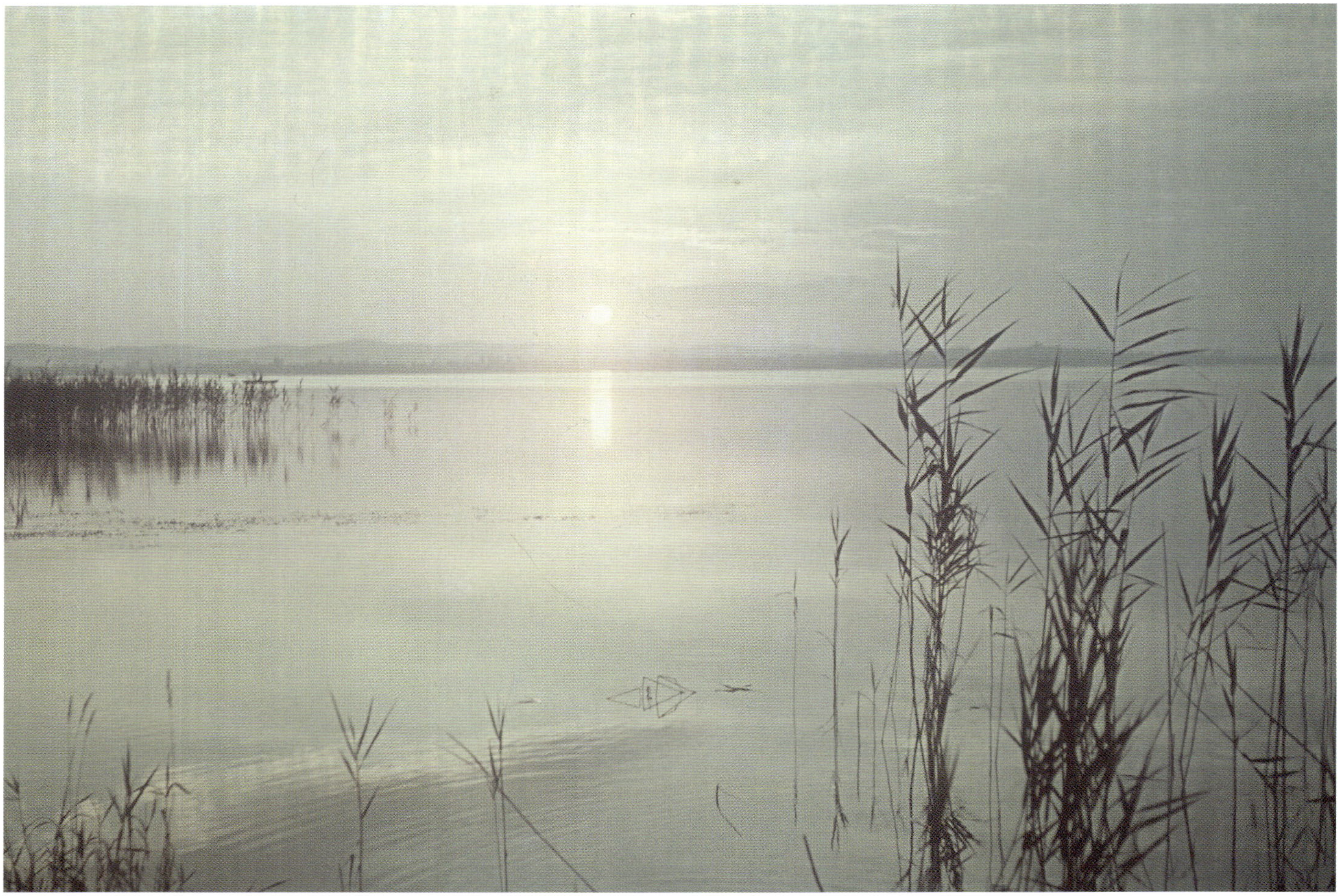

Abb. 159
Sonnenaufgang am Bodensee hinter der Reichenau von der Höri aus gesehen, August 1939. Farbdiapositiv 24 x 36 mm.

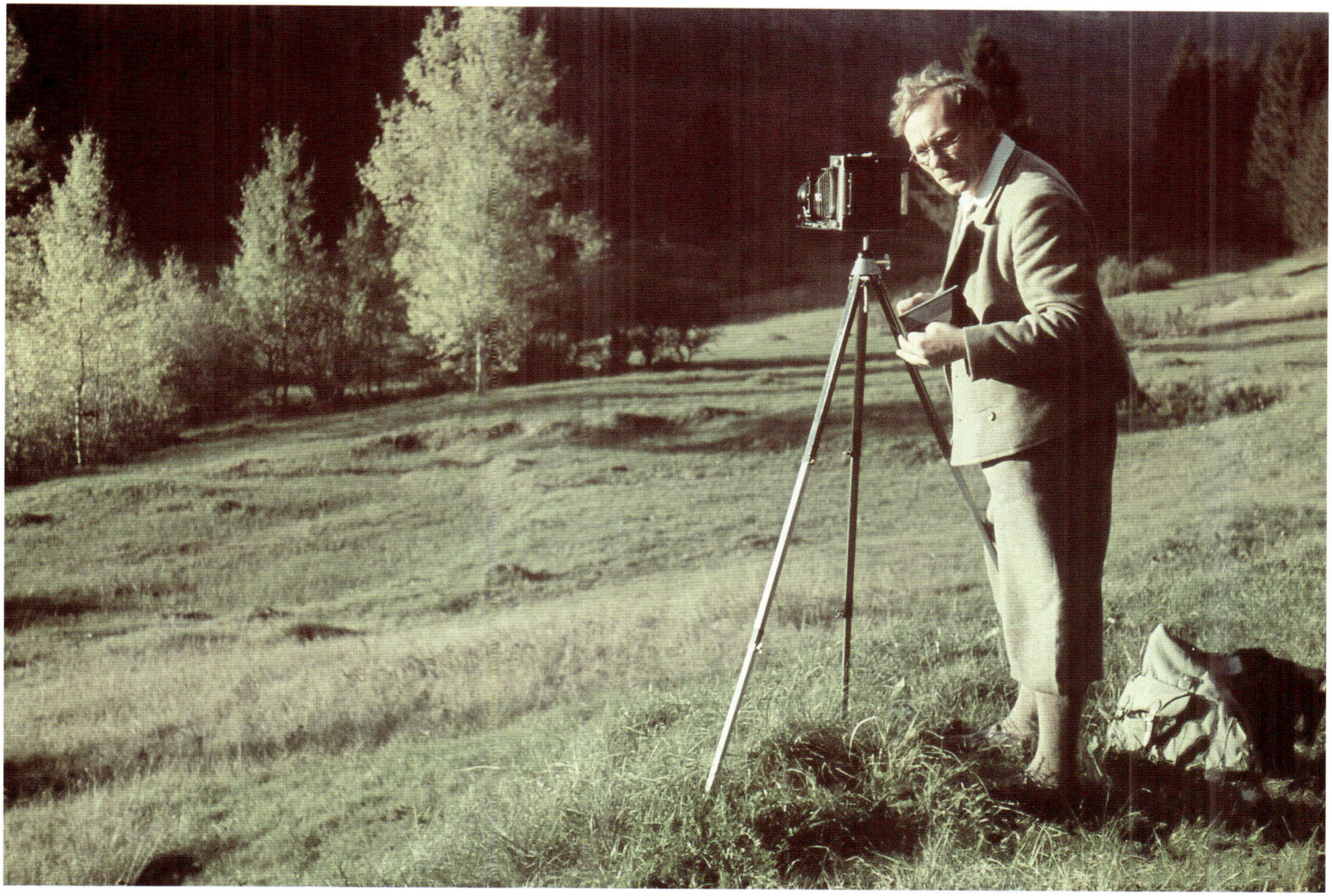

Abb. 160
Walter Kleinfeldt mit seiner Linhof-Kamera, Herbst 1938. Farbdiapositiv 24 x 36 mm.

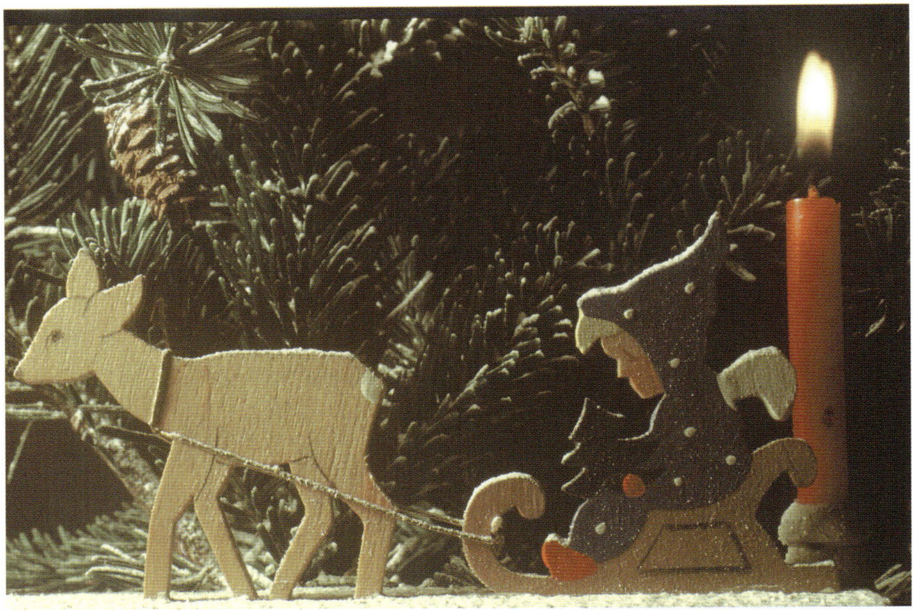

Abb. 161
Idylle aus dem Erzgebirge, Weihnachten 1942. Farbdiapositiv 24 x 36 mm.

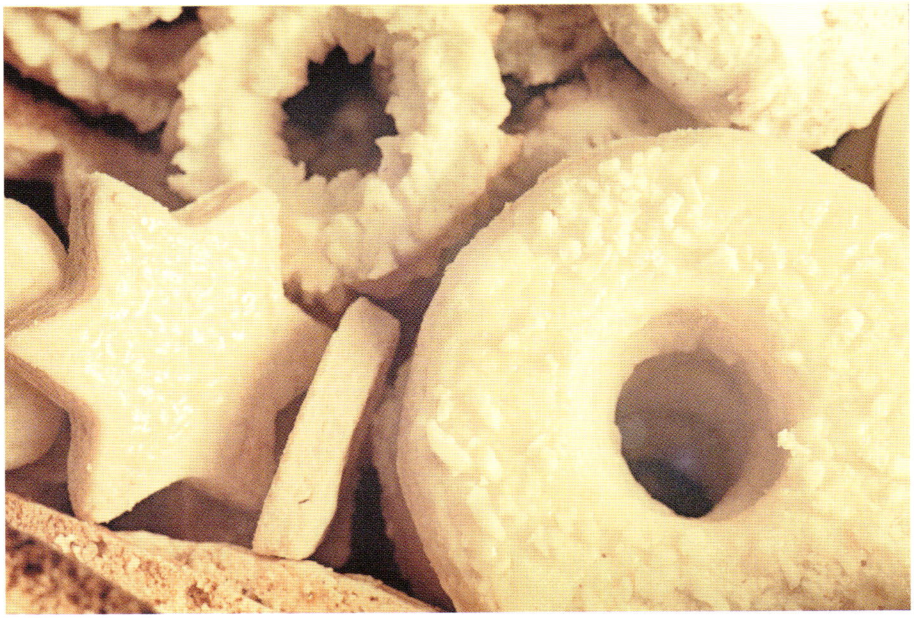

Abb. 162
Weihnachtsguazla, Weihnachten 1936. Farbdiapositiv 24 x 36 mm.

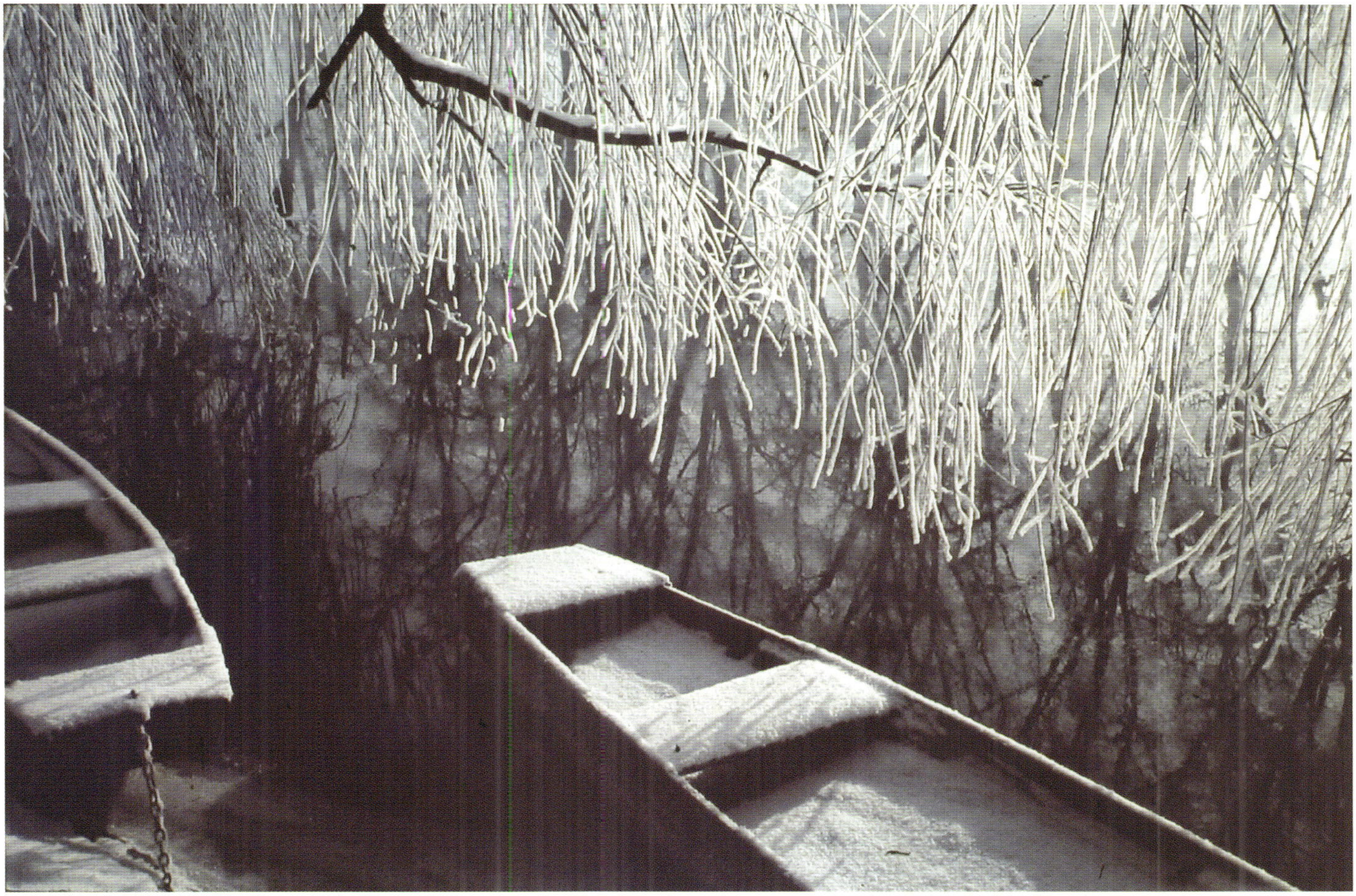

Abb. 163
Kähne beim Hölderlinturm am Neckar, Winter 1937/38. Farbdiapositiv 24 x 36 mm.

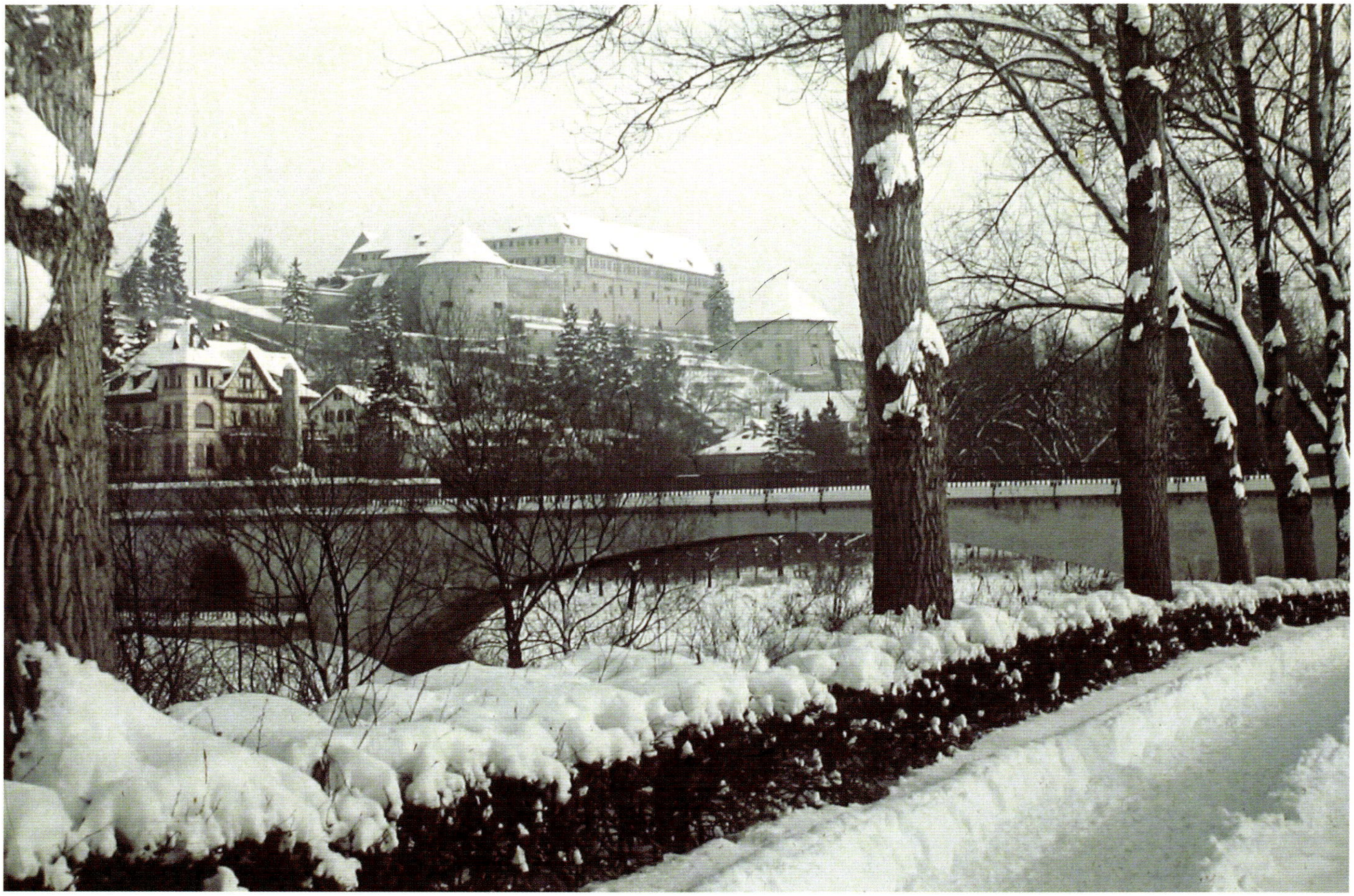

Abb. 164
Alleenbrücke und Tübinger Schloss, von der Neckarinsel aus fotografiert, Winter 1938/39. Farbdiapositiv 24 x 36 mm.

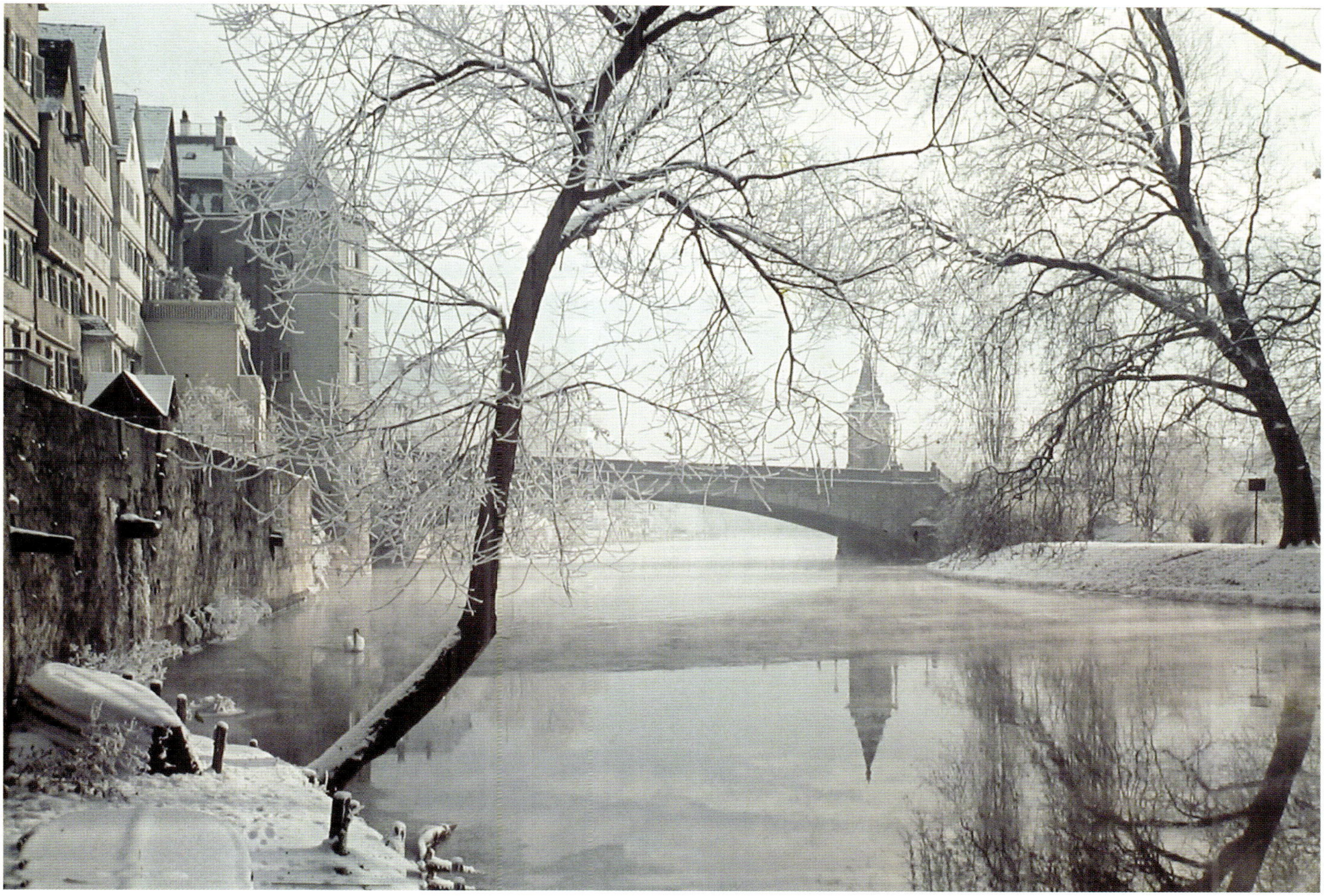

Abb. 165
Neckarbrücke, Winter 1939/40. Farbdiapositiv 24 x 36 mm.

Nationalsozialismus

Bildermacher im Nationalsozialismus

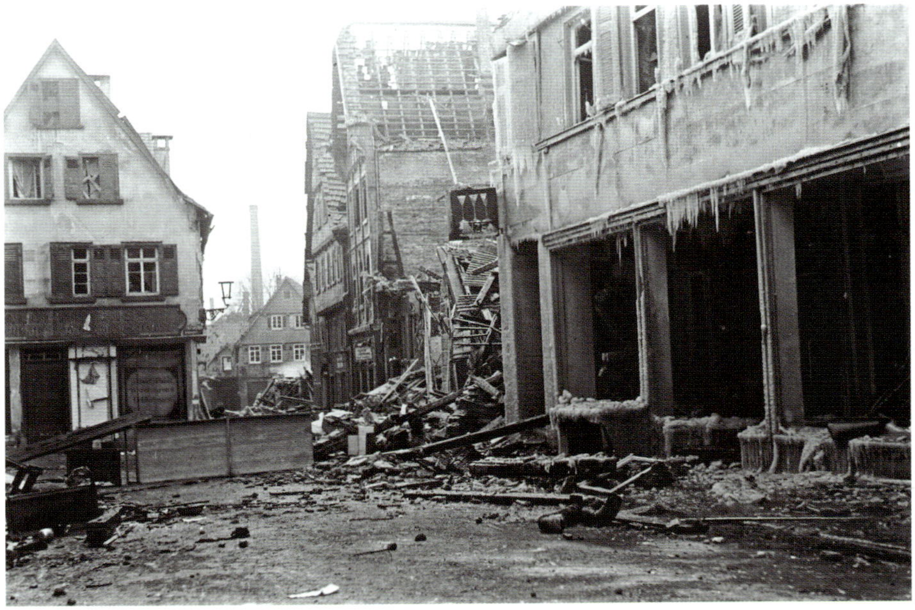

Walter Kleinfeldt, begeisterter Anhänger der Wandervogelbewegung, lehnt den Nationalsozialismus zunächst ab. Mit der Remilitarisierung Mitte der dreißiger Jahre durch die Wehrmacht ändert sich seine Meinung. Der ehemalige Frontsoldat ist gern gesehener Gast bei Aufmärschen und auf Manövern in der Region. Mit der Leica und der Contax fotografiert er am Standort Tübingen Vereidigungen, Besuche von ranghohen Generälen und öffentliche Ereignisse wie den Aufmarsch der NSDAP zum 1. Mai. Weiter existieren Bilder von der Elektrifizierung der Eisenbahnstrecke Stuttgart-Tübingen, vom Ulmer Fischerstechen, von Gewerbeschauen oder den Sammlungen des Winterhilfswerks.

Er bedient die für die Bildberichterstattung relevanten Themen und ist damit Teil des Systems und der nationalsozialistischen Propaganda. Walter Kleinfeldt driftet mit seiner Fotografie allerdings nicht ab in die völkisch-rassische Sparte der NS-Fotografie, sondern bewahrt sich eine modernistische Sichtweise, die vereinzelt in unverhohlenem Widerspruch zur gleichgeschalteten Bildsprache des Regimes steht. Bei Kriegsende setzt er sich über das Verbot hinweg, in den zerstörten Innenstädten Ruinen aufzunehmen.

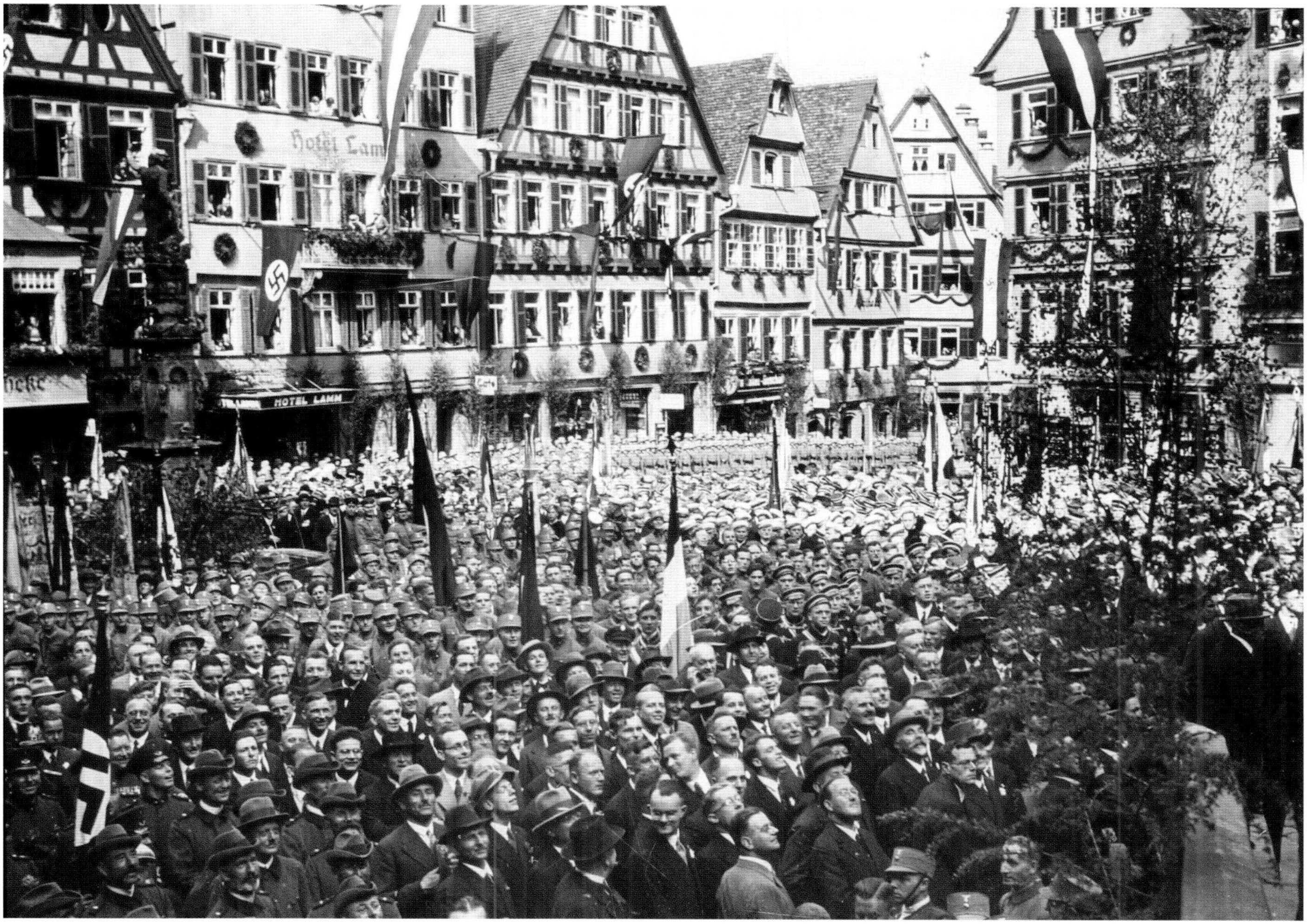

Abb. 167
1. Mai 1933 auf dem Tübinger Marktplatz.

Abb. 166
Linke Seite: Reutlingen, Anfang 1945. Kleinbildnegativ.

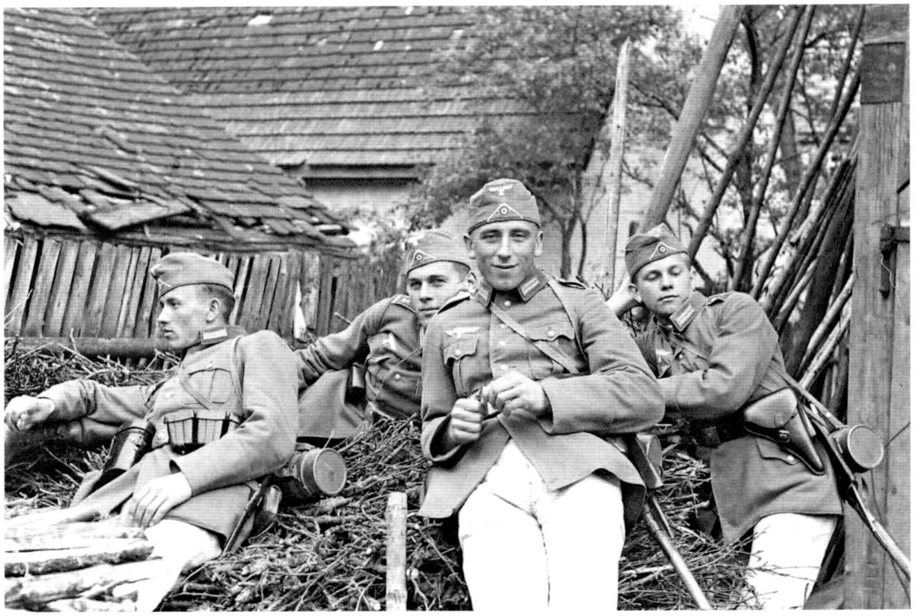

Abb. 168
Übung des I. Bataillon am 22. Mai 1936. Kleinbildnegativ.

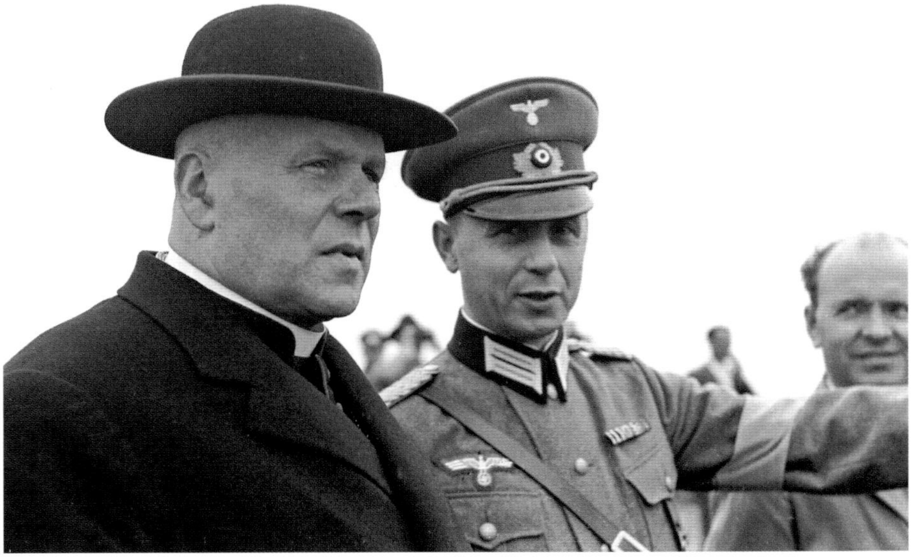

Abb. 169
Bischof Joannes Baptista Sproll (1870–1949) als Manövergast, 31. August 1936. Kleinbildnegativ. Sproll blieb als einziger deutscher Bischof am 10. April 1938 der Volksabstimmung über die „Wiedervereinigung Österreichs mit dem Deutschen Reich" fern. Daraufhin organisierten die Nazis am 23. Juli 1938 eine Großdemonstration mit mehreren Tausend SA-Leuten aus der Umgebung, die in Marschkolonnen zum Bischöflichen Palais nach Rottenburg zogen. 60 bis 70 Demonstranten drangen in die Privatgemächer ein, zerstörten Mobiliar und steckten das Bett des Bischofs in Brand. Die Gestapo verschleppte Sproll am 24. August 1938 nach Freiburg. Bis zum Kriegsende lebte der an einer Lähmung Erkrankte in einem Sanatorium.

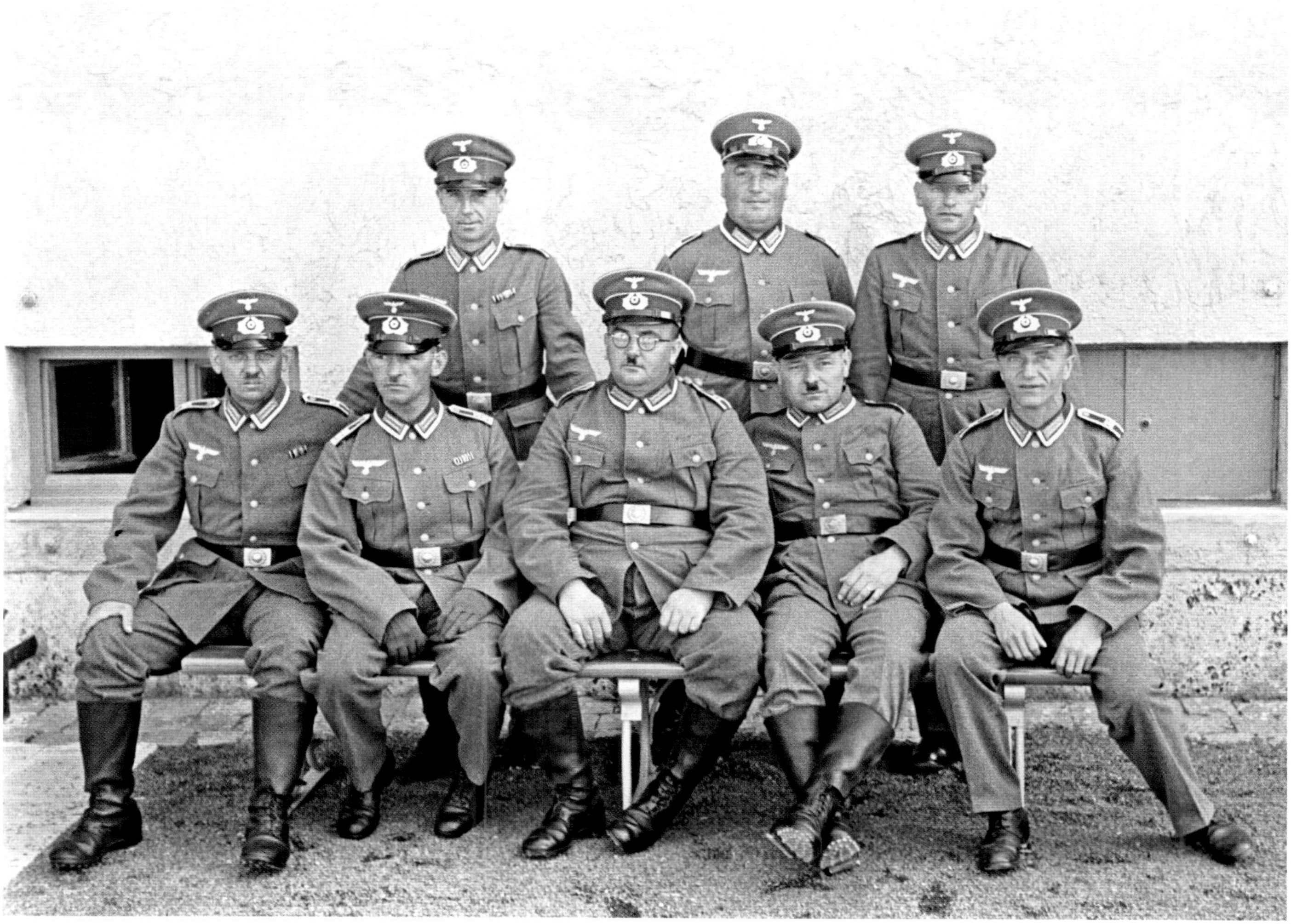

Abb. 170
„Reserveonkels", 1936. Kleinbildnegativ.

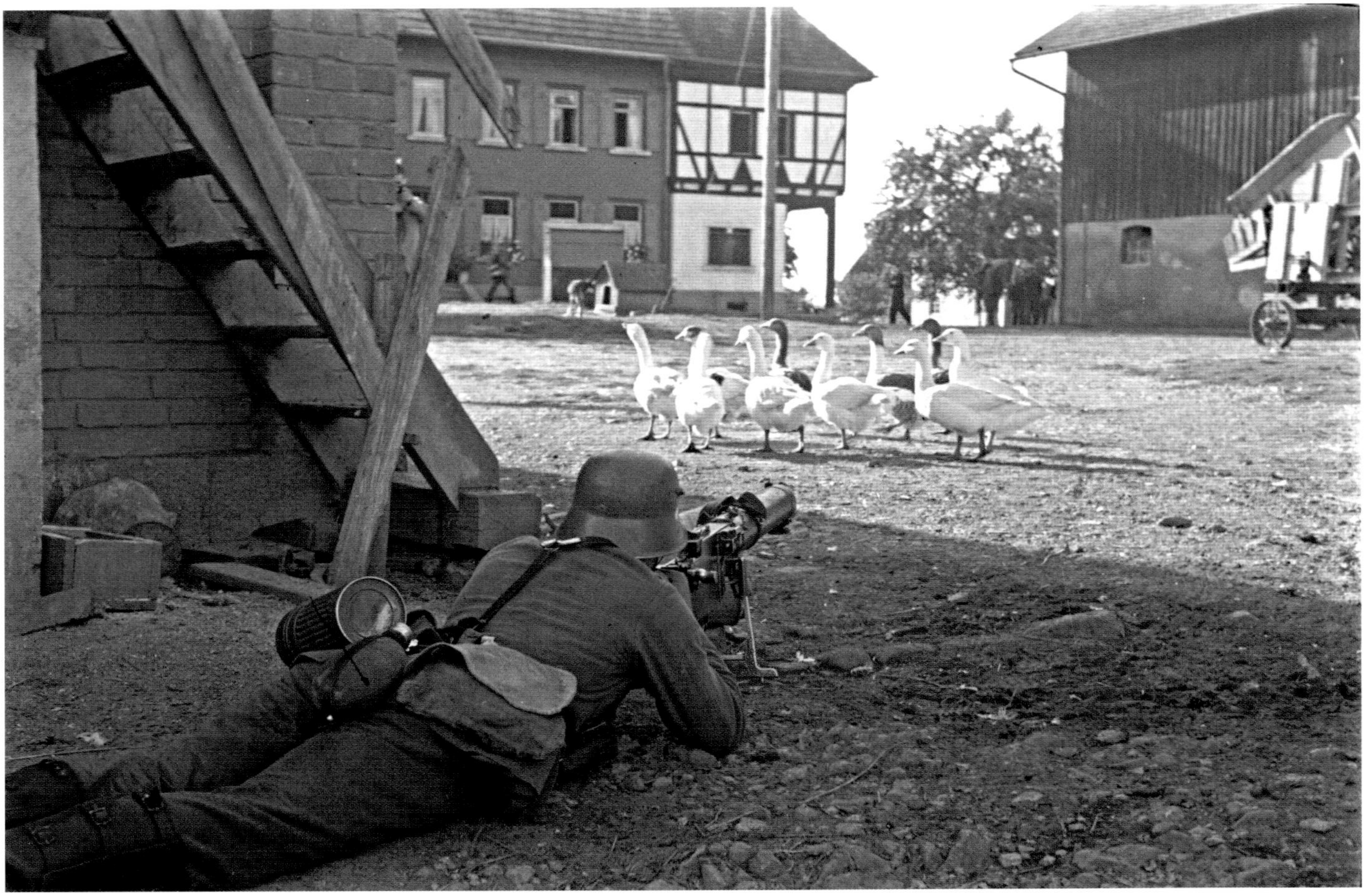

Abb. 171
Manöver bei Seebronn, August 1935. Kleinbildnegativ.

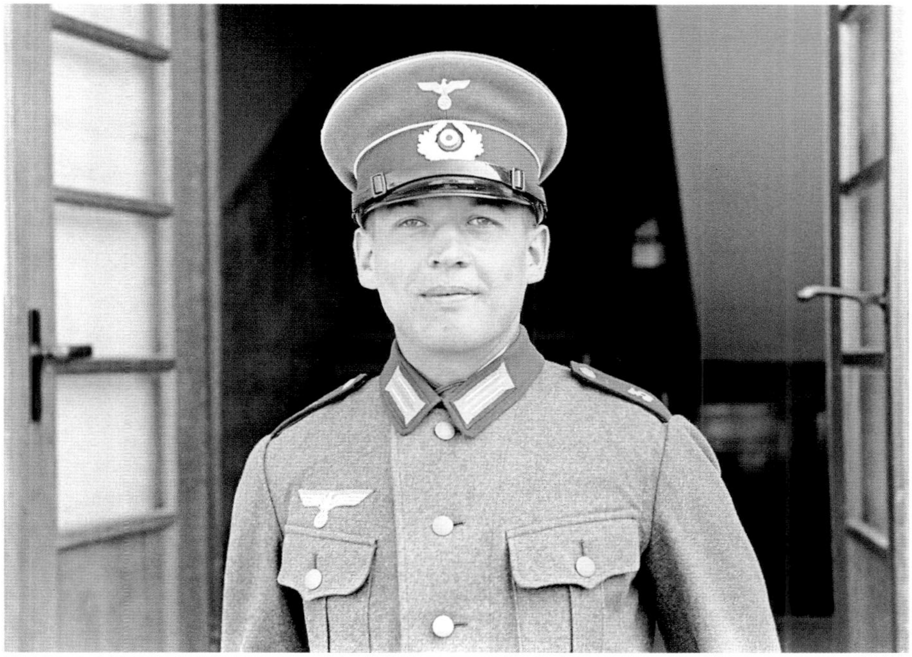

Abb. 172
Reservist, 1936. Kleinbildnegativ.

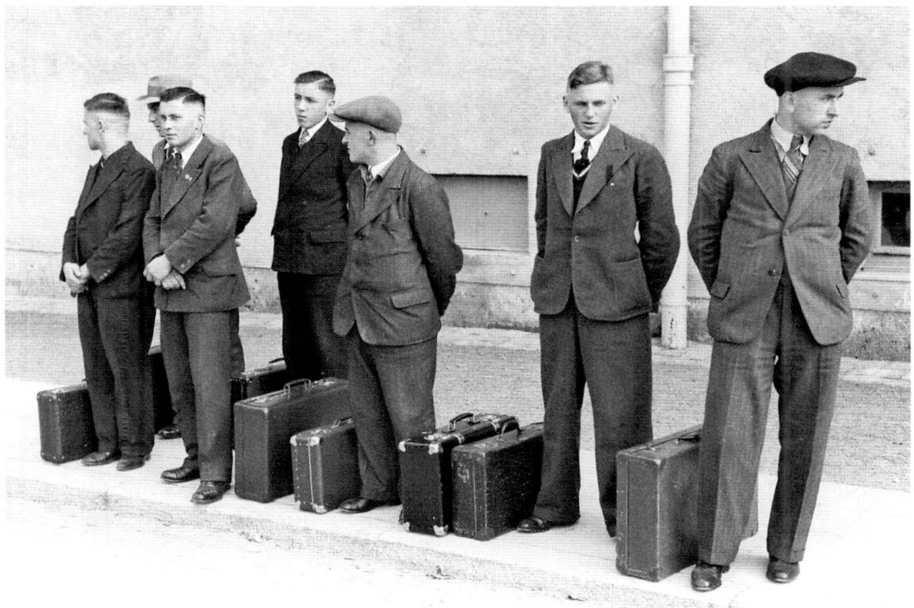

Abb. 173
Rekrutenankunft, Oktober 1936.
Kleinbildnegativ.

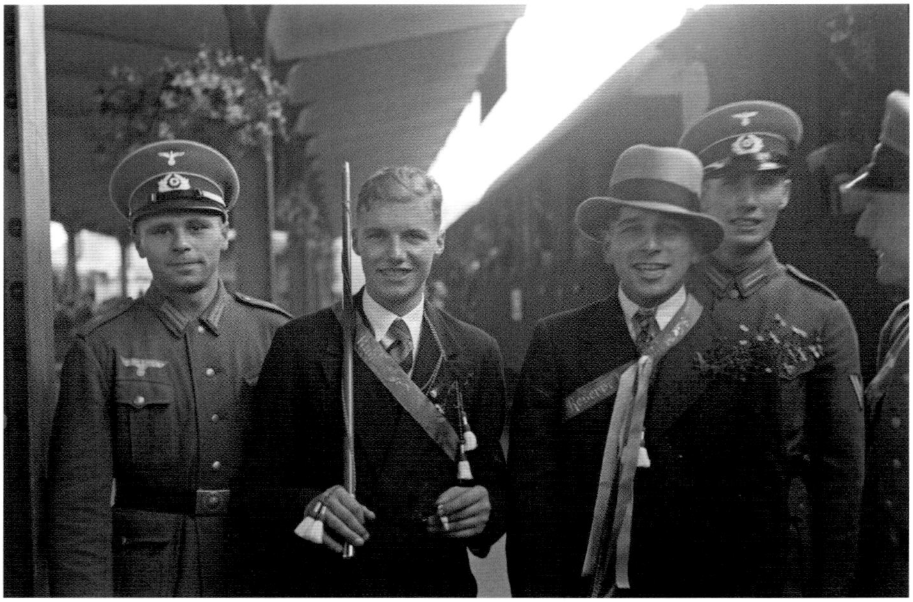

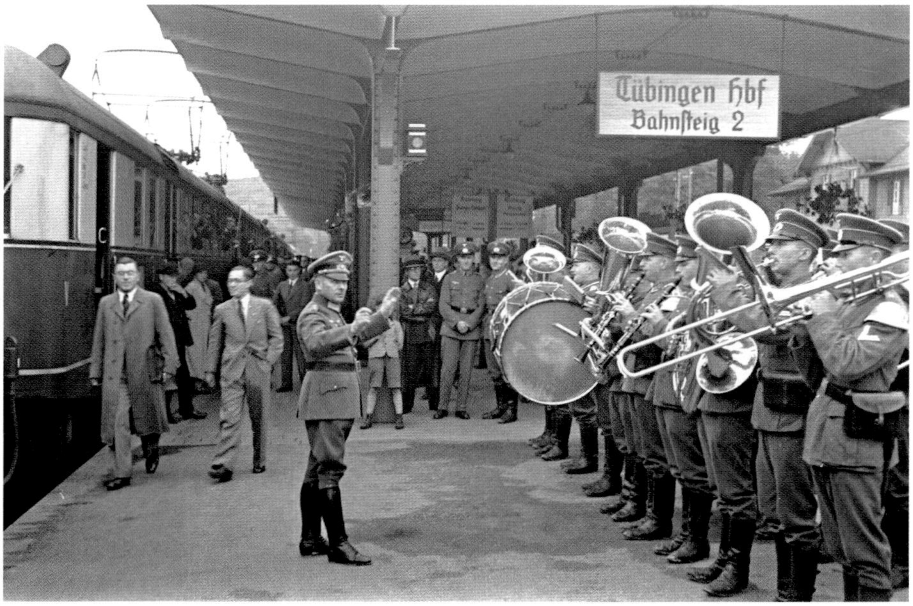

Abb. 174 und 175
Entlassung von Reservisten des I. Bataillons auf dem Tübinger Bahnhof, 12. Oktober 1935, Kleinbildnegative.

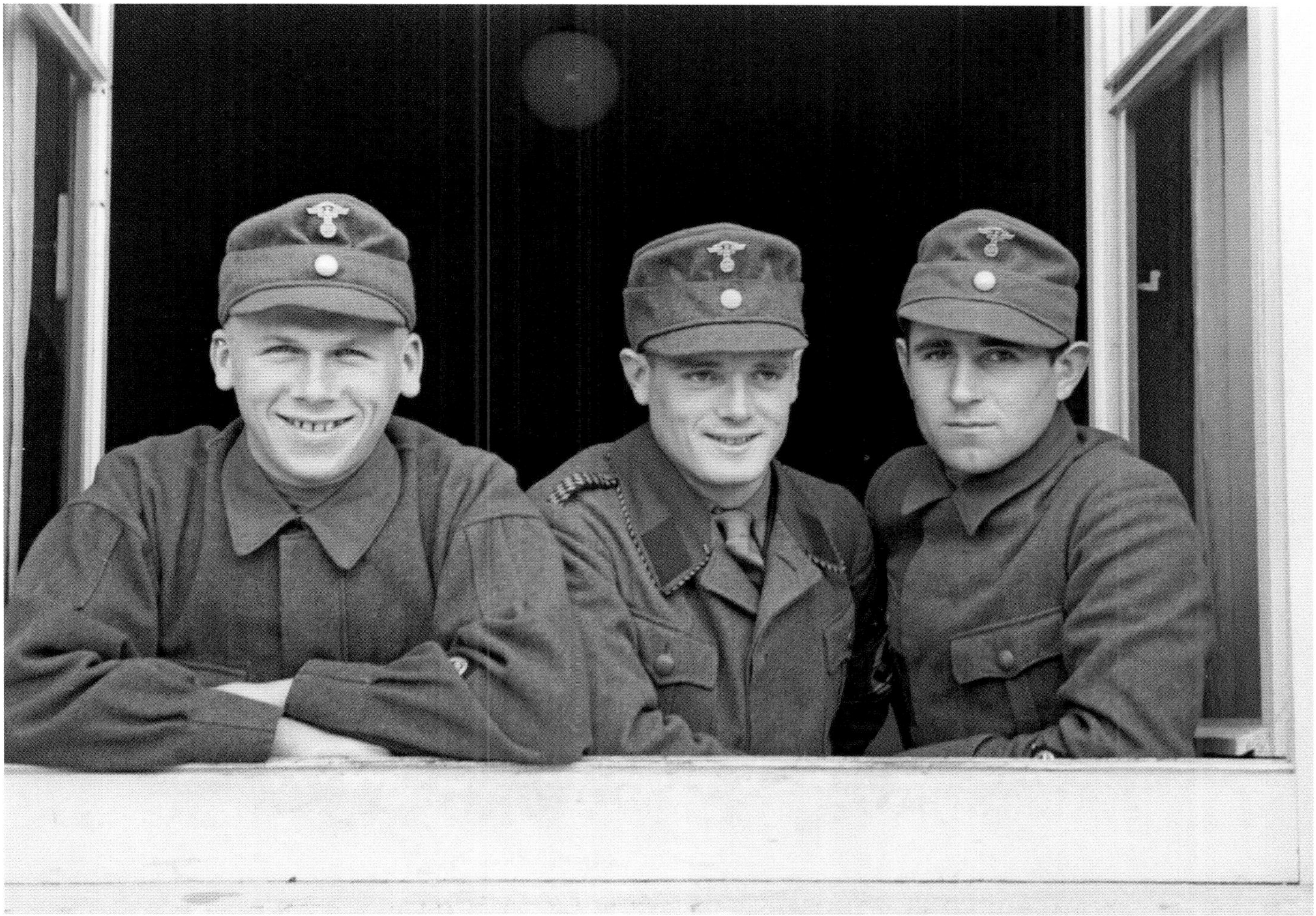

Abb. 176
Mitglieder der NSKK in der Motorsportschule am Galgenberg, 1937. Kleinbildnegativ.

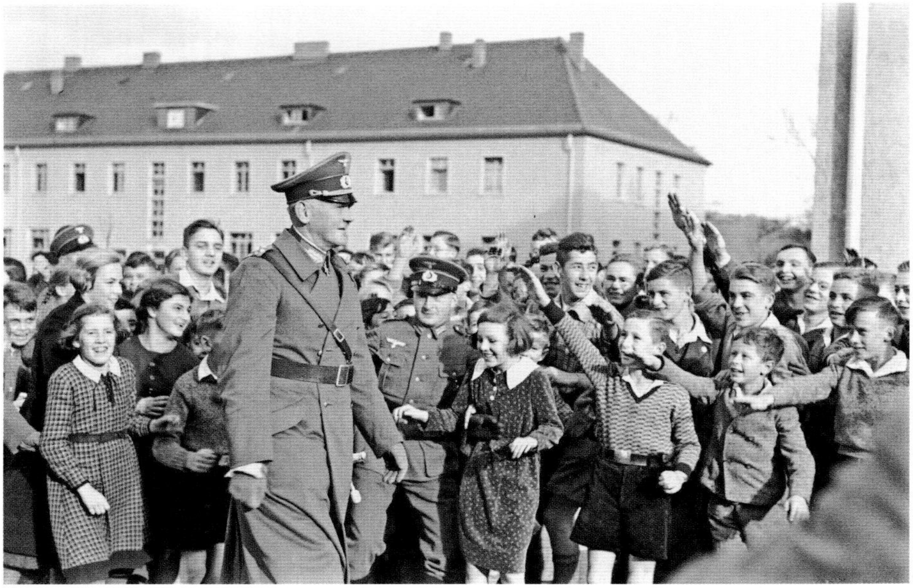

Abb. 177
Generaloberst Werner von Blomberg (1878–1946), Tübinger Jugendliche, 5. November 1935. Kleinbildnegativ.

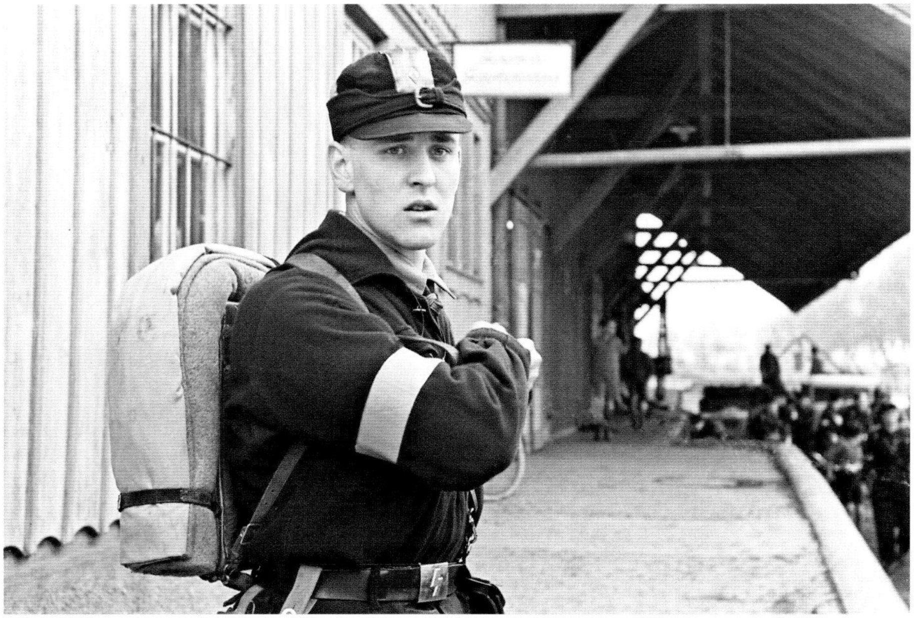

Abb. 178
„Jungvolk Abreise“, März 1937. Kleinbildnegativ.

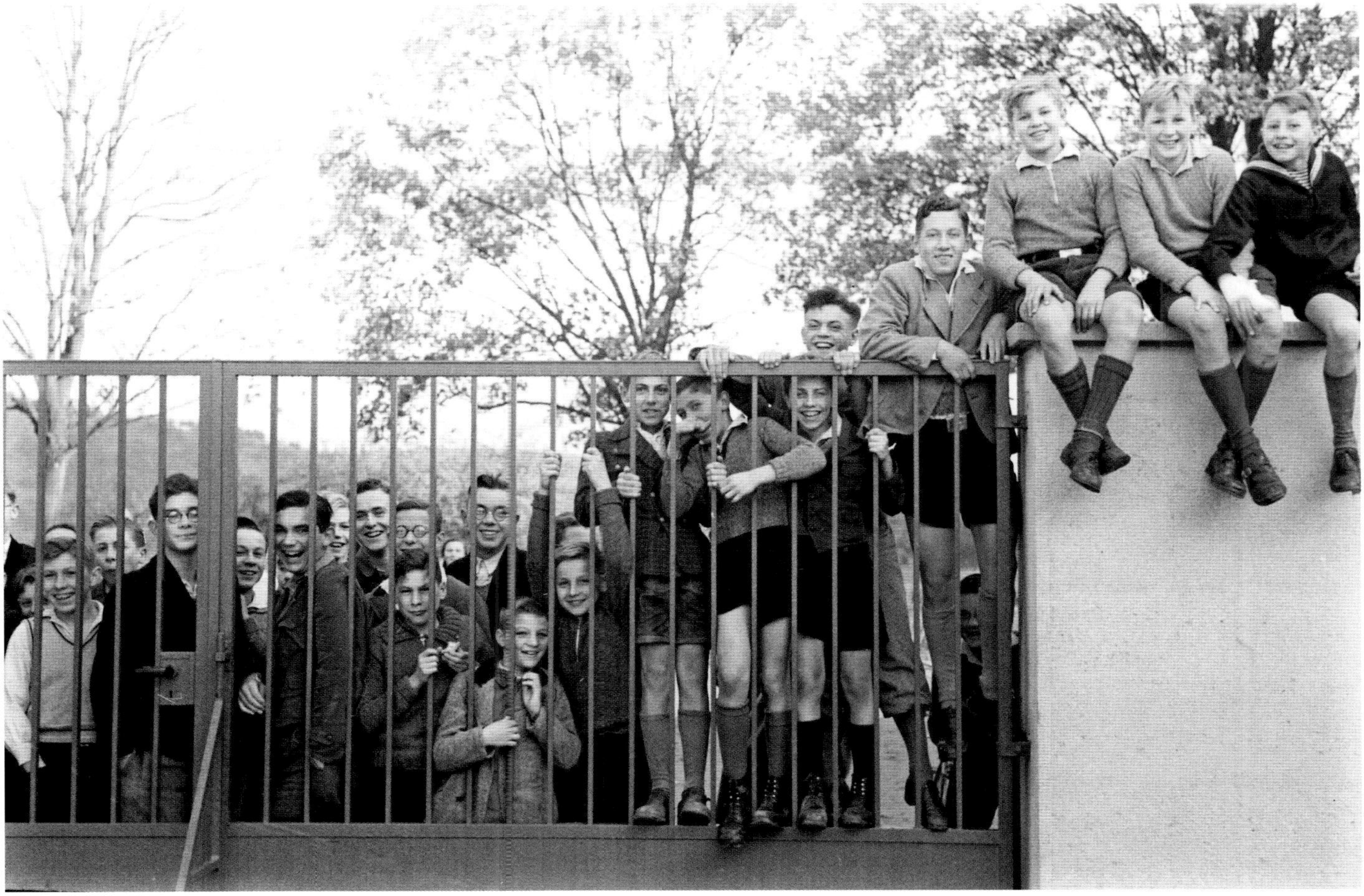

Abb. 179
Tübinger Jugendliche warten auf Reichswehrminister Generaloberst von Blomberg. Eröffnung der Neuen Kaserne, später Hindenburgkaserne, 5. November 1935. Kleinbildnegativ.

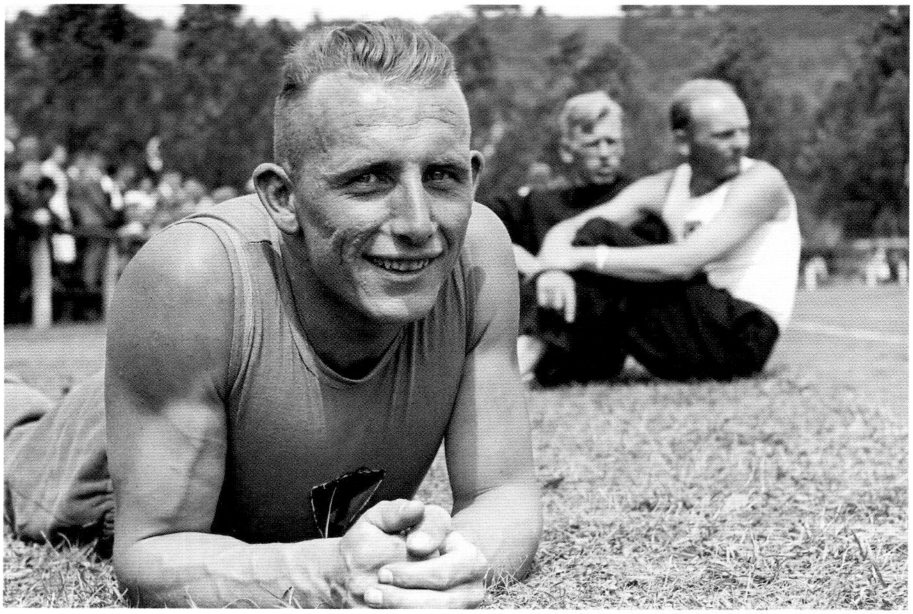

Abb. 180
Universitätssportler, 19. Juni 1937.
Kleinbildnegativ.

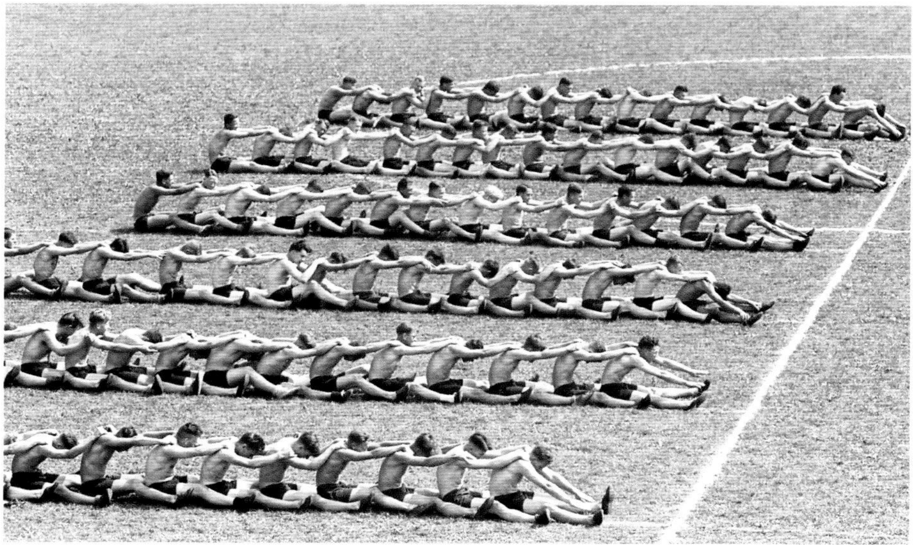

Abb. 181
„Fest der Universität – Sport im Stadion“,
19. Juni 1937. Kleinbildnegativ.

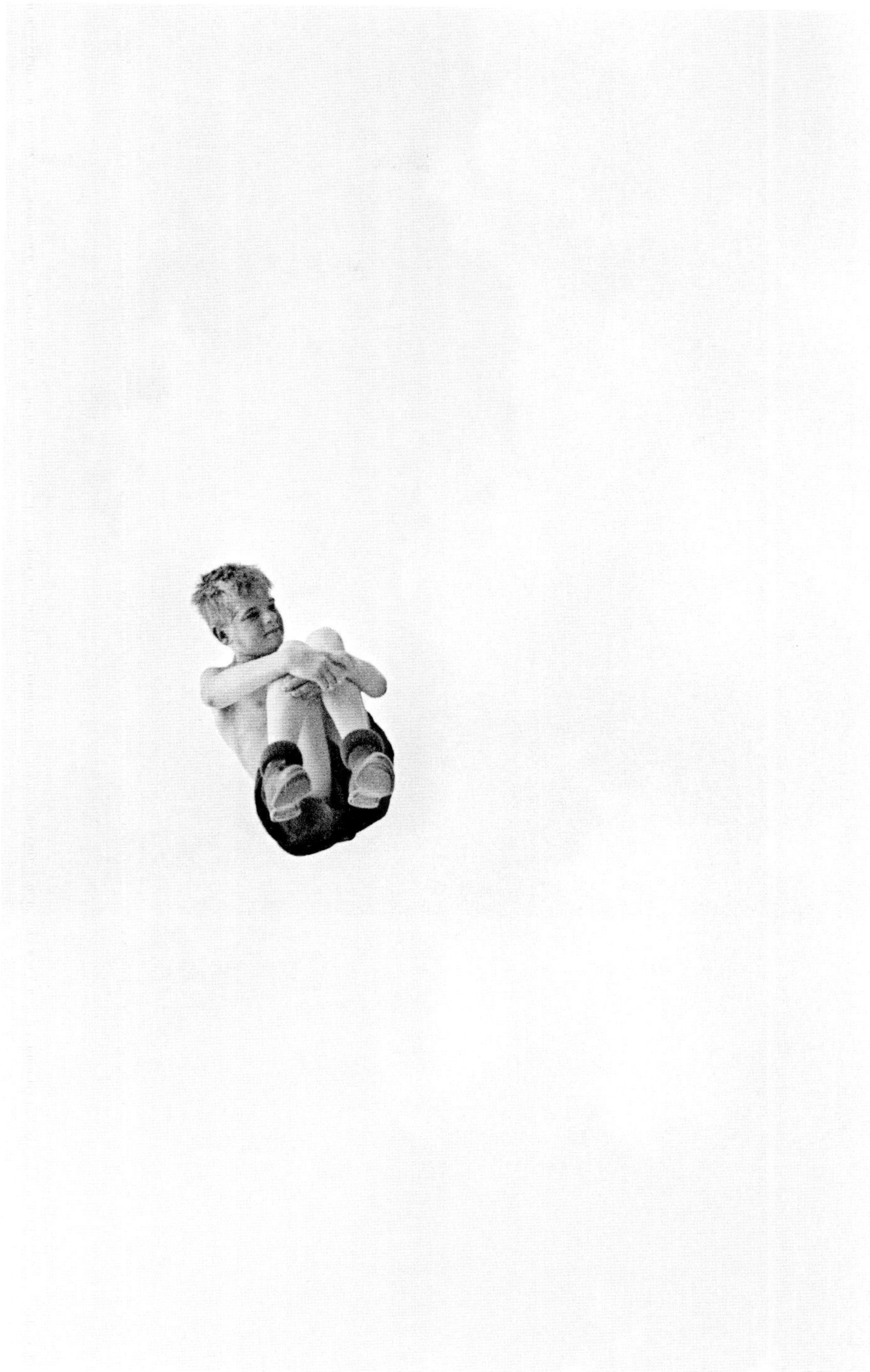

Abb. 182
„Sportfest der Jugend“, Tübingen,
29.–30. Mai 1937. Kleinbildnegativ.

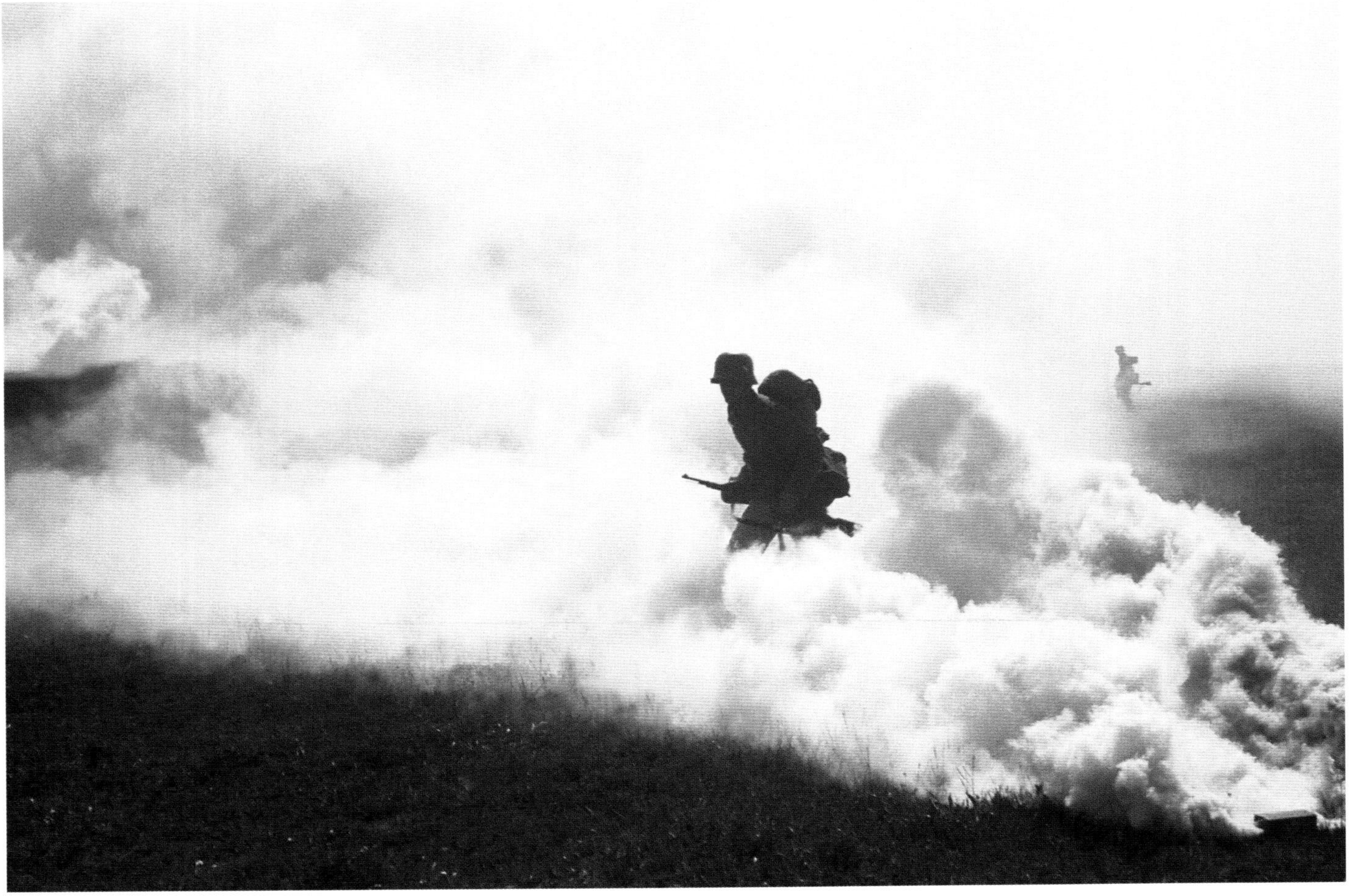

Abb. 183
Manöver in Waldhausen bei Tübingen, 1935. Kleinbildnegativ.

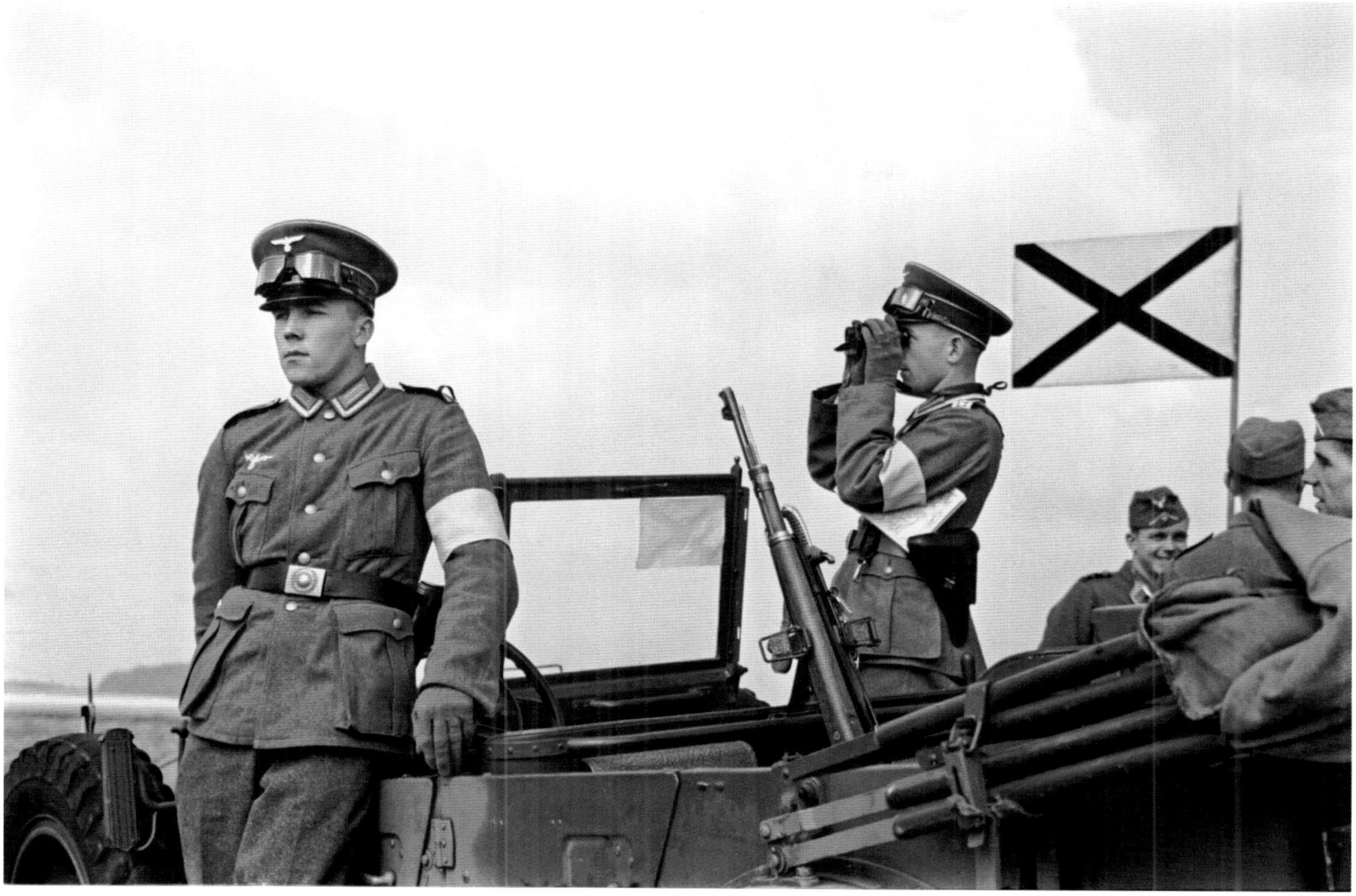

Abb. 184
Manöver bei Jungingen, 26. August 1937. Kleinbildnegativ.

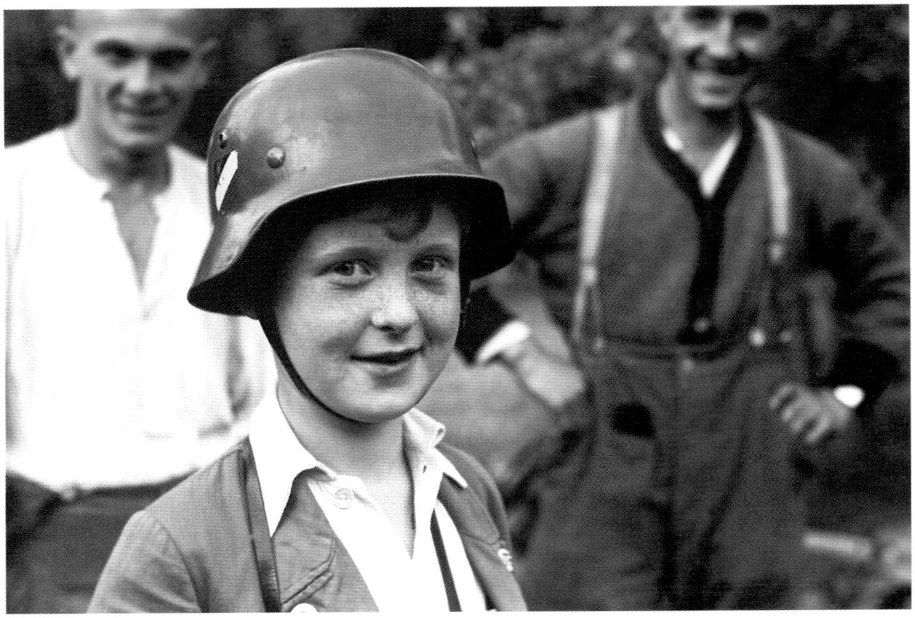

Abb. 185
Werner Kleinfeldt (1928–1945, vermisst) auf dem Manöver bei Jungingen, 27. August 1937. Kleinbildnegativ.

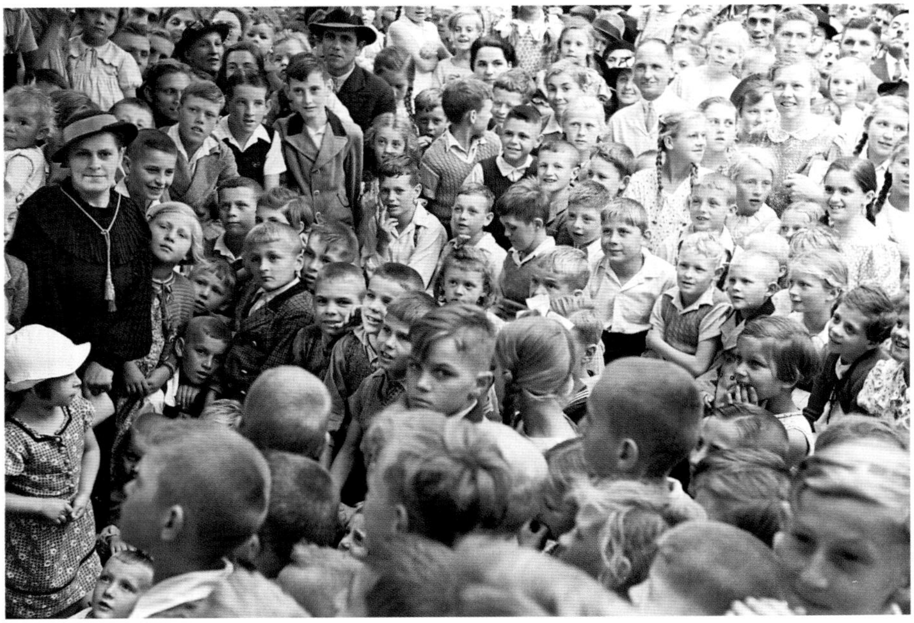

Abb. 186
Kinder auf dem Fest der Deutschen Arbeitsfront, Tübingen Lindenallee, 1. August 1937. Kleinbildnegativ.

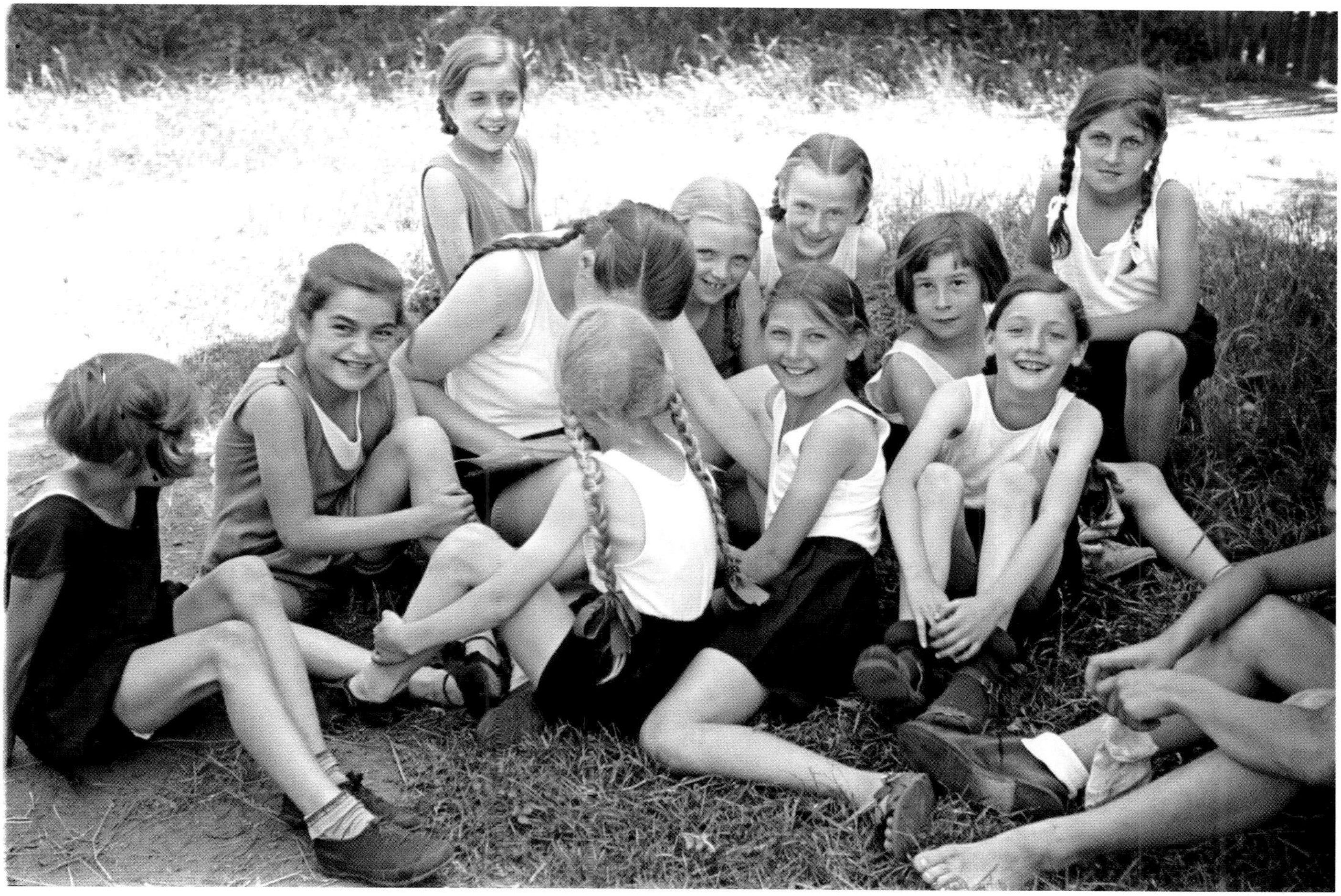

Abb. 187
„Sportfest der Jugend", Tübingen, 29.–30. Mai 1937. Kleinbildnegativ.

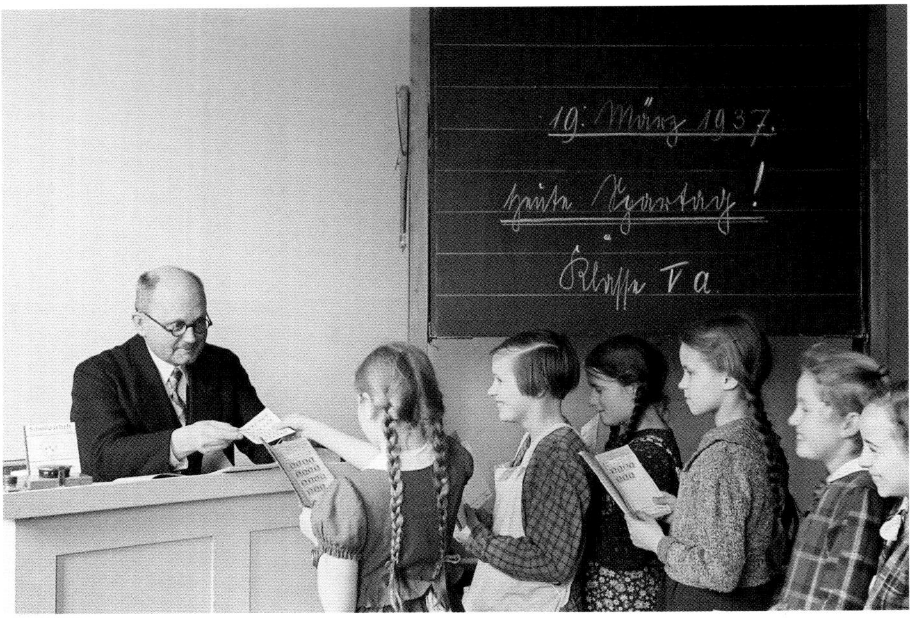

Abb. 188
„Spartag in Klasse 5a“, 19. März 1937.
Kleinbildnegativ.

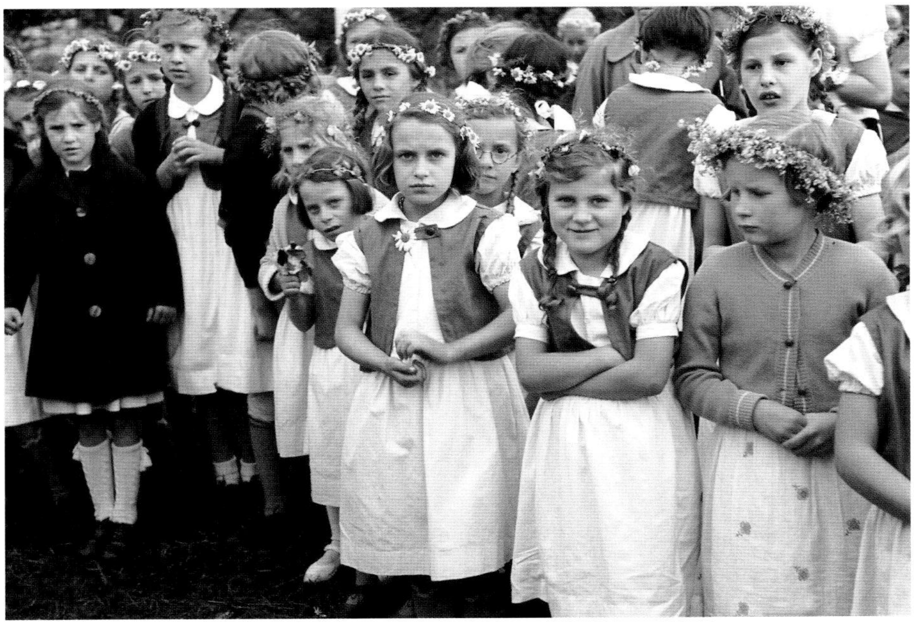

Abb. 189
„Reichsbräuteschule, Einweihung“ im heutigen Leibniz-Haus II, Stauffenbergstraße 30, Tübingen, 29. Mai 1938.
Kleinbildnegativ.

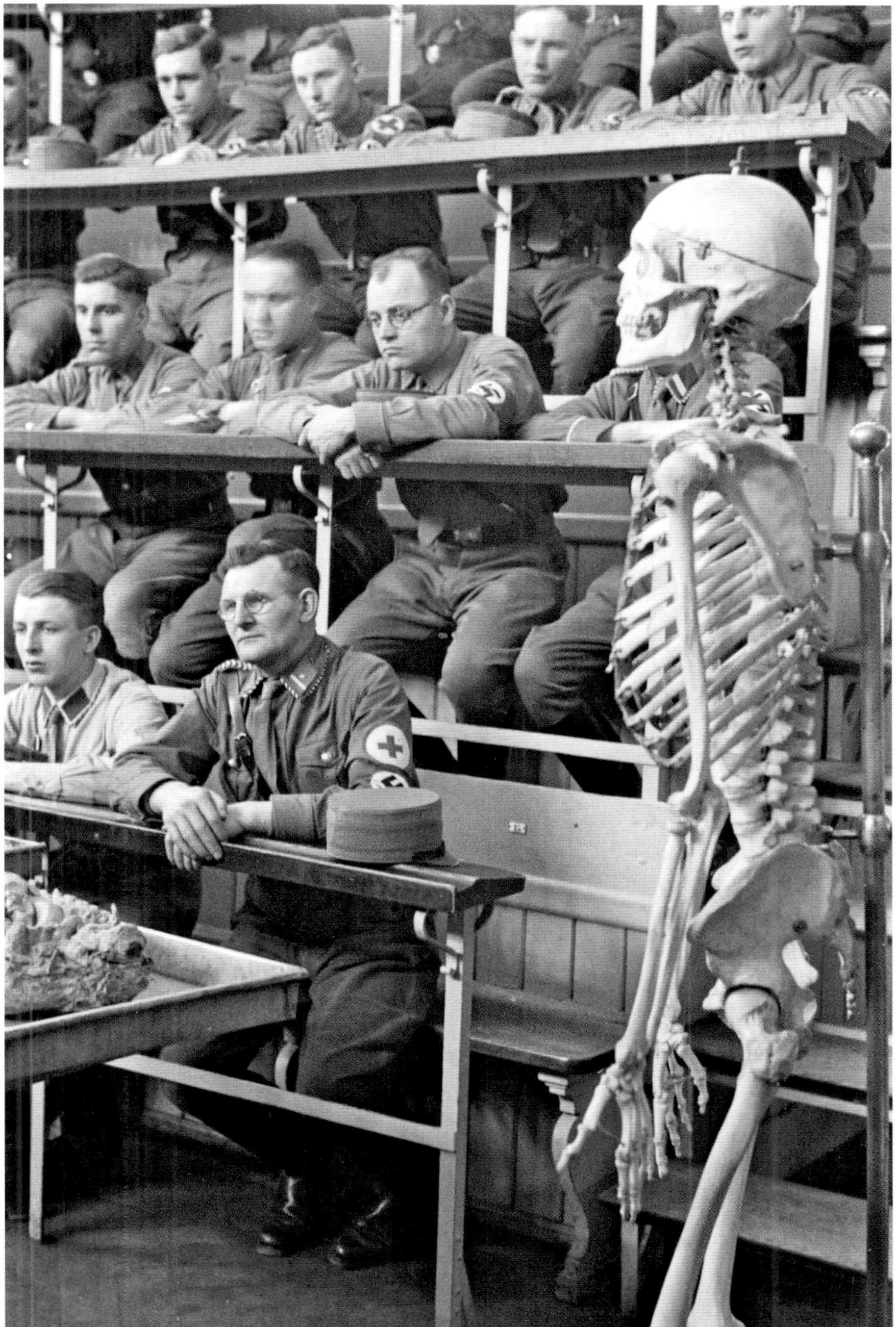

Abb. 190
SA-Sanitäter im anatomischen Lesesaal, 1936. Kleinbildnegativ. Diese Fotografie gibt die Situation ironisch wieder – vielleicht ist auch eine leise Kritik erkennbar. Ironie und Kritik freilich waren im gleichgeschalteten nationalsozialistischen Bilderalltag nicht vorgesehen. Im Hinblick auf den späteren Krieg und den millionenfachen Kriegstod wird verständlich, warum Walter Kleinfeldt das Bild nie zeigte und in seinen „Giftschrank“ legte. Es kam erst in den 1980er Jahren zum Vorschein.

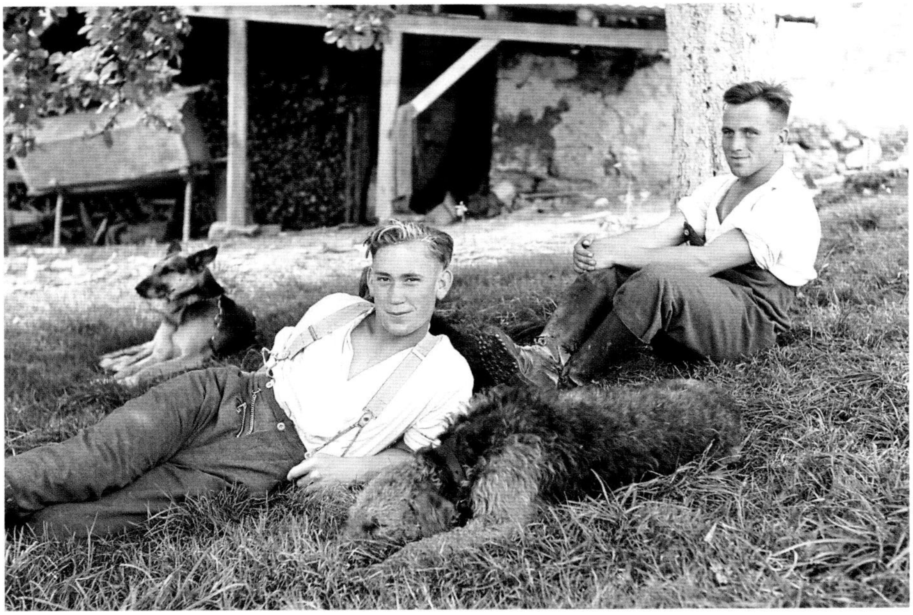

Abb. 191
Rekruten auf dem Manöver bei Apfelstetten/Schwäbische Alb, 31. August 1937. Kleinbildnegativ.

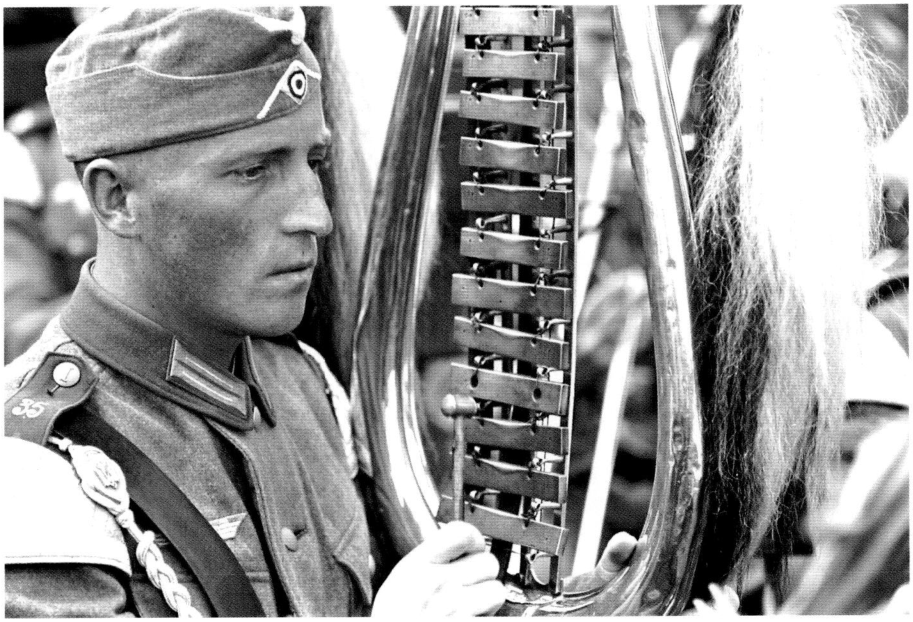

Abb. 192
Musikant auf dem Universitätssportfest, 19. Juni 1937. Kleinbildnegativ.

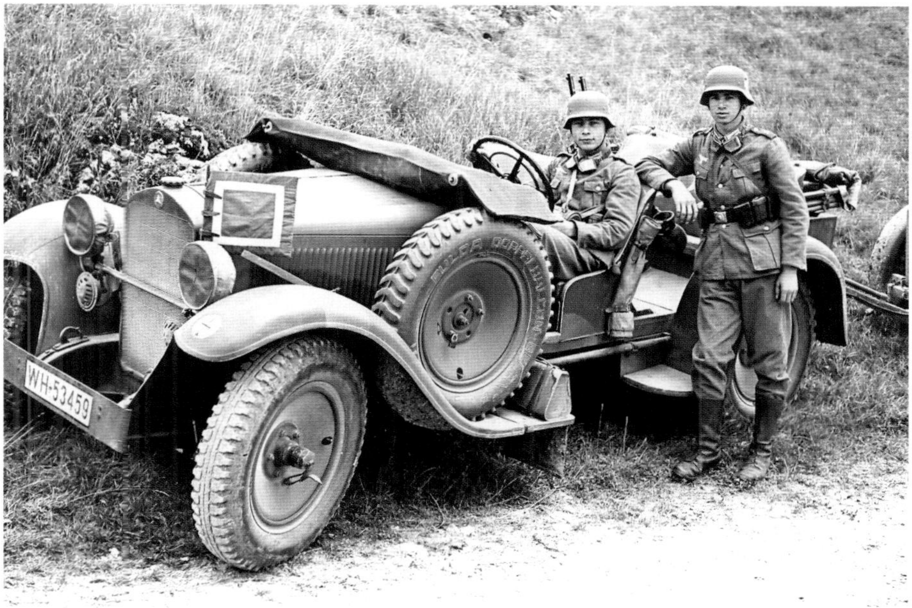

Abb. 193
Manöver, 1937. Kleinbildnegativ.

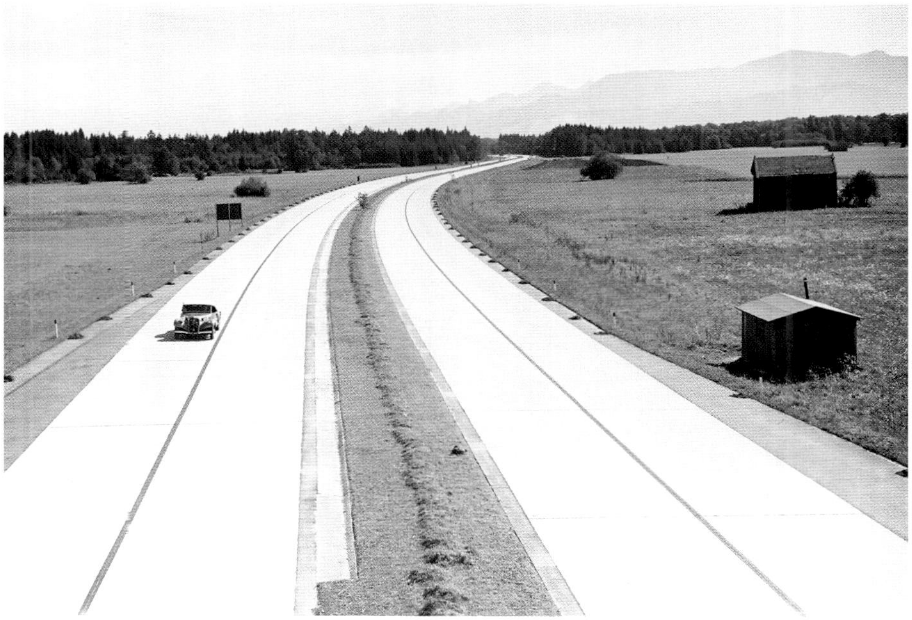

Abb. 194
Reichsautobahn hinter Irschenberg/Bayern, 17. September 1937. Kleinbildnegativ.

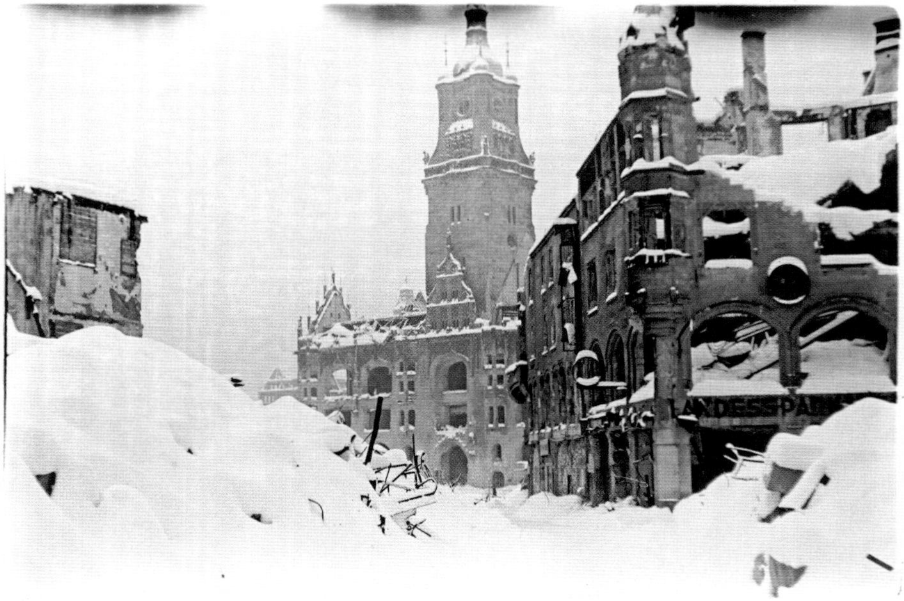

Abb. 195
Das Stuttgarter Rathaus, verdeckt fotografiert mit der Kleinbildkamera Balda Jubilette, Januar 1945. Die dunklen Flecken an den Kanten rühren von einer ausgerissenen Perforierung des Films her. Aufnahme und Entwicklung erfolgten improvisiert und unter schwierigen Bedingungen. Deshalb entsprechen die Bilder nicht der sonst üblichen Qualität.

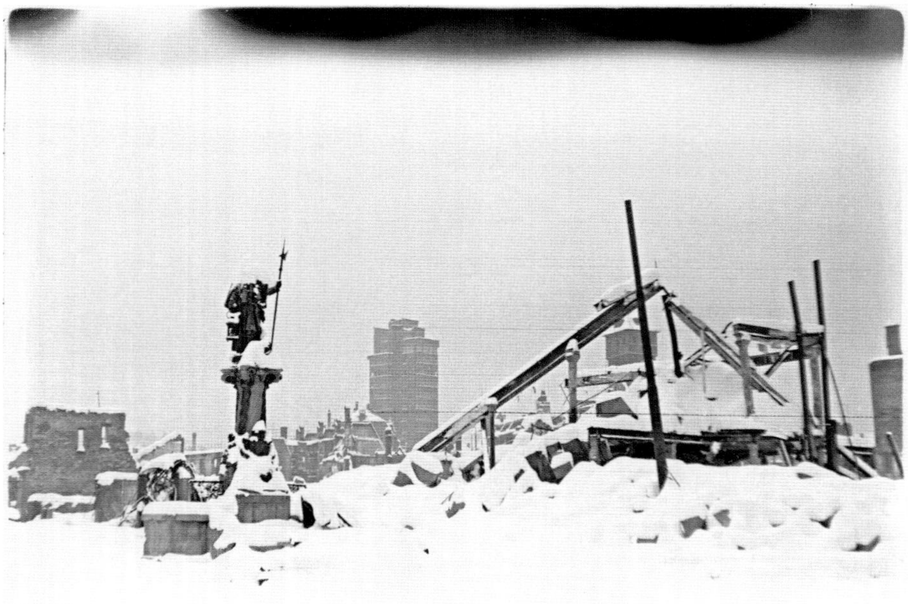

Abb. 196
Stuttgart, Innenstadt. Im Hintergrund Tagblatt-Turm, Januar 1945. Kleinbildnegativ.

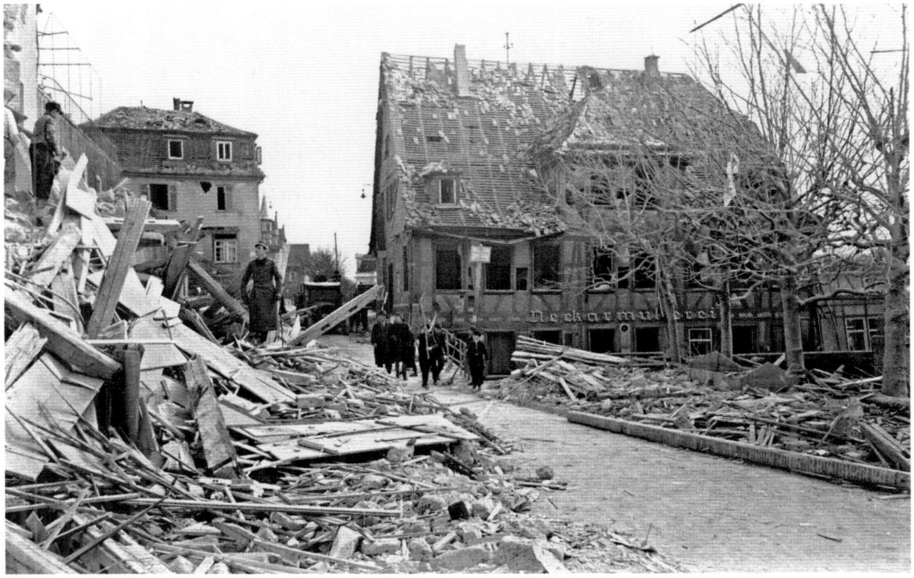

Abb. 197
Schutthaufen des Uhlandhauses, Ecke Gartenstraße und Neckarbrücke. Rechts im Hintergrund: Neckarmüllerei, 16. März 1944. Kleinbildnegativ.

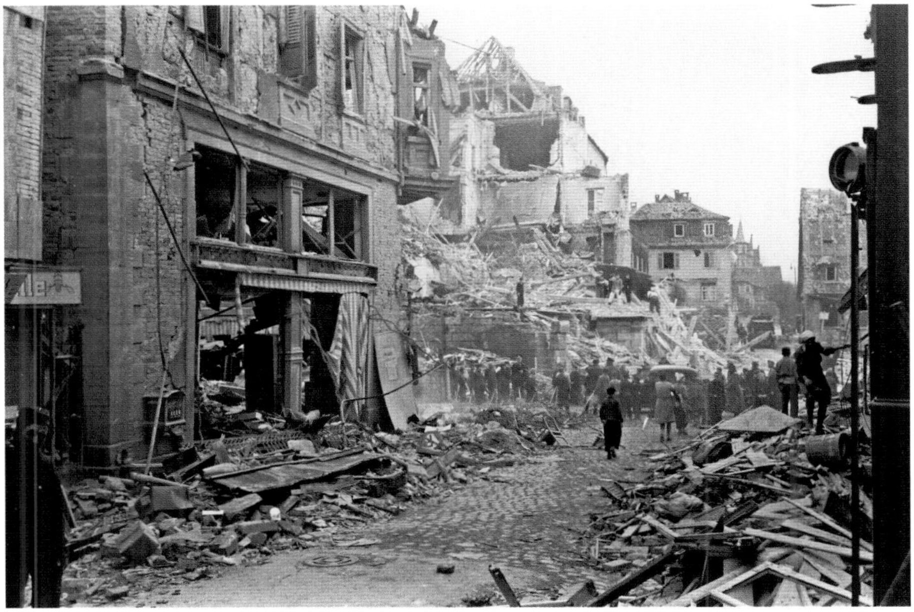

Abb. 198
Zerstörte und beschädigte Häuser in Tübingen. Links: Zigarrengeschäft Barbarino, Ecke Mühlstraße/Neckargasse; im Hintergrund: Gartenstraße mit Uhlandhausruine und Germanenhaus, 16. März 1944. Kleinbildnegativ.

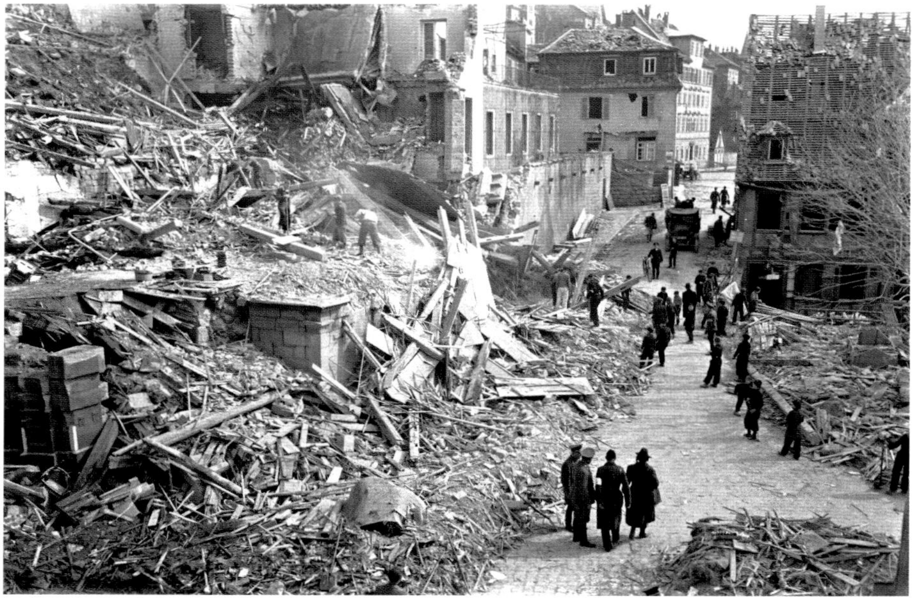

Abb. 199
Tübingen, Ecke Neckarbrücke und Gartenstraße nach dem Bombenangriff, 16. März 1944.

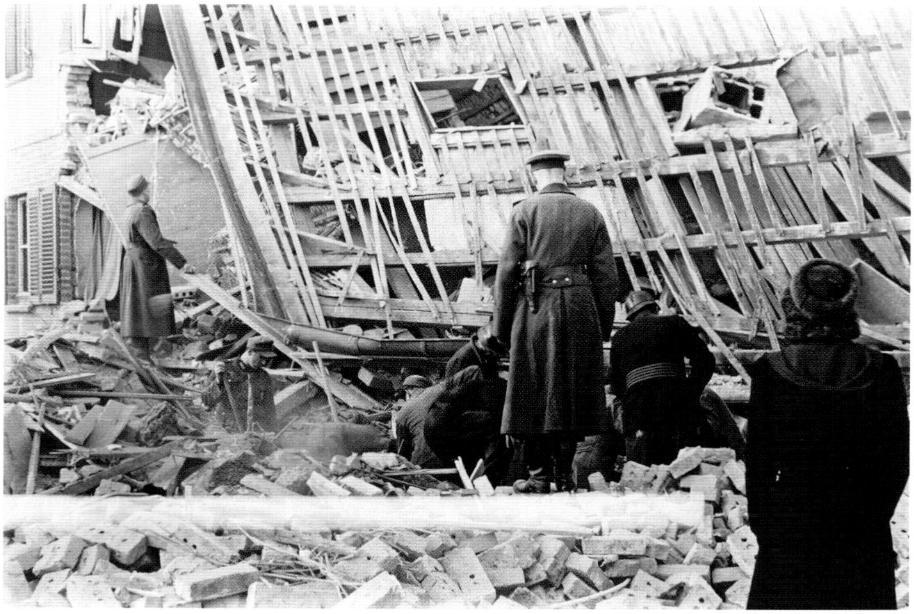

Abb. 200
Tübingen, Schaffhausenstraße, Anfang 1945. Kleinbildnegativ.

Abb. 201
Tübingen, Gasthof zum Bahnhof (Haus Röhm) von Westen, Karlstraße, Anfang 1945. Kleinbildnegativ.

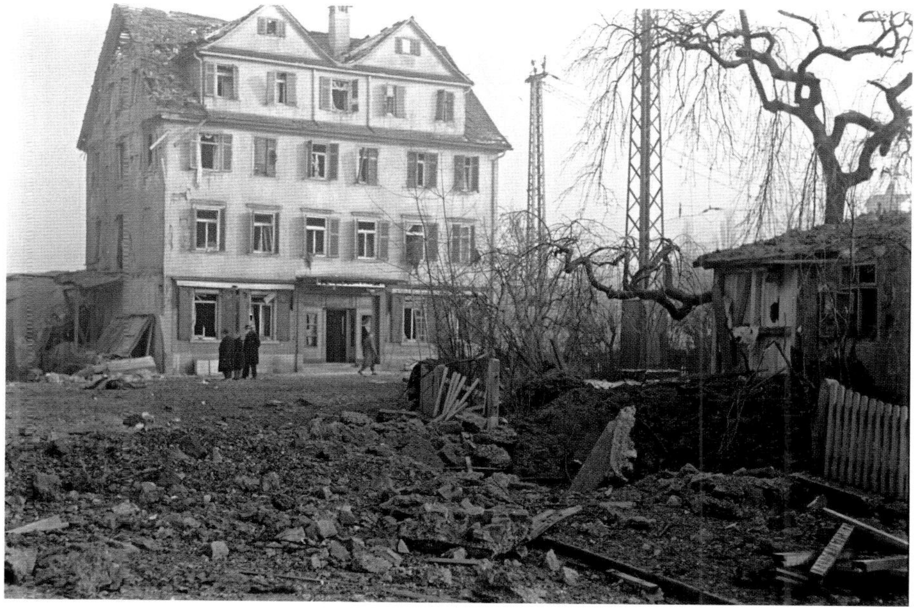

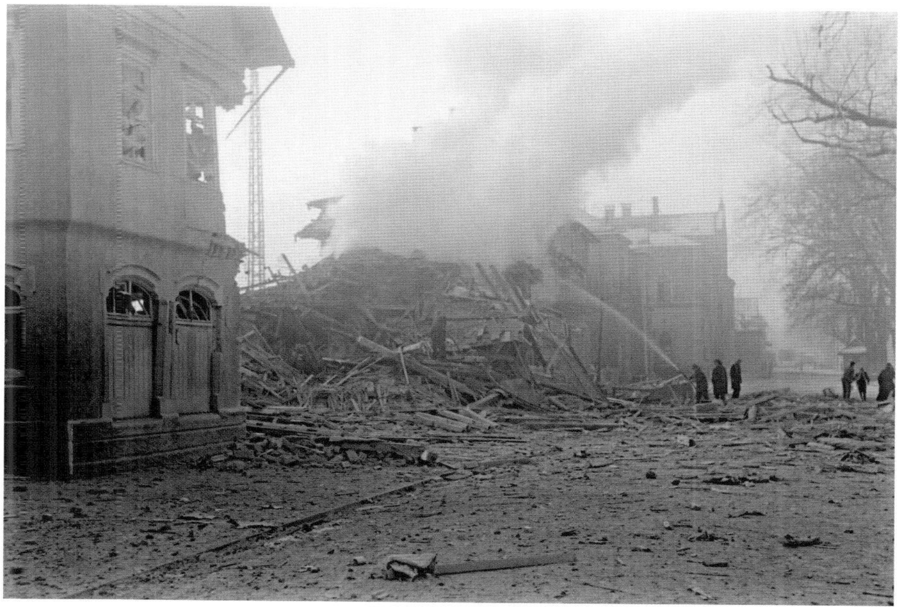

Abb. 202
Bombenschäden beim Tübinger Bahnhof, Anfang 1945. Kleinbildnegativ.

Nachkriegszeit

Nachkriegszeit und Aufbaujahre

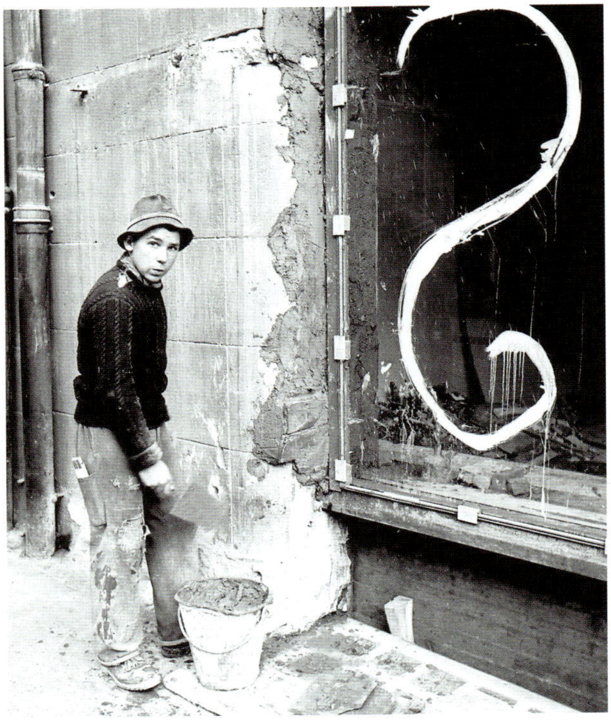

Luise Kleinfeldt führt die Geschicke des Geschäfts in die Wirtschaftswunderjahre der Bundesrepublik. Ihr zur Seite steht Hans Steinhorst, ausgebildeter Fotograf und Fotokaufmann – ein Allroundmann, der auch die Tradition der Bildreportage unter dem Label Foto Kleinfeldt weiterpflegt. Der Mitarbeiter führt außerdem Volkmar Kleinfeldt (Jg. 1934), der das Geschäft einmal übernehmen soll, in die Kunst und in das Handwerk der Fotografie ein. Steinhorsts Themenspektrum umfasst die legendären Autorennen auf dem Tübinger Stadtring genauso wie Modeschauen, Faschingsfeiern, Betriebsausflüge oder den Besuch des Bundespräsidenten Theodor Heuss. Seine Bilder sind schnörkellose Zeitdokumente mit journalistischer Finesse. Sie stehen in der Tradition der Reportagefotografie der zwanziger Jahre. Als Bildquellen besitzen sie eine großartige sozialgeschichtliche Bedeutung für die Entwicklung der Universitätsstadt Tübingen in Zeiten der demokratischen Anfänge und des wirtschaftlichen Aufbaus.

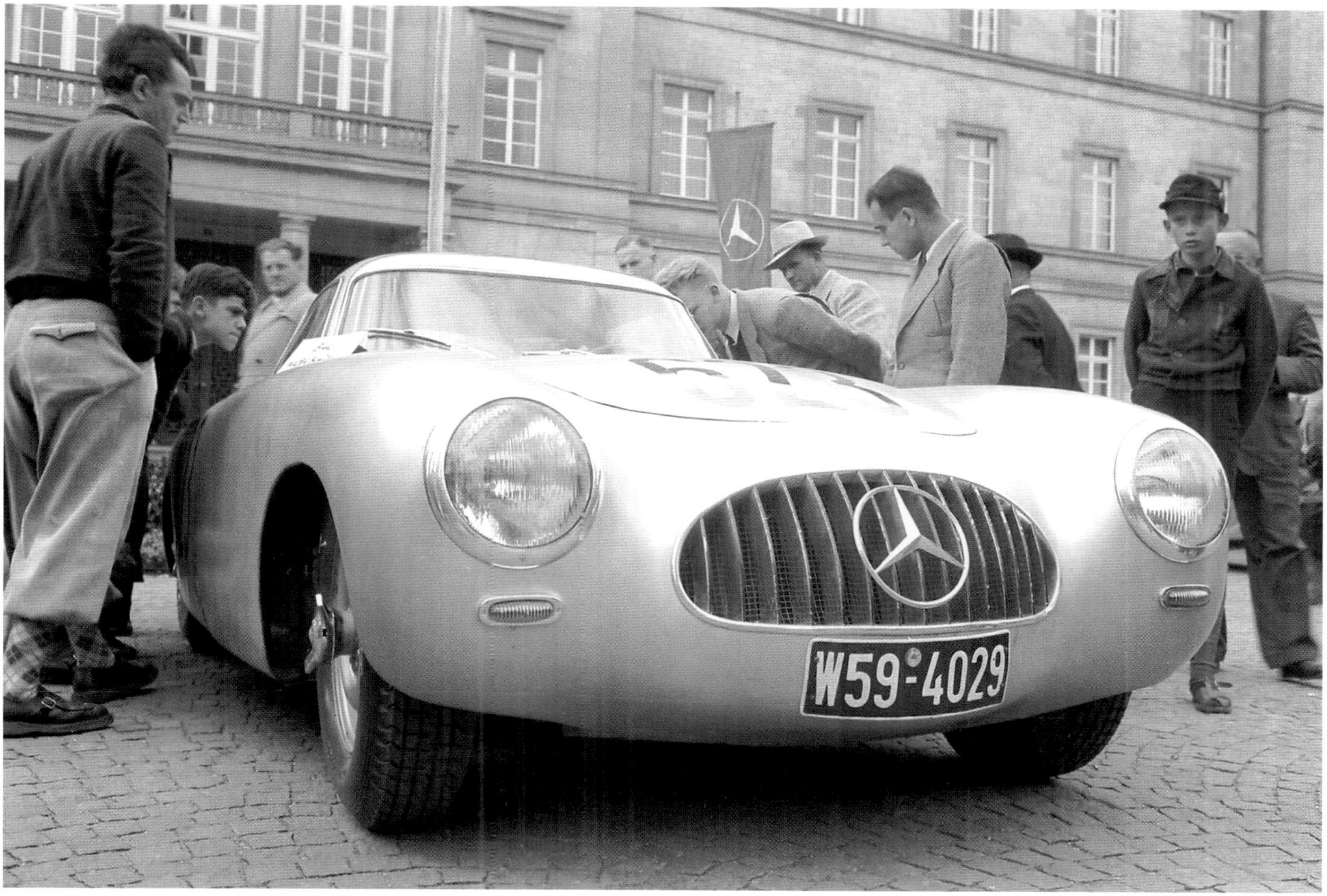

Abb. 204
Hans Steinhorst: „Mercedes-Kolonne“ vor der Neuen Aula, Tübingen Wilhelmstraße, 6. Oktober 1952. Kleinbildnegativ. Die als Rennwagen konstruierten Mercedes-Benz 300 SL (W 194) gewannen 1952 den Großen Preis der Schweiz (18. Mai), das 24-Stunden-Rennen in Le Mans (13./14. Juni) und den Großen Preis von Deutschland (3. August) sowie die Carrera Panamericana (19.–23. November). Von dem Vorläufer des Serien-Flügeltürers wurden nicht mehr als elf Exemplare gebaut. Im Mai belegte das Fahrerteam Karl Kling und Hans Klenk mit dem 300 SL, Startnummer 623, Platz 2 bei der Mille Miglia. Dieser Wagen gelangte später in die USA. Der Mercedes auf dem Foto war der Trainingswagen auf der Mille Miglia. Für Präsentationen applizierte man die Startnummer (623) des Rennfahrzeugs. Der Wagen ist heute im Besitz der MB Classic.

Abb. 203
Linke Seite: Volkmar Kleinfeldt: Bauarbeiter, Mühlstraße Tübingen, 1959. Kleinbildnegativ.

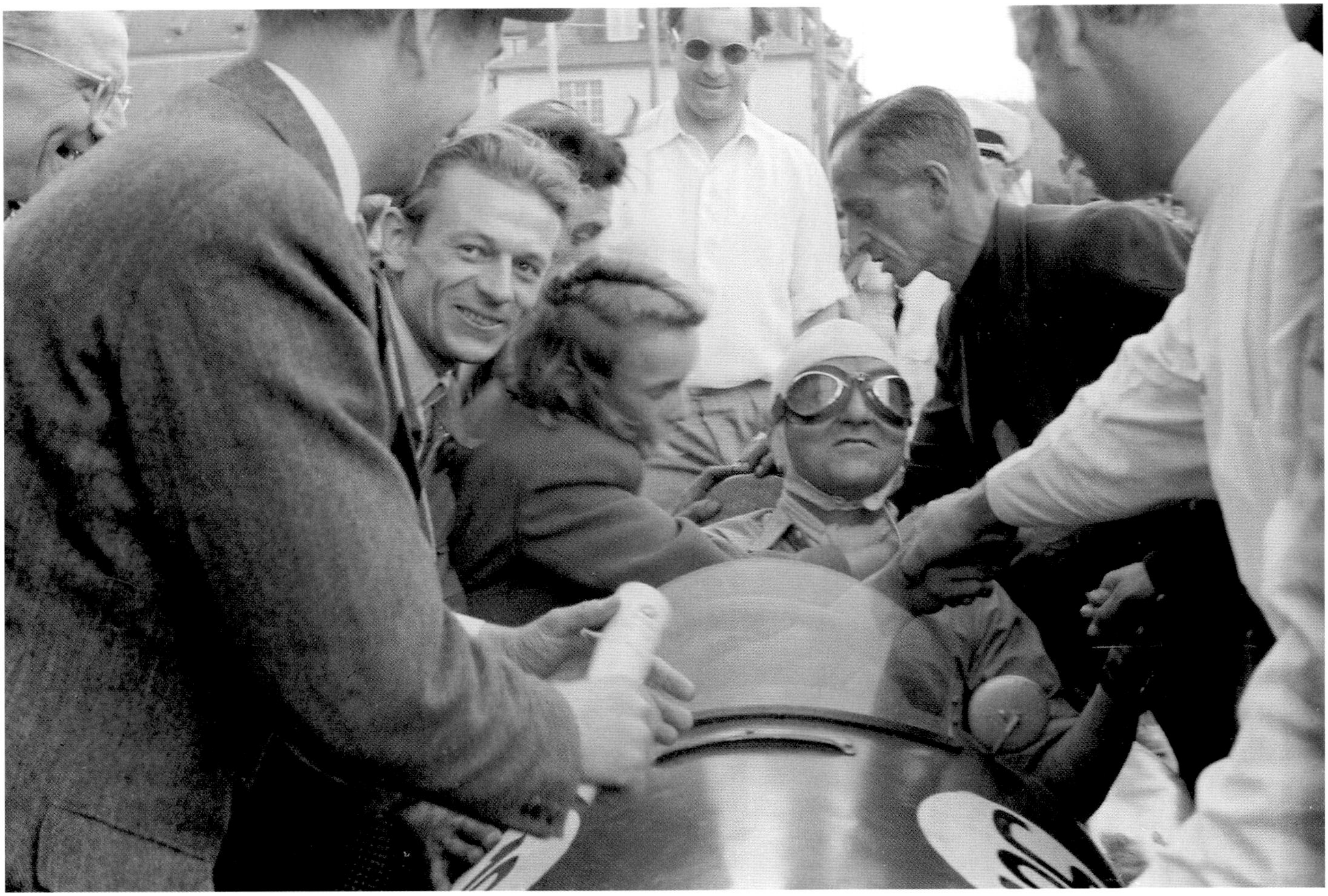

Abb. 205
Hans Steinhorst: Egon Brütsch (Stuttgart), Sieger in der Formel II im Westenrieder Maserati, Reutlinger Straße, 25./26. Juni 1949 vor 50.000 Zuschauern. Der Rennfahrer produzierte in den fünfziger Jahren Kleinwagen der Marke Brütsch. Kleinbildnegativ.

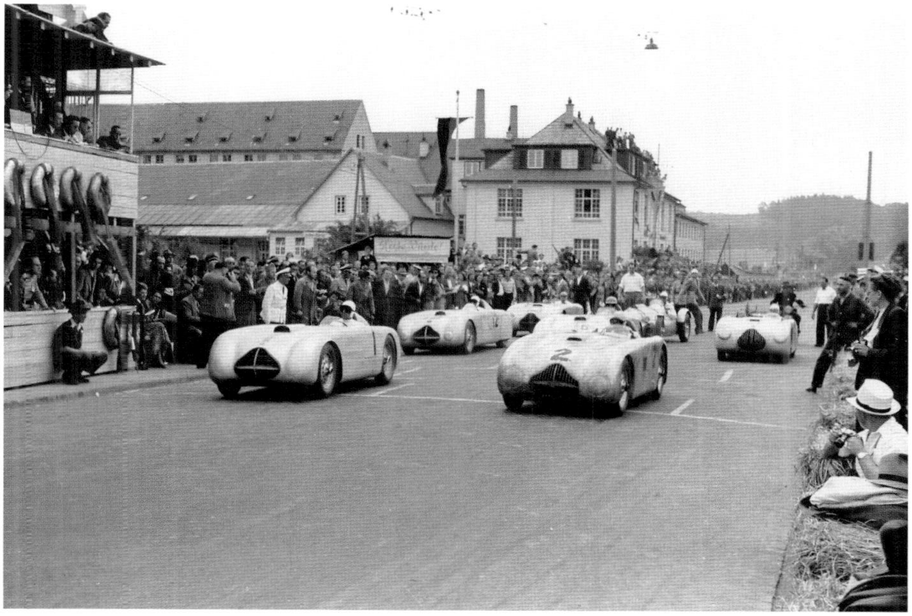

Abb. 206
Hans Steinhorst: Start des Rennens der Sportwagen-Klasse in der Reutlinger Straße. Links im Veritas mit der Nummer 1 der spätere Sieger Karl Kling, 25./26. Juni 1949. Kleinbildnegativ. Karl Kling (1910–2003) war 1950 und 1951 Deutscher Sportwagenmeister und von 1955 bis 1968 Rennsportleiter bei Mercedes-Benz.

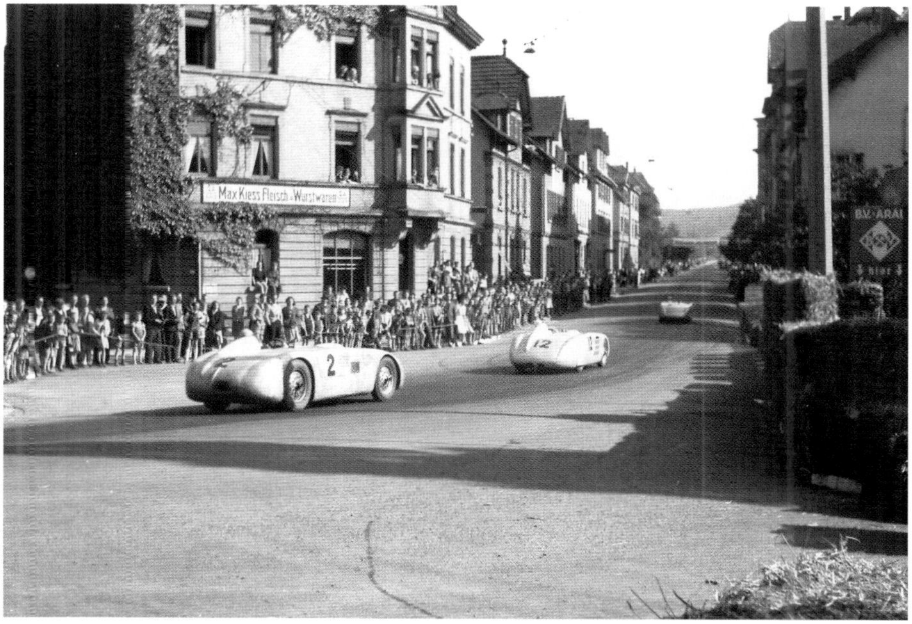

Abb. 207
Hans Steinhorst/Volkmar Kleinfeldt: Veritas-Rennwagen in der Hechinger Straße, 25./26. Juni 1949. Kleinbildnegativ.

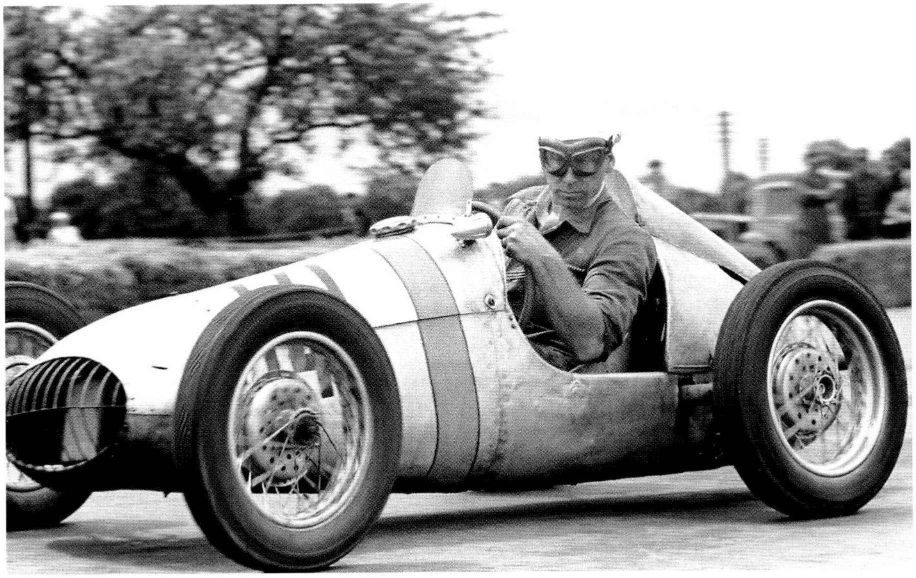

Abb. 208
Hans Steinhorst: Adolf Glunz (Lüdenscheid) auf Scampolo im Rennen der Formel III (über 15 Runden und 45,12 km). 2. Tübinger Stadtringrennen, 18. Juni 1950. Kleinbildnegativ.

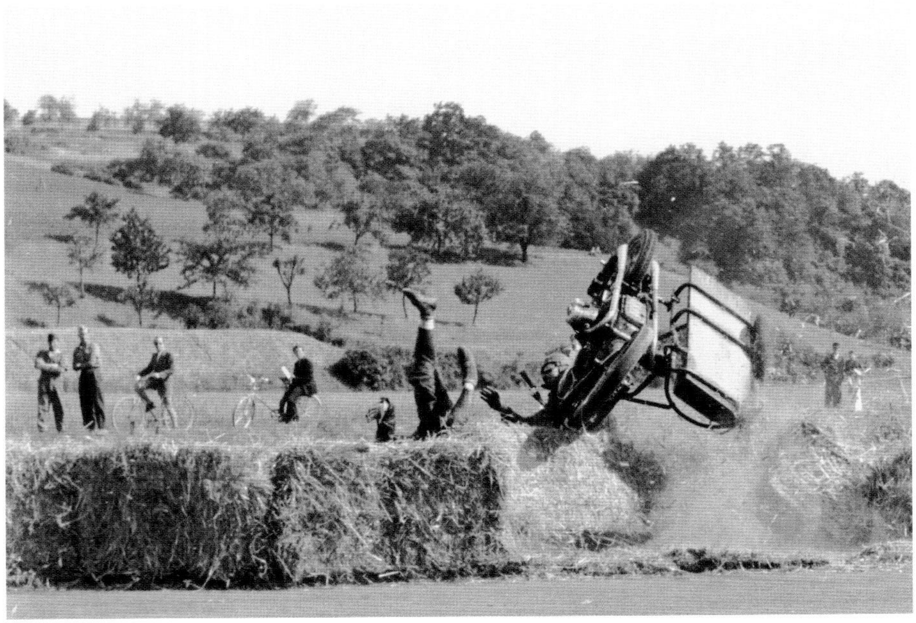

Abb. 209
Volkmar Kleinfeldt: Sturz über Strohballen, Ecke Hechinger- und Stuttgarter Straße, 25./26. Juni 1949. Kleinbildnegativ.

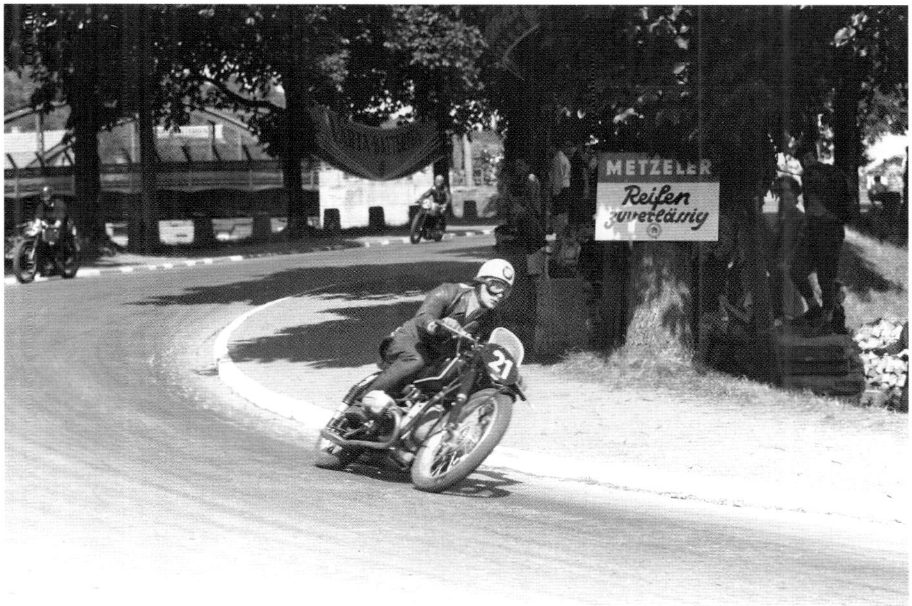

Abb. 210
Hans Steinhorst/Volkmar Kleinfeldt: 1. Tübinger Stadtringrennen, Hechinger Straße. Walter Zeller auf der 500er Kompressor BMW. Im Hintergrund: Blaue Brücke, 25./26. Juni 1949. Kleinbildnegativ. Zeller (1927–1995) war 1950 Deutscher Meister und 1956 Vizeweltmeister in der 500-ccm-Klasse.

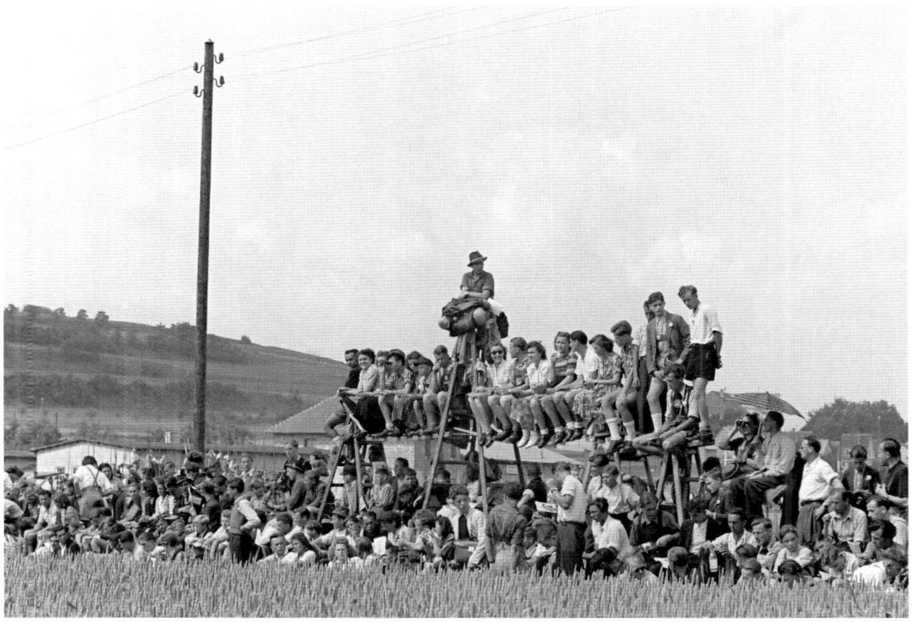

Abb. 211
Hans Steinhorst: Improvisierte Tribüne beim 2. Tübinger Stadtringrennen, 17. Juni 1950. Kleinbildnegativ.

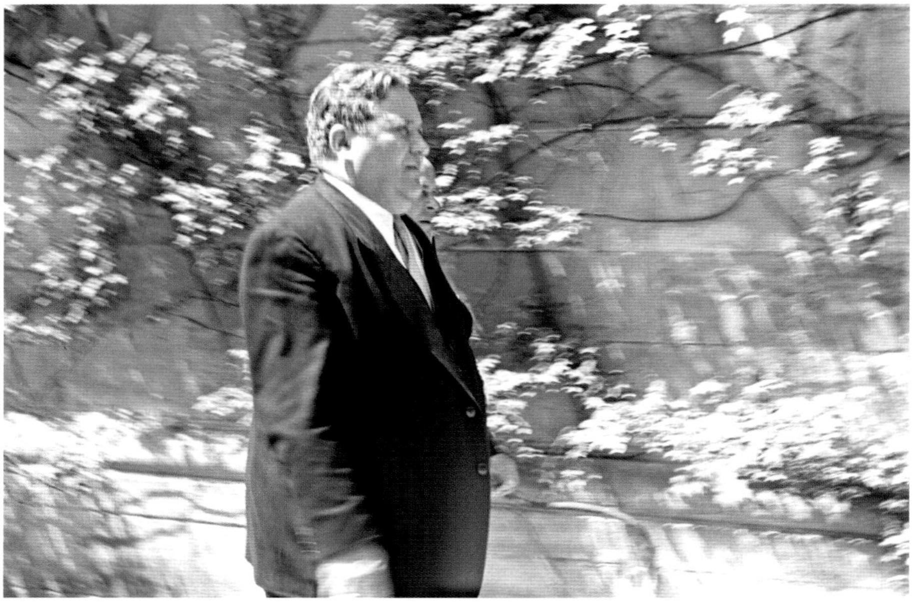

Abb. 212
Hans Steinhorst: Carlo Schmid (1896–1979), Tübingen-Bebenhausen, 5. Juni 1950. Kleinbildnegativ. Carlo Schmid (SPD) zählte zu den fähigsten Politikern in der unmittelbaren Nachkriegszeit. Im Oktober 1945 war der Jurist als Präsident des Staatssekretariats an die Spitze der provisorischen Regierung Württemberg-Hohenzollerns getreten. Außerdem übte er das Amt des Kultus- und Justizministers aus. Bis zu den ersten Landtagswahlen am 8. Juli 1947 war er Staatspräsident und danach bis Mai 1950 der Stellvertreter von Staatsminister Lorenz Bock (CDU) und dessen Nachfolger Gebhard Müller (CDU). Carlo Schmid ist einer der Väter des Grundgesetzes.

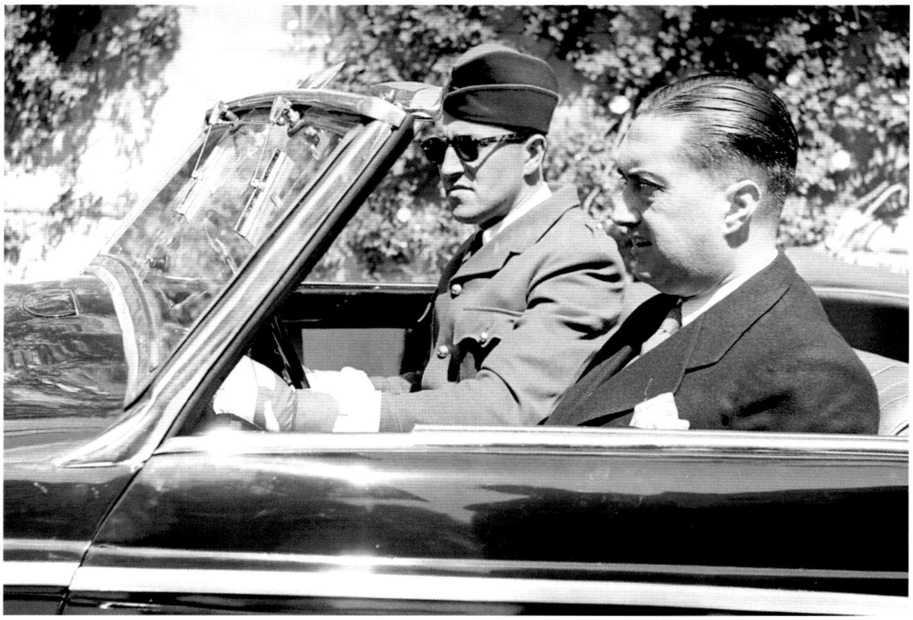

Abb. 213
Hans Steinhorst: Guillaume Widmer im offenen Delahaye-Wagen anlässlich des Besuches von Bundespräsident Theodor Heuss, 5. Juni 1950. Kleinbildnegativ. Widmer (1906–1968) war von 1945 bis 1952 Chef der Militärregierung Württemberg-Hohenzollerns.

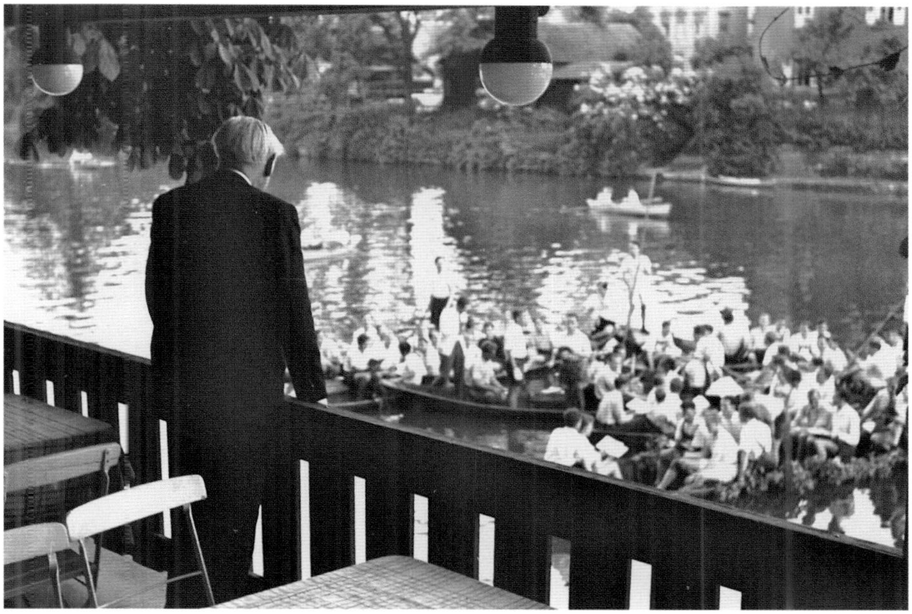

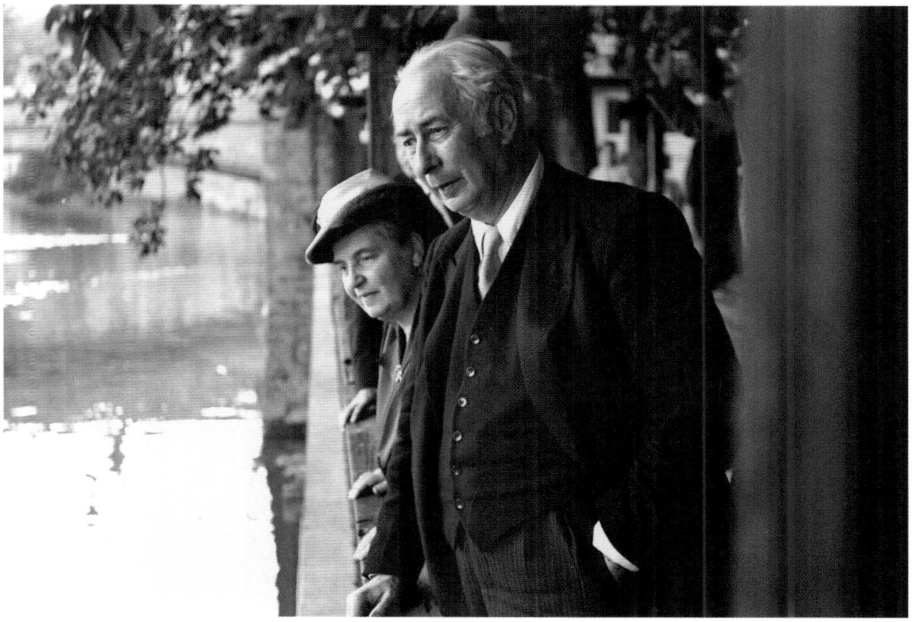

Abb. 214 und 215
Hans Steinhorst: Theodor Heuss und Gattin in der Neckarmüllerei, 5. Juni 1950. Kleinbildnegativ.

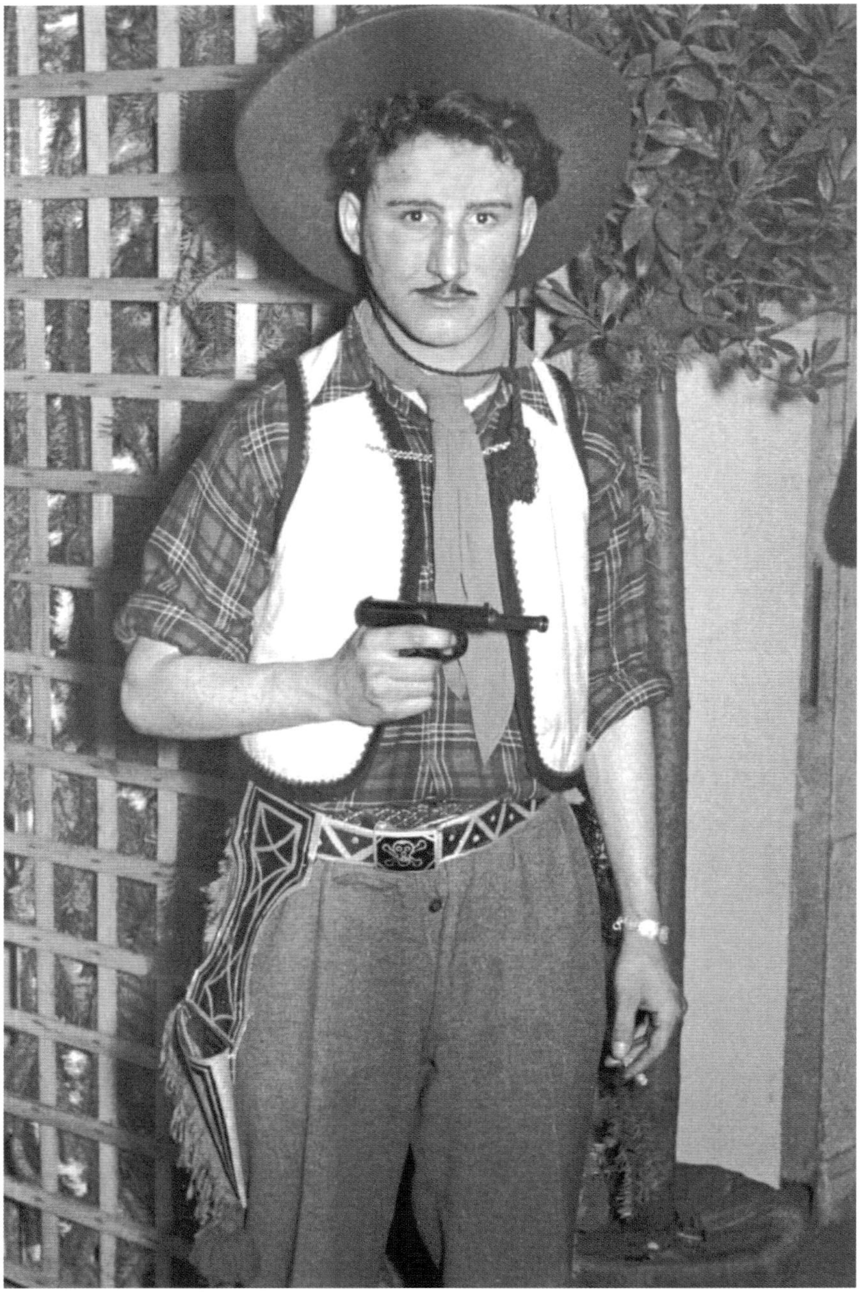

Abb. 216
Hans Steinhorst: Fasching im Tübinger Rittersaal, 3. Februar 1951. Kleinbildnegativ.

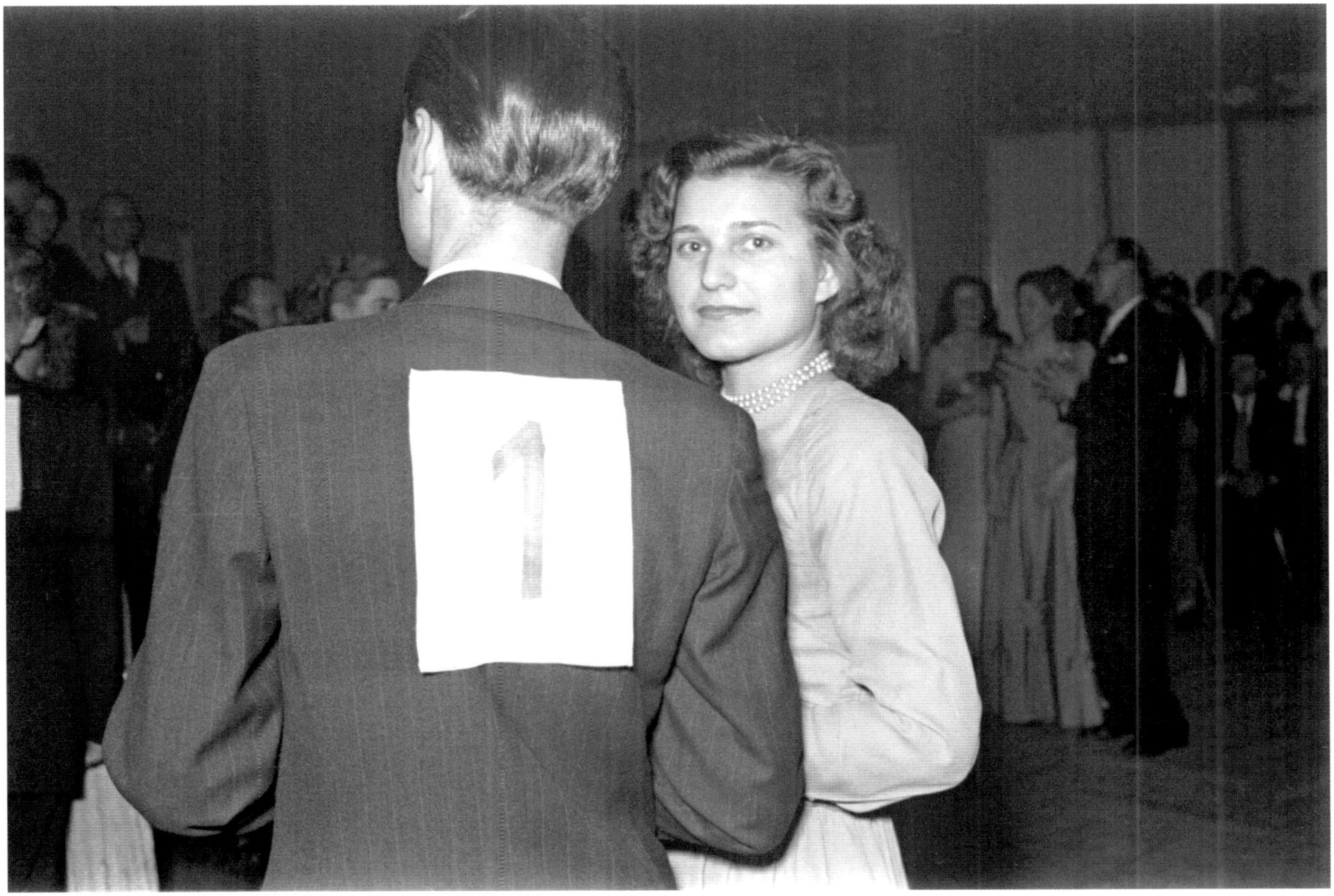

Abb. 217
Hans Steinhorst: Tanzturnier anlässlich des Freibadbaues, im Museum 13. Januar 1951. Kleinbildnegativ.

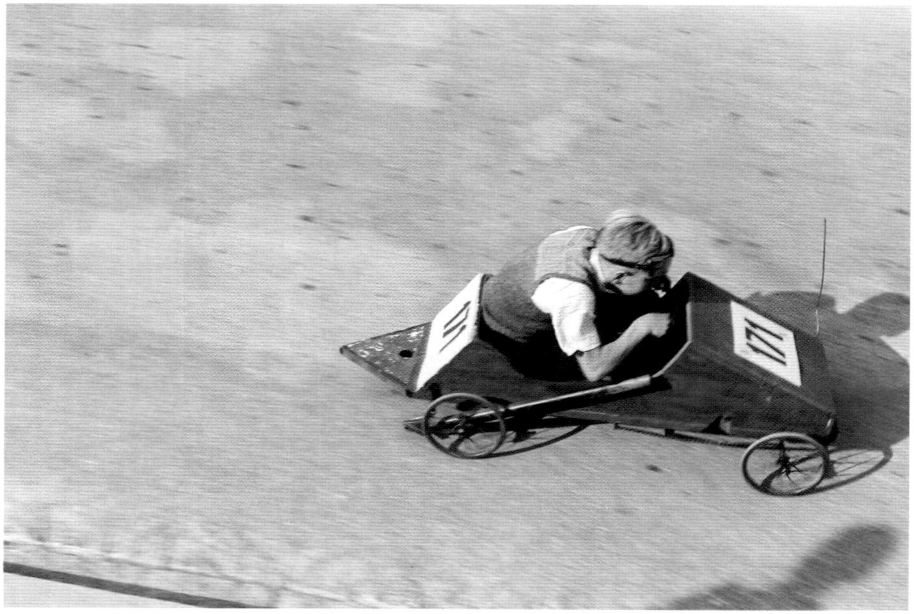
171

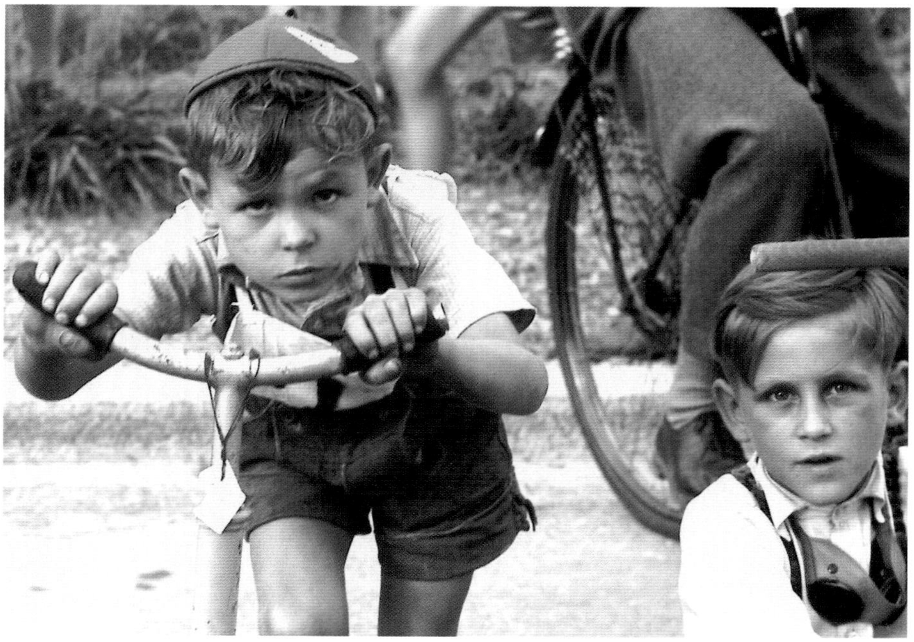

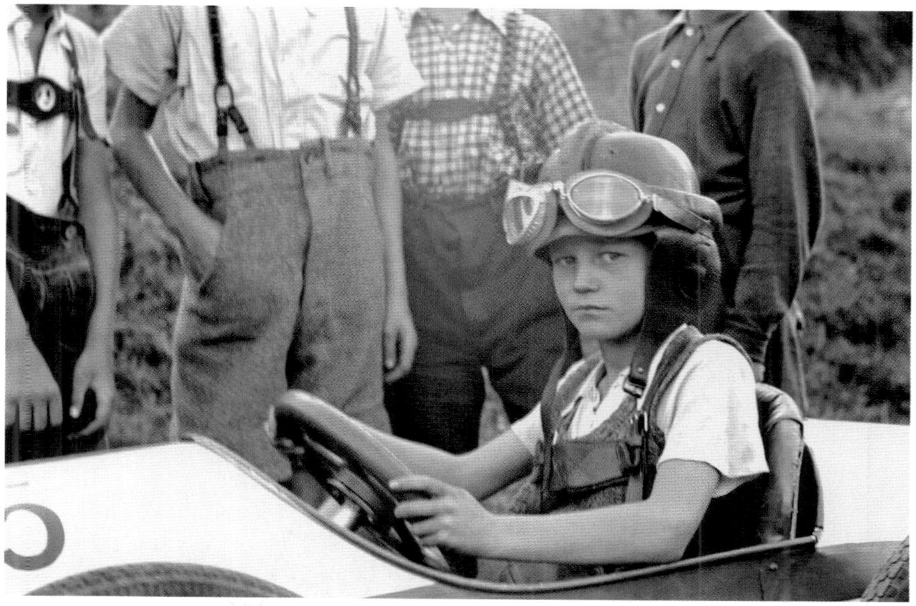

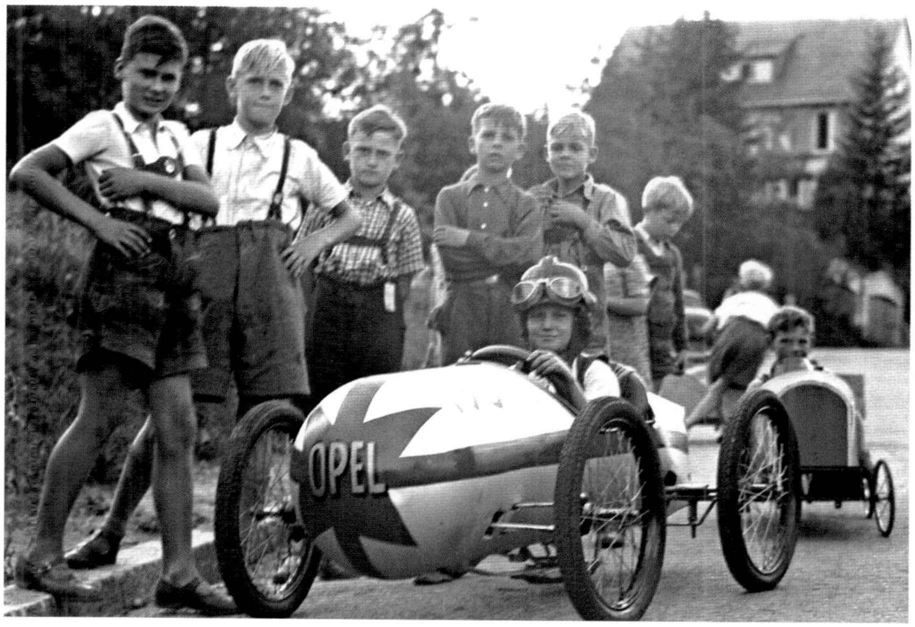

Abb. 218–221
Volkmar Kleinfeldt: 2. Seifenkistenrennen in Tübingen, Goethestraße, 1950. Kleinbildnegative.

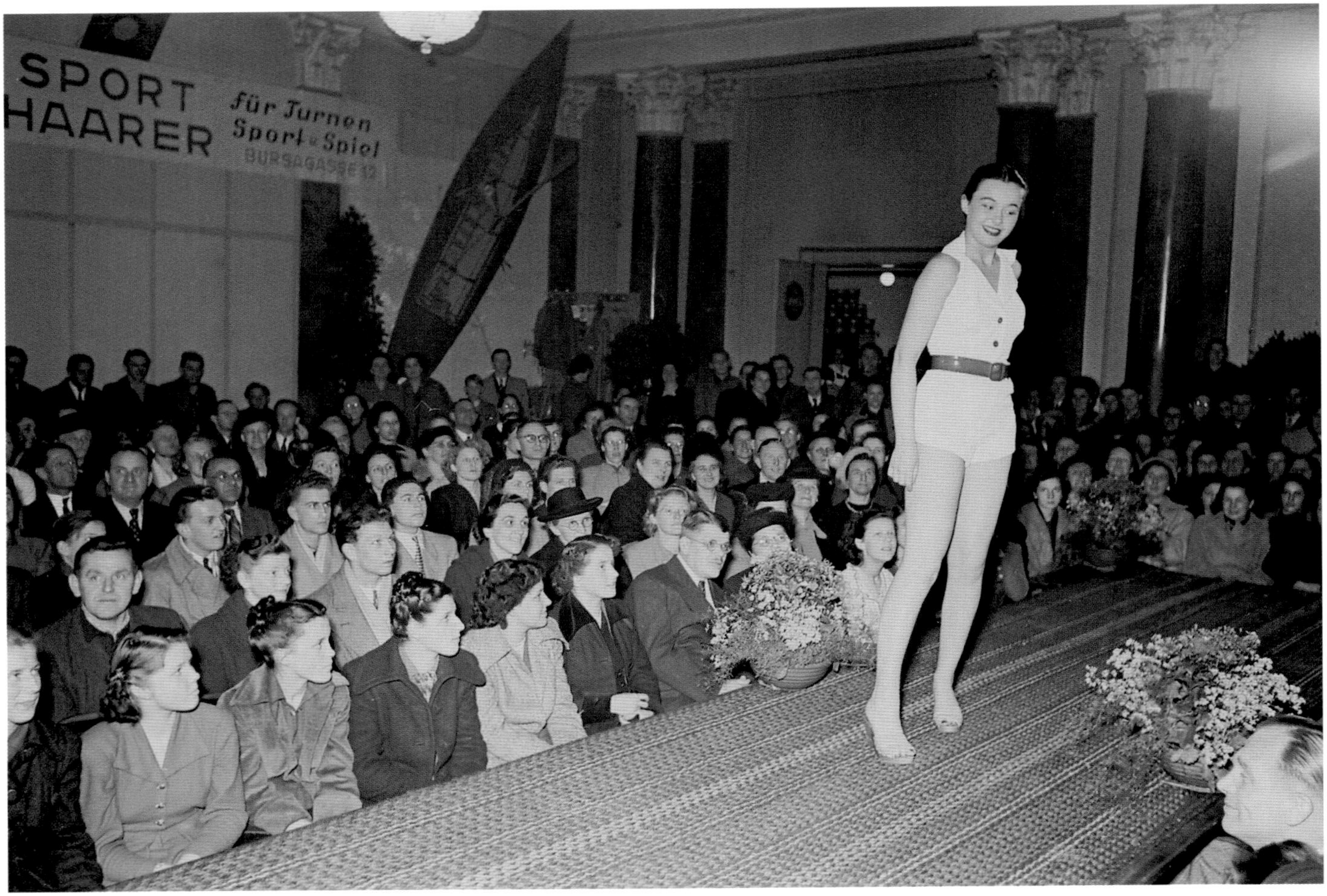

Abb. 222
Hans Steinhorst: „Moderevue Triumph der Eva“ im Tübinger Museum, 3. April 1951. Kleinbildnegativ.

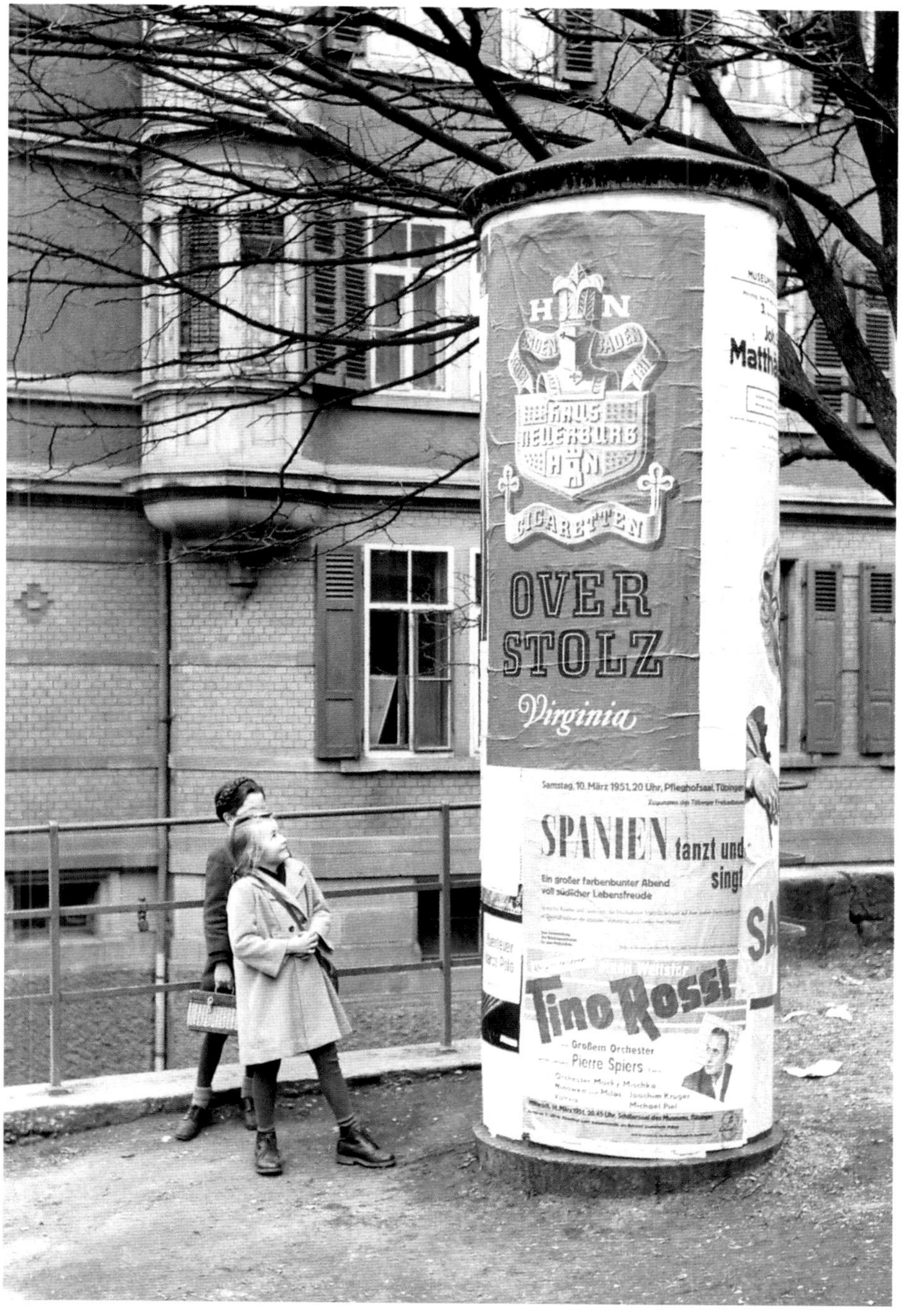

Abb. 223
Hans Steinhorst: Litfaß-Säule, Tübingen, März 1951. Kleinbildnegativ.

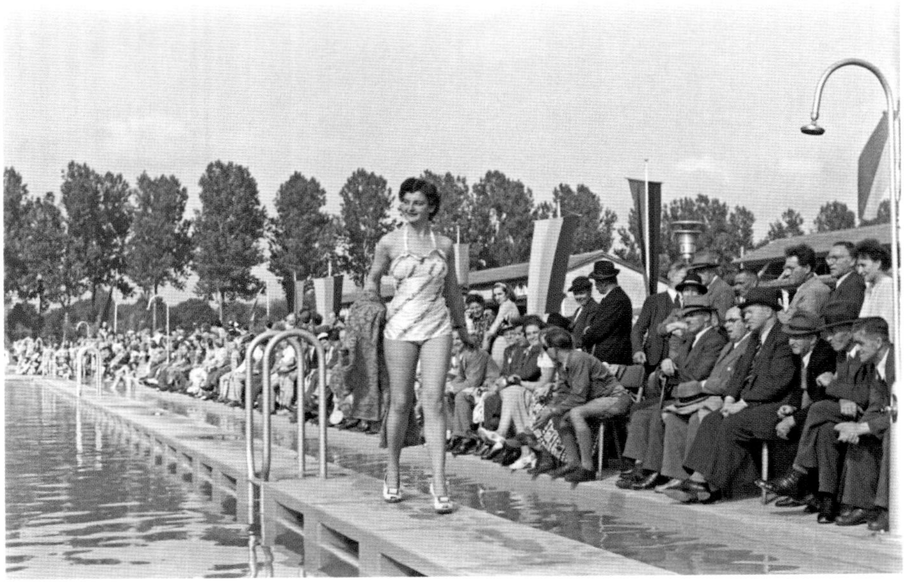

Abb. 224
Hans Steinhorst: Modeschau, Eröffnung des Tübinger Freibades, 16. Juni 1951. Kleinbildnegativ.

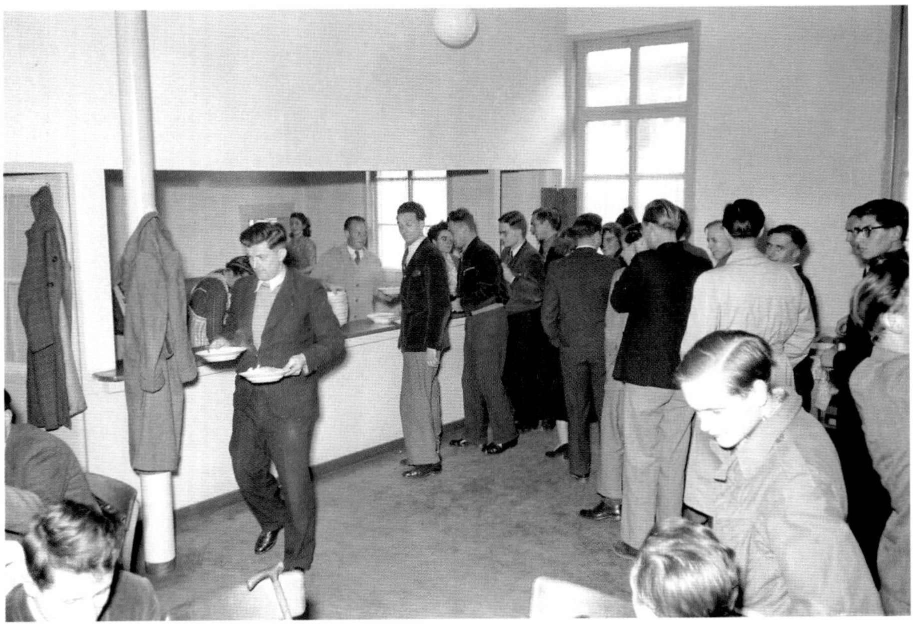

Abb. 225
Hans Steinhorst: Tübinger Mensa, Dezember 1951. Kleinbildnegativ.

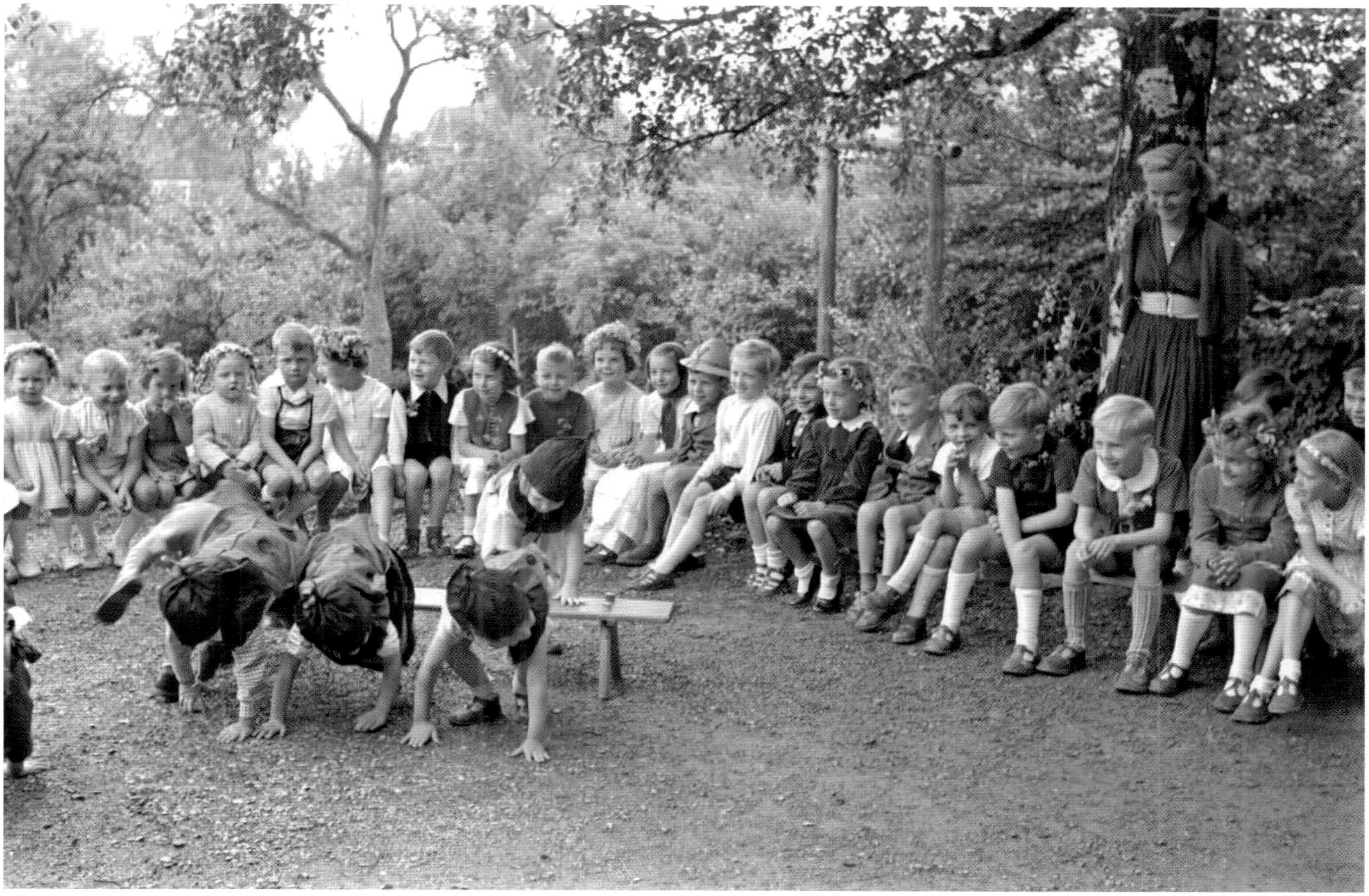

Abb. 226
Hans Steinhorst: Sommerfest im Kindergarten Stauffenbergstraße 32, 29. Juni 1951. Kleinbildnegativ.

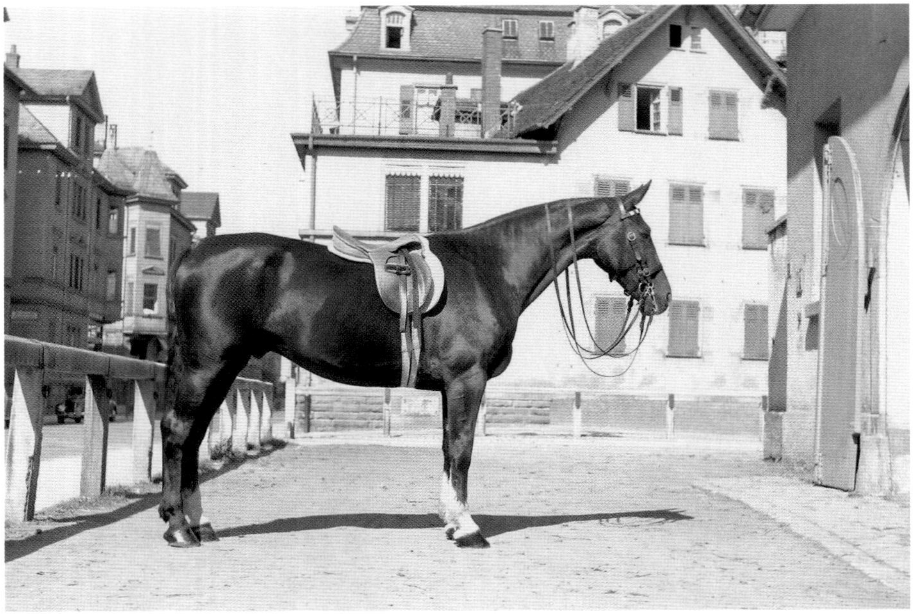

Abb. 227
Hans Steinhorst: Reitpferd, Rückseite des Reithauses (heute Mensa), Nauklerstraße. September 1953. Kleinbildnegativ.

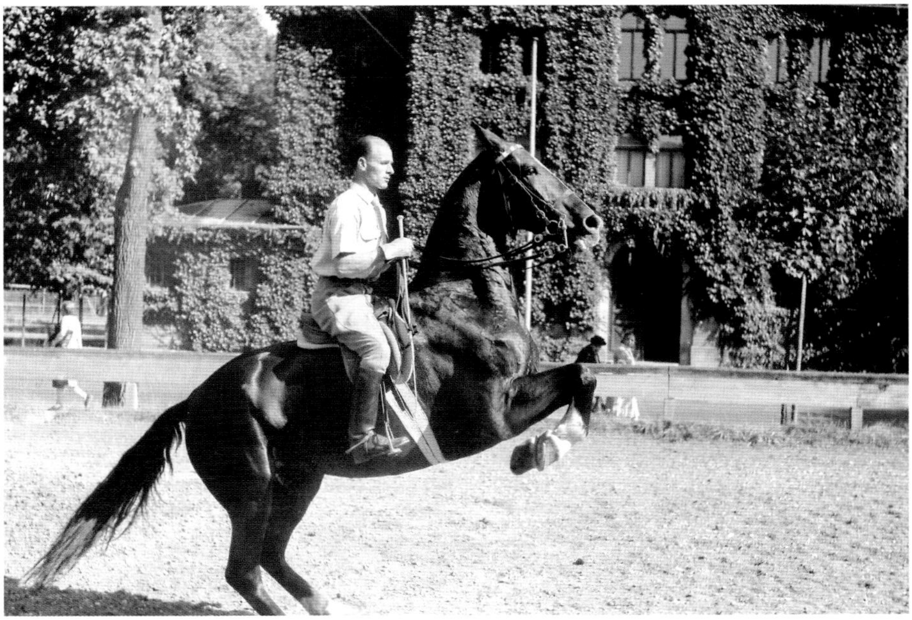

Abb. 228
Hans Steinhorst: Reitlehrer Kurd Albrecht von Ziegener auf dem Parcours vor der Reithalle, Wilhelmstraße (heute Mensa). Im Hintergrund die alte Turnhalle der Universität. September 1953. Kleinbild-negativ.

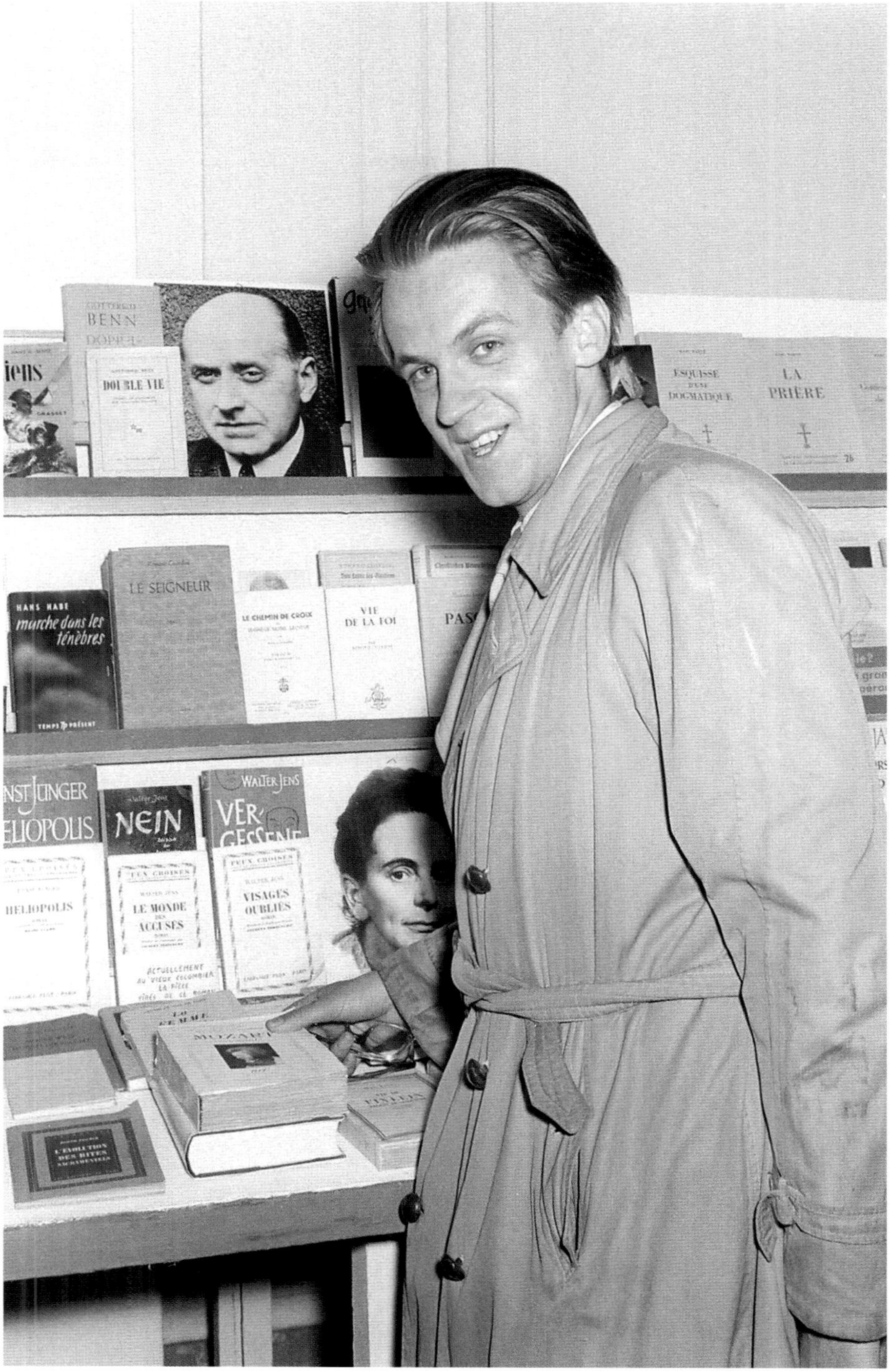

Abb. 229
Hans Steinhorst: Walter Jens beim Bücherfest in der Wandelhalle der Universitätsbibliothek, 1953/1954. Kleinbildnegativ.

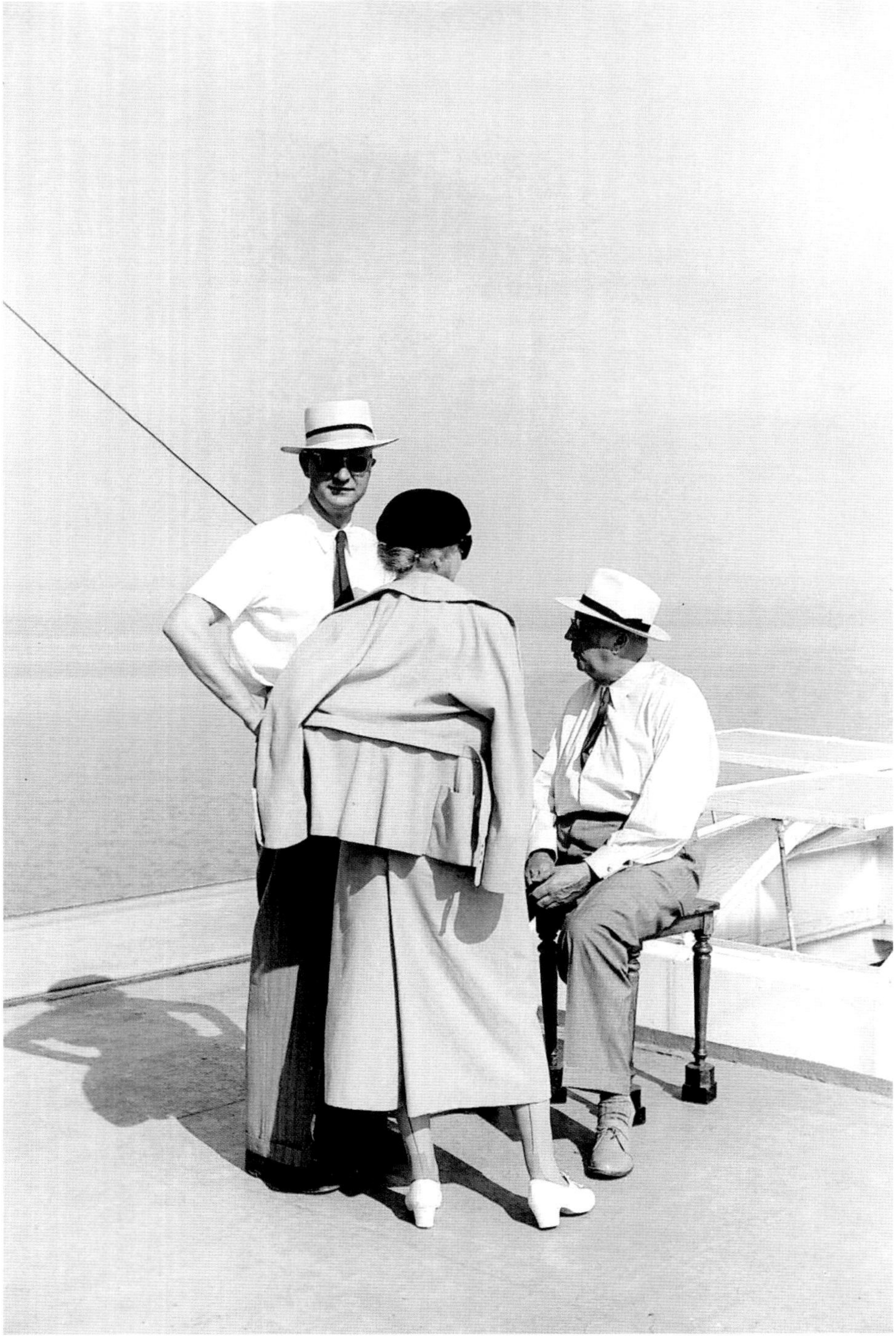

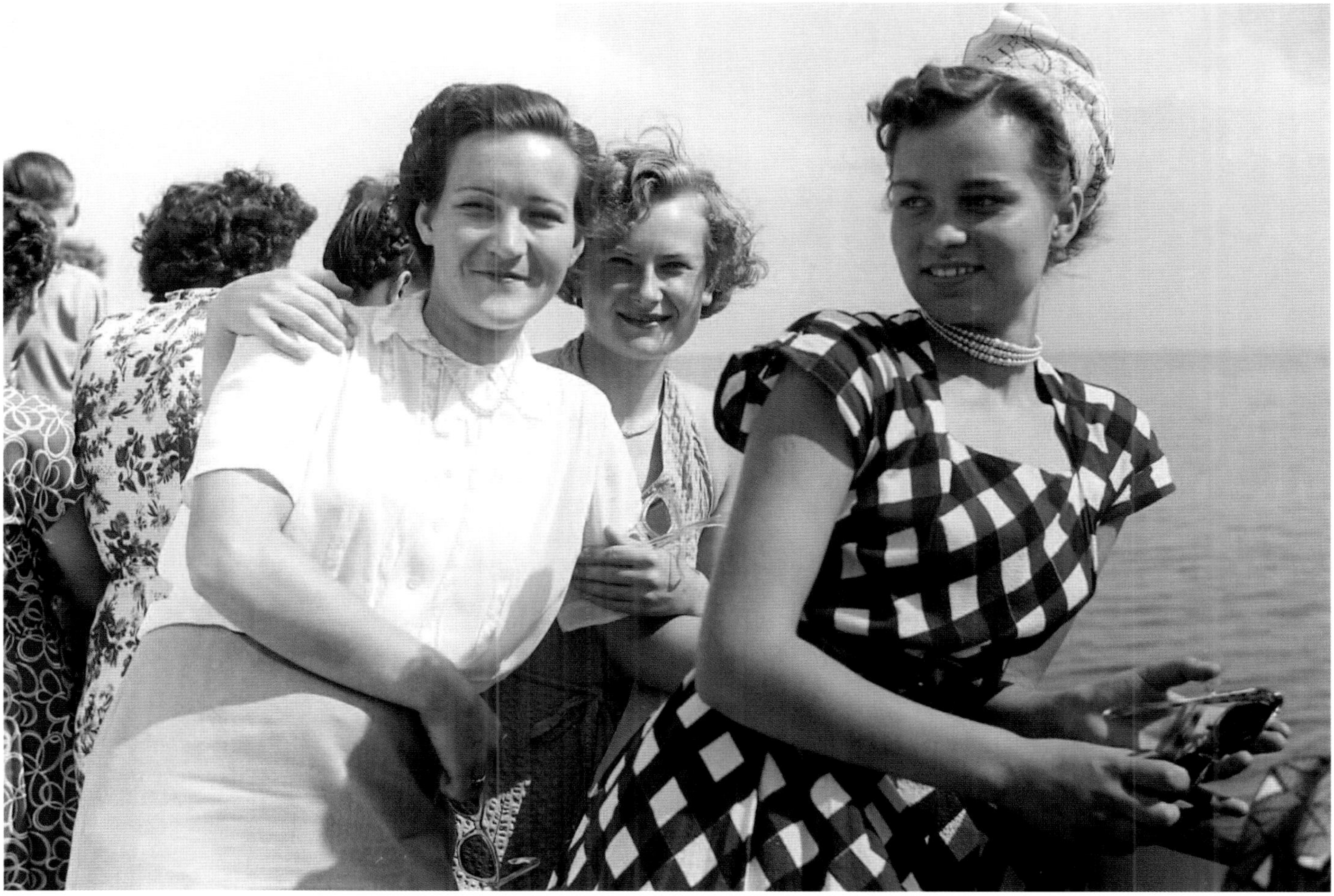

Abb. 230 und 231
Hans Steinhorst: Egeria-Betriebsausflug an den Bodensee, August 1953. Kleinbildnegative.

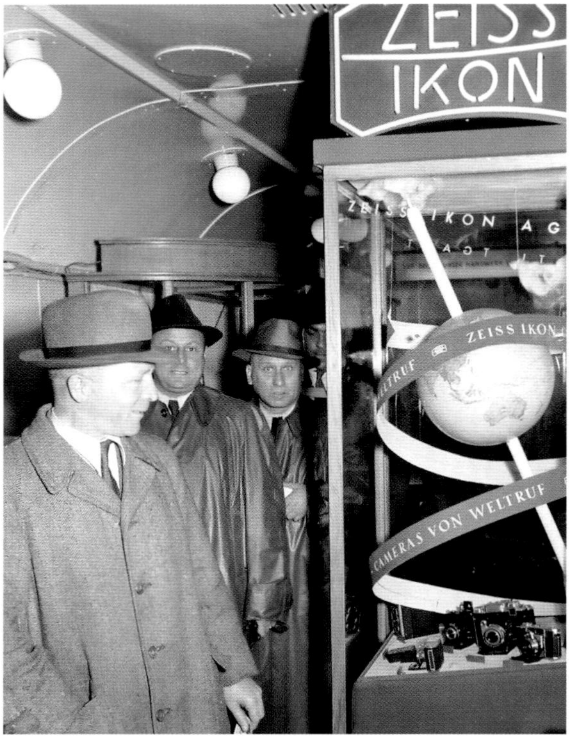

Abb. 232 und 233
Hans Steinhorst: Marshall-Plan-Zug in Tübingen, 12. April 1951. Kleinbildnegativ. US-Außenminister George Marshall initiierte das Wiederaufbauprogramm in Europa nach dem Krieg. Eine Werbeschau in einem Zug mit fünfzehn Waggons hielt 1950/51 in 71 deutschen Städten. In der Ausstellung konnte sich die Bevölkerung über den Marshall-Plan informieren. Von dem Ereignis gab die Deutsche Bundespost in einem Postamt im Zug Sonderstempel heraus. Die Ausstellung war jeweils von 10 bis 20 Uhr geöffnet, der Eintritt kostete 20 Pfennige.

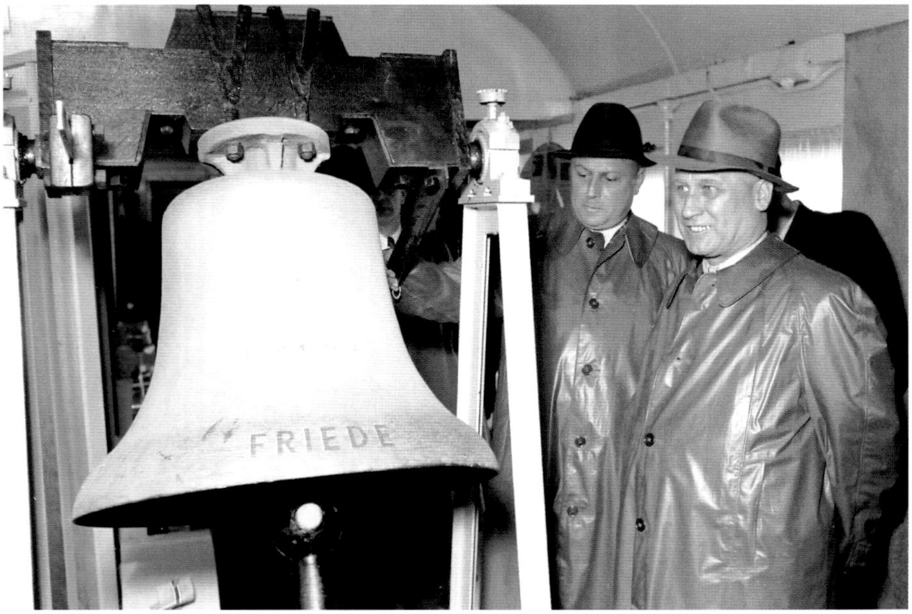

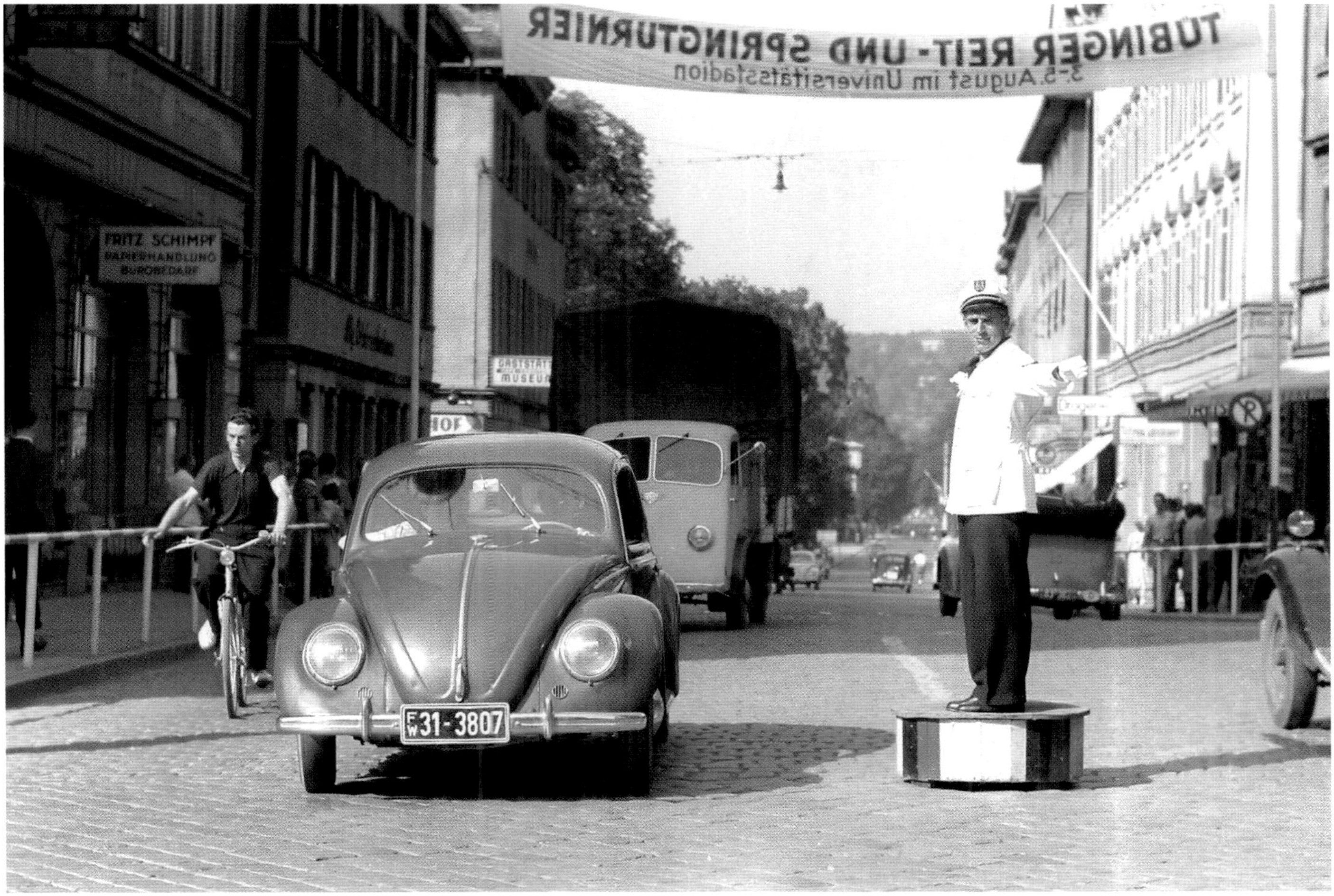

Abb. 234
Hans Steinhorst: Straßenkreuzung am Lustnauer Tor in Tübingen, 1952. Kleinbildnegativ. Die schwarzen Autokennzeichen galten bis 1956. FW stand für Französische Zone Württemberg und Hohenzollern, 31 für Tübingen.

Technik, Landschaft

Technik, Landschaft und Natur

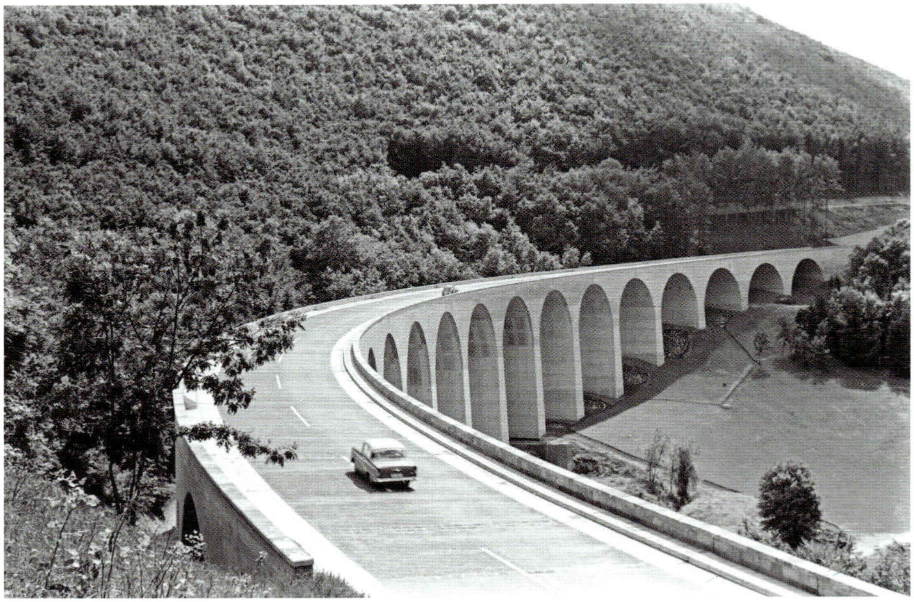

Volkmar Kleinfeldt ist ein Tüftler – seit den fünfziger Jahren konstruiert er eine Vielzahl an kameratechnischen Neuerungen. Parallel kümmert er sich um den Laden, entwirft Prospekte, schreibt Aufsätze in der Fachpresse und entwickelt 1970 in der Vorzeit der EDV für das Geschäft die MDV – ein manuelles Datenverarbeitungssystem, mit dem sich die gesamte Warenwirtschaft organisieren lässt.

In seinem lichtbildnerischen Werk konzentriert sich der Fotokaufmann mit fotografischer Ausbildung auf Landschafts- und Naturaufnahmen. Einen gleichfalls großen Stellenwert besitzen die Artefakte der Technik. Volkmar Kleinfeldt begibt sich – die Gegenwart im Blick – leidenschaftlich gerne an frühere fotografische Standorte. Genauso mag er Panoramabilder. Sie entstehen am Computer aus bis zu acht digitalen Aufnahmen.

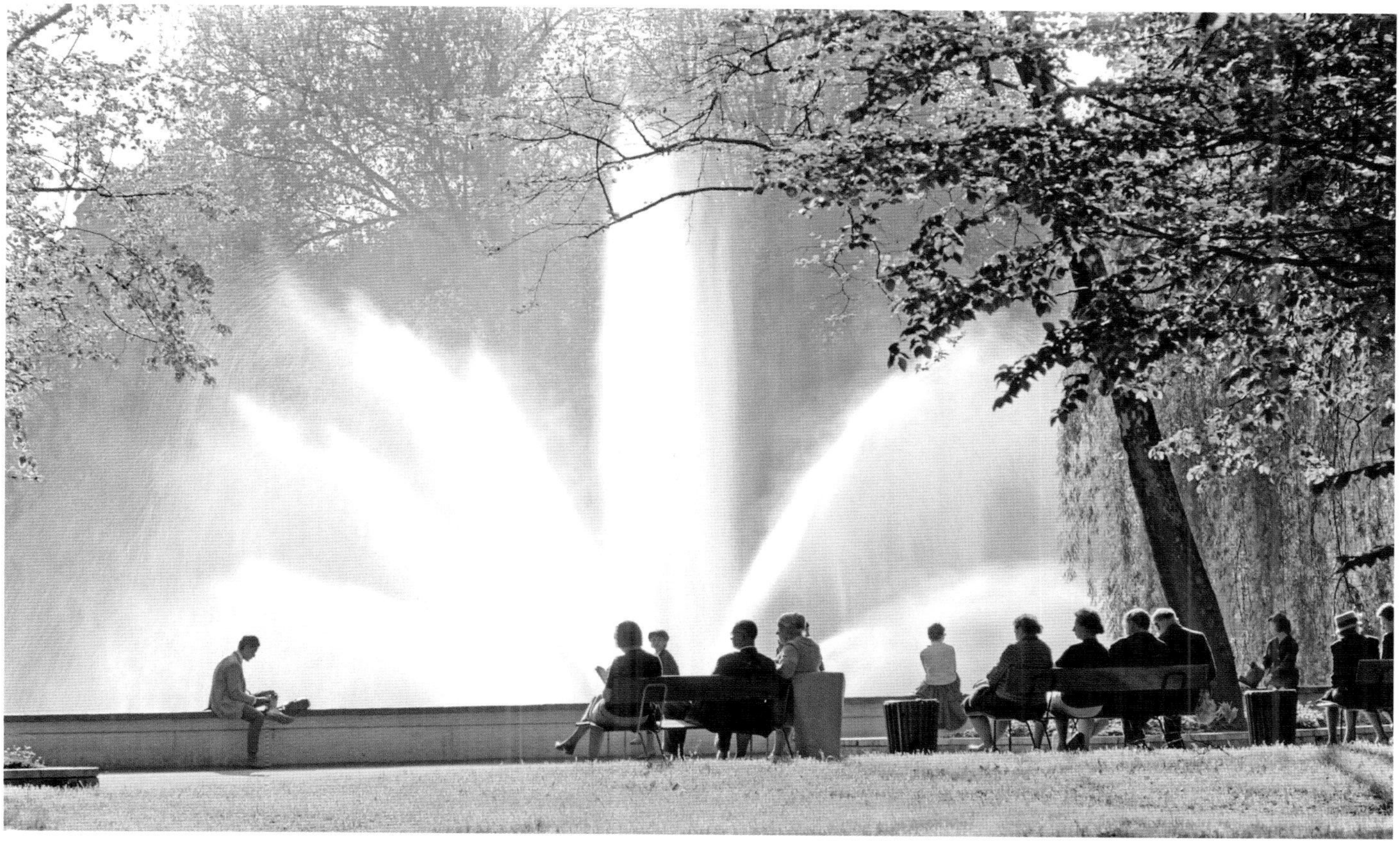

Abb. 236
Volkmar Kleinfeldt: Fontäne im Tübinger Anlagensee, 21. Mai 1963. Kleinbildnegativ.

Abb. 235
Albaufsteig der A8 bei Gruibingen, 1959. Kleinbildnegativ.

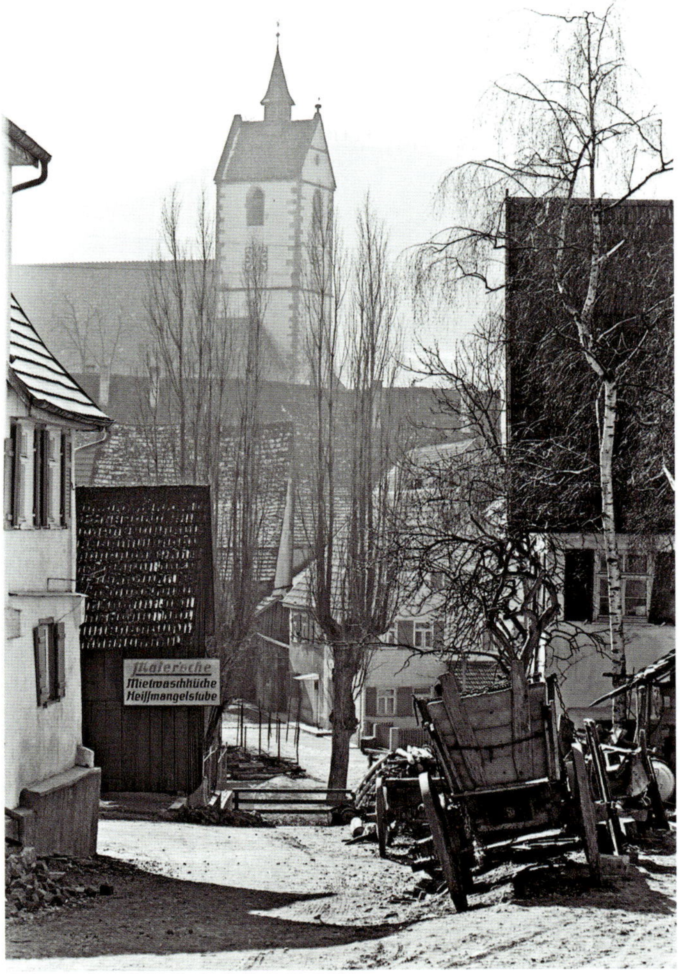

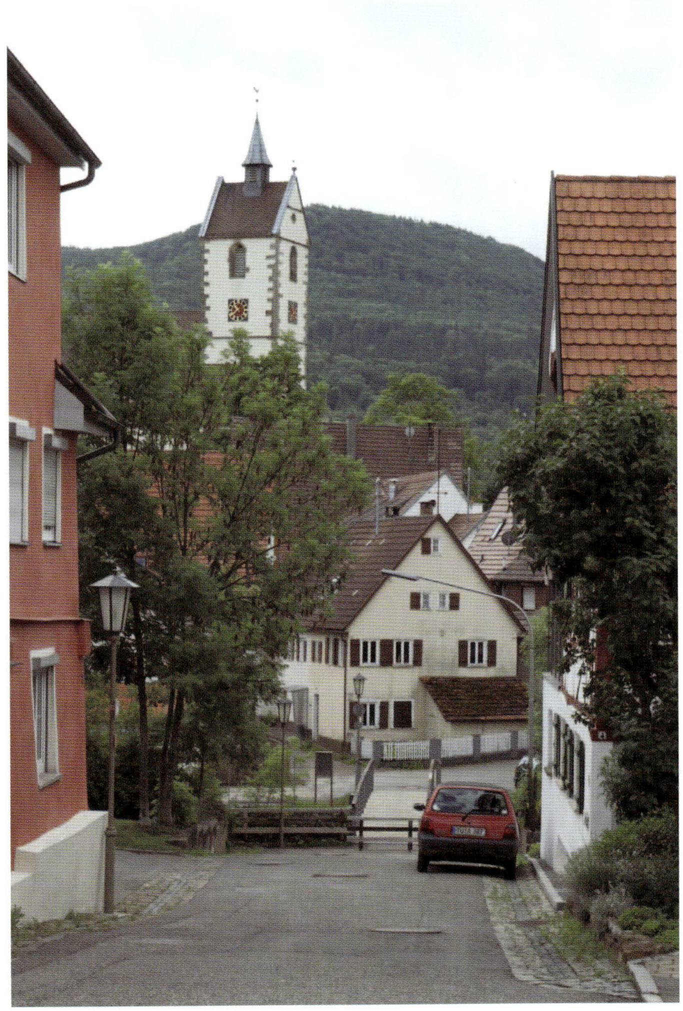

Abb. 237 und 238
Volkmar Kleinfeldt: Mössingen, Peter und Pauls Kirche, 1958 und 2012. Kleinbildnegativ, digitale Datei.

Abb. 239
Volkmar Kleinfeldt: Halme im Schnee, Winter 1958/1959. Silbergelatineabzug 20 x 30 cm.

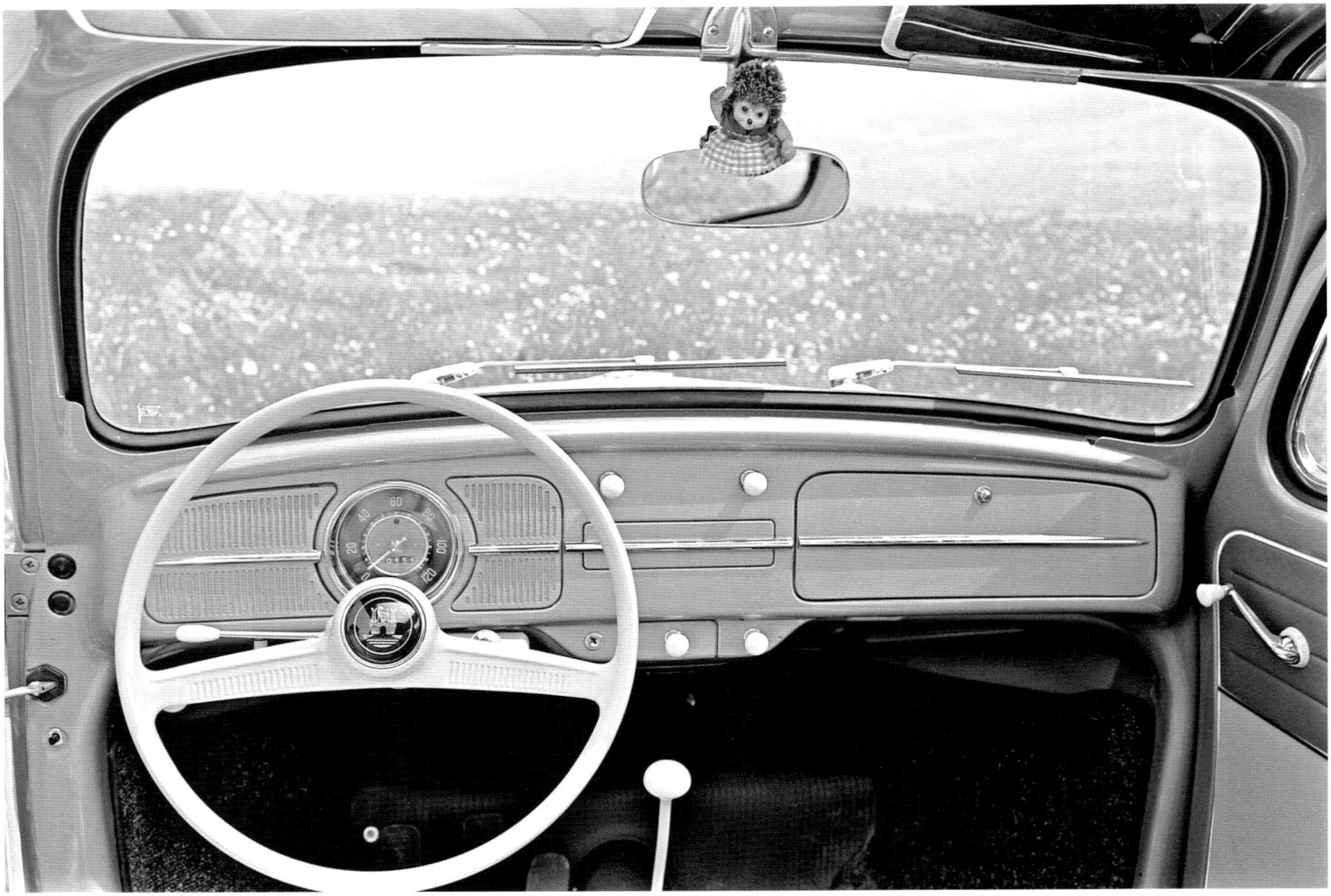

Abb. 240
Volkmar Kleinfeldt: Erste Ausfahrt im diamantgrauen VW-Käfer mit Talisman „Mucki“, 17. Mai 1959. Kleinbildnegativ.

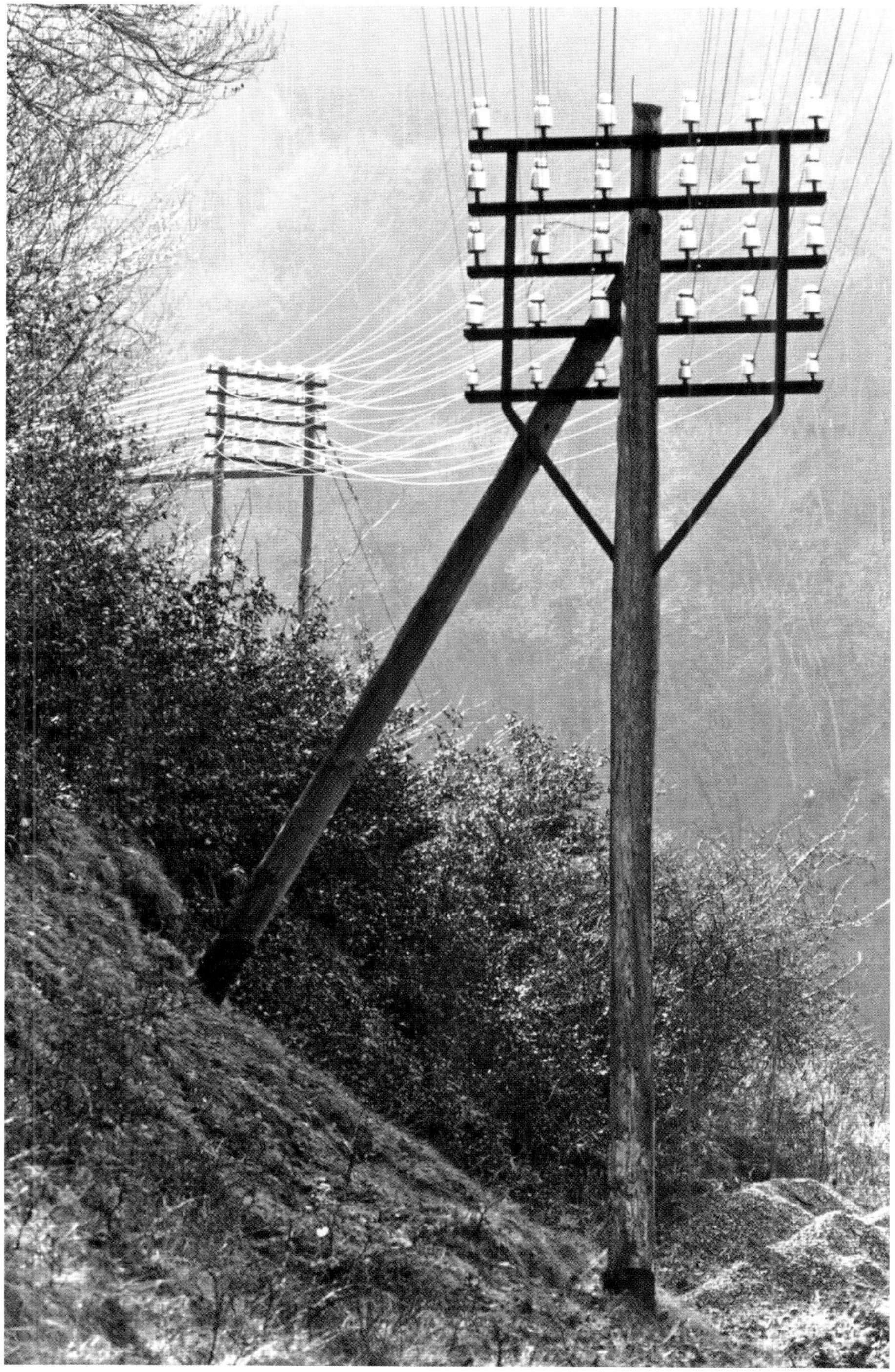

Abb. 241
Volkmar Kleinfeldt: Im Lautertal 1959.
Silbergelatineabzug 20 x 30 cm.

Abb. 242
Volkmar Kleinfeldt: Möven bei Hagnau auf dem Bodensee, 16. September 1963. Kleinbildnegativ.

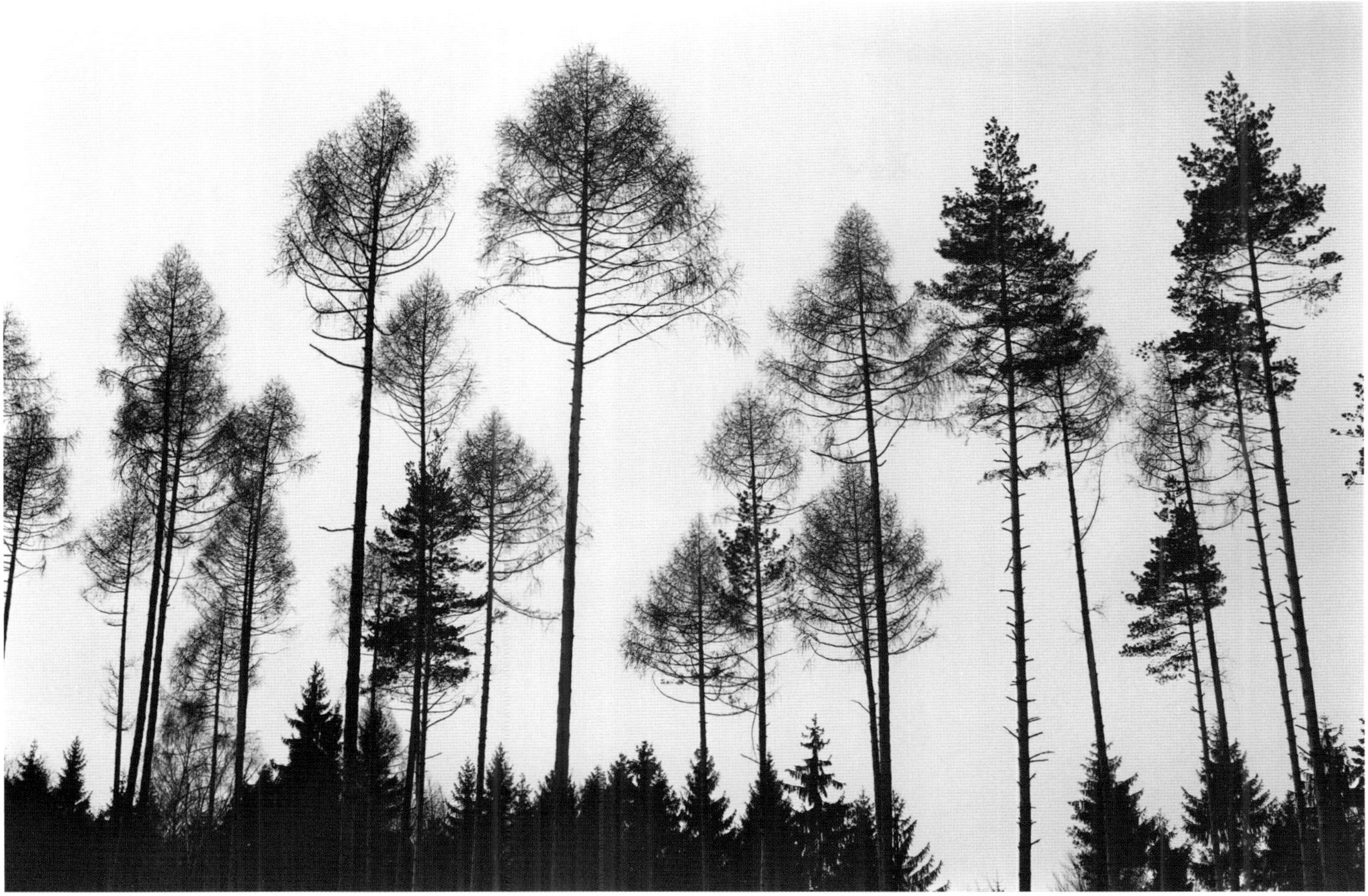

Abb. 243
Volkmar Kleinfeldt: Lärchen bei Gomaringen, 12. April 1968. Silbergelatineabzug 20 x 30 cm.

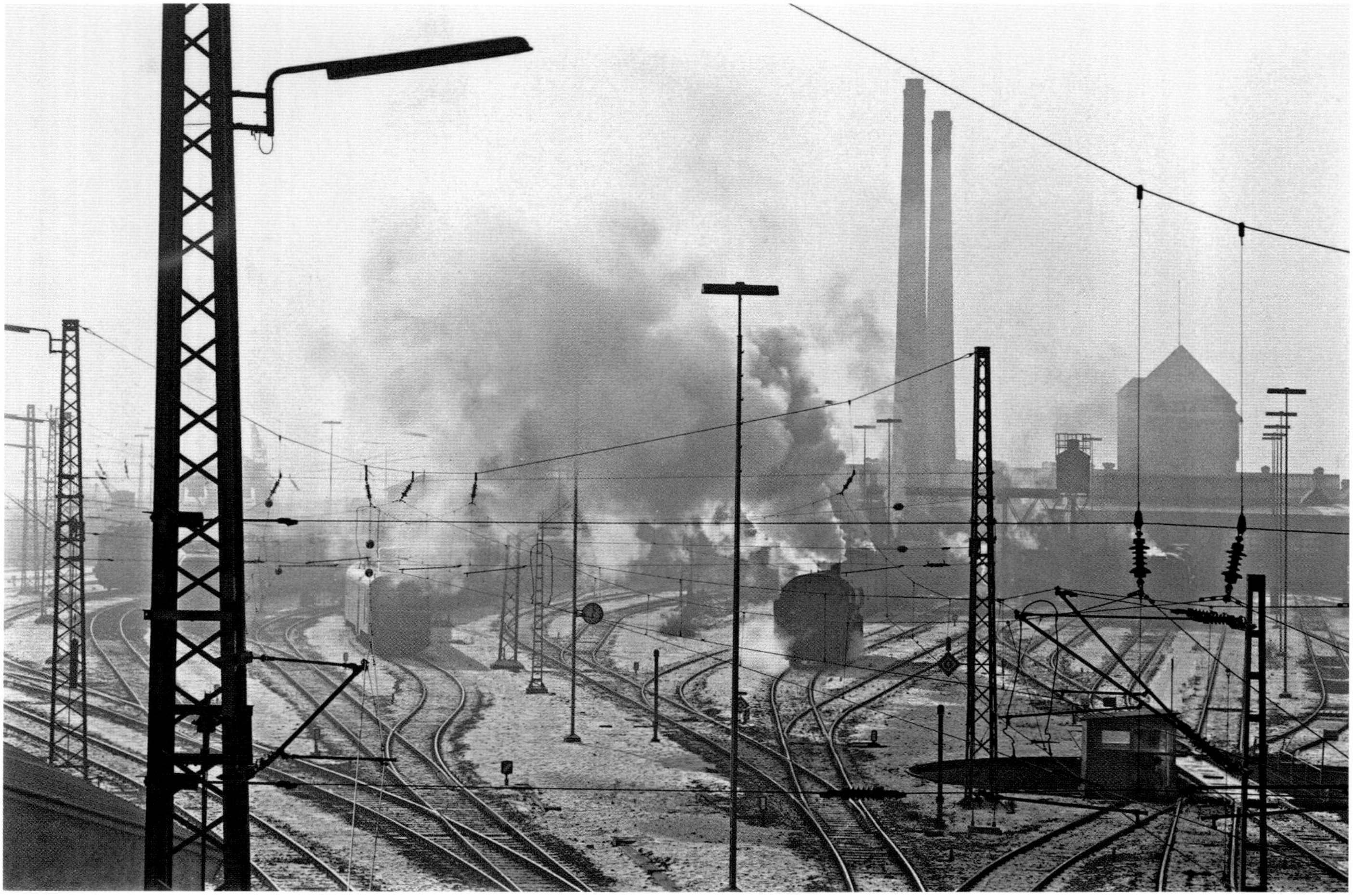

Abb. 244
Volkmar Kleinfeldt: Bahnbetriebswerk Tübingen, 10. Januar 1971. Kleinbildnegativ.

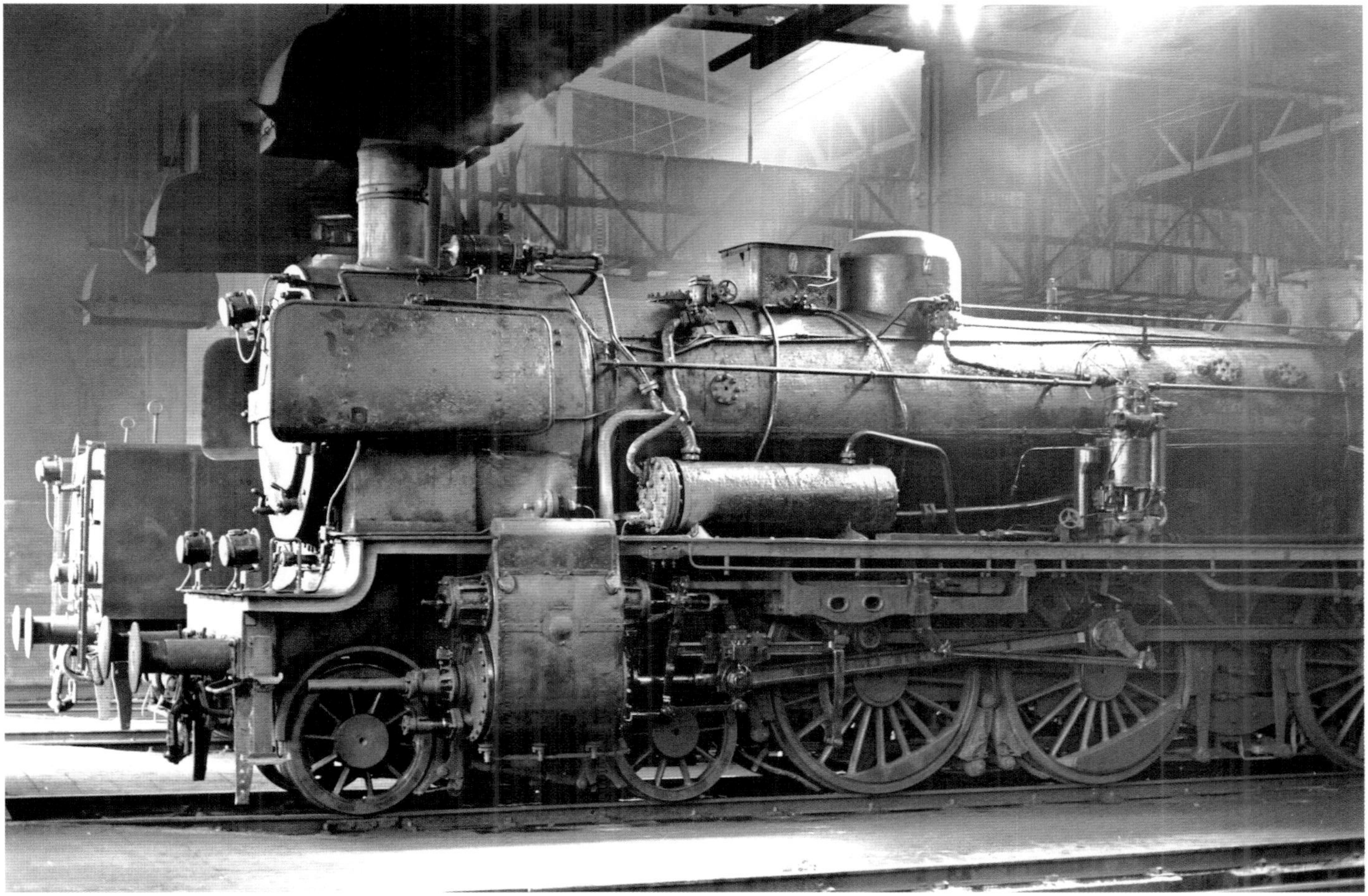

Abb. 245
Volkmar Kleinfeldt: Bahnbetriebswerk in Freudenstadt, 4. April 1971. Kleinbildnegativ.

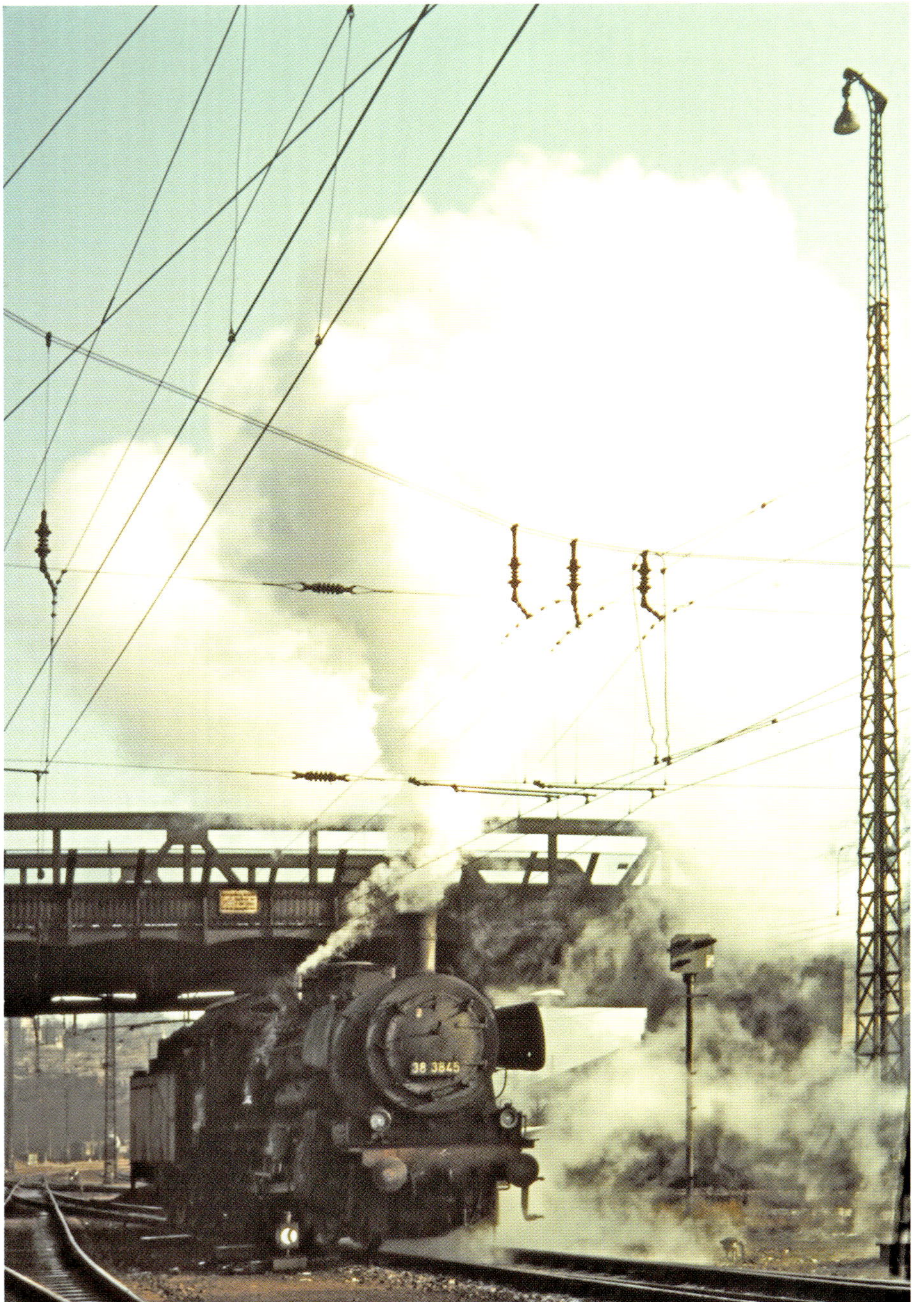

Abb. 246
Volkmar Kleinfeldt: Ausfahrt einer P8 unter der „Franzosen Brücke“ in Tübingen, 1960. Farbdiapositiv 24 x 36 mm. Die Eisenkonstruktion diente seit 1911 als Verbindung nach Derendingen und in die Tübinger Südstadt. Sie wurde Ende der 1970er Jahre zugunsten der Neutrassierung der Stadtautobahn abgebrochen.

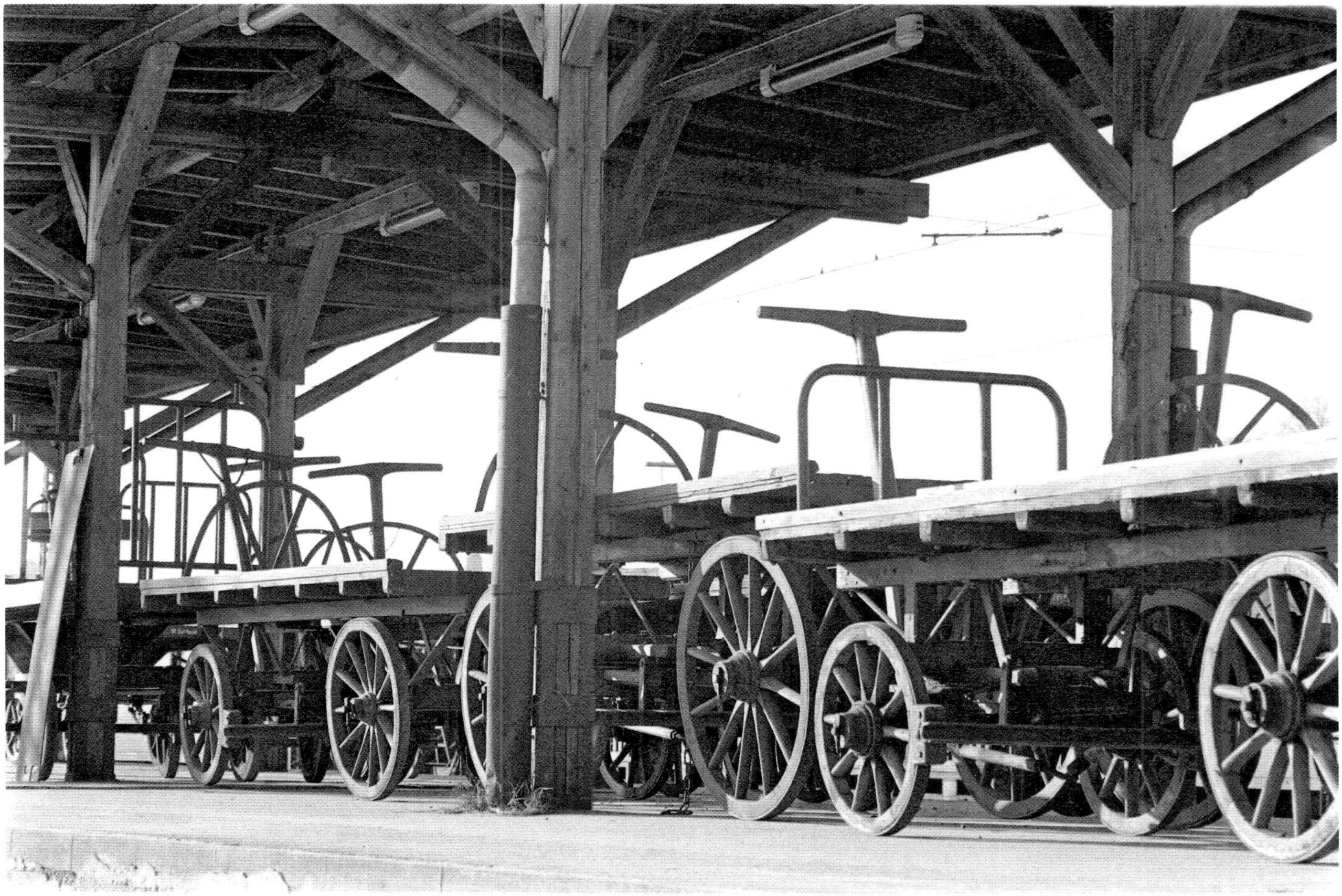

Abb. 247
Volkmar Kleinfeldt: Gepäckkarren, Tübinger Güterbahnhof, 11. März 1973. Kleinbildnegativ.

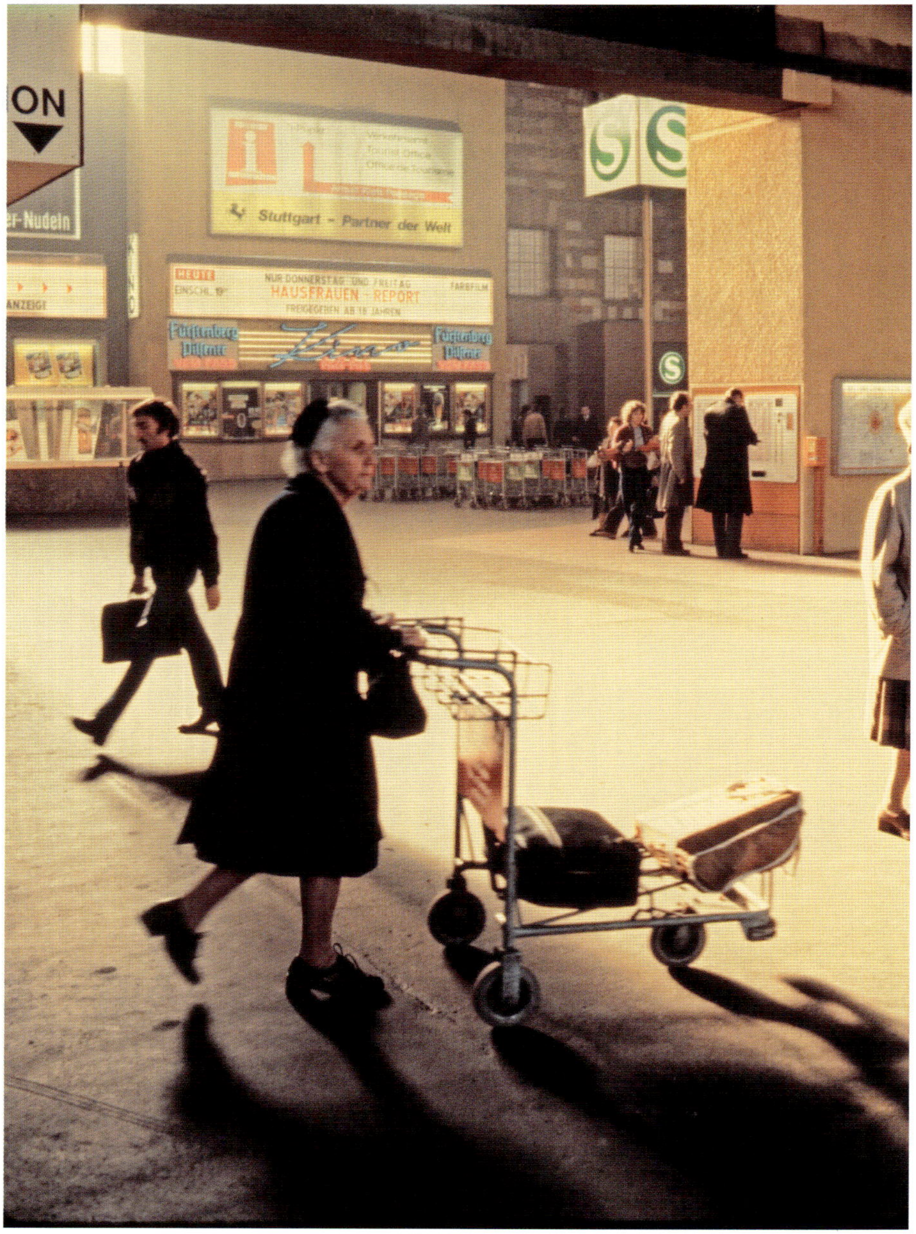

Abb. 248
Volkmar Kleinfeldt: Halle im Stuttgarter Hauptbahnhof, 11. Mai 1981. Farbdiapositiv 24 x 36 mm.

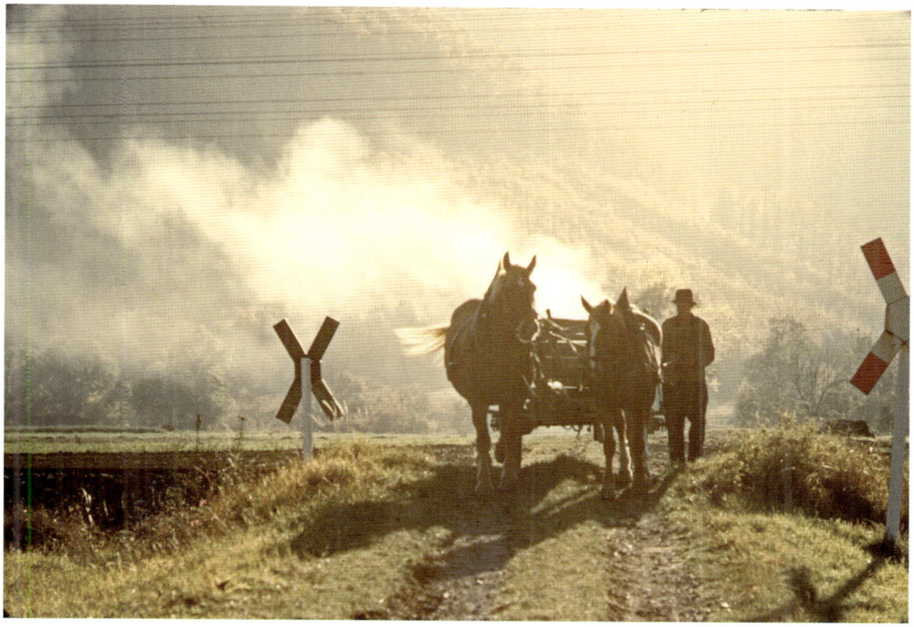

Abb. 249
Volkmar Kleinfeldt: Bahnübergang bei Urach, 1959. Farbdiapositiv 24 x 36 mm.

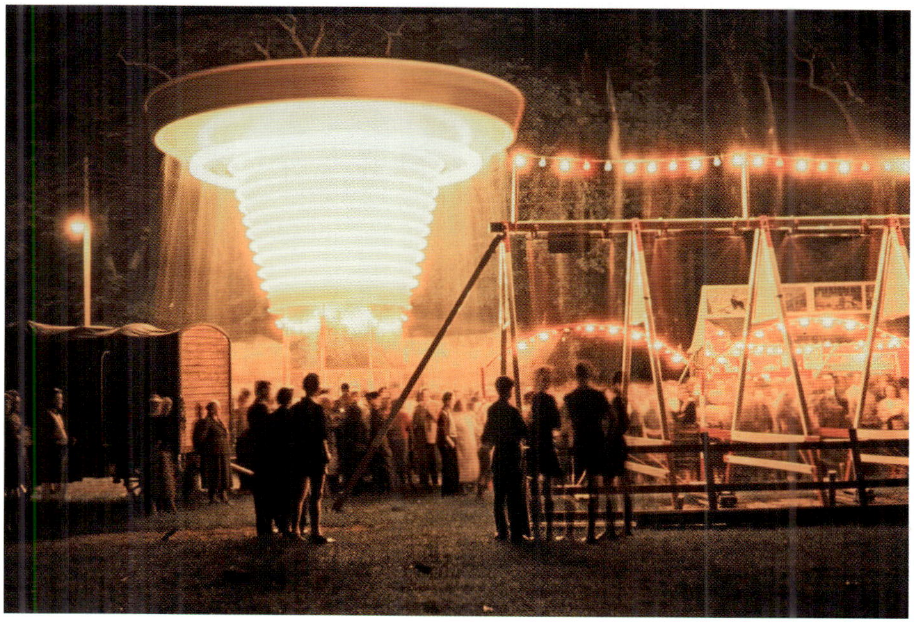

Abb. 250
Sommerfest in Tübingen, 1955. Farbdiapositiv 24 x 36 mm.

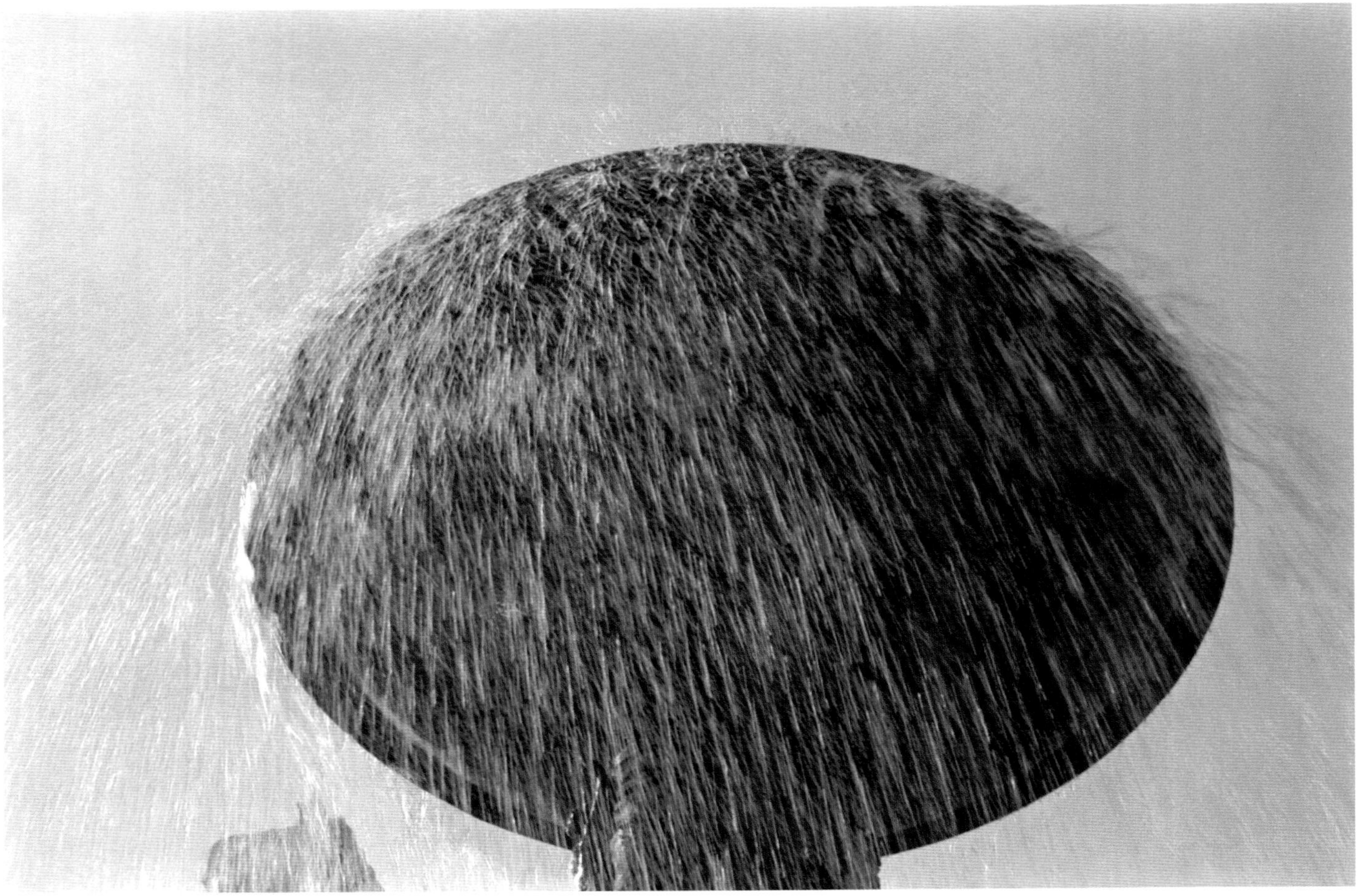

Abb. 251
Volkmar Kleinfeldt: Brunnen auf dem Marienplatz in München, 7. April 1972. Kleinbildnegativ.

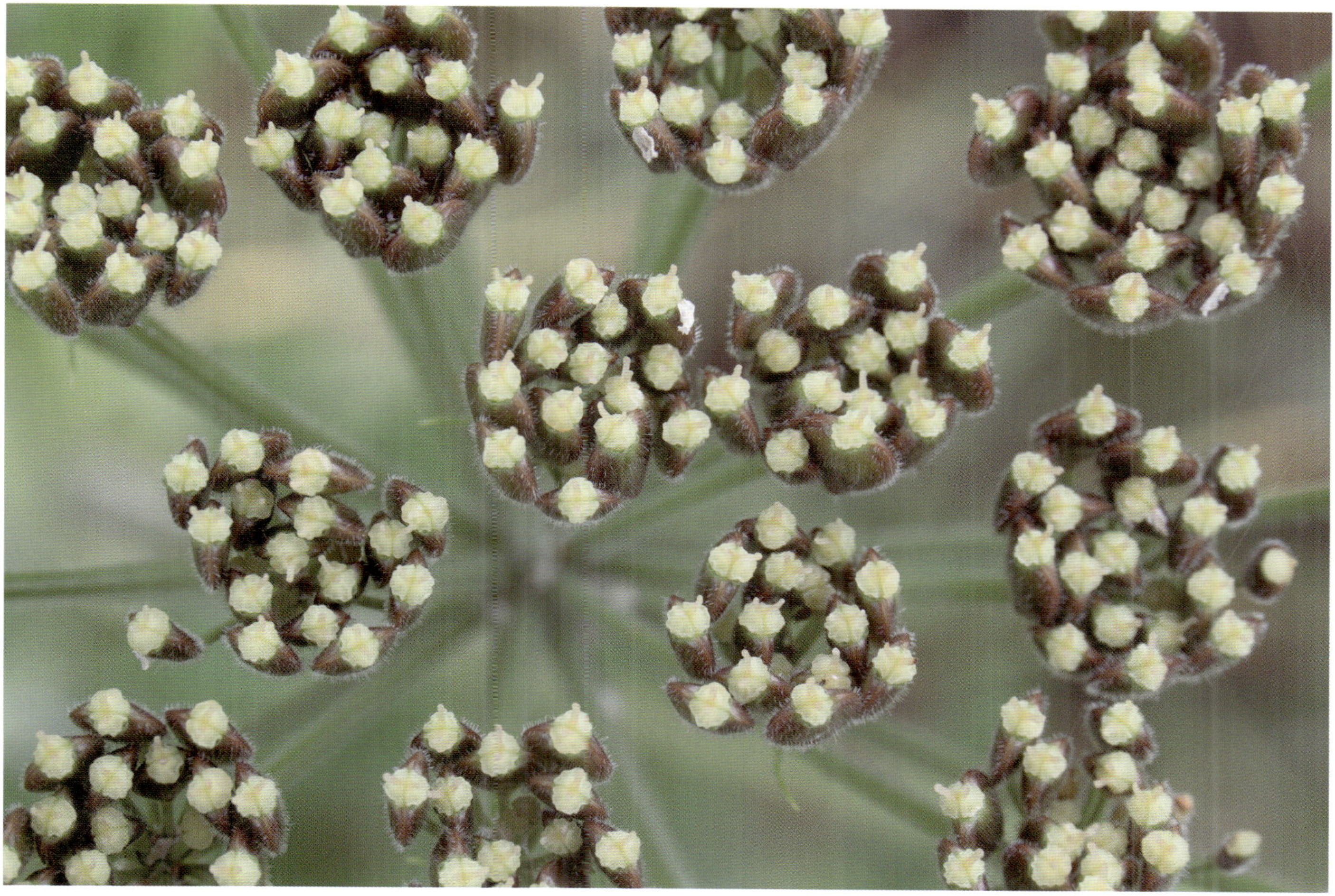

Abb. 252
Volkmar Kleinfeldt: Abstrakte Natur, 30 Juli 2010. Digitale Datei.

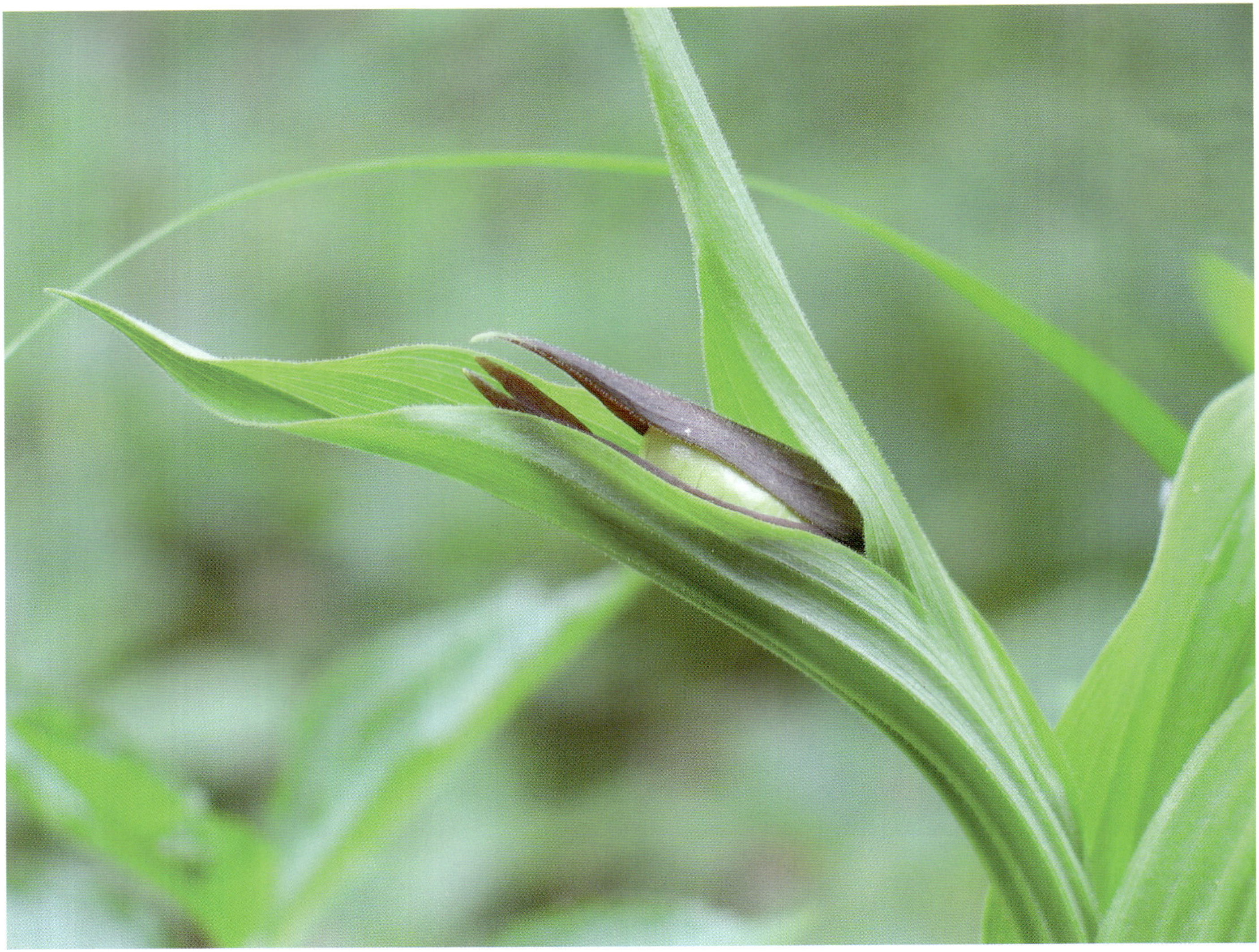

Abb. 253
Volkmar Kleinfeldt: Frauenschuh vor der Blüte bei Schelklingen/Donautal, 27. Mai 2004. Digitale Datei.

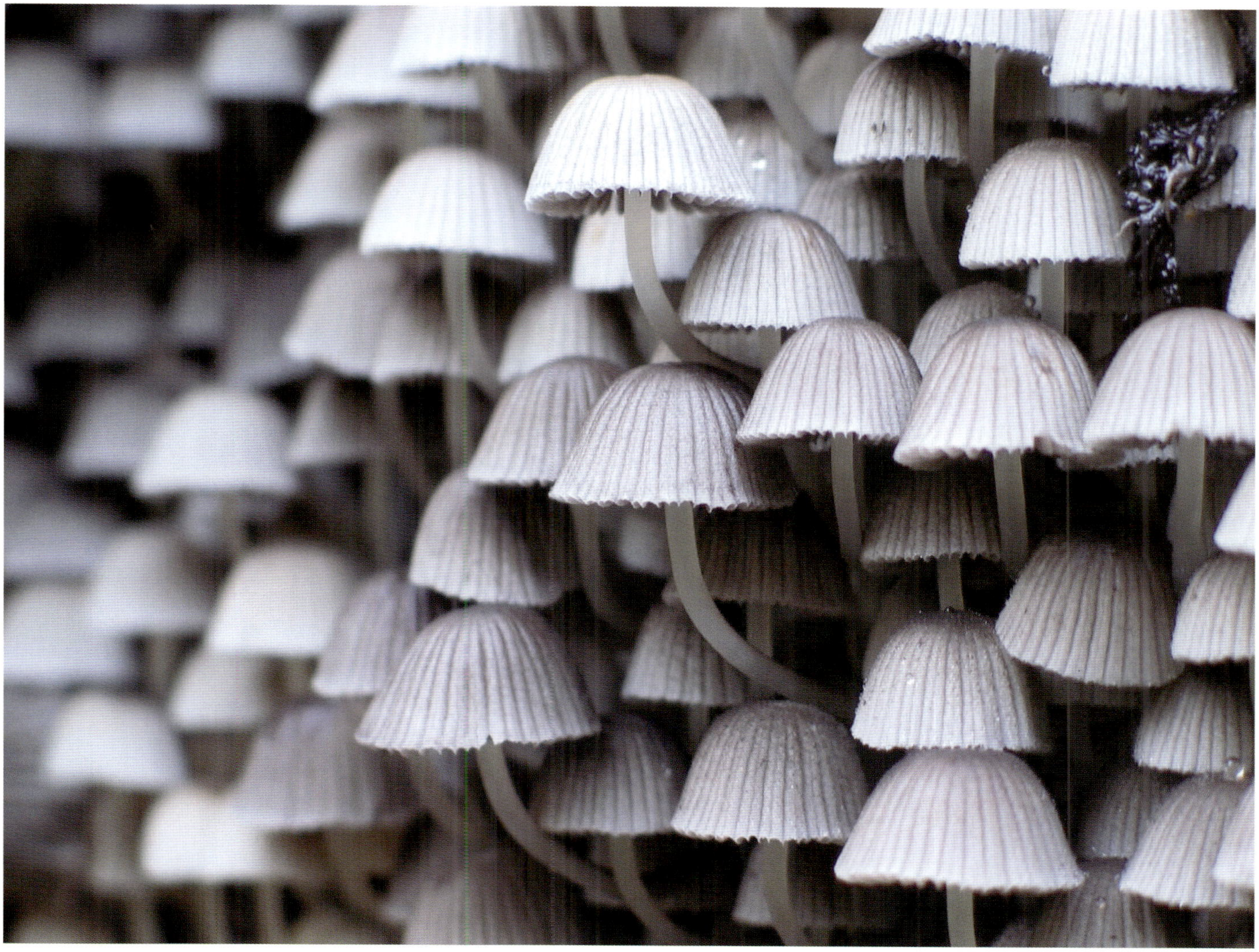

Abb. 254
Volkmar Kleinfeldt: Pilze im Lautertal, 11. Juni 2005. Digitale Datei.

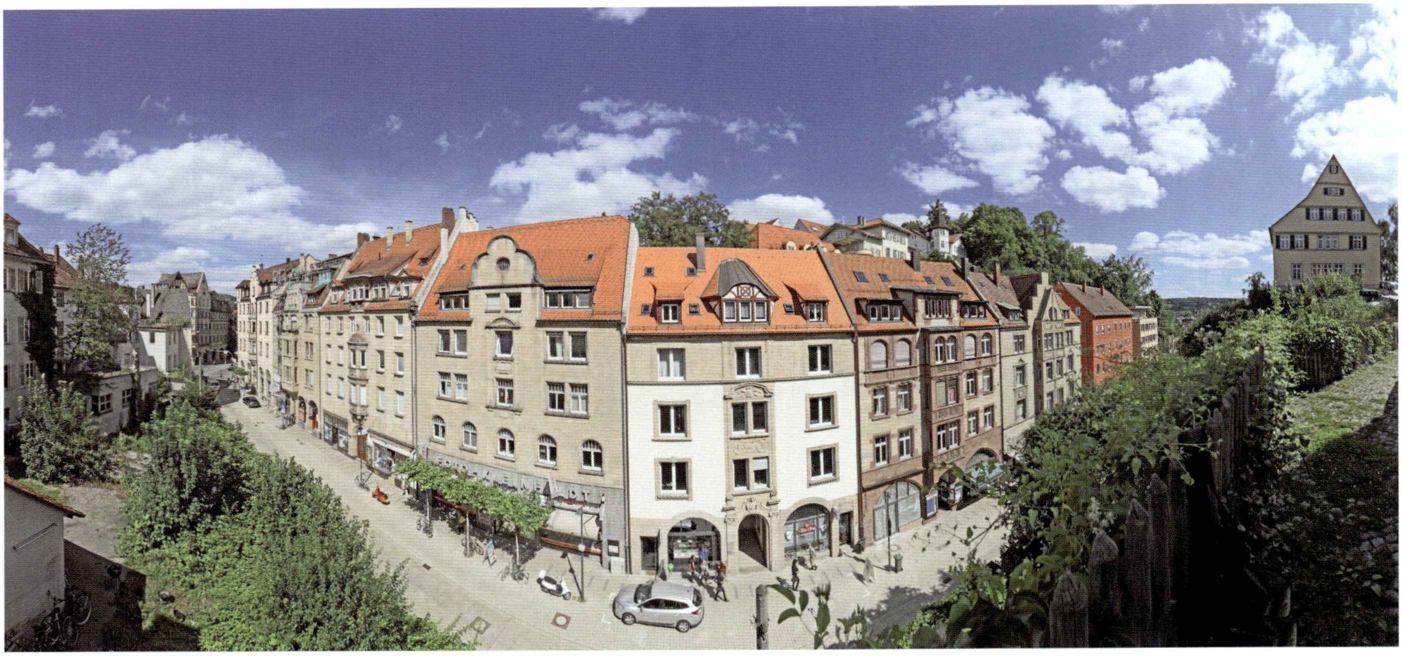

Abb. 255
Volkmar Kleinfeldt: Panoramabild der Mühlstraße in Tübingen, 10. August 2011. Digitale Datei.

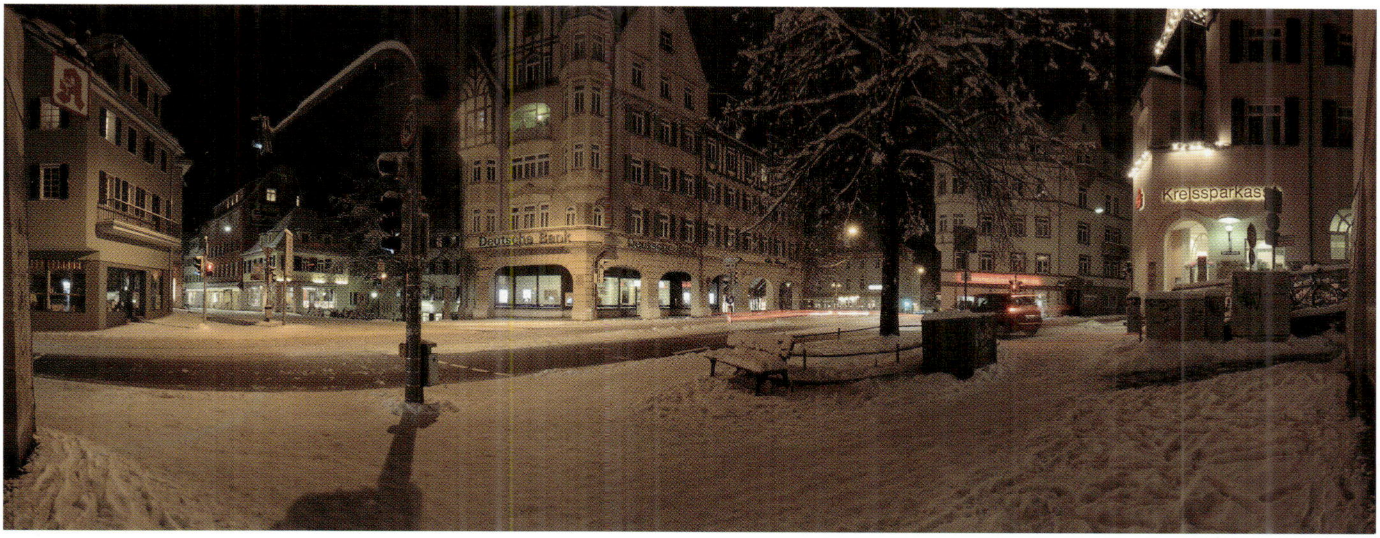

Abb. 256
Volkmar Kleinfeldt: Panoramabild mit einem Sichtwinkel von über 180 Grad vom Lustnauer Tor in Tübingen, 26. Dezember 2010. Digitale Datei.

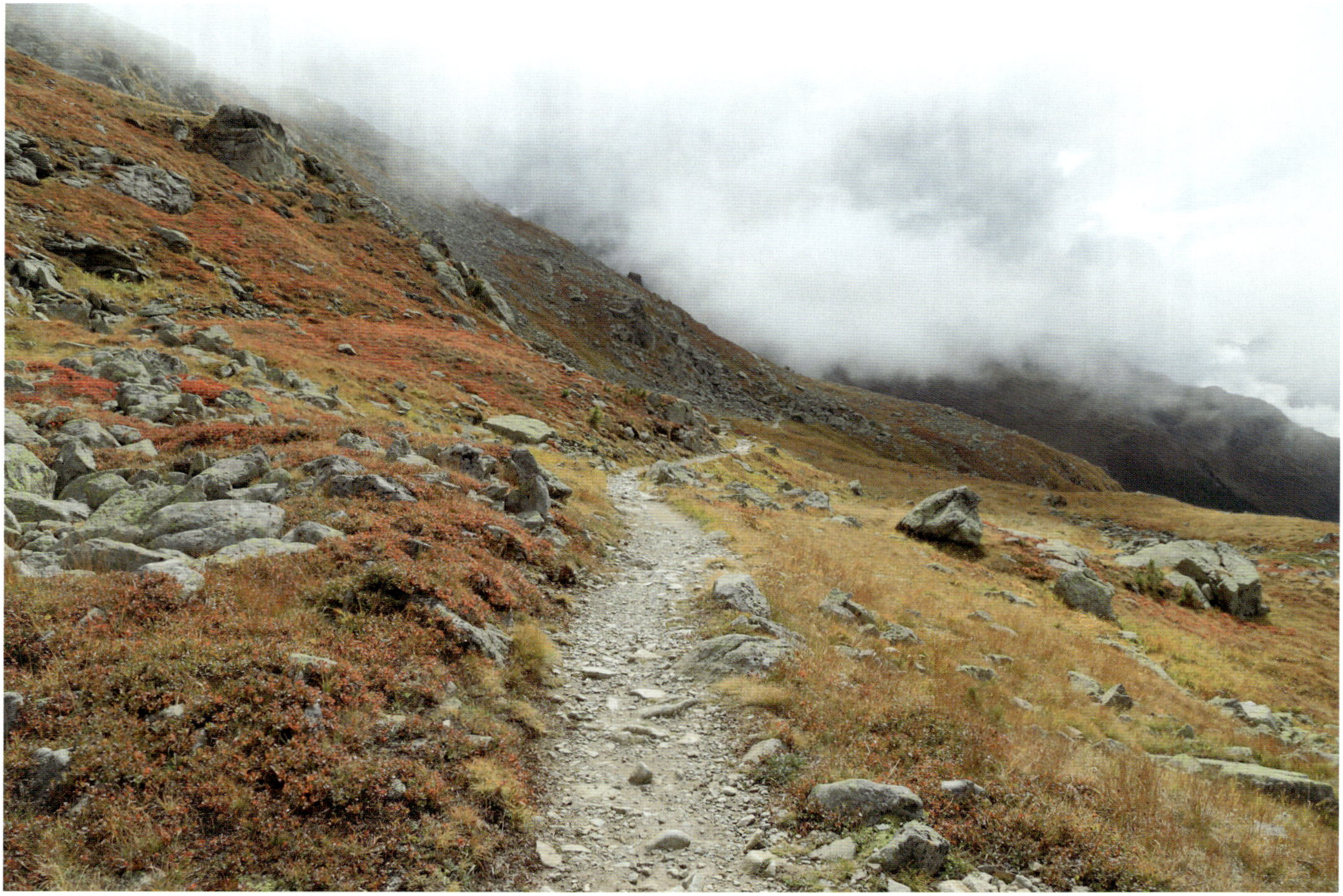

Abb. 257
Volkmar Kleinfeldt: Abstieg von Fuorcla Surlej im Engadin/Schweiz, 17. September 2009. Digitale Datei.

Anmerkungen zur Einführung

1 Vgl. vor allem Hesse 1989.
2 Vgl. Hägele 2007.
3 Walter Kleinfeldt, undatiertes Hektogramm aus den 1920er Jahren. Archiv Kleinfeldt.
4 Militärpass Walter Kleinfeldt, ausgestellt am 28. Oktober 1915. Archiv Kleinfeldt.
5 Feldpostbrief Walter Kleinfeldt, 22. November 1915. Archiv Kleinfeldt.
6 Kriegstagebuch Walter Kleinfeldt, 12. Januar 1916. Archiv Kleinfeldt.
7 Die 6,5 x 9-Kamera hatte die Nummer 99203, das Objektiv trug die Nummer 29367. Die Contessa-Werke gehörten Carl Drexler und dem Erfinder und Fotopionier August Nagel (1882–1943). Nagel entwickelte unter anderem die Corarette-Rollfilmkamera und nach dem Verkauf der Fabrik (1932) an Kodak die Retina – erste Kleinbildkamera für den Massenmarkt. Vgl. Kemmler 1984.
8 Feldpostbrief Walter Kleinfeldt, 15. Januar 1916. Archiv Kleinfeldt.
9 Ein Glasnegativ von Walter Kleinfeldt im Format 9 x 12 cm, datiert im Jahr 1914, zeigt eine Landschaftsaufnahme von der Schwäbischen Alb.
10 Vgl. Feldpostbrief Walter Kleinfeldt, 15. Januar 1916. Archiv Kleinfeldt.
11 In den zwanziger und dreißiger Jahren kopierte Kleinfeldt die Bilder in ein Diaformat um und hielt damit in Tübingen auf vaterländischen Veranstaltungen und Veteranentreffen Lichtbildervorträge, über die auch die lokale Presse berichtete (vgl. Tübinger Chronik, 10. Mai 1932). Nach 1945 waren die Bilder verschollen. Volkmar Kleinfeldt fand sie dann 2010 beim Ordnen des Firmenarchivs.
12 Emil Gminder rief 1918 den Verein für Volksbildung ins Leben und finanzierte 1922 das erste „Volksbildungshaus" in Deutschland, aus dem später die Volkshochschule hervorging. Vgl. Alber (Hg.) 1993.
13 Der riesige Schlot befand sich an der Tübinger Straße. Er galt lange Jahre als ein Wahrzeichen der Stadt. 1985 ließ ihn die Firma Bosch abreißen.
14 Mietvertrag vom Juni 1929. Archiv Kleinfeldt.
15 Das Elektrogeschäft Eugen Schlienz und die Buchhandlung Kircher.
16 Vgl. Jeggle (Hg.) 1986, S. 118.
17 Vgl. Volz 1992.
18 Vgl. Kleinfeldt 1931.
19 Vgl. „Tübingen Schloßlindenblick/groß (020)". Archiv Kleinfeldt.
20 Vgl. z.B. Tübinger Chronik, 10. Mai 1932.
21 Willy Nicolai „war ein Mitarbeiter der alten Schule, aus einer anderen Zeit. Sein Fleiß und seine Identifizierung mit seiner Firma waren beispielhaft." Sein Onkel war der Reutlinger Fotograf Peter Dohm. Nicolai lernte bei Foto Kleinfeldt seine Frau Maria Hornung (1917–2007) kennen. Gedächtnisprotokoll von Volkmar Kleinfeldt, 14. Mai 2012.
22 Vgl. Schönhagen 1991, S. 90f.
23 Vgl. Jeggle (Hg.) 1986; Schönhagen 1991, S. 328f.; Geschichtswerkstatt Tübingen (Hg.) 1995; Hägele (Hg.) 1998.
24 Vgl. Thomae 1978.
25 Stephainsky 1933, S. 116. Zit. nach Starl 1995, S. 100.
26 Vgl. Hoffmann 1997.
27 Sachsse 2003, S. 23–24.
28 Vgl. Hägele 2005.
29 Vgl. Hägele/König (Hg.) 1999.
30 Vgl. Benjamin [1931] 1963, S. 56–57.
31 Vgl. Steinorth 1979.
32 Hägele 2010, S. 407.
33 Vgl. Jeggle (Hg.) 1986, S. 118, und Tübinger Chronik, 2. Mai 1937.
34 Kassenbücher von Foto Kleinfeldt. Archiv Kleinfeldt.
35 Vgl. Sachsse 2003, S. 148–150.
36 Auszug aus der Niederschrift Tauschvertrag mit Foto-Kaufmann Kleinfeldt, 10. Oktober 1938. Stadtarchiv Tübingen, A 150/6069.
37 Vgl. Sterra (Hg.) 1990, S. 63.
38 Auszug aus der Niederschrift über die nichtöffentliche Beratung des Oberbürgermeisters mit den Ratsherren, 13. Juni 1938. Stadtarchiv Tübingen, A 150/6069.
39 Brief Walter Kleinfeldt an Luise Kleinfeldt, 27. Juli 1941. Archiv Kleinfeldt.
40 Sachsse 2003, S. 197.
41 Vgl. Der Schwäbische Albverein 1936.
42 Vgl. Palm 2006, S. 11.
43 Dem Aufnahmeantrag vom 5. Oktober 1939 wurde am 1. Januar 1940 stattgegeben. Die Mitgliedsnummer lautet: 7405028. Bundesarchiv Berlin.
44 Vgl. Schönhagen 1991, S. 360 f.
45 Vgl. Kilian 1984.
46 Volkmar Kleinfeldt: „Mein Bruder Werner". Die letzten Briefe eines 16jährigen, geschrieben in den letzten Kriegsmonaten des Jahres 1945. Unveröffentlichtes Manuskript. Archiv Kleinfeldt.
47 Hernach arbeitet Göhner für den Reutlinger Generalanzeiger und ab 1950 für das Schwäbische Tagblatt. Vgl. Palm 2006, S. 13.

48 Brief Viktor Renner an Luise Kleinfeldt, 20. Januar 1949. Archiv Kleinfeldt.
49 Edith Steinhorst, zit. nach Volkmar Kleinfeldt, Gedächtnisprotokoll über seine Mutter Luise Kleinfeldt, 20. Juni 2012.
50 Georg Steinhorst ist 1941 an der Ostfront gefallen.
51 Gedächtnisprotokoll von Volkmar Kleinfeldt, 12. Mai 2012.
52 Höfert 2012.
53 Heering 1949. Walther Heering hatte bereits vor- und während des Krieges Fotoliteratur herausgegeben. 1947 gründete er die Zeitschrift Foto-Spiegel und verpflichtete dazu den Fotografen Bernd Lohse (1911–1996).
54 Deutsches Patentamt, Gebrauchsmuster 1726110, 28. April 1956. Archiv Kleinfeldt.
55 Licht & Schatten, herausgegeben von der Vorspann-Werbung Dr. Gustav Scherer (Heilbronn), existierte in 52 Ausgaben von 1953 bis 1959; der Jahreskatalog Foto-Querschnitt von Agfa bis Zeiss (hrsg. Vorspann-Werbung Dr. Gustav Scherer) wurde von 1950 bis 1967 in hoher Auflage gedruckt – Foto Kleinfeldt allein verteilte oder verschickte jährlich rund 1.000 Exemplare kostenlos an die Kunden.
56 Das Kodak-Material unterschied sich von den Agfa-Diafilmen grundsätzlich: Farbkuppler waren nicht vorhanden; Color gelangte erst bei der Entwicklung in den Film. Für den aufwendigen Umkehrprozess (K-14) hatte Kodak in Stuttgart eigens ein Speziallabor eingerichtet, in dem bundesweit sämtliche Filme entwickelt wurden. Kodachrome-Filme wurden von 1935 bis 2009 mit 25, 64 und 200 ASA produziert. Außerdem gab es den Kodachrome 40 im Super-8-Format.
57 Kleinbild (sw): Adox 2.500 (40 %), Agfa 2680 (42 %), Ilford 180 (3 %), Kodak 380 (6 %), Perutz 565 (9 %); Farbdia: Adox 170 (9,0 %), Agfa 880 (46,5 %), Hauff 10 (0,5 %), Kodak 390 (21,0%), Perutz 430 (23,0 %); Kleinbild (color): Agfa: 545 (100 %). Archiv Kleinfeldt.
58 Vgl. Kleinfeldt 2005 und 2012.

Interviews

Interview mit Hertha Oeser, 20. März 2012 in Pfullingen (1)
Interview mit Volkmar Kleinfeldt, 31. Januar 2012 in Tübingen (2)
Interview mit Volkmar Kleinfeldt, 9. Februar 2012 in Tübingen (3)
Interview mit Volkmar Kleinfeldt, 24. Februar 2012 in Tübingen (4)
Interview mit Volkmar Kleinfeldt, 20. Juni 2012 in Tübingen (5)
Interview mit Martin Kleinfeldt, 27. Oktober 2005 in Tübingen (6)
Interview mit Martin Kleinfeldt, 23. Juni 2012 in Tübingen (7)

Literatur

Alber, Wolfgang (Hg.): „Das Volk mehr und mehr zu eigenem Urteil erziehen". Von der Volksbildung zur Weiterbildung. 75 Jahre Verein für Volksbildung e.V., Reutlingen 1993.

Benjamin, Walter: Kleine Geschichte der Photographie [1931]. In: Ders.: Das Kunstwerk im Zeitalter seiner technischen Reproduzierbarkeit. Drei Studien zur Kunstsoziologie. (Suhrkamp) Frankfurt am Main 1963, S. 45–64.

Blattner, Evamarie/Karlheinz Wiegmann (Hg.): Ansichten-Einsichten. Tübinger Stadtansichten von 1850 bis heute. Tübinger Kataloge, Bd. 89. (Stadtmuseum) Tübingen 2010.

Der Schwäbische Albverein und sein Landschaftsgebiet 1888–1938, hrsg. vom Schwäbischen Albverein. (Alemannen-Verlag) Tübingen 1936.

Geschichtswerkstatt Tübingen (Hg.): Zerstörte Hoffnungen – Wege der Tübinger Juden. Beiträge zur Tübinger Geschichte. Hg. von der Stadt Tübingen, Band 8. Stuttgart 1995.

Hägele, Ulrich (Hg.): Sinti und Roma und Wir. Ausgrenzung, Internierung und Verfolgung einer Minderheit. Kleine Tübinger Schriften, Band 25. (Kulturamt) Tübingen 1998.

Hägele, Ulrich/Gudrun König (Hg.): Völkische Posen, volkskundliche Dokumente. Hans Retzlaffs Fotografien 1930 bis 1945. (Jonas) Marburg 1999.

Hägele, Ulrich: Erna Lendvai-Dircksen und die Ikonographie der völkischen Fotografie. In: Falk Blask/Thomas Friedrich (Hg.): Menschenbild und Volksgesicht. Positionen zur Porträtfotografie im Nationalsozialismus. Berliner Blätter. Ethnographische und ethnologische Beiträge 36/2005 Sonderheft. (LIT) 2005, S. 78–98.

Hägele, Ulrich: Zwischen Heimat und Fremde – eine kleine Kulturgeschichte der Postkarte. Die Sammlung Hartmaier im Tübinger Stadtarchiv. In: Udo Rauch/Antje Zacharias (Hg.): ... und grüßen Sie mir die Welt! Tübingen – Eine Universitätsstadt auf alten Postkarten. Tübinger Kataloge, Bd. 78. (Kulturamt) Tübingen 2007, S. 9–43.

Hägele, Ulrich: „Der am wenigsten provinzielle Ort in Deutschland" – Tübinger Kunstausstellungen 1945–1949. In: Schwäbische Heimat, 61/Oktober–Dezember 2010/4, S. 406–417.

Heering, Walther: Meine Foto-Praxis. Ein Foto-Privatissimum. (Heering) o. O. 1949.

Hesse, Wolfgang: Ansichten aus Schwaben. Kunst, Land und Leute. Aufnahmen der ersten Tübinger Lichtbildner und des Fotografen Paul Sinner (1838–1925). (Gebr. Metz Verlag) Tübingen 1989.

Höfert, Dorothee: Der Fotograf Hans Steinhorst. Fotografie im Landeskundlichen Auftrag. www.lmz-bw.de/uploads/media/Der_Fotograf_Hans_Steinhorst.pdf, 14. Mai 2012.

Hoffmann, Detlef: „Auch in der Nazizeit war zwölf Mal Spargelzeit". Die Vielfalt der Bilder und das Primat der Rassenpolitik. In: Fotogeschichte 17/1997/63, S. 57–68.

Jeggle, Utz (Hg.): Nationalsozialismus im Landkreis Tübingen. Eine Heimatkunde. Tübingen (TVV) 1986, S. 118.

Kilian, Hannes: Die Zerstörung – Stuttgart 1944 und danach. (Quadriga) Berlin 1984.

Kleinfeldt, Volkmar: Das Labor der Firma Foto Kleinfeldt in Tübingen. In: Club Daquerre, Nr. 102/Dezember 2005, S. 12–17.

Kleinfeldt, Volkmar: Der Reiz des weiten Bildes. Panoramafotografie – einst und heute. In: Photo Deal. Magazin für Photographica und Fotogeschichte, Nr. 1/2012, S. 50–53.

Kleinfeldt, Volkmar: The Contax bayonet lens mount: Trying to make a virtue out of necessity. In: Zeiss Historica. Journal of the Zeiss Historica Society. Vol. 34, Nr. 1, Spring 2012, S. 2–5.

Kleinfeldt, Walter: Das Neueste auf dem Gebiete der Photographie. Tübinger Chronik, 11. März 1931.

Kemmler, Karl Otto: Contessa. Die Geschichte der Contessa-Camera-Werke unter ihrem Gründer August Nagel, 1908–26. (Kemmler Verlag) Stuttgart 1984.

Palm, Carmen: Alfred Göhner. Biografie und Werk. In: Udo Rauch/ Antje Zacharias (Hg.): Tübinger Szenenwechsel 1950–1970. Alfred Göhner und seine Pressefotos. Tübinger Kataloge, Bd. 73. (Kulturamt) Tübingen 2006, S. 9–18.

Rauch, Udo (Hg.): Zwischen Ammer und Neckar. Tübinger Stadtbild im Wandel. Tübinger Kataloge, Bd. 42. (Kulturamt) Tübingen 1994.

Rauch, Udo/Antje Zacharias (Hg.): Sieben Jahre Landeshauptstadt. Tübingen und Württemberg-Hohenzollern 1945 bis 1952. Tübinger Kataloge, Bd. 61. (Kulturamt) Tübingen 2002.

Rauch, Udo/Antje Zacharias (Hg.): Tübinger Szenenwechsel 1950–1970. Alfred Göhner und seine Pressefotos. Tübinger Kataloge, Bd. 73. (Kulturamt) Tübingen 2006.

Sachsse, Rolf: Die Erziehung zum Wegsehen. Fotografie im NS-Staat. (Philo Fine Arts) o. O. 2003.

Schönhagen, Benigna: Tübingen unterm Hakenkreuz. (Konrad Theiss) Stuttgart 1991.

Schönhagen, Benigna: Nationalsozialismus in Tübingen. Vorbei und vergessen. Ausstellung im Stadtmuseum, Kornhaus, 9. Mai bis 15. August 1992. (Kulturamt) Tübingen 1992.

Starl, Timm: Knipser. Die Bildgeschichte der privaten Fotografie in Deutschland und Österreich von 1880 bis 1980. (Köhler & Amelang) München 1995.

Steinorth, Karl: Die internationale Werkbund-Ausstellung ‚Film und Foto' Stuttgart 1929. In: camera 58, 1979, Nr. 10, S. 3–5.

Stephainsky, Hans: Die Amateurphotographie im nationalen Deutschland. In: Satrap. Blätter für Freunde der Lichtbildkunst, 1933, S. 114–117.

Sterra, Bernhard (Hg.): Die Mühlstraße in Tübingen. Zierde der Stadt? Kleine Tübinger Schriften, Heft 13. (Kulturamt) Tübingen 1990.

Südow, Jürgen: Alt Tübingen. Bilder einer schwäbischen Stadt. (Gebr. Metz) Tübingen 1988.

Thomae, Otto: Die Propagandamaschinerie, Bildende Kunst und Öffentlichkeitsarbeit im Dritten Reich.(Gebrüder Mann Verlag) Berlin 1978.

Volz, Andrea: Blickweisen: Der Lichtbildner Walter Kleinfeldt. In: Benigna Schönhagen (Hg.): Vorbei und vergessen. Nationalsozialismus in Tübingen. Tübinger Kataloge, hrsg. vom Kulturamt der Universitätsstadt Tübingen, Nr. 36. (Kulturamt) Tübingen 1992, S. 62–66.

Bildnachweise

Abb. 5: Stadtmuseum Tübingen, Inv.-Nr. 3419
Abb. 6: Stadtarchiv Tübingen, Inv.-Nr. 653-520-00b-03
Abb. 7: Stadtarchiv Tübingen, Inv.-Nr. 938-70-13
Abb. 8: Stadtarchiv Tübingen, Inv.-Nr. 924-0078
Abb. 9: Stadtarchiv Tübingen, Inv.-Nr. 924-0582
Abb. 33: Erna Lendvai-Dircksen: Das Deutsche Volksgesicht. (Drei Masken) Berlin 1932, S. 169
Abb. 36: Photographische Sammlung/SK Stiftung Kultur Köln (Hg.): August Sander, Karl Blossfeldt, Albert Renger-Patzsch, Bernd und Hilla Becher. Vergleichende Konzeptionen. (Schirmer & Mosel) München 1997, S. 65.

Alle weiteren Bilder: Archiv Foto Kleinfeldt, Volkmar Kleinfeldt